일본 행정의 역사와 이론

# 일본행정의 역사와 이론

가사하라 히데히코
구와바라 히데아키 엮음

김상봉 옮김

고려대학교출판부
KOREA UNIVERSITY PRESS

## 한국어판에 부쳐

한국의 독자 여러분들께 《일본 행정의 역사와 이론》 한국어판을 소개하게 되어 기쁘기 그지없습니다. 역사 연구든 이론 연구든, 두말할 나위 없이 사실과 데이터에 의거한 실증 연구를 기초로 "두 마리 토끼를 함께 쫓"음으로써 두 관점의 강점을 모두 발휘할 수 있을 것입니다. 이 책의 집필자들은 이 점에 대하여 모두 공통된 인식을 가지고 있다고 자부합니다.

먼저 당시 일본의 정치행정 상황을 압축적으로 정리함으로써 이 번역서를 접하는 한국의 독자 여러분들에게 좀더 친절하게 이 책의 기획의도를 전달할 수 있을 것이라 생각합니다.

일본어판이 출간된 2004년 12월 당시까지 '일본 행정'의 '역사와 이론'을 거의 같은 수준에서 다룬 행정학 관련 전문 서적은 찾아볼 수 없었습니다. 그러나 당시의 일본 행정을 둘러싼 환경은 크게 변모하고 있었습니다. 즉, 일본의 정치행정 동향에 주목하자면, 이때 정치개혁·중앙부처개혁·지방분권개혁이라고 하는 3대 개혁의 조류가 극적으로 합류하고 있었고, 저희 집필자들은 격동하는 사회변혁의 파도에 직면하고 있었던 것입니다.

지금으로부터 20여 년 전의 일입니다만, 1993년 총선 결과 자유민주당이 야당으로 물러나고 호소카와(細川) 연립정권이 탄생하였습니다. 이 정권은 1994년에 공직선거법을 개정하여 중의원에 소선거구비례대표병립제를 도입하였습니다. 이와 함께 같은 해에 정치자금규정법을 개정하고 정당조성법을 제정함으로써 일본에서도 정당정치의 확립과 정권교체를 통한 본격적인 정치개혁에 하나의 큰 획이 그어지게 되었습니다.

정치개혁에 맞먹는 중요한 사회개혁의 주축인 중앙부처개혁의 경우, 메이지(明治) 유신 이래 오랫동안 일본 관료제의 전통을 형성해 온 일본의 행정시스템이 불러일으킨 "제도적 피로감"으로 더 이상 진행되기 어려울 것이라는 인식이 사회에 깊게 침투하고 있었습니다. 하시모토(橋本) 총리 스스로 행정개혁회의 의장을 맡으면서 1996년에 중앙부처재편정책을 정리하였고, 1998년 6월 중앙부처등개혁기본법을 성립시키고, 2001년 1월부터 중앙부처재편과 일본 관료시스템개혁을 신속하게 단행하였습니다.

한편 또 다른 사회개혁의 중요한 축인 지방분권개혁에서도 일본 중앙관청 가스미가세키(霞が関) 관료들의 강한 저항에도 불구하고 변화와 혁신이 추진되었습니다. 정치개혁의 큰 흐름으로 1993년 6월에 국회에서 '지방분권추진에 관한 결의'가 일본헌정사상 처음으로 시행된 것입니다. 같은 해 10월에 규제완화와 함께 지방분권을 행정개혁의 주축으로 하는 제3차 임시행정개혁추진심의회로부터 답신이 있었습니다. 그리고 1995년 7월에 지방분권추진위원회가 설치되고, 그 후 수차례에 걸친 권고에 기초하여 1999년에는 지방분권일괄법이 제정되어 2000년 4월부터 제1차 분권개혁의 시대로 진전하였습니다.

우리들은 새천년의 시대로 옮겨 가는 가운데 메이지 유신 이후 관료제에 기초를 둔 일본 행정의 여러 제도를 지금의 시점에서 뒤돌아보지 않은 채 일본의 행정 현실을 이론적으로 논하는 것은 불가능다고 확신하고, 《일본행정의 역사와 이론》이라는 출판기획에 이르게 되었습니다. 이 책에서 이러한 저자들의 의도가 어느 정도 관철되었는가는 결국 독자 여러분들의 판단에 맡길 수밖에 없지만, 일본 행정 연구에서 역사(歷史)와 이론(理論)의 가교 역할에 조금이라도 공헌할 수 있었기를 바라 마지않습니다. 마지막으로 한국어 번역에 다대한 노고와 노력을 아끼지 않은 고려대학교 김상봉 교수님께 이 자리를 빌려 깊은 감사의 말씀을 올립니다.

2015년 2월 집필자 대표

가사하라 히데히코(笠原英彦)

**게이오 대학(慶應義塾大学) 교수**

구와바라 히데아키(桑原英明)

**주쿄 대학(中京大学) 교수**

## 책머리에

감히 두 마리의 토끼를 잡고자 시도하였다. 일본 행정을 역사적 관점에서 그리고 이론적 관점에서 깊이 연구하고자 하였다. 분명 지금까지 시도되지 않았던 경험일 것이다.

20세기가 행정의 시대, 행정국가 융성의 시대였다고 하는 것은 일찍이 지적되어 왔다. 국민의 의식과는 상관없이 행정은 사회의 다양한 곳에 침투하여 강하게 자기주장을 반복하고 있다.

매스컴의 보도는 현상만을 비출 뿐 문제의 핵심은 건드리려 하지 않는다. 주지하는 바와 같이 일본의 1990년대는 관료계의 스캔들로 세상이 떠들썩했다. 엉성하기 짝이 없는 경리직이 희생 대상이 된 적도 있으며 퇴직 관료에 대한 파격적인 퇴직금이 여론의 반발을 불러일으킨 적도 있었다.

한 예를 들자면 사회보험청의 직원 숙소와 호화 리조트 시설이 여기저기에서 건설되었다. 그 재원이 국민이 내는 연금보험이라는 것을 알고 환멸을 느끼는 사람도 많았을 것이다.

왜 여전히 이러한 공사(公私) 혼동이 발생하고 있는 것일까. 세금은 거두고 나면 훌륭한 공적 자금이 된다. 이곳에서 면밀하게 논할 여유는 없지만 이러한 것은 구조적인 문제임에는 틀림없다.

이와 같은 관료의 부패가 나타나게 된 것은 일본 사회가 폐색(閉塞) 상태에 전락한 시기와 중첩된다. 1990년대 이후 일본 경제의 구조적인 불황, 국가재정 파탄, 자치단체 재정 압박 등이 심각해졌고, 더욱이 장기적인 관점에서 저출산 고령화의 급속한 진행은 사태를 한층 더 복잡하게 하고 있다.

일본 사회가 과거 경험해 보지 못한 불안한 시대를 맞이하고 있다고 할 수 있지 않을까. 지금 이러한 사회에 만연한 폐색감(閉塞感)을 제거하는 것이 필요하다. 이를 위해서는 지금까지 일본 사회가 의지해 온 정치제도와 행정제도를 수정할 필요가 있다. 고도경제성장기에 유효한 기능을 발휘해 온 행정시스템이 과연 현재에도 충분한 활력을 가질 수 있는 것일까.

행정 분야에 한정해 보더라도 행정의 정체(停滯) 그리고 행정시스템의 경직화를 지적할 수 있다. 각종 폐해를 둘러싸고 정부는 수차례에 걸쳐 행정개혁을 기획, 추진해 왔다. 물론 제2차 임시행정위원회에서 3개 공사의 민영화를 추진한 데서 볼 수 있듯이 부분적이긴 하지만 구체화된 것도 있다. 그러나 대부분의 반응은 법안화가 어렵고 관료의 저항까지 겹쳐 실현의 희망은 전혀 가늠하기 어려운 상태에 있다는 것이다.

그 원인을 찾아보면, 우선 표면상으론 관료와 이른바 여당 의원 중에서 정책입안에 영향력을 가진 의원 집단의 저항 때문으로 비쳐지지만 실제로 큰 문제가 되고 있는 것은 일본의 고유한 그리고 견고한 행정문화의 주술적 상황(呪縛)이 아닐 수 없을 것이다.

이러한 행정문화의 본질을 탐구하기 위해서라도 일본 행정제도의 구조와 기능을 올바르게 이해하지 않으면 안 된다. 이 책은 이러한 요청에 답하기 위해 제도의 구조와 기능을 이론적으로 정리함과 동시에 그 성립을 설명하여 일본의 고유한 행정제도의 본질을 쉽게 이해하도록 배려하였다.

행정제도는 물론 문화의 산물에 지나지 않는다. 사람은 그가 자란 환경에서 결코 자유로울 수 없듯이 행정도 그 발전 토양에서 지대한 영향을 받게 된다. 이러한 점에 착안하여 이 책은 다음과 같이 구성되었다.

제1장에서는 메이지 유신이라고 하는 일종의 엘리트 혁명을 거쳐 어떻게 일본의 관료제가 성립되어 왔는지 개관하고 당시 정치적 대립의 기둥과 기축(機軸)을 명확히 논하고 있다.

행정관료제의 발전은 당시의 정치동향과 밀접히 관련되어 있다. 메이지 정부는 태정관제(太政官制)를 부활시키고 "천황 친정"과 "공의(公議) 여론의 존중"을 일종의 모토로 높이 제기하였다. 후자는 국회개설운동으로 연계되어 실제로 일본에서도 의회정치가 시작되었지만 정부는 이에 앞서 내각제도를 발족시켜 행정주도형 국가 형성을 지향하게 되었다.

그러나 메이지 헌법에 규정되어 있는 대신(大臣, 장관)의 단독보필책임제와의 충돌을 피하기 위해 채용한 내각관제(內閣官制)로 인해 행정의 일원화는 후퇴할 수밖에 없었다. 또한 의회의 개원으로 정부는 예산 통과와 의회 조정에 큰 노력을 기울이게 되었다.

다이쇼(大正) 데모크라시를 거쳐 일본에도 정당정치가 활성화되는 듯했지만 1940년대에는 전시체제로 전환되어 통제경제의 색채가 강화되었다. 패전으로 일본은 미군정하에 들어갔고 미국의 대일점령정책의 전환에 따라 관료제는 온존하는 경향을 보이게 되었다.

1955년 이후 자유민주당의 장기집권이 지속되고 정관유착체질이 형성되었다. 1980년대부터 90년대에 걸쳐서는 정치개혁과 행정개혁이 추진되어 정계(政界)도 다당제 시대를 맞이했고 관료사회에도 개혁의 파고가 영향을 미쳤다.

제2장에서는 이러한 총론에 의거하여 일본 행정의 기둥이라고 할 수 있는 내각제도의 형성과 발전, 개혁의 과정이 다루어진다. 근대 관료제는 태정관제에서 출발한다. 메이지 초기의 관료기구는 혁명적 변혁의 영향에 의해 고양이의 눈과 같이 민감하게 변화되었다. 메이지 6년(1873)과 14년(1881)의

정변을 극복한 신정부는 메이지 18년(1885)에 드디어 내각제를 채용한다.

그때까지의 태정관(太政官)은 태정대신을 장(長)으로 하는 독임(獨任)기관이었던 데 반해 내각제는 대신에게 책임을 명확히 요구하는 '재신(宰臣)회의'의 색채가 농후하였다. 내각제 발족 시에 채용된 '내각직권(內閣職權)'은 총리대신에게 다른 각료에 대한 강력한 통제권을 인정한 것이었지만 메이지 헌법 제정 시에는 단독보필책임제에 저촉되는 것을 피하기 위해 '내각관제'로 전환하였다. '내각관제'는 각 대신의 보필 책임을 고려해 상대적으로 총리대신의 통제권을 축소하였기 때문에 내각으로서의 일체성은 훼손되었다.

메이지 헌법에서 통치권의 총괄책임자는 어디까지나 천황으로 내각에 대한 규정을 일절 찾아볼 수 없었다. 내각은 천황에 대해 보필 책임을 가지는 각료의 협의기관이었기 때문에 제국의회보다 우월한 지위를 확보하였다.

조각(組閣)은 당초에는 번벌(藩閥)지도층(메이지 유신 주요 세력)에서 각료를 선출하는 것이 관례였지만 정당 세력이 서서히 성장함에 따라 정당인이 입각하는 길이 열렸다. 시대가 흘러 정당내각이 출현하고 정권 운영을 위해 정당과의 연계가 불가결하게 되었다.

그러나 쇼와(昭和) 공황 이후 정당은 부패하여 내리막길을 걷게 되었다. 원로의 연이은 타계로 후계수반은 중신(重臣)회의를 거쳐 내대신(內大臣)이 추천을 맡게 되었다. 5·15사건 이후 정당내각은 종언의 길을 걸었고 시대는 전시체제로 가고 있었다. 내각은 총동원체제에 부응한 종합조정기능이 기대되었지만 행정의 일원화는 원활하게 진행되지 않았다.

전후(戰後) 주목되는 것은 신헌법하에서 의원내각제의 채용이다. 이와 함께 내각 총리대신의 권한이 상당 수준 확장되면서 내각의 일체성이 강화되고 의사의 신속한 통일이 도모되었다. 그러나 국무대신은 행정장관을 겸임하는 경우가 대부분이어서 국가 이익과 부처(省) 이익 사이에 갈등이 초래되는 문제가 발생하기도 하였다. 전체적으로는 관료 주도에서 정치 주도의 방향으로 행정기구와 행정조직이 변화해 가고 있었다.

제3장에서는 제2차 세계대전 전 관료(官僚)제도의 연혁을 추적하면서 공무원제도의 형성과 발전을 검토하였다. 우선, 1886년(메이지 19) 제정된 각 중앙부처 관제(省官制)에 의해 각 성(省)의 조직과 직책, 권한 등이 명확해졌다. 관료의 등급은 칙임관(勅任官), 주임관(奏任官), 판임관(判任官)으로 분류되었다. 1887년(메이지 20)에는 〈문관시험시보 및 견습규칙〉과 〈관리복무규율〉이 공포되고 시험제도가 정비되어 관리(官吏)가 취해야 할 규율이 정해졌다. 고등문관시험으로 이른바 고문조(高文組)라는 엘리트관료도 탄생하게 되었다.

정당내각시대가 도래하면서 문관임용령의 개정을 둘러싼 공방이 점차 격화되어 갔다. 정당내각은 자유임용이었던 칙임관에 정당인을 등용하고자 했는데, 초연주의(超然主義) 입장에 선 야마가타(山縣) 내각은 문관임용령을 개정하여 역으로 그 문을 폐쇄하였다. 관리의 임용이나 이동이 정쟁에 의해 좌우되는 시대였다고 할 수 있다.

전후에는 새로운 일본국 헌법이 제정됨에 따라 공무원의 모습이 크게 변화되었다. 모든 공무원은 국민 전체의 봉사자라는 점이 명기되었고 전쟁 이전 "천황의 관료"라는 관념은 사라지게 되었다.

국가와 개인과의 법적 관계도 정비되었다. 공무원의 불법행위로 손해를 입었을 때 법률의 규정에 따라 국가 또는 공공단체에 그 배상을 요구할 수 있도록 헌법에 규정하였고, 국가배상법 등의 관계 법규도 제정되었다. 공무원의 책임과 개인의 보호에도 주의를 기울이게 되었고 공무원이 행한 위법한 처분, 부작위뿐만 아니라 부당한 처분 등에 관해서도 심사청구, 이의신청 등을 할 수 있게 되었다.

전후의 공무원제도를 특징짓는 것으로 인사원(人事院)이 있다. 인사원은 인사행정의 종합조정기관으로서 GHQ의 간접 통치하에서 진행된 점령개혁의 산물이었다. 끊임없는 재편의 움직임을 극복하면서 인사원은 과학적 인사행정을 목표로 광범위한 준입법권과 준사법권을 가지는 기관으로서 활동하고 있다.

다음으로 전후 지속적으로 다투어 온 공무원의 노동기본권(勞動基本權)에 관해 검토하였다. 공무원의 파업이 소송에 의해 다투어져 온 경위를 돌아보면서, 공무원에 노동3권이 제한되어 있는 배경과 문제점을 지적하였다.

중앙부처의 인사행정은 내각과 인사원에 의해 관리되지만 일상적인 인사관리는 임명권자인 대신에게 위임된다. 각 대신은 복무관리자로서도 공무원의 인사관리를 하도록 요구받는다. 일반적으로 각 부처(省廳)에서는 임명권을 부처 내(部內)의 상급 공무원에 위임하여 각종 인사가 이루어진다.

공무원이 직무수행상 능률을 높이는 데 태만히 하거나 조직의 규율 및 질서를 어지럽히는 경우는 공무원의 신분보장을 전제로 한 분한처분(分限處分)이 요구된다. 공무원이 직무규정을 위반하고 공무 운영의 질서를 어지럽힌 경우에는 징역 처분이 행해진다. 공무원의 인사관리는 광범위하며 시험제도를 통한 승진이나 퇴직도 시야에 두고 있다.

이러한 공무원제도에도 개혁의 물결이 도래하게 되었다. 하시모토(橋本) 내각에서부터 오부치(小渕) 내각에 이르기까지 논의가 진전되어 2001년에는 〈공무원제도개혁대강〉이 내각 회의에 부쳐져 그 구체화가 검토되었다.

제4장에서는 메이지 유신 전후부터의 지방제도 발전과정이 기술되었다. 메이지 정부는 초기부터 과감히 지방의 단계적 정비를 단행하였다. 부·번·현(府藩縣) 3치제가 도입되고 곧 이어서 번치직제(藩治職制)를 제정하여 부·번·현의 "3치일치(三治一致)"를 강조하였다. 이것을 구체화한 것이 판적봉환(版籍奉還)이다. 그러나 이것은 자치적인 측면에서 진전이 아니라 대장성의 부·현에 대한 재정적인 통제 수단이 되었다.

예를 들면 흉작의 실정을 묵살한 가혹한 정치에 지방관이 강하게 반발하여 중앙의 의향에 반대되는 조세감면(貢租減免) 조치가 취해진 적도 있었다. 결국 이러한 움직임은 민부성과 대장성의 분리(民藏分離)를 초래하고 나아가 폐번치현(廃藩置県)으로 귀결되었다.

그러나 새롭게 창출된 체제는 중앙에 의한 지방통제라는 점에서 큰 변화는 없었다. 호적법과 더불어 강구된 대구(大區)·소구(小區)제는 원래 징병과 징세가 주요 목적이었으므로 자치적인 존재로서 3신법(新法) 이전의 부현회와 대구소구제·정촌회 등 이른바 지방민회가 열려 지방주민에 지방행정을 주지시키는 기능이 있었다.

대장성 비판은 그 이후에도 끊임없이 제기되었고 정부는 내정 전담의 종합관청으로서 내무성을 창설하였다. 또한 오사카 회의의 합의에 의해 지방관 회의가 설치되어 지방행정의 중요사항이 논의되었다.

지방행정이 새로운 국면을 맞이한 것은 3신법 제정이 그 계기였다. 군구정촌편성법(郡區町村編成法)에 의해 대·소구가 폐지되고 옛 관습을 존중한 정촌이 부활하였다. 부현회(府縣會) 규칙으로 공공선거에 의해 선출된 의원들에 의해 부현회가 설치된다. 지방세 규칙에서는 기존의 주민세(民費)와 부현세를 지방세로 하고 지방세에 의해 지불해야 할 항목(費目)을 설정하였다. 외견상 이러한 새로운 제도는 지방자치의 진전으로 볼 수 있지만 여전히 군의 수장(郡長)이 관선이라는 점 등 중앙통제의 색채는 남아 있었다.

마쓰카타(松方) 디플레이션이 단행되면서 지방재정은 여지없이 일제히 궁핍화되었다. 이러한 시대 상황을 배경으로 자유민권운동이 고양되고 부현회 수준에서도 자치적 양상이 심화되었다.

의회의 개설, 헌법의 제정에 발맞추어 지방자치제도의 정비가 도모되었고 알베르트 모세를 초빙하여 야마가타 아리토모(山県有朋)를 중심으로 시제·정촌제를 발족시켰다. 부현제(府縣制), 군제(郡制)도 정부 내의 저항에 직면하기도 했지만 성립되었다.

다이쇼 데모크라시 시대에는 정당정치의 활성화에 동반하여 지방자치권을 확충하려는 움직임이 나타났다. 이 시기에 하라 다카시(原敬) 내각하에서 정촌의 기능 확대, 재정부담의 삭감을 목표로 군제가 폐지되었다.

전후에는 정치 이념의 민주적 전환에 의해 지방자치제도가 비약적으로 성장하였다. 지사(知事)의 직접공공선거제와 직접청구제도를 비롯한 다수의 민주적 개혁으로 지방자치가 실현되었다. 새로운 중앙집권화 시대를 경험한 후 현재는 지방분권화 시대에 돌입해 있다.

제5장에서는 3대 시(市)를 출발점으로 대도시제도의 형성과 발전과정을 설명하고 있다. 메이지시대 중엽에 도쿄, 오사카, 교토의 3대 시에는 시제(市制)특례가 설치되었다. 3대 시에서는 부지사(府知事)가 시장을, 부(府)서기관이 조역(助役)을 겸임하였고 시참사회는 부지사, 부서기관, 명예직 참사회원에 의해 조직되었다.

이외에도 특례가 있어 부(府)의 지출을 충당해야 할 부세(府稅)를 시·군부로 나누어 재정적 조치를 강구하였다. 얼핏 보면 특례에 의해 보호되어 있는 듯 보이지만 실제로는 그만큼 국가의 강한 통제를 받고 있는 것이다.

3대 시의 특례제도는 간부 자리에 내무성 관료를 배치하였으나 말단·하부의 의견이 충분히 중앙에 전달되지 않는다는 비판이 강하게 제기되어 결국은 폐지되었다. 하지만 일반 시(市)와 마찬가지가 되었다 하더라도 인구가 급증하는 등 특단의 대응이 필요하게 되었고 부현(府縣)의 통제를 싫어하는 특별시 운동을 위해 부·현지사의 감독권을 완화한 〈6대도시 행정감독에 관한 법률〉 제정이 이루어졌다.

제2차 세계대전 후에는 지방자치법에 기초하여 특별시제도가 생겨났다. 이에 따라 부현과 대도시와의 이중 행정의 폐해를 제거하고 행정의 통일성을 지향하고자 하였다. 그러나 이 제도는 잘 정착되지 못하고 1956년(쇼와 31) 지방자치법을 개정하여 오늘날의 정령지정도시(政令指定都市)제도로 발족되었다.

일본의 지방제도는 도·도·부·현(都道府縣), 시·정·촌(市町村)에 의한 2층 구조로 수도인 도쿄가 도(都)가 된 것은 1943년(쇼와 18)이다. 도제(都制)는 약간 복잡하여 특별구의 권한이나 재원은 다른 시정촌과는 다르다. 원래 도부현(道府縣)이 행하는 권한을 행사하기도 하는데, 시정촌이 행해야 할 권한을 특별구가 아닌 도(都)가 행사하고 있다. 세금 징수도 시정촌과는 달리 변칙적이다.

이러한 것들에 의해 도(都)와 구(區)의 관계도 복잡하다. 특별구가 다른 시정촌과 마찬가지로 기초적인 지방자치단체로 자리매김하는 데에는 상당한 시간을 필요로 하고 있다.

이외에 이 장에서는 대도시가 안고 있는 고유의 행정과제에 대응하기 위해 정부가 정령(政令)으로 지정한 시에 대해 도·도·부·현으로부터의 권한위양을 일정 사무에 관해 시행하는 정령지정도시제도와 1994년의 지방자치법 개정에 의해 창설된 중핵시제도, 또한 선행적(Pilot) 자치단체 등에 관해 논하고 있다.

제6장에서는 메이지시대부터 광역행정제도의 형성과 발전을 부각시켰다. 우선 메이지시대의 대합병에 관해서는 이에 앞선 과정을 시야에 두고 있으며 학제(學制)와 징병제, 토지세(地租) 개정 등 새로운 정치의 수행으로 막부(幕藩)체제하의 정촌 규모에서는 대응하기 어려웠던 점을 지적한다. 초기부터 단계적으로 진행되어 온 재편에 의해 자연촌은 행정촌으로 변모해 갔다. 내무성의 방침으로 3신법체제 전후는 정촌합병이 금지되었다. 자유민권기의 혼란을 피하는 조치였지만 재정적인 관점에서 정촌연합은 용인하지 않을 수 없었다.

호장(戶長)의 정치화와 지방행정·재정의 혼란에 직면한 정부는 이른바 '메이지 17년의 개정'을 단행하여 호장 관할 구역의 확대, 호장의 관선화, 정촌회의 통제 강화, 정촌 비용의 감독 강화를 실시하였다. 이러한 개정에서 특히 유의할 점은 정촌연합체로서 호장사무소가 설치되긴 했지만 합병에는 이르지 못하였다는 것이다.

시제정촌제가 시행되어 행정수요가 증대하고 재정부담이 커짐에 따라 합병에 대한 요구가 발생하고 있다는 중앙정부 논리하에 메이지 대합병이 진행되었다.

1890년(메이지 23)에는 부현제·군제(府縣制郡制)가 성립하였다. 정부는 군수(郡長)의 급여를 국고로 지불하는 등 중앙집권적 성격을 부여하였다. 이 때문에 군은 광역행정체로 간주하기가 어려웠다. 정부, 특히 야마가타는 부현제·군제의 제정을 급하게 서둘렀다. 물론 국회 개설의 정치적 여파와 조약 개정을 염두에 둔 것일 것이다.

정당세력이 신장되면서 군제 개정이 도마 위에 오른다. 정우회(政友會)가 대두되고 내무성으로부터 야마가타 계열의 관료가 배제되면서 군제폐지안이 의회에 제출되었다. 그리고 시대는 관료의 정당화로 향하게 되었다.

하라(原)가 정촌합병과 군제 폐지를 지향한 반면, 이에 대응하여 가쓰라(桂) 내각은 지방개량운동을 들고 나왔다. 그 담당자는 히라타 하루스케(平田東助)였다. 그러나 하라 내각이 성립되면서 군제는 폐지되었다. 양자가 타협하지 않을 수 없었던 것은 정촌의 자치 기반과 재정 기반의 확보였다. 이러한 결과, 광역행정제도가 요구되었다.

쇼와(昭和) 첫해에는 도주제(道州制)론이 일시적으로 도마에 올랐다. 그러나 부현합병이나 도주제론은 내무성의 강경한 반대로 포기하지 않을 수 없었다. 준전시체제로 바뀌면서 또다시 도주제론이 논의되었다. 전시체제하에선 부현 스스로는 산업정책을 요구하더라도 한계가 있었기 때문이다.

제2차 세계대전 후에는 쇼우프 권고와 간베(神戶) 권고를 통해 시정촌합병이 논의되었다. 고도성장기가 되면서 공업정비특별지역촉진법 등이 생겨나 시정촌합병은 단숨에 진행되었다. 그러한 흐름은 헤이세이(平成) 대합병이라는 새로운 단계에 돌입해 있다.

제7장에서는 행정관리의 의미를 파악한 후, 그 이론적인 변천을 개관하면서 행정관리의 기초인 동기부여와 리더십에 관한 설명을 덧붙였다. 현대 일본 행정뿐만 아니라 여러 나라에서 큰 관심을 가지고 있는 신공공경영론(NPM)의 전개도 추적하고 있다. 행정관리론은 좁은 의미에서는 "정권을 강화하기 위한 학문"으로 이해하지만 다른 한편 광의의 의미에서는 "행정상의

무언가를 관리하는 것"이라는 정의에서도 볼 수 있듯이 상당히 다의적인 측면을 가지고 있다고 본다.

이것은 행정관리의 이론적인 변천을 검토함으로써 이해가 가능하다. 즉, 처음에는 직장 상사가 부하를 관리하는 초급관리 또는 중급관리에서부터 출발한 행정관리론이 점차 조직 전체의 편성이나 재편을 염두에 둔 상급관리로 이론적인 관심이 옮겨감에 따라 행정관리론의 초점도 이동하게 되었다.

이러한 행정관리의 이론적인 전개를 살펴본 후 동기부여와 리더십이라는 행정관리의 기초적 용어에 접근을 시도하였다. 최근의 실증 연구 성과를 토대로 새로운 이론 동향까지 소개하는 것을 염두에 두었다.

신공공경영론(NPM)은 오늘날까지도 정식 일본어 번역 용어가 없는 실정이다. 신행정관리론이나 신공공관리론으로 번역되는 경우도 있다. 신공공경영론은 각국의 행정개혁조류에 의해 전개되어 왔기 때문에 이론적으로 명확한 정의를 내리는 것이 그리 용이하지는 않다. 그러나 그 동향을 소개함으로써 행정관리를 전망할 수 있다는 점에 관심을 두고 있다.

제8장에서는 행정활동은 법률에 의해 실행되어야 한다는 "법률에 의한 행정원리"의 기본을 이해하고 동시에 그 주요 과제에의 접근을 시도하였다.

법률에 의한 행정원리는 현대행정의 근간을 이루는 대원칙이다. 그러나 지금까지 행정학은 이 원리를 어느 정도 필요한 것으로만 다루어 왔다는 생각이 있다. 이에 최근의 행정학 성과를 도입하면서 이 원칙의 이론적인 측면뿐만 아니라 실무 면에도 염두를 두어 그 개요를 소개하였다.

이에 정령(政令)이나 요강(要綱) 등 행정입법에 관해 유형화를 제시한 후 일본 행정에서도 행정절차법과 정보공개법의 제정 또는 정책평가법의 제정 등 점차 행정활동의 투명화에 대한 요청이 진행되고 있다는 점을 설명하고 있다.

또한 행정입법과 이를 둘러싼 환경변화에 대한 이해를 구한 후 이 가운데에서도 일본의 지방자치단체에서 큰 관심이 되고 있는 행정입법에 대한 시민참여와 시민입법에 관해서 다루었다.

제9장은 조직편제의 이론을 간단히 소개한 후에 일본의 행정기구에 관하여 그 제도와 의사결정구조인 품의제(稟議制)에 관해 설명한다. 이를 토대로 최근 행정조직편제의 초점인 민영화와 독립행정법인화와 같은 행정기구의 아웃소싱에 관해 언급하고 있다.

하시모토(橋本) 행정개혁을 거쳐 2001년 1월부터 새로운 중앙부처로서 성청(省廳)체제가 채용되었다. 메이지 초기 이후 전통을 가진 대장성은 재무성으로 그 모습이 바뀌었고 후생노동성과 국토교통성과 같은 거대 관청이 등장하였다. 이러한 기본적인 구조에 관해 설명을 더하고 있다.

이를 토대로 품의제, 대실주의(大部屋主義, 오베야주의), 부처주의와 같은 일본 행정관료제의 주요 특색에 관한 개요를 정리하였다. 더욱이 일본 행정개혁 논의 가운데에서 얻은 하나의 결론인 '행정의 수비범위론'에 관해 기술한 후 민영화, 민간위탁, 독립행정법인화와 같은 최근 행정개혁의 구체적인 정책과제인 행정기구의 아웃소싱에 관한 다양한 측면에 대해 심층적 이해를 더하고자 하였다.

제10장은 대부분의 초급자가 이해하기에 쉽지 않은 이론과 모형과의 관계를 평이하게 설명한 후에 정책결정 모델 가운데 대표적인 모델인 합리적 의사결정 모형, 한정적 합리성과 점증주의, 쓰레기통 모형과 정책의 창(窓) 모형에 관해 설명을 부가하고 있다.

이론과 모형, 규범(規範) 모형과 기술(記述) 모형과의 차이점에 관해 설명한 후 모형은 "단순화를 위한 가정에 의해 구조화된 것이다"라는 요약에 도달하게 된다. 독자는 이러한 추론의 과정 그 자체가 이론적인 사고의 흐름에 있다는 점을 틀림없이 깨닫게 될 것이다. 또한 모형이 왜 필요한가라는 모형의 유용성도 언급함으로써 행정이론 연구가 비교공공정책 연구도 사정거리에 두고 있다는 점을 나타내고 있다.

그리고 의사결정에서 합리성이라는 이념을 제시하면서 합리적 의사결정 모형과 점증주의 그리고 쓰레기통 모형과 정책의 창 모형과 같은 비교적 최근의 이론 동향에도 주의를 기울여 정책결정 모형에 대한 이해를 심화해 가고자 하였다.

이러한 이론 모형을 이해함으로써 행정학 이론 모델이 정치학 모델과는 상당한 차이가 있으며 객관적인 제3자적 모델이라기보다는 오히려 현실의 정책과제에 대처하는 행정관료에 초점을 둔 처방전 모형을 지향하고 있다는 견해를 이끌어내게 될 것이다.

제11장은 정책과정과 정책입안에 대한 기초지식의 깊은 이해를 위해 배려하고 있다. 행정시스템이나 정책순환과 같은 이론적인 용어에 관해 설명을 덧붙인 후 일본의 법률제정과정, 예산편성과정, 조례제정과정을 들어 그 개요를 제시하고 예산과 결산 기능 그리고 그 과제에 관해 이해를 제고하고자 하였다.

법률제정과정에 관해서는 행정기구 내에서의 제정과정뿐만 아니라 여당 내에서의 심사과정이나 국회에서의 제정과정에 관해서도 언급함으로써 그 전체 모습을 큰 관점에서 제시하고자 하였다. 특히 지금까지 주로 정치학 영역에서 많은 실증 연구가 이루어져 온 입법과정 연구가 행정학에서도 많은 시사를 얻을 수 있다는 점을 이해할 수 있을 것이다. 또한 연립정권하에서의 제정과정의 특색을 언급함으로써 최신의 이론적 동향을 소개하는 데에도 노력을 기울였다.

예산편성과정에 관해서도 성청(省廳) 재편 후의 변화된 모습을 토대로 그 개요의 이해가 가능하도록 배려하고 있다.

또한 자치단체 조례제정에 관한 설명을 부가하였다. 지방분권화가 진행되는 가운데 지방정부로서 향후 자치단체가 수행해야 할 역할을 염두에 두어 조례제정의 개요에 관해 의회와 주민과의 관계에 대해서도 기술하였다.

이를 토대로 예산 순환, 예산편성 이론, 회계검사와 같은 행정활동에서 예산·결산 기능에 대한 이해를 제고하고자 하였다.

제12장에서는 정부의 정책실시과정에 관한 기초적인 이론을 개관한 후, 정책의 도출과정, 정책의 사회에 대한 효과와 같은 시행 측면에 관해 설명을 더하고, 정책집행의 새로운 측면인 규제완화, 민간위탁, 민간의 자립자조와 같은 기초적인 용어에 대한 이해를 심화하였다. 또 정책 시행과 관련하여 최근의 이론 동향인 정책혁신, 정책파급과 정책이전을 소개하고 있다.

정책실시과정에 관한 연구는 일본에서 비교적 최근까지 거론되지 않았던 이유에 관해 설명하였다. 특히 정·관관계론(政官關係論)이나 중앙·지방론(中央地方論)과 함께 상급 관료에 대해 관심이 높았던 점을 언급하고 있다.

정책집행이 사회에 미치는 영향은 규제행정과 서비스행정으로 행정활동을 분류한 후, 각각의 효과에 대해 행정관료의 시점에 비추어 설명하였다. 제일선 직원의 행정활동인 스토리레벨의 관료제에 관해서도 언급하였다.

정책집행활동의 새로운 선택안은 큰 정부에서부터 작은 정부로 전환하는 가운데 "정부실패"에 대처하는 방법으로서 규제완화, 민간위탁, 민간의 자립자조와 같은 시행수단이 있다는 것을 지적하고 이들의 특색에 관하여 설명하고 있다. 이를 토대로 정책혁신과 정책파급에서는 정책순환을 염두에 두고 행정관료의 관점에 서서 새로운 정책의 채택과 전개에 관하여 이해를 돕고자 하였다.

제13장은 행정이론의 전통적인 행정통제론과 행정책임론에 대한 이해 제고를 염두에 두고서 정보공개제도, 옴부즈맨, 거버넌스, 행정과 주민과의 협동과 같은 새로운 동향에 대해서 설명하고 있다.

행정통제의 바람직한 모습에 관해 살피면서 전통적인 외재적 통제와 내재적 통제 그리고 제도적 통제와 비제도적 통제와 같은 기초적 용어에 대한 이해를 제고하고자 하였다.

의회제 민주주의와 행정책임과 관련해서는 행정책임론에서 필요로 하는 'Accountability'와 'Responsibility'에 관해 설명한 후 정보공개제도의 도입과 문제점, 옴부즈맨제도, 행정책임과 공무원의 적극적 책임이라는 현대 일본 행정이 직면한 행정책임의 새로운 측면에 대해 이해를 제고하였다.

거버넌스와 주민협동에 대해서는 신공공경영론(NPM)의 추이와도 관계를 가지고 전개하고 있는 거버넌스에 관해 설명을 부가한 후 행정학의 향후 큰 과제이기도 한 행정과 주민의 협동에 관해서도 기술하고 있다.

이와 같이 제2부 행정학의 기초이론에서는 행정학의 기초적인 용어에 관해 가능한 밀도 있는 설명을 하도록 노력함과 동시에 최근의 이론 동향과 새로운 과제도 같이 언급토록 하였다.

우리 두 사람의 편저자를 함께 학부, 대학원 시절부터 20년 이상 지도한 쇼비가쿠엔 대학(尙美學園大學) 총장 호리에(堀江) 선생님께 이 자리를 빌려 깊은 감사의 뜻을 전한다. 선생님이 지방분권추진위원회에 참가한 후 그 문하생 중에는 행정학과 공공정책을 전공으로 하는 연구자가 점차 증가하였다.《일본 행정의 역사와 이론》이라는 책을 집필하는 데 몰입하게 된 것도 선생님으로부터 받은 은혜의 보답이라 할 수 있다.

기획에서 출판에 이르기까지 단기간임에도 불구하고 또한 다수의 집필자가 있는 가운데 편집에서 간행에 이르기까지 친절하고 정중히 대응해 주신 아시쇼보(芦書房)의 사토(佐藤) 씨에게도 진심으로 감사의 뜻을 전한다.

2004년 12월

가사하라 히데히코(笠原英彦)·구와바라 히데아키(桑原英明)

차례

## 제2부 일본 행정학의 기초 이론

### 제7장 행정활동의 관리



### 제8장 법치행정원리와 행정재량



### 제9장 일본 행정기구



### 제10장 정책결정이론과 모형

제1부

# 일본 행정의 역사와 제도

# 제1장 일본의 정치와 행정

## 1. 메이지 유신(明治維新)과 정책 관료

1867년(게이오〔慶応〕 3) 10월 14일, 에도(江戸)막부의 제15대 쇼군 도쿠가와 요시노부(徳川慶喜)[1]가 전임 고치현 영주(土佐 高知藩主) 야마우치 도요시게(山内豊信)[2]의 권고를 받아들여 다이세이호칸(大政奉還)[3]을 상소함에 따라 막부의 통치권이 조정에 반환되고 에도막부는 그 막을 내린다. 이는 사쓰마(薩摩, 현 가고시마현 일대)·조슈(長州, 현 야마구치현 일대) 등 무력으로 막부를 쓰러뜨리려는 무리[4]의 기선을 제압하고, 같은 날 제출된 막부 토벌의 밀칙(密勅)을 무효화시키는 데 그 주요 목적이 있었다. 그러나 사쓰마번(薩摩

1 에도막부(江戸幕府) 제15대 세이이타이쇼군(征夷大将軍, 막부 무사정권의 최고직)이다. 1866년부터 다이세이호칸(大政奉還)이 있었던 1867년까지 쇼군 자리에 있었다. 쇼군으로서의 집무를 에도성에서 하지 못했던 유일한 쇼군으로, 14대 쇼군 도쿠가와 이에모치(徳川家茂)의 서거 후 에도막부 최후의 쇼군으로 취임했다가, 다이세이호칸으로 메이지 천황(明治天皇)에 정권을 바치고 쇼군의 자리에서도 퇴임한다.

2 도사번(土佐藩) 15대 영주(藩主). 막부 말기 개혁을 단행하여 막부 말 4현인으로 평가받기도 하지만 막부 말기의 시류에 편승하여 처신한 것으로 평가받기도 한다.

3 에도시대 말기 1867년 11월 9일에 제15대 세이이타이쇼군 도쿠가와 요시노부(徳川慶喜)가 통치권(大政)을 조정(천황)에게 반려하도록 요청한 정치 사건이다.

4 막부타도운동(倒幕運動)은 주로 에도시대 후기, 막부 말기에 에도막부를 타도하고 정권 탈취를 목적으로 한 막부 말의 정치운동을 의미한다.

도쿠가와 요시노부

藩)[5]의 사이고 다카모리(西郷隆盛), 오쿠보 도시미치(大久保利通) 그리고 구게〔公家〕[6] 계급의 이와쿠라 도모미(岩倉具視) 등은 도쿠가와 집안이 여전히 최대 다이묘(大名)[7]로서 우위를 점하는 정치상황을 타개하기 위하여 같은 해 12월 8일에 쿠데타를 일으켜, 왕정복고의 대호령[8]을 내리고 메이지(明治) 정부의 창설을 선언한다. 또 다음 날 밤 어전회의(小御所会議)[9]를 개최하여 도쿠가와 요시노부가 부재한 상황에서 그 관직과 영지를 조정에 반환시키는 사관납지(辭官納地)를 결정함으로써 도쿠가와 일가의 영향력을 완전히 배제시키고자 하였다.

공의정체파(公議政体派)[10]와의 정부 주도권을 둘러싼 대립에서 무력으로

---

**5** 현재의 가고시마현(鹿児島県) 전역과 미야자키현(宮崎県)의 일부를 포함하는 것 외에 류큐왕국(琉球王国, 현재 오키나와)을 복속시켰다. 사쓰마번(薩摩藩)은 통칭이며, 정식 명칭은 가고시마번(鹿児島藩)이다. 번(藩, はん)은 제후(諸侯)가 다스리는 영지 또는 그 통치 조직을 말한다. 에도시대에 1만 석(石) 이상의 영토를 보유하는 봉건영주인 다이묘(大名)가 지배한 영역과 그 지배구조를 가리켜 번(藩)이라 한다.

**6** 메이지시대까지 일본 천황을 가까이에서 모신 교토 일대의 귀족들을 말한다. 대부분은 헤이안 귀족의 자손들이고, 가마쿠라시대 이후 무력으로 새롭게 등장한 무가(武家)에 상대되는 고귀한 집안의 이미지가 강하다.

**7** 무가사회(武家社会)에서 많은 영토와 부하를 소유한 무사를 의미하는 용어이다. 에도시대에는 주로 막부로부터 1만 석 이상의 영토를 받은 무사 집안을 가리키는 용어로 사용되었다.

**8** 1868년 1월 3일, 조정회의가 끝나고 귀족들이 퇴청한 후, 대기해 있던 사쓰마번 병사들로 구성된 군대에 의해 교토어소9문(京都御所9門)이 폐쇄되었다. 천황거처(御所)에의 출입은 번병(藩兵)에 의해 엄격하게 제한되었고, 이에 놀란 니죠 섭정(二条摂政, 니죠 나리유키 섭정)이나 구노시미야(久邇宮朝彦親王, 막부 말기부터 메이지시대 초기의 황족)도 참배가 금지되었다. 이러한 가운데 사면된 지 얼마 안 된 이와쿠라 도모미(岩倉具視)가 참배하여 천황 거처 내 학문소(御所内学問所)에서 메이지 천황이 자리 한 후, 왕정복고의 대호령(大号令)이 내려진다. 내용은 섭정제도(摂政·関白), 막부를 폐지하고 총재, 의정, 참여의 3개 직을 두는 것으로 천황에 의한 신정부(新政府)의 성립을 선언함과 동시에 도쿠가와 막부의 종식을 의미하였다.

**9** 그날 저녁, 천황의 황거(皇居) 고고쇼(小御所)의 메이지 천황 어전에서 신체제 최초 회의가 열렸다.

**10** 막부 말기부터 메이지 초기에 걸쳐 의회제도를 도입하여 공공의 여론(公議輿論)을 형성함에 따라 일본의 의사결정 및 통일을 도모하고자 하는 정치사상가들이다.

사이고 다카모리

오쿠보 도시미치

이와쿠라 도모미

막부를 쓰러뜨리려는 일파는 구 막부 세력과의 전쟁을 기획하였고, 에도에서의 파괴활동 등으로 구 막부 측을 지속적으로 자극하였다. 일련의 도발행동에 분개하여 에도 사쓰마번의 저택을 불태운 구 막부 신하들은 교토로 진군하여 1868년(메이지 1) 1월 2일, 교토 외곽에서 정부군과 충돌한다. 그 결과 사쓰마, 조슈 두 개 번을 주력으로 하는 정부군이 승리하여 무력으로 막부를 쓰러뜨리려던 일파가 정부 주도권을 장악하였다. 그 후 정부는 도쿠가와 요시노부와 아이즈번(会津潘, 현 후쿠시마현 지방)의 주인인 마쓰다이라 가타모리(松平容保) 등을 조정의 적으로 추방한다. 에도에서는 옛 막부 측의 가쓰 가이슈(勝海舟)와 정부 측의 사이고 다카모리와의 회담으로 무혈입성하였지만 도호쿠(東北), 호쿠리쿠(北陸)에서는 아이즈번의 지원을 위해 오우에쓰렛반도메이(奥羽越列藩同盟)[11]가 결성되었다. 정부군은 아이즈 지역과 나가오카(長岡)에서의 격전을 제압하고(아이즈 전쟁, 호쿠에쓰〔北越〕 전쟁), 다음 해 5월에는 하코다테(箱館)에서 저항하고 있던 에노모토 다케아키(榎本武揚) 등을 항복시켜(하코다테 전쟁) 도바·후시미노(鳥羽·伏見の戦い) 전쟁 이후 약 1년 반 만에 이르는 보신 전쟁(戊辰戦争)[12]을 종결시켰다. 지금까

11 보신 전쟁(戊辰戦争) 중에 무쓰노쿠니(陸奥国, 奥州, 현 동북 지방 이와테현), 데와노쿠니(出羽国, 羽州, 현 야마가타현과 아키타현), 에치고노쿠니(越後国, 越州, 후쿠이·야마가타현 일부 지방)의 여러 번(藩)이 신정부의 압력에 저항하기 위하여 결성한 동맹이다. 오늘날의 동북 지방들이 대부분이다.

대정봉환도

지 서술한 1867년 10월부터 도쿠가와 요시노부의 다이세이호칸 이후 신정부가 그 지배력을 확립하기까지 일련의 정치 변동을 가리켜 우리는 메이지 유신(明治維新)이라 부른다.

이 시기 일본의 메이지 정부는 창설 시의 혼란도 있고 해서 정부기구를 빠른 속도로 변화시켰다. 우선 창설과 동시에 3직(職) 7과(科)제를 채용하지만 곧이어 이것을 3직(職) 8국(局)제로 개정하여 1868년 3월 14일에 공공 여론 존중과 개국 화친을 구가하는 〈5개조 선언문〉을 반포했다. 이를 계승하여 중앙정부의 삼권분립과 지방에서의 부(府)·번(藩)·현(縣)의 3치제를 규정한 정체서관제[13]로 기구를 전환한다. 또 1869년(메이지 2) 7월 8일에는 고대의 율령에 따라 2관 6성에 의한 태정관제[14]를 정부기구로 하는 복고적인 외형을 가진 직원령체제(職員令体制)를 채용한다.

보신 전쟁을 종결시킨 정부는 구미 열강과 '만국대치'의 상황 속에서 일본의 독립을 유지하기 위해 구미 여러 나라를 모델로 하는 근대화 정책을 전

12 왕정복고를 기치로 성립한 메이지 신정부가 에도막부 세력을 일소한 일본 내전이다. 1868년의 간지(干支)가 보신(무진, 戊辰)이었다는 점에서 이 이름으로 불리게 되었다. 전쟁 결과 메이지 정부는 사쓰마번(薩摩藩)·조슈번(長州藩)의 출신자가 주체가 되고, 파란의 시대 속에 일본은 근대적인 중앙집권국가로의 길을 걷게 된다.

13 정체서(政体書)는 신정부의 정체를 '5개조의 어서문(五箇条の御誓文)'에 기초한 것으로, 권력분립, 관리공선, 부번현3치제 등에 관해 규정하고 있다. 이 정체서에 기초하여 6월 17일 새로운 체제가 발족하였다. 국가권력 전체를 지배하는 조직을 '태정관(太政官)'으로 칭하고, 동시에 내부에서는 권력분립을 실시하여 전제권력(専制権力)의 발생을 저지하면서 여러 다이묘(大名)와 국민을 강력히 지배하는 체제를 조직하고자 한 것이다.

14 1869년 8월 15일(메이지 2년 7월 8일)에 새로운 태정관제(太政官制)가 도입되었다. 이는 미국의 영향을 받아 정체서체제(政体書体制)를 폐지하고 '제정일치(祭政一致)'를 원칙으로 한 복고적인 관제였다.

개할 것을 기획했다. 이러한 근대화 정책의 주요 역할자는 주로 세력이 강한 번(雄藩)의 무사 계층을 중심으로 하는 유신 관료들이었다. 그러나 유신 관료란 관료라고 하지만 기도 다카요시(木戸孝允)[15] 등 이른바 유신 때 공을 세운 번벌(藩閥) 정치가들도 포함하는 상당히 폭넓은 개념이기 때문에 각 성(省)에서 정책형성에 주도적 역할을 담당하는 고등 관리층(勅任官層)의 관료를 포함하여 정책 관료라고도 부른다(가사하라〔笠原〕, 1991).

기도 다카요시

1869년 5월 보신 전쟁의 종결과 함께 다이묘가 영지와 해당 영토의 주민을 조정에 반환하는 판적봉환(版籍奉還)에서 사쓰마·조슈·도사·히젠(薩長土肥)[16]의 네 번주(藩主)가 솔선하였고, 다른 다이묘도 여기에 영향을 받아 영지와 주민을 조정에 반환한다. 이에 따라 다이묘는 세습적으로 소유하던 영지와 그 지배권을 잃는 반면, 지번사(知藩事)라고 하는 일종의 지방 관료로 임명되었다. 이로써 정부에 의한 중앙집권화정책을 위한 기초가 드디어 형성되었다.

그 후 1871년(메이지 4) 7월에는 정부는 번(藩)[17]을 폐지하고 전국에 정부 직할인 부현(府縣)을 설치하는 '폐번치현(廃藩置県)'을 단행하였다. 이러한 일련의 획기적인 정책을 단행한 배경으로는 여러 번의 재정적인 어려움과 함께 사쓰마·조슈·도사의 3개 번에서 약 1만여 명의 친위병을 정부군에 소집, 편입하여 정부가 군사적인 우위를 확보했던 것을 주요 요인으로 들 수 있다. 또한 폐번치현으로 정부기구는 태정관을 정원(正院)·좌원(左院)·우원(右

**15** 메이지 유신의 원로정치가. 이른바 '조슈 바츠(長州閥)'의 거두. 사쓰마번의 사이고 다카모리(西郷隆盛), 오쿠보 도시미치(大久保利通)와 함께 유신삼걸로 칭해진다.

**16** 막부 말에 일본에서 세력이 강한 번을 가리키는 '유우한(雄藩)'으로 불리어지는 곳으로 메이지 유신을 추진하고 메이지 정부의 주요 관직에 인재를 공급한 사쓰마번(현 가고시마현), 조슈번(현 야마구치현), 도사번(현 고치현), 히젠번(현 사가, 나가사키현) 4번의 총칭이다.

산조 사네토미

院)으로 새롭게 역할분담시키는 태정관 삼원제를 채용한다. 이러한 개혁으로 태정대신 산조 사네토미(三条実美)[18]와 우대신 이와쿠라를 제외한 옛 구게·다이묘들이 정부로부터 거의 배제되어 정부는 명실공히 무사계급(士族)[19]에 의해 장악되었다.

폐번치현을 단행하면서 중앙집권화에 성공적으로 착수한 메이지 정부는 그 다음으로 불평등조약 개정이라는 외교 문제 해결을 시도하였다. 정부는 1871년 11월에 유학생을 포함해 총 100여 명에 이르는 대규모의, 이른바 이와쿠라(岩倉) 외교사절단[20]을 구미 여러 나라에 파견한다. 사절단에는 이와쿠라 도모미를 대사로 기도 다카요시, 오쿠보 도시미치를 부(副)대사로 하는 정부 수뇌의 대부분이 참가한다. 하지만 결국 불평등조약 개정 자체를 이뤄내지는 못하고, 사절단은 구미 여러 나라의 시찰로 그 목적을 변경한다.

정부 수뇌 대부분이 외유하는 상황에서 일본에서는 산조 사네토미를 시작으로 사이고 다카모리, 오쿠마 시게노부(大隈重信)[21] 등을 중심으로 하는

---

**17** 제후가 다스리는 영지 및 그 통치조직을 말한다. 1만 석 이상의 영토를 보유하는 봉건 영주인 다이묘(大名)가 지배한 영역과 그 지배 구조를 가리키는 에도시대의 역사용어다.

**18** 에도시대 후기, 막부 말기에서부터 메이지시대의 공경(公卿), 정치가로 최후의 태정대신이다. 우대신, 태정대신, 내대신, 겸임 내각 총리대신, 귀족원 의원 등을 역임한 메이지 정부의 최고수뇌 인물 중의 한 사람이다.

**19** 메이지 유신 후 옛 무사계급에 부여된 족칭이다. 1869년 판적봉환(版籍奉還) 이후 옛날 무사계급은 화족(華族 : 徳川宗家, 大名, 公卿 等), 사족(士族 : 旗本, 各藩の藩士), 졸족(卒族 : 足軽)으로 편성되었다.

**20** 1871년에는 특명전권대사로서 이와쿠라 사절단(岩倉使節団) 을 조직하여 구미의 문화, 제도를 시찰하였다. 귀국 후는 정한론(征韓論)을 퇴치하는 등 내치에 전념하였다. 사절 46명, 수행원 18명, 유학생 43명으로 구성된 사절단은 삿초(薩長) 지역을 중심으로 하여, 서기관 등은 구 막부 신하 중심으로 선발되었다.

**21** 제8·17대 내각 총리대신. 그의 밑에는 이토 히로부미(伊藤博文)와 이노우에 가오루(井上馨)와 같은 젊은 관료들이 모여들었고, 기도 다카요시(木戸孝允)와 연계하여 근대 국가 조기 건설을 주장한 오쿠보 도시미치를 인솔하였다. 민부성(民部省)을 흡수합병시켜 대장성(大蔵省)을 가장 큰 관청으로 만든 오쿠마 시게노부는 토지세 개정(地租改正) 등의 개혁을 실행함과 동시에 식산흥업정책(殖産興業政策)을 추진하였다. 정한론에는 반대

이른바 '부재중 정부(留守政府)'가 폐번치현 이후 근대화 정책의 추진을 담당하였다. 부재중 정부는 1872년부터 73년에 걸쳐 토지세 개정(地租改正)[22]에 의한 세제 개혁, 징병령 반포에 의한 근대 육군 창설, 학제(學制) 반포에 의한 학교제도 확립, 사법제도의 확립과 같은 개화 정책을 전개하였다. 그러나 당시의 재정상황은 심각한 세입 결손 상태였으며 새로운 정책 전개로 예산의 증액을 요구하는 각 성(省)과 재정의 긴축을 도모하는 대장성(大藏省) 사이에 대립이 있었다(메이지 6년 예산 분쟁). 당시의 대장성은 지방행정을 관장하고 있던 민부성(民部省)[23]을 합병하였고(民蔵합병), 정부 내에서 특별 권한을 소유하여 대립 조정은 난항을 거듭하였다. 본래 각 성 사이에 협의·연락기관으로서 설치된 우원(右院)[24]은 이러한 대장성에 의해 유명무실화되어 더 이상 그 기능을 수행할 수 없게 되었다. 또한 각 성의 상위에 위치하면서 통제 기능을 행사해야 할 정원(正院)은 산조 사네토미, 오쿠마 시게노부 등 수뇌부들의 정치 지도력 부족과 다른 한편으론 각 성의 자주적인 정책 운영 기능이 인정되어 각 성에 대한 통제권

이와쿠라 외교사절단

하였고, 또한 자유민권운동(自由民権運動)에 동의하며 국회개설의견서(国会開設意見書)를 제출하여 조기 헌법 공포와 국회의 빠른 개설을 설파하였다.

**22** 1873년(메이지 6)에 메이지 정부가 실시한 조세제도 개혁이다. 이 개혁으로 일본에 처음으로 토지에 대한 사적소유권이 확립되었기에, 토지세 개정은 토지제도 개혁의 성격을 가지고 있다.

**23** 1869년(메이지 2) 8월 15일, 태정관(太政官)에 설치된 성청의 하나로 국내 행정을 관할하였다. 그러나 1개월 후, 8월 11일 대장성으로 합병된다. 징세(民部省)와 재정(大蔵省) 기구의 일체화에 의한 중앙집권체제의 확립을 주장하는 오쿠마 시게노부(民部大輔), 이토 히로부미(大蔵少輔)가 강하게 추진한 결과이며 산조 사네토미(三条実美)·기도 다카요시가 그 배후에 있었다.

**24** 메이지 초기의 입법 자문기관. 1871년(메이지 4) 태정관에 의해 정원, 좌원과 함께 설치되었다. 1875년(메이지 8) 원로원 설치와 함께 폐지되었다.

오쿠마 시게노부

이 정원에 제도적으로 보장되지 않은 점이 복합적으로 작용하여 각 성의 할거(割據)를 허용하게 되었고, 정부가 이러한 대립 국면을 수습하는 것은 불가능했다.

결국 사절단으로 나가 있던 부대사 기도 다카요시, 오쿠보 도시미치를 소환하였고, 정원의 정치력을 결집할 목적으로 사법경(司法卿)에 에토 신페이(江藤新平), 문부경(文部卿)에 오키 다카토(大木喬任)[25], 좌원(左院) 의장에 고토 쇼지로(後藤象二郎)를 새롭게 참의원에 임명하였으며, 대장성의 권한을 축소하고 정원을 강화하는 제도 개혁을 이루었다. 이는 사절단과 부재중 정부와의 사이에 정부 기구와 인사이동 등을 규제하는 12개 조에 이르는 약정이 체결되어 있던 이유로 개혁이 아닌 태정관제윤식(太政官制潤飾)이라 하여 태정관제를 부분 수정한 것이다. 그러나 신참의(新參議) 3명은 대장성에 비판적이었으며, 대장성에 대한 비판은 더욱 강해져 당시 사실상의 대장성 책임자였던 이노우에 가오루(井上馨)와 시부사와 에이치(渋沢栄一)[26] 두 사람이 사직을 하고 오쿠마 시게노부가 대신하여 사무를 총괄함에 따라 대장성과 여러 성 간의 대립은 일단 해결을 보았다.

그런데 조선과의 국교를 둘러싸고 정부 내에서 새로운 문제가 발생하였다. 일본과의 국교를 거절하는 조선 정부에 대해 군사력을 동원해서라도 개국을 시켜야 한다는 정한파(征韓派)와 내정을 우선으로 국력을 충실히 하고자 하는 내치우선파 사이에 대립이 고조되었는데, 이를 정한논쟁이라 부른다. 부재중 정부는 사이고 다카모리를 사절로 하여 조선에 파견할 것을 결정하는 등 이른바 정한파로서 대외 전쟁 도발로 정부 정책에 불만을 가진 불평

25 메이지시대의 교육제도를 확립한, 메이지시대 6대 교육가의 한 사람으로 손꼽힌다.
26 일본 경제의 아버지라고 불린다.

무사계급에 관한 문제를 해결하고자 하였다. 그러나 사절단이 귀국하면서 정부에 복귀한 이와쿠라 도모미, 기도 다카요시, 오쿠보 도시미치는 내치파로 부재중 정부의 결정에 반대하였다. 이 논쟁은 오쿠보 도시미치의 책략으로 내치파가 승리를 거두었지만 사이고 다카모리, 에토 신페이를 비롯한 이타가키 다이스케(板垣退助)[27] 등 정한파 참의(參議) 6명이 결국 정부를 떠나는 결과를 초래하였고 이로 인해 사실상 정부는 분열되었다(메이지 6년 정변).

이타가키 다이스케

귀국 후 오쿠보 도시미치는 내정의 충실을 꾀하기 위해 내정 전담 관청인 내무성을 창설하였다. 하지만 정부를 둘러싼 상황은 점점 어려워졌고 토지세 개정사업에 따른 부담 증가에 반대하는 농민들이 일본 도카이(東海)지방을 중심으로 반대 운동을 일으켰다. 또한 세습적인 녹봉처분(秩禄処分)[28]에 불만을 가진 무사계급도 불순한 움직임을 보이다가 1874년, 에토 신페이는 사가(佐賀)지방에서 불만을 가진 무사계급과 함께 반란을 일으켰고(사가의 난), 규슈(九州) 각지와 야마구치현(山口県)에서 무사계급의 지속적인 반란이 발생하였다.[29]

정부는 무력으로 이러한 소동을 진압하는 한편, 토지세 경감과 무사계

**27** 막부 말기, 메이지시대의 정치가. 자유민권운동의 주도자로 알려져 있다.

**28** 메이지 정부가 1876년에 실시한 녹봉급여(秩禄給与) 전면폐지 정책이다. 녹봉이란, 화족이나 옛 무사계급에 부여된 가록(家禄)과 유신공로자에 대해 부여된 상전록(賞典禄)를 포함한 호칭이다.

**29** 일본 메이지 정부 초기에 옛 무사계급이였던 사족들이 메이지 정부에 반대해 일으킨 일련의 반정부활동이다. 1874년에는 에토(江藤)가 고향인 사가현(佐賀県)에서 반란을 일으켰고, 1876년(메이지 9)에는 구마모토현에서 가미카제렌(神風連)의 난, 이에 호응한 후쿠오카현에서 아키즈키 번사(秋月藩士)에 의한 아키즈키(秋月)의 난, 10월에는 야마구치현에서 마에바루 잇세이(前原一誠)에 의한 하기(萩)의 난 등이 지속되다가, 각각 진압되었다. 1877년에는 가고시마현의 사립학교 생도와 사쓰마 사족들이 사이고를 옹립하여 최대 규모의 세이난 전쟁(西南戦争)을 일으키지만 이 또한 사족 측의 패전으로 종결된다. 세이난 전쟁 이후에 불평 사족들의 반대 운동은 국회 개설이나 헌법 제정을 요구하는 자유민권운동으로 옮겨 간다.

원로원

급에 대한 재산분배로 달래 보았지만 타이완 출병(臺灣出兵)에 항의한 기도 다카요시가 정부를 떠나는 등 정부 내외의 상황은 여전히 어려웠다. 오쿠보 도시미치는 강한 정부의 설립을 목적으로 이토 히로부미(伊藤博文) 중개로 기도 다카요시, 이타가키 다이스케의 오사카(大阪) 회담을 통해 그들을 다시 정부로 불러들이는 데 성공한다. 이때 기도 다카요시와 이타가키 다이스케와 요구로 원로원(元老院)[30]·지방관회의(地方官會議), 대심원(大審院)[31] 등을 설치하였다.

1877년(메이지 10) 2월 가고시마(鹿児島)로 하야해 있던 사이고 다카모리와 그가 설립한 사립학교 생도가 중심이 되어 정부에 반기를 들게 된다(세이난 전쟁〔西南戰爭〕). 이 최대, 최후의 무사계급 반란은 6월 24일, 사이고 다카모리의 자살로 정부군 승리로 최종적인 막을 내리고, 이후 무력에 의한 반정부운동은 거의 사라지게 되었다. 메이지 정부는 재정상황의 악화 등 여러 가지 문제를 안게 되었지만 이로 인해 정부 수립 이래 최대의 위기에서는 벗어나는 데 성공한다.

## 2. 천황 친정과 의회정치

메이지 정부는 '천황 친정(天皇親政)'과 '공공 여론(公議輿論) 존중'을 주요 슬

---

**30** 메이지 초기 일본의 입법기관. 1875년에 오쿠보 도시미치, 이토 히로부미, 기도 다카요시, 이타가키 다이스케에 의한 오사카 회의 합의에 기초하여 좌원을 대체하는 기구로 설치하였다.

**31** 메이지시대 초기부터 오늘날의 최고재판소가 설치되기까지 존재한 최고의 사법재판소이다.

로건으로 내걸고 있었다. 이러한 슬로건은 각각 천황 친정 운동과 국회개설 운동으로 연결된다.

대심원

메이지 유신 후에 기존의 귀족사회(公家, 메이지시대 교토 귀족) 관습에 의하면 권위적인 상징에 지나지 않았던 천황을 '천하의 정치(万機)'를 '친히 결재(親裁)'할 수 있는 능동적인 군주로 만들고자 사이고 다카모리, 기도 다카요시, 오쿠보 도시미치는 '군덕배양(君德培養)'[32]에 열중하였다. 오쿠보 도시미치는 귀족사회의 관습에서 천황을 분리하고자 오사카로의 천도를 주장하였고, 또한 잠정적인 태정관(太政官)을 궁중에 설치하는 등 궁중(宮中, 조정)과 부중(府中, 정부)[33]을 가깝게 하였다.

폐번치현의 단행 후 지속적인 궁중 개혁을 목표로 오쿠보 도시미치는 중무성(中務省) 설치를 시도하였지만 뜻을 이루지 못한 대신 요시이 도모자네(吉井友実)[34]를 궁내 대승(大丞, 차관 아래 직급)에 배치하고 궁내경인 도쿠다이지 사네쓰네(德大寺実則)[35]와 함께 여관(女官, 관직을 가지고 궁중에서 업무를 보는 여성, 조선시대의 상궁)의 총사직(免職)을 비롯한 궁중 대개혁을 시도하였다. 더욱이 천황을 가까이에서 시중하는 시종(侍從)을 기존의 귀족에서 무라타 신파치(村田新八)[36], 시마 요시타케(島義勇)[37]와 같은 무사계급으로 교체했으며, 후에 천황친정운동의 중핵을 담당하는 유학자 모토다 나가사

**32** 군주의 덕을 기리고, 그 기초를 마련한다는 의미이다.
**33** 지방 관청을 중심으로 한 도시 지역.
**34** 일본의 정치가, 메이지 유신 이후 작위를 받은 귀족, 추밀원 고문관.
**35** 막부 말기부터 메이지기의 귀족 관료. 궁내청, 내대신, 메이지 천황의 시종장을 역임하였다.
**36** 에도시대 말기(막부 말기)의 사쓰마번사, 메이지시대의 정치가.
**37** 사가번의 신하, 메이지시대의 현관. 사가지역 7현인의 한 사람으로 알려져 있으며, 삿포로시 1층 로비에 삿포로 최초의 개척관으로서 동상이 세워져 있다.

이토 히로부미

네(元田永孚)[38]를 천황의 학문을 지도하는 시독(侍讀)으로 삼아 천황 보좌의 결실을 거두었다.

그 후 천황의 순방(巡幸)을 비롯한 여러 정책은 천황 친정을 달성하기 위해 그 요건이 갖춰지는 듯 보였으나, 근위병이 천황의 칙유(勅諭)를 무시하고 사이고 다카모리를 따라 가고시마로 내려간 메이지 6년(1873)의 정변 등 천황중심체제의 근저를 뒤흔드는 사건이 발생하였다. 이 때문에 오쿠보 도시미치는 이토 히로부미,[39] 모토다 나가사네와 협의한 후에 천황친정체제의 강화를 위해 새로운 천황의 측근으로 시보(侍補)[40]를 설치할 것을 결정하고, 그 자리에 모토다 나가사네와 요시이 도모자네(吉井友実), 도쿠다이지 사네쓰네를 임명하였다. 또한 세이난 전쟁[41] 이후에는 사사키 다카유키(佐々木高行)[42]가 시보로 영입되었다.

사사키 다카유키는 외교, 사법에 관여한 정책 관료의 한 사람으로 당시 좌원(左院) 부의장을 거쳐 원로원 의관(議官)으로 근무하던, 궁중으로부터

---

**38** 막부 말기에서 메이지기에 걸친 유학자.

**39** 조슈번의 개인 학교인 쇼카손주쿠(松下村塾)에서 수학, 막부 말기 존왕양이(尊王攘夷), 막부타도운동에 참가하였다. 유신 후는 가고시마, 나가사키, 미야기번의 번벌정권 내에서 힘을 길러, 이와쿠라 사절단의 부사(副使), 참의원 겸 공부성(오늘날 경제산업성) 대신, 초대 효고현지사(관선)를 지내고, 일본제국헌법의 초안을 기안한다. 초대·5·7·10대 내각 총리대신 및 초대 추밀원 의장, 초대 귀족원 의장, 초대 조선통감부 통감을 역임한다. 내정에서는 입헌정우회를 결성하여 초대 총재가 되었고, 외교로는 청일전쟁에 대처하였다. 원로로 활동하며 사후 작위는 공작에 이르렀고, 예일대에서 명예법학박사학위를 수여받았다. 아시아 최초의 입헌체제 탄생의 주인공이며, 또한 그 체제에서 활약한 최초의 의회정치가로서 현재에 평가를 받고 있다. 하얼빈에서 우리나라의 독립운동가 안중근에 의해 사살되었다.

**40** 메이지시대 최초로 궁내성에 설치된 역직. 천황의 보좌, 지도를 목적으로 하였다.

**41** 1877년(메이지 10)에 오늘날의 구마모토, 미야자키, 오이타, 가고시마현에 걸쳐 사이고 다카모리(西郷隆盛)를 맹주로 봉기했던 무사계급에 의한 무력반란이다. 메이지 초기 일련의 무사계급 가운데 최대 규모의 반란으로 일본 최후의 내전이었다.

**42** 막부 말기의 도사번사(土佐藩士). 메이지시대의 정부 고관 중에서 보수파를 대표하는 사람이다.

신뢰가 두터운 인물이었다. 모토다 나가사네, 사사키 다카유키 등의 시보 그룹은 천황을 더욱 충실히 보좌하기 위해 내정야화(內廷夜話), 즉 시종·시독·시강이 저녁에 천황과 함께 조정 내에서 정치문제에 관해 논의하거나, 천황과 함께 정부고관들과 식사를 하면서 정치에 관해 논의하는 자리(御陪食の制), 그리고 정부 고관이 교대로 천황에게 정무를 보고(參議輪番祗候)함으로써 신하와 천황의 거리를 가깝게 함과 동시에 천황의 정치에 대한 관심을 높이기 위해 여러 가지를 시도하였다.

그러나 1877년(메이지 10)에는 기도 다카요시가 병사하였고 사이고 다카모리는 세이난 전쟁에서 자결하였으며 그 다음 해엔 오쿠보 도시미치가 암살되는 등(紀尾井坂の変)[43] '군덕배양(君德培養)'을 위해 노력한 세 사람이 세이난 전쟁을 전후로 모두 사라지게 되었다. 오쿠보 도시미치의 뒤를 이어 사실상 정부책임자가 된 이토 히로부미는 궁중부중(宮中府中)을 별도로 세워, 오쿠보 도시미치와는 달리 천황의 친재에 의한 정치를 그렇게 바라지는 않았다. 이는 천황의 측근인 시보 그룹이 정치집단으로 성장하여 천황 친정을 이유로 정부 정책결정에 관여하게 됨에 따라 정치가 혼란스러워지는 것을 피하고자 하는 이유에서였다(가사하라〔笠原〕, 1995). 이로 인해 모토다 나가사네와 사사키 다카유키를 통해 천황 친정을 실현하고자 하는 시보 그룹과 이토 히로부미와 같은 정부 수뇌부 사이가 대립하는 양상이 빚어졌다. 그 결과 1879년(메이지 12) 10월, 정부 측에서 모토다 나가사네의 발언을 문제 삼으며 시보직의 폐지를 결정하면서 사사키 다카유키까지 궁중에서 멀어지게 되었다. 이로 인해 천황친정운동은 좌절되었지만 이 이후에도 옛 시보 그룹은 중정당(中正党)을 결성하는 등 정부에 대한 비판 세력으로 남게 된다.

정부가 내세운 또 하나의 슬로건인 '공의 여론 존중'의 경우 메이지 초기

---

**43** 1878년(메이지 11) 5월 14일에 내장경 오쿠보 도시미치가 옛 가가번(加賀藩) 출신의 시마다 이치로(士島田一郎)에 의해 암살되었다. 이 사건은 '기오이자카의 변(紀尾井坂の変)'이라고 불린다.

부터 공의기관으로서 공의소(公議所),[44] 후에는 집의원(集議院)[45]을 설치하는 등 정부 내에서 그 대의의 실현을 위한 노력이 실시되었다. 이는 제도상으로 메이지 초기 통치기구에 관해 규정한 정체서관제(政体書官制)[46]에서의 의정관(議政官)이나 태정관 3원제의 좌원(左院)이 입법기관으로 굳어졌고, 또한 오사카 회의 결과 좌원을 대신하여 설치하기로 합의한 원로원이 1890년(메이지 23) 제국의회 개설에 이르기 이전의 전신으로서 이른바 관선(官選) 의관(議官)에 의해 의회가 운영될 때까지 그 역할을 다하였다.

이러한 공의기관은 입법권을 가지는 의회라고 하기에는 그 권한에 대한 제약이 컸다. 특히 좌원이나 원로원은 이른바 의법(議法)기관에 해당하는 존재였으며 정원(正院)의 자문에 답하는 형태로 법안의 심의는 가능했지만 직접 법안을 제출할 수 있는 권한은 부여받지 못했다. 이 때문에 좌원의 창설시에 고토 쇼지로와 에토 신페이를 중심으로 법안제출권이나 예산심의권 등을 요구하는 권한확장운동이 전개되었지만 어느 것 하나 결실을 거두지는 못했다. 또 후에 편의포고(便宜布告)와 사실조사(檢視)제도가 도입되어 정부가 중요 법안이라고 인정하는 경우에는 원로원의 심의가 이루어지기 이전에, 편의에 따라 포고를 실시하고 후에 검토를 거치는 것으로 충분하다 여겨 입법기관으로서의 지위가 더욱 약화되었다.

정부에 대한 국회개설운동의 효시는 메이지 6년 정변으로 하야한 고토 쇼지로와 에토 신페이, 소에지마 다네오미(副島種臣) 등이 1874년(메이지 7)

---

**44** 공의소(公議所)란 메이지 초기에 설립된 일본의 입법부이다.

**45** 집의원(集議院)이란 메이지 초기에 설립된 입법부이다. 1869년 정부는 공의소를 개정하여 집의원으로 교체하였다. 의원은 공의소로부터 연속되었으며, 장관을 의장으로 칭하였다. 그러나 그 의결의 채택 여부는 행정관의 임의에 의해 좌우되었기 때문에 행정에 대한 의정권은 위축되었다.

**46** 모두(冒頭)에 5개조 선언문을 들어 이를 정부의 기본방침으로 자리매김하고, 국가권력을 총괄하는 중앙정부로서 태정관을 설치, 2명의 보상(輔相)을 그 수반으로 하였다. 태정관의 권력을 입법, 행정, 사법의 삼권으로 분리, 각각을 의정관, 행정관 이하의 5관, 형법관이 장악하는 삼권분립체제가 이루어졌지만 실제로는 의정관 상국의 실력자가 행정각 국(局)의 책임자를 겸하거나, 형법관이 행정관의 감독하에 있어 권력 분립은 불충분한 상태였다.

1월에 애국공당을 결성하고 〈민선의원설립건백서(民選議院設立建白書)〉를 제출하여 정부의 '유사전제(有司專制, 소수의 유력 정치가가 정치를 움직임. 과두정치)'를 비판한 것에 연유한다. 정부 모습이 점차 파벌에 의한 '유사전제'에 있다는 비판이 증가하자 오사카 회의에서 오쿠보 도시미치 그룹은 〈점차입법정체수립의 소(漸次入憲政体樹立の詔)〉를 발표하여 헌법과 의회의 정비를 표명하며, 이러한 비판에 대응하고자 하였다.

1877년(메이지 10) 세이난 전쟁이 정부의 승리로 종결되자 무력에 의한 반정부운동은 거의 전멸되었지만 이를 대신하여 여론에 의한 정부 비판이 일기 시작하였다. 이러한 가운데 국민의 권리 확립과 의회 설치를 요구하는 자유민권운동이 전개되었다. 오사카 회의 이후 다시 정부를 떠난 이타가키 다이스케는 고치현에서 릿시샤(立志社)[47]를 설립하고 정치활동을 전개하였으며, 1878년(메이지 11)에는 애국사(愛国社)[48]를 결성하여 국회개설운동의 전국화에 힘을 쏟았다. 그 결과 1879년(메이지 12) 9월에 국회기성동맹(国会期成同盟)[49]이 결성되고 다음 해에는 국회개설상원서(上願書)를 원로원에 제출하기에 이른다. 이것이 부결되면서 국회개설운동은 잠시 정체되었지만 이와 같은 운동을 배경으로 '공의 여론'에 대한 관심과 1878년에는 지방제도의 개혁이 이루어졌고(3신법체제), 이로 인해 부현회(府縣會)가 설치되면서 지방에서의 의회 운영이 시작된 점은 주목할 만한 일이다.

1881년 개척사관유물불하사건(開拓使官有物払い下げ事件)[50]을 둘러싸

---

**47** 자유민권운동의 중심이 된 고치현의 정치단체. 1874년에 이타가키 다이스케(板垣退助)·가타오카 겐이치(片岡健吉)·우에키 에모리(植木枝盛)·하야시 유조(林有造)에 의해 설립되었다. 인민주권·일원제의회·용의주도한 인권보장 등 민주주의 이념에 일관된 릿시샤 헌법(立志社憲法) 예상안을 발표하는 등 국회기성동맹의 중심적인 역할을 했다.

**48** 메이지시대의 자유민권운동 전기의 정치단체. 메이지 8년(1875) 2월 22일, 오사카회의(大阪会議)에 참가한 이타가키 다이스케가 오사카에서 구애국공당(旧愛国公党) 동지들의 재집결을 호소하여 창설하였다. 애국사(愛国社)에 참여한 것은 니시니혼(西日本)의 무사계급으로 이를 이타가키 등 고치현의 릿시샤원(立志社員)이 중심이 되어 운영하였다.

**49** 1880년(메이지 13)에 애국사를 개칭하여 발족한 조직으로 국회개설운동이 전국적으로 확산되는 계기가 되었다.

**50** 홋카이도(北海道) 개척을 위해 둔 장관(開拓使長官)인 구로다 기요타카(黒田清隆)가

고 정부에 대한 비판이 또다시 격화되었다. 그해 10월 정부는 민권파로부터의 강한 비판으로 불하를 중지하고, 정부 내에서 영국식 입헌군주제와 의회제도의 도입을 주장해 왔던 오쿠마 시게노부를 추방할 것을 결정하였다(메이지 14년의 정변). 이후 정부는 이토 히로부미와 이노우에 가오루를 중심으로 군주권이 강한 프로이센형의 국가 건설을 목표로 삿초(薩長, 薩摩長州)[51] 양 파벌과의 제휴를 통해 정권을 운영한다. 이 정변기에 10년 후 국회 개설을 약속하는 〈국회 개설의 소〉가 반포되고, 그로부터 여러 날 후에는 이타가키 다이스케를 당수로 하는 자유당(自由党)이 일본의 최초 정당으로 결성된다. 또한 그 다음 해에는 오쿠마 시게노부를 당수로 하는 입헌개진당(立憲改進党)을 결성하는 등 정당을 중심으로 한 정치활동이 전개된다.

자유당·입헌개진당이 결성되고 얼마 후 자유민권운동가 가운데 특히 자유당의 급진파는 후쿠시마(福島) 사건[52]을 시작으로 이른바 격렬한 사건을 각지에서 일으켰다. 또한 부현회(府縣會)의 의회 운영도 자연적으로 민권파와 부지사(府知事)·현령(縣令) 간에 충돌이 증가하여 균형을 상실하게 되었다(부현회 투쟁). 이러한 상황에서 정부는 집회조례와 신문지조례에 의한 검열을 강화하여 민권운동이 격화되는 것을 막고자 했다. 민권운동이 격화일로를 걷게 되고 정부에 의한 탄압이 계속되는 가운데 자유당을 이끌고 있던 이타가키 다이스케는 스스로 유럽 유학 문제와 당의 자금부족 등으로

북방개척관청의 유물 불하를 결정한 결과 여론의 엄청난 비판을 받아 불하를 중지한 사건을 가리킨다. 메이지 14년(1881)의 정변을 계기로 이토 히로부미가 오쿠마 시게노부를 정부로부터 추방하였다. 또한 국회개설의 소칙이 발현되었다. 10년 계획의 만기가 가까워진 메이지 14년에 북방개척 관료의 폐지 방침이 확고해졌다. 구로다는 북방개척관청의 사무를 계승시키기 위해 부하 관료를 퇴직시켜 기업을 만들고 관(官) 소유의 시설, 설비를 저렴하게 불하하였다.

**51** 사쓰마번과 조슈번의 약칭으로, 가고시마시와 야마구치현 지역을 말한다. 메이지 유신 정부의 요직과 육해군 간부의 대부분을 차지하여 큰 파벌을 이루었다.

**52** 1882년(메이지 15) 후쿠시마현(福島県)의 자유당원, 농민이 현령(県令) 미시마 미치쓰네(三島通庸)의 압정에 반발한 사건. 기타가타 사건(喜多方事件)이라고도 한다. 미시마 미치쓰네는 아이즈지방(会津地方)에서 니가타(新潟), 야마가타(山形), 도치기현(栃木)으로 연결되는 현도(会津三方道路) 공사를 위해 인부의 제공 또는 인부의 임금을 각출하는 등 농민에게 큰 부담을 주었다. 공사에 종사하지 않는 사람의 재산을 경매로도 내게 하였다.

1884년(메이지 17) 자유당을 해산시켰다. 이를 전후하여 오쿠마 시게노부도 입헌개진당을 떠나 민권운동은 다시 정체의 길을 걷는다.

이와 같은 자유민권운동의 동향에 대해 정부는 1890년(메이지 23)에 예정된 의회 개설을 앞세워 여러 제도의 정비를 진행할 것을 기획한다. 우선 이토 히로부미가 1883년(메이지 16)에 약 1년간 유럽에 유학하여 베를린 대학의 루돌프 폰 그나이스트(R. V. Gneist)와 빈 대학의 로렌츠 폰 슈타인(L. V. Stein) 밑에서 헌법에 관해 연구하였다. 1885년(메이지 18) 귀국 후 이토 히로부미는 행정권 확립을 목표로 기존의 태정관제를 대신하는 내각제도를 창시하고 스스로 초대 총리대신의 자리에 앉는다. 당시는 총리대신의 내각 통제권을 인정하는 내각직권이 채용되었다. 내각제도의 창설에 이어 1889년(메이지 22) 2월 11일 이토 히로부미가 중심이 되어 편찬을 진행한 일본 제국헌법이 반포된다. 일본 제국헌법은 흠정(欽定)헌법[53]으로 헌법 제정에 선행하여 내각에 관한 규정을 가지지 못하였으며, 또한 각 중앙부처(省) 대신의 단독보필책임제(單獨輔弼責任制)를 규정하고 있었다. 그리고 내각직권과 단독보필책임제와의 정합성을 확보하기 위해 내각관제가 규정되어 내각에 대한 총리대신의 통제권은 약화되었다.

헌법 반포 시의 총리대신 구로다 기요타카(黒田清隆)[54]가 연설을 통해 행정으로부터 정당의 영향을 배제해야만 한다는 취지의 언급을 하는 등 정부는 다음 해에 예정되어 있던 의회 개설을 경계하고 있었다. 1890년 제1회 총선거 후에 제국의회가 소집되고 드디어 의회가 개설되었다. 제국의회는 귀족원과 중의원으로 구성되었고 중의원만이 선거에 의해 선출되었다. 제국의회는 법률심사권, 법률제안권, 예산심의권, 천황에 대한 상소권 등이 헌법으로 인정되었지만 국가권력의 최고기관이라 할 수 있는 오늘날의 일본 국회와는 달리 협찬(協贊)기관으로 성격이 규정되어 있었다. 또한 당시는 의원내

53 군주가 제정하는 헌법.
54 제2대 내각 총리대신.

각제를 채용하지 않았다.

제국의회 개설부터 청일전쟁 전후까지가 초기 의회기로 불리지만 이 시기는 정부를 지지하는 이당(吏党, 관리당)[55]과 정부와 대립하는 민당(民党, 시민당)[56]이 존재하였으며 의회에서 우세한 민당이 정부와 충돌을 반복하고 있었다. 정부는 부국강병정책의 추진을 위해 예산 확대와 조세 증액을 빈번히 요구했지만, 민당은 중의원이 인정한 예산심의권 행사로 정부의 요구를 저지하고 국민의 부담 경감을 요구하는 민력휴양(民力休養), 즉 국민 부담 경감으로 국민의 힘을 신장하는 것을 지속적으로 호소하였다. 이 때문에 정부에는 예산통과와 의회조정이 중요한 과제로 남았다(사카노〔坂野〕, 1957).

## 3. 정당정치의 대두와 영락(凋落)

초기 의회기에 부국강병을 지향하는 정부와 국민의 보호를 호소하는 민당 간에 대립이 지속되는 가운데 예산통과 문제가 큰 쟁점이 되었다. 그러나 1895년(메이지 28) 청일전쟁 승리 이후 정부와 정당 간에는 서서히 서로 의지하는 양상이 나타나기 시작하였다. 1898년(메이지 31) 6월에 최초의 정당 내각으로서 오쿠마 시게노부를 총리대신으로 하고 이타가키 다이스케를 내무대신(内相)으로 하는 이른바 와이한(隈板) 내각[57]이 구성되었다. 자유당과 구 개진당(改進党) 계열의 진보 정당이 결합한 헌정당(憲政党)에서 많은 각료가 선출되는 등 정당 세력은 무시할 수 없을 정도로 성장하였다.

이러한 정당 세력에 대한 대응은 정부 중추인 원로들 간에도 그 견해가

---

**55** 메이지기, 제국의회 발족 당시에는 여당을 이당(吏党, 官吏側 政党)으로 불렀다.

**56** 메이지기, 제국의회 발족 당시에는 야당을 민당(民党, 民意側 政党)으로 불렀다.

**57** 1898년 6월 30일에 오쿠마 시게노부가 총리대신(제8대 내각 총리대신)이 되고, 이타가키 다이스케를 내무대신으로 맞아 조직한 내각. 오쿠마 시게노부의 '와(隈)'와 이타가키의 '이타(板)'를 딴 와이한 내각(隈板内閣, わいはんないかく)이라고 한다.

나뉘었다. 이토 히로부미는 스스로 정당을 조직하는 것을 고려하는 등 정당에 적극적으로 관여하고자 시도하였지만 야마가타 아리토모는 이에 반대하여 정부는 정당 위에서 초연하게 존재해야 한다고 주장하였다. 야마가타 아리토모 주장의 배경에는 1893년(메이지 26)에 문관 임용이 제정되어 메리트 시스템(Merit system)에 기초한 근대 관료제의 정비에 따라 정치로부터 중립적인 정부 조직을 구축하기 위한 관료 배출의 바람이 있었다.

야마가타 아리토모

한편 와이한 내각은 헌정당 내의 구 자유당과 구 진보당의 대립으로 퇴진하였고, 헌정당 또한 구 자유당 계열의 헌정당과 구 진보당 계열의 헌정본당(憲政本党)으로 분열하였다. 헌정당의 호시 도루(星亨) 그룹은 제2차 야마가타 내각과의 연대를 파산시킨 후 이토 히로부미와의 연계로 새로운 정당 결성을 시도하였다. 그 결과 1900년(메이지 33) 9월, 이토 히로부미를 총재로 하는 정우회(政友會)[58]가 결성되었다. 정우회는 이른바 야당세력으로 출발했지만 곧 정당 세력을 대표하는 유력 정당으로 전환된다.

이토 히로부미가 총재에서 은퇴한 후 정우회는 사이온지 긴모치(西園寺公望)를 총재로 하고 하라 다카시 등을 중심으로 정국에 임하였다. 한편 야마가타 아리토모의 영향력으로 조직된 이른바 관료에 의한 파벌 세력은 가쓰라 다로(桂太郎)를 그 대표로 하는 정우회와 상대하였다. 사이온지 긴모치와 하라 다카시는 정당 세력을 통제하고 또한 가쓰라 다로는 관료와 귀족원을 통제하는 등 이들 양자는 제휴를 통해 안정적인 정국 운영을 도모하였다. 1901년(메이지 34) 제1차 가쓰라 내각의 구성부터 1913년(다이쇼 2) 제3차 가쓰라 내각의 퇴진까지 가쓰라 다로와 사이온지 긴모치는 서로 교류하며

**58** 일본의 메이지시대 초기에서 쇼와(昭和)시대 전기까지 입헌민정당과 어깨를 나란히 하는 2대 정당 중의 하나이다.

사이온지 긴모치

조각(組閣)을 단행하였고 양자 간의 제휴는 지속적으로 유지되었다. 이를 게이엔(桂園, 1905-1912) 시대[59]로 부르기도 한다. 이 기간은 만주와 한반도의 이권을 둘러싸고 발발한 러일전쟁에서 일본이 일단의 승리를 거둔 것 외에 1894년(메이지 27) 영일통상항해조약에 따른 영사재판권 철폐에 이어 1911년(메이지 44) 미일통상항해조약으로 관세자주권을 회복하여 에도막부 말기 이후의 현안이었던 불평등조약 개정에까지 성공하는 등 일본의 국제적 지위가 한층 상승한 시기였다.

제3차 가쓰라 내각의 성립에서 구 세이난 세력의 대표로 지목되었던 가쓰라 다로에 대해 비판이 집중되어 "족벌 타파, 헌정 옹호"를 슬로건으로 한 제1차 호헌(護憲)운동이 전개되었다. 이 운동은 가쓰라 내각의 퇴진을 요구하는 군중이 의회 정회(停會)를 계기로 폭동을 일으킴에 따라 전국적인 소요로 전개되었다. 이로써 가쓰라 다로 내각은 총사퇴로 내몰렸다(다이쇼 정변). 가쓰라 다로 내각의 총사퇴 후 정우회 지지를 얻은 제1차 야마모토 곤노효에(山本權兵衛) 내각이 구성되었다. 제1차 야마모토 내각에서는 제2차 야마가타 내각에서 만들어졌던 군부대신 현역무관제를 폐지하고 문관임용령의 개정을 통해 자유·특별 임용의 확대를 실시하여 정당에 더욱 유리한 상황이 연출되었다.

1918년(다이쇼 7) 제1차 세계대전에 참전하고 있던 일본은 러시아 혁명으로 성립된 세계 최초의 사회주의 국가 소련으로부터의 혁명 영향과 파급을 우려하여 구미 여러 국가와 함께 시베리아 출병을 감행하였다. 그러나 이

**59** 야마가타현 파벌에 속하는 가쓰라 다로(桂太郎)와 입헌정우회 총재인 사이온지 긴모치(西園寺公望)가 정권을 교대로 담당한 1905년부터 1912년의 8년간을 말한다. '게이엔(桂園)'이란 양자의 이름으로 '桂'와 '園'의 字를 취한 것이다.

가쓰라 다로

로 인해 국내에서는 물가가 상승하고 쌀 소동[60]이라 불리우는 소요가 전국적으로 발생하였다. 이로 인해 당시의 데라우치 마사타케(寺內正毅) 내각은 총사퇴하고 이를 대신하여 하라(原) 내각이 구성된다. 하라 내각은 처음 시작된 본격적인 정당내각으로, 외무대신(外相)·육군장관(陸相)[61]·해군장관(海相)[62] 이외의 각료를 정우회의 정당원이 차지하였다. 그러나 보통선거 실시 요구를 거부하는 등 정책은 보수적인 성격을 띠고 있었다.

1890년(메이지 23) 제1회 중의원 의원 선거에서는 만 30세 이상의 성인 남자 가운데 직접국세 15엔 이상의 납세자를 대상으로 선거권과 피선거권을 인정하였으나 이는 총인구의 약 1%에 지나지 않았다. 이후 납세요건이 점차 완화되어 유권자는 조금씩 증가세를 보였고, 하라 내각의 선거법 개정을 통해 납세요건이 3엔까지 인하되기도 하였지만 여전히 유권자는 총인구의 약 5%에 지나지 않았다. 이 때문에 납세 요건이 철폐된 보통선거 실시를 요구하는 운동이 전개되었고 1924년(다이쇼 13)에 기요우라 게이고(清浦奎吾)[63] 내각에 대해 '헌정 옹호·보통선거 단행' 등을 호소하는 제2차 호헌운동이 전개되어 기요우라 내각은 총사퇴를 맞이한다. 이러한 운동이 전개된 배경에는 요시노 사쿠조(吉野作造)[64]와 같은 민본주의자들에 의해 전개된, 민중의 폭넓은 정치 참여를 받아들일 것을 요구하는 다이쇼(大正) 데모크라시[65]의 영향이 있었다. 이 결과 정우회와 함께 보수정당인 헌정회의 당수 가

**60** 일본 근세에서 근대에 걸친 쌀 가격 급등에 따른 폭동사건이다. 특히, 1918년 도야마현을 중심으로 한 민중 폭동으로 발전한 사건을 말한다.

**61** 제2차 세계대전 이전 행정 관청의 하나인 육군성의 장관.

**62** 일본 해군의 군정기관인 해군성의 장관. 제2차 세계대전 후 폐지되었다.

**63** 제23대 내각 총리대신.

**64** 다이쇼(大正)기를 중심으로 활약한 정치학자, 사상가. 도쿄제국대학 교단에서 활동하였으며 다이쇼 데모크라시의 창시자이다.

하라 다카시

토 다카아키(加藤高明)[66]가 총리대신이 되어 1925년(다이쇼 14)에 보통선거법을 제정하여 만 25세 이상의 모든 성인 남자에게 선거권을 부여하였다. 그러나 한편으론 이와 함께 활발히 진행되었던 사회주의 운동의 감시를 목적으로 치안유지법도 제정되었다.

1924년 가토 내각 성립 이후 1932년(쇼와 7) 이누카이 쓰요시(犬養毅) 내각[67] 퇴진까지 정당내각이 지속되어 '헌정(憲政)의 상도(常道)'[68]로 불리게 되었다. 이 기간은 의회에서 제1당의 당수가 총리대신으로 지명되어 의원내각제로서의 특징을 보인다. 그러나 이 기간에는 제1차 세계대전 종전 이후 경제 불황이 계속되고 있었으며 그 상황은 심각하였다. 1927년(쇼와 2)에는 대장성 장관의 실언으로 발생한 예금인출소동이 금융공황으로 발전하였고 또한 1929년(쇼와 4)에는 일본도 대공황에 휘말려 경제는 악화 일로를 걷게 되었다. 이러한 가운데 하마구치 오사치(濱口雄幸)[69] 내각이 체결한 런던해운군축조약을 둘러싼 통수권 간섭 및 침범문제가 발생하였고, 더욱이 중국 진출을 꾀하는 육군이 만주지방에서 모략(謀略)활동을 지속하여 1931년(쇼와 6)에 만주사변으로 발전하는 등 군부의 영향력이 점점 강화되어 갔다. 또한 정당은 악화 일로를 걷는 재정을 개선하지 못한 채 국민의 신뢰를 서서히 잃어 갔다. 더욱이 혈맹단[70] 사건 등 당시 정부와 재계 요인을 암살하는 테러가 빈번하였고, 1932년

65 러일전쟁 후 일본의 국가체제 재편성기로부터 호헌운동의 고양기에 이르기까지, 파벌정치를 비판하고 민중을 위한 정치를 추구하는 광범위한 운동을 가리킨다.

66 일본의 외교관, 정치가, 제24대 내각 총리대신.

67 1931년 12월 31일, 제29대 내각 총리대신 이누카이 쓰요시(犬養毅)에 의해 조각되었다.

68 어느 내각이 실정으로 무너질 경우, 그 다음으로 내각을 담당하는 것은 제1야당으로 한다는 일본 제국헌법시대 정당정치의 정권교체 관례이다.

69 1929년 7월 2일, 제27대 내각 총리대신 하마구치 오사치(濱口雄幸)에 의해 조각되었다.

5월 15일 육해군 청년장교가 만주국 승인을 거부하는 이누카이 쓰요시 총리를 암살하면서(5·15사건)[71] 일본의 정당내각 시대는 종언을 고한다.

이누카이 쓰요시

## 4. 1940년 체제

일본의 정당내각기에는 대중국 정책을 둘러싸고
입헌정우회는 군사력의 행사도 불사하며 중국 진출을 도모해야만 한다는 적극적인 외교를 주창하였고, 입헌민정당(구 헌정회)은 평화적 수단으로 중국 시장을 확보해야 한다는 협력 외교를 주장, 2대 정당 간에 대립의 모습을 보이기 시작하였다. 다나카 기이치(田中義一) 내각[72](정우회)은 3차에 걸친 중국 산둥(山東) 출병[73]을 감행하였고 또한 관동군이 만주군의 실력자인 장쭤린(張作霖)[74]을 암살하는 등 대중국 정책은 서서히 군사적 색채를 강하게 띠게 되었다. 1931년 만주사변으로 건국을 선언한 만주국은 사실상 일본의 괴뢰정권이었으며, 이러한 강경한 대중국 정책으로 일본은 중국과 미국, 영국과의 대립을 심화시켜 1933년(쇼와 8)에는 마침내 국제연맹을 탈퇴하는 등 국제적으로 고립의 길을 자초하게 되었다.

---

**70** 쇼와(昭和)시대 초기에 활동한 민간우익단체. 혈맹단은 일련종의 승려, 이노우에 가오루에 의해 만들어진 민간우익단체였다.

**71** 1932년 5월 15일에 발생한 제국주의 일본의 해군 급진파 청년장교를 중심으로 한 반란사건. 무장한 해군 청년장교가 돌연 총리대신 관저로 돌입, 당시 호헌운동의 기수라 할 수 있는 내각 총리대신을 살해하였다. 이 사건으로 일본의 정당정치는 쇠퇴하였다.

**72** 제26대 내각 총리대신, 다나카 기이치(田中義一)에 의해 형성되었다.

**73** 일본이 1927년과 1928년에 3번에 걸쳐 실시한 중국 산둥성 파병과 그 지역에서 발발한 전투.

**74** 장쭤린(Zhang Zuolin)은 중화민국 초기의 군 정치가로 북양군벌(北洋軍閥, 청 말기부터 신해혁명(辛亥革命), 중화민국 성립과 중국의 권력투쟁의 중심에서 군사력을 바탕으로 베이징 정부를 지배하고 정권을 쟁탈한 중국 지방 군벌의 총칭)의 하나인 펑톈 파(奉天派)의 총사령관이었다.

5·15사건에 의해 이누카이 쓰요시 내각이 무너지고, 최초로 정당과 군부 그리고 관료에 의한 거국 일치 내각이 온건파인 사이토 마코토(斎藤実)를 총리대신으로 옹립하며 성립되었다. 그 후 거국 일치 내각을 수락한 오카다 게이스케(岡田啓介) 내각[75]이 성립하지만 1936년(쇼와 11) 2월 26일, 육군 내부의 주도권 쟁탈전에 의해 황도파(皇道派)[76]의 청년장교들이 봉기하여 육군 교육통감, 대장성 장관, 내무대신을 암살하고, 총리대신 관저까지 점거하려는 쿠데타 미수 사건이 발생하였다(2·26사건). 이러한 사건 후 거국 일치 내각하에서 기울어져 가고만 있던 정당의 영향력은 더욱더 저하되었다.

2·26사건 이후 일본 군부는 적극적으로 정국에 개입하기 시작하였고 히로타 고키(広田弘毅) 내각에서는 군부대신 현역무관제가 부활하였다. 또한 5·15사건 이후 군부에 의한 사상과 언론 통제가 강화되어 천황기관설(天皇機關說)[77] 문제를 비롯하여 사회주의자와 공산주의자에 대한 탄압이 강화되었다. 이러한 가운데 군부와의 제휴에 적극적으로 나선 것은 '현상 타파'를 슬로건으로 한 국가사회주의적 관점에서 통제경제를 전개할 것을 주장하던 관료들이었다. 이들 대부분은 내무성(内務省)[78]을 중심으로 하는 신관료라 칭하는 관료집단이었고 또한 이후에는 국책통합기관으로서 설치된 기획원(企劃院)[79]을 중심으로 경제관료가 집결하면서 혁신관료로 불리게 되었

75 일본의 군인, 정치가, 해군 대장, 제31대 내각 총리대신.

76 재계나 정계에서 쿠데타와 같은 과격한 행동도 불사하지 않으며, 천황 친정에 의한 국가개조를 지향하는 일본제국 육군 내 집단을 말한다. 황도파는 이를 쇼와 유신이라 칭한다. 이러한 사상은 주로 위관급 청년장교들에 의해 널리 지지를 받았다.

77 일본 제국헌법하에서 확립된 헌법학설이다. 통치권, 주권은 법인인 국가에 있고 천황은 그 최고기관으로 타 기관의 참여와 보필에 의해 통치권을 행사한다고 하는 설이다.

78 일본의 내무성은 1897년 설치되어 1947년 12월 31일 해체되었다. 내무대신(内相, 태정관제에서는 内務卿)을 장관으로 하였지만 당시에는 내각 총리대신에 이은 부총리의 자격을 가진 직위로서 간주되었다.

79 일본에서 제2차 세계대전 전반기 내각 직속의 물자동원, 중요 정책의 기획입안기관. 전신은 쇼와 10년 5월 10일에 설치된 총리대신 직속의 국책조사기관인 내각조사국이다. 주요산업통제법(쇼와 6년 7월 공포)에서 시작하여 5·15사건을 거쳐, 2·26사건을 비롯한 육군 통제파의 도발 이후 소위 신관료의 아성인 내각조사국의 권한은 강화되고, 더욱 강력한 정책을 입안하는 조직으로서 쇼와 12년 5월 14일 기획청으로 개편되었다. 다이쇼 7

다. 군부가 정국에서 중요한 지위를 점하게 됨에 따라 대중국 정책은 군사적 색채를 더욱 강하게 띠게 되었다. 1937년(쇼와 12) 7월 7일, 베이징 교외 루거우차오(盧溝橋)[80]에서 일본군이 중국군을 공격하였다(루거우차오 사건). 제1차 고노에 후미마로(近衛文麿) 내각은 당초 사건을 확대하지 않는다는 방침을 표명하였지만 육군은 현지 전선(戰線)의 확대를 지속하여, 결국 정부도 군부의 강경 노선을 따를 수밖에 없는 상황이었고, 마침내 중일전쟁으로 발전되었다.

처음엔 단기간에 종결될 것으로 생각되었던 중일전쟁이 장기화됨에 따라 일본 정부는 전시체제를 강화하였다. 1938년(쇼와 13)에 제정된 국가총동원법[81]은 정부에 의한 물자와 노동력의 징발권과 분배권을 의회 승인 없이 인정하는 등 정부에 의한 강력한 통제경제의 실시를 가능하게 하였고, 그 이후 여러 규제법령이 국가총동원법을 근거로 제정되었다. 이러한 전시경제체제의 틀을 '1940년 체제'라 부르며 금융·재정정책, 토지제도, 관료제도, 기업의 형태 등 전후(戰後)에 이르기까지 일관된 연속성을 유지하고 있었다(노구치〔野口〕, 1995).

제2차 고노에 후미마로 내각에서 고노에 총리대신은 신체제(新體制)운동을 제창, 전개하였다. 이것은 나치 독일(나치 당, 파시스트 당)을 본 따 일국일당(一国一党)의 강력한 정치체제를 구축하고자 하는 운동이었다. 그 결과,

---

년의 군수공업동원법 제정 이후 물자동원기획입안기관으로서 쇼와 2년 5월 27일에 설립된 내각자원국과 통합하여 쇼와 12년 10월 25일 기획원(企画院)이 발족되었다. 주요 정책의 기획입안과 물자동원의 기획입안을 통합하였고 이후 전시체제하에서 통제경제에 관한 여러 정책을 일원화하여 각 중앙부처로 하여금 실시토록 하는 기관이 되었다. 국가동원법(쇼와 13년 5월 5일 실행) 제정 이후 그 위세가 더욱 강화되었다.

**80** 중국 베이징 남서쪽 약 15km의 루거우허(盧溝河, 현재는 永定河)에 설치된 석조 아치형 다리. 일찍이 이곳을 방문한 마르코 폴로가 그의 저서《동방견문록》4장에 "세계 어느 곳에도 필적할 만한 것이 없을 정도의 아름다움, 훌륭함"이라고 기록하여, 마르코 폴로 다리라는 별명도 있다.

**81** 1938년(쇼와 13)에 제1차 고노에 내각(近衛内閣)에 의해 제정된 법률. 총력전 수행을 위해 국가의 모든 인적, 물적자원을 정부가 통제운용 가능한(총동원) 의미를 규정한 것. 1945년 패전에 의해 명목을 상실하고 그 다음 해인 1946년에 폐지되었다.

도조 히데키

1940년(쇼와 15)에는 다이쇼요쿠산까이(大政翼賛会)[82]가 발족하였고, 기존의 여러 정당이 해산되어 여기에 참여하였다. 또한 다이쇼요쿠산까이는 정당뿐만 아니라 그 하부 조직에 전국노동조합을 해산하여 통합 재조직한 대일본산업보국회와 대일본부인회, 대일본청소년단 등을 거느리게 되었으며, 최하부에는 관련된 인접 조직을 설치하는 등 국민 생활의 말단까지 침투하고 있었다. 1942년(쇼와 17)에는 도조 히데키(東條英機) 내각[83]하에서 요쿠산(翼賛) 선거[84]가 실시되었고 정부 지지를 받은 다이쇼요쿠산회 추천 후보 80% 이상이 당선되었다. 게다가 의회에서도 요쿠산정치회가 결성되었고 다수의 비추천 후보도 여기에 참가해, 의회가 거의 무력화되었다. 중일전쟁의 장기화에 동반하여 국제적으로 고립된 일본은 나치 독일에 자연스레 가까워졌다. 1936년 독일과 일본은 방공(防共)협정을 체결한 이후 다음 해에는 이탈리아와 함께 일본·독일·이탈리아 방공협정을 체결하는 등 파시즘 세력의 일각을 담당하게 되었다. 이것은 미영 양국의 경계를 초래하는 결과를 낳는다. 1939년(쇼와 14) 9월 1일 독일이 폴란드를 침공하여 제2차 세계대전이 시작되고, 독일은 진격을 계속하는 가운데 일본은 독일과의 제휴를 강화하며, 1940년에는 일본·독일·이탈리아 3국은 군사동맹을 체결하기에 이른다. 또한 같은 해 프랑스의 항복과 함께 프랑스령인 인도차이나를 점령한 일본은 남진정책을 전개

**82** 고노에 후미마로(近衛文麿) 공작이 구상, 신체제운동의 결과 발족하여 국민동원체제의 중핵조직이 된다. 총재는 내각 총리대신으로 하며, 중앙본부사무국 아래 하부조직으로서 도도부현지부, 대도시지부, 시구정촌지부, 정내회, 부락회 등이 설치되었다.

**83** 일본 군인(육군), 정치가, 제40대 내각 총리대신. 육군 대장, 통제파, A급 전범이자 군국주의의 대표 인물로 처형되었다.

**84** 제21회 중의원 의원 총선거. 1942년 4월 30일에 실시된 일본 제국의회 의원 선거이다. 제2차 세계대전(대동아전쟁) 시에 치러진 유일한 국가적 선거로, 일반적으로 "요쿠산(翼賛) 선거"로 불리어진다.

하면서 미영과의 균열은 더욱 심화되어 갔다.

제21회 중의원 선거 포스터

1940년(쇼와 15) 12월 8일 미일 양국 간의 평화교섭이 결렬되고 일본은 하와이 진주만을 기습 공격함과 동시에 미국·영국·프랑스 등 연합국에 선전포고를 하며 태평양 전쟁을 일으킨다. 개전 초기에는 일본이 우세했지만 1942년(쇼와 17) 미드웨이 해전에서의 패배 이후 전선(戰線)은 정체되었다. 1944년(쇼와 19)에는 사이판 섬이 함락되고 일본 본토가 직접 폭격을 받게 되어 도조 내각은 그 책임을 지고 총사퇴한다. 이에 대신하여 고이소 구니아키(小磯國昭) 내각이 구성되어 철저한 항전을 다짐했지만, 1945년(쇼와 20) 4월에는 오키나와에 미군이 상륙하고 8월에는 히로시마와 나가사키에 원자폭탄이 투하되는 등 이미 일본의 전쟁 능력은 상실되고 있었다. 같은 해 8월 15일 고이소(小磯) 내각을 대신한 스즈키 간타로(鈴木貫太郎) 내각이 연합국이 제시하는 포츠담 선언을 수락하면서 일본은 무조건 항복하게 된다.

## 5. 쇼와(昭和) 헌법과 의회정치

1945년 8월 15일, 일본의 무조건 항복으로 미군을 중심으로 하는 연합군이 일본 열도에 진주하면서 일본은 그 통치하에 놓이게 되었다. 연합군은 워싱턴에 영국·프랑스·중국·소련 등 11개국에 의한 극동위원회를 설치하여 대일점령정책을 결정하였고, 도쿄에는 더글러스 맥아더(D. MacArthur)를 최고 사령관으로 하는 GHQ(연합국총사령부)[85]를 설치하여 대일점령정책을 실시하였다. GHQ는 직접적으로 군정을 펼치지 않고 일본 정부를 통해 통치하

85 GHQ. General Headquarters. 연합군최고사령관총사령부로, 태평양 전쟁 종결 시에 포츠담 선언의 집행을 위해 일본의 점령정책을 실시한 연합군 기관을 의미한다.

히가시쿠니 나루히코

는 간접통치 방식을 채택하였다.

전쟁의 종전과 함께 히가시쿠니노미야(東久邇宮稔彦王) 내각[86]이 성립하여 항복문서 조인과 육해군 해체, 전범자 체포 등을 단행하였지만, '국가 정체성 유지(国體護持)'의 관점에서 천황제 비판을 포함하는 GHQ로부터의 개혁 명령은 실행 불가능하다 하여 반대했고, 이에 총사직하였다. 이어서 시데하라 기주로(幣原喜重郎) 내각[87]이 구성되어 GHQ로부터 여성 참정권 부여, 노동조합 장려, 교육의 자유주의화, 비밀경찰제도 폐지, 경제 민주화와 같은 이른바 5대 개혁 지령을 받아 여러 법규의 개정 및 폐지와 제정 등이 진행되었다. 이러한 결과 1945년에는 중의원 의원선거법이 개정되어 여성 참정권이 인정되었고 또한 노동조합법 제정, 제1차 농지개혁 등이 실시되었다.

1945년 10월 GHQ는 헌법의 민주화를 지시하였다. 이에 따라 마쓰모토 조지(松本烝治) 국무대신을 위원장으로 하는 헌법문제조사위원회가 설치되어 일본 측 초안을 작성, 제출하였다. 그러나 이것은 일본 제국헌법과 거의 동일한 내용이였기 때문에 GHQ에 의해 거부되었으며, 이를 대신하여 GHQ가 헌법 초안(맥아더 초안)을 작성하였다. 이 초안은 1946년 6월, 제90대 제국의회에서 일본 제국헌법의 개헌 규정에 따라 심의되었고 약간의 수정을 거쳐 10월 7일에 가결되었다. 이 결과, 같은 해 11월 3일에 새로운 일본헌법이 공포되고 1947년 5월 3일자로 시행되었다. 새로운 헌법에서는 구 헌법에서 신민화(臣民化)되어 있었던 국민이 국가의 주권자가 되었으며(국민주

**86** 일본 제43대 내각 총리(재임 : 1945년 8월 17일-1945년 10월 9일). 황족 출신. 육군으로 일본사상 유일한 황족 출신 총리였다. 제2차 세계대전 패전 직후, 전후 최초의 총리로, 항복문서의 조인과 육군 대신을 겸임하여 육군 해체 등 패전처리 임무를 수행하였지만 민주화정책의 수행을 태만히 하여 1945년 10월 4일, GHQ로부터 '정치적·민사적·종교적 자유에 대한 제한 철폐 각서'를 강요받아 이를 실행할 수 없게 되자 다음 날 총사직당한다. 54일의 재임기간은 일본정치사상 최단기간이다.

**87** 종전 후 제44대 내각 총리.

권), 천황은 국가 및 국가 통치의 상징이 되었다(상징 천황제). 또한 기본적인 인권 존중이 기재되는 등 전쟁 포기와 전쟁 능력을 갖지 못하도록 규정되었다(평화주의). 또한 국민주권의 원칙을 적용, 국민의 대표인 일본 국회가 국가 권력의 최고기관으로 자리매김하게 되었다. 구 헌법에는 규정에 없었던 내각도 헌법에 규정하여 의원내각제를 채용하도록 하는 것과 그 행정상의 책임을 국회가 지도록 하는 것 등이 규정되었다.

시데하라 기주로

1945년 10월 이후 GHQ의 민주화 지시에 의해 정당이 다시 결성되었다. 주요 정당으로는 구 정우회 계열의 일본자유당(하토야마 이치로〔鳩山一郎〕[88] 총재), 구 민정당 계열의 일본진보당(마치다 추지〔町田忠治〕 총재)이 있었다. 개정된 선거법에 따라 시행된 1946년 4월 총선거에서는 39명의 여성의원(중의원)이 당선되는 결과를 얻었다. 이 선거로 인해 일본자유당이 제1당이 되었지만 전쟁 전 또는 전쟁 과정에서 군국주의적인 언동을 한 인물을 대상으로 실시된 공직 추방으로, 일본자유당 총재 하토야마 이치로를 비롯한 다수의 유력 정치가들이 그 대상에 포함되어 정계는 일시적인 공백 상태가 발생하였다. 하토야마 이치로의 공직 추방으로 제1차 요시다 시게루(吉田茂) 내각이 구성되었고 일본국 헌법을 공포·시행하여 재벌 해체, 농지 개혁, 교육기본법의 제정 등 민주화 정책을 전개하였다.

1947년(쇼와 22) 4월, 새로운 헌법하에 일본 전역에서 총선거가 실시되었다. 이 선거로 일본사회당이 제1당이 되었다. 일본사회당은 일본진보당을 모체로 한 민주당과의 연립으로 일본 최초의 사회당 정권을 탄생시켰다. 이렇게 구성된 가타야마 데쓰(片山哲) 내각은 사회당 당내 좌우 양 계파의 대립과 추가 예산편성에 대한 좌파의 반대로 총사직하게 된다. 이후 민주당이

**88** 정치가, 변호사, 제52-54대 내각 총리, 자유민주당 초대 총재였으며 구소련과의 국교를 회복하였다.

하토야마 이치로

일본사회당과 연립하여 아시다 히토시(芦田均) 내각을 구성하지만 쇼와덴코(昭和電工) 사건[89]에 의해 퇴진하였다. 아시다 내각의 퇴진에 이어 다시 요시다가 총리가 되어 1954년까지 5차에 걸쳐 장기 정권을 유지하며 '원맨 총리'라 불리기도 하였다. 1949년의 총선거에서는 중도 연립정권에 대한 국민의 불신으로 사회당의 의석이 1/3 이하로 감소한 가운데 민주자유당(일본자유당이 개칭, 후에 자유당)이 264석의 안정적 의석을 획득하고, 이후 1993년(헤이세이 5)까지 이어지는 보수 정권의 기반을 확립한다. 사회당은 의석이 대폭 감소하였지만 공산당은 4개 의석에서 35개 의석으로 일거에 세력을 확대하여 유력한 혁신정당으로 자리하게 되었다.

요시다 내각 당시에는 미국과 소련 간 냉전이 진행됨에 따라 미국 대일점령정책이, 무력화 정책에서 반공정책의 거점화라고 하는 이른바 '역주행'[90]이라고 불린 반공·재군비 정책으로 전개되었다. 전범 석방과 공직 추방 해제로 약 1만 명 이상의 정치군인들이 복권되었고, 더욱이 1950년 한국전쟁을 계기로 경찰예비대가 창설되었으며 특히, 공산주의자를 정부기관·교육계 등에서 추방하는 '레드퍼지(red purge)'[91]가 실시되었다. 1947년 말 거대 관청이었던 내무성은 폐지되었지만 점령정책의 전환으로 관료기구를 활용할 필요성이 대두되면서 기타 관료조직에 대해서는 거의 제2차 세계대전 이전 수준으로 조직이 온전히 회귀하였다. 또한 한국전쟁의 영향으로 특수(特需) 경

---

**89** 전후부터 1948년에 걸쳐 발생한 뇌물수뢰사건이다. 부흥금융금고에서 융자를 얻기 위해 쇼와전공(昭和電工) 사장이 정부고관이나 정부금융기관 간부를 대상으로 실시한 뇌물수뢰사건.

**90** 1950년 이후 일본에서 있었던 '일본의 민주화, 비군사화'에 역행하는 정치, 사회, 풍속의 움직임을 말한다.

**91** 제2차 세계대전 후 1950년 피점령하의 일본에서 연합군최고사령관총사령부(GHQ/SCAP) 맥아더 총사령관의 지령에 따라 공산당원과 동조자들을 공직과 기업으로부터 추방한 공작을 가리킨다. 1만 명이 넘는 사람들이 실직당했다.

기가 발생하여 자립경제를 목표로 하는 일본에서는 경제의 안정적 발전을 기대할 수 있었다. 경찰예비학교, 보안대를 거쳐 1954년에는 자위대(自衛隊)가 창설되는 등 재군비화도 진행되어 치안체제도 강화되었다. 전후 민주개혁 시에 자치단체 경찰과 국가 경찰로 분할되어 있던 경찰 조직도 1954년의 신(新)경찰법에 의해 자치단체 경찰을 폐지하고, 도도부현(都道府縣) 즉 광역지자체 경찰로 규모를 확대하였다. 그리고 파괴활동방지법의 제정으로 폭력 활동에 대한 국가의 감시감독이 강화되었다.

요시다 시게루

1951년(쇼와 26) 9월, 일본은 샌프란시스코 강화회의에서 자본주의 진영 48개국과 평화조약을 체결하며 국제사회로 복귀한다. 또한 평화조약 조인[92]과 동시에 미일안전보장조약이 체결되면서 일본의 독립 후에도 미군이 계속 주둔하는 것을 인정하며 일본은 명실공히 자본주의 진영에 합류하게 되었다. 이러한 평화조약의 체결을 둘러싸고 자본주의 진영과 사회주의 진영 양쪽 국가와의 전면적인 강화조약 체결을 주장하는 전면강화론과 중국과 소련 등의 사회주의 국가를 제외한 자본주의 진영 국가와의 강화조약 체결을 주장하는 단독강화론 사이에 논쟁이 발생하였지만 결국, 단독강화론에 의거한 평화조약 체결이 이루어졌다. 사회당은 평화조약 체결과 안전보장조약 체결을 둘러싸고 전면강화론을 주창하는 좌파와 단독강화론도 불가피하다는 우파가 대립하여 좌우로 분열되었다.

한편 조선(造船) 의혹[93]과 국회난투사건 등으로 이른바 원맨 총리인 요시

**92** 이 조약에 의해 정식으로 연합국은 일본국 및 그 영수(領水)에 대한 일본 국민의 완전한 주권을 승인하였다(제1조 b). 국제법상으로는 이 조약이 발효되기까지는 "전쟁상태"가 지속된 것으로 보고(제1조 a), 포츠담선언의 수락을 표명한 1945년 8월 15일과 항복문서에 서명한 1945년 9월 2일 이후에도 전쟁 상태는 지속되었던 것으로 본다.

**93** 1954년 1월 강제 수사로 시작되어 정계, 재계, 관료 피의자 다수가 체포된, 계획 조선(造船)을 둘러싼 수뢰사건. 도쿄지방검찰청에 의한 해운, 조선업계 간부의 체포에서 시작되어 정관계 및 국회의원 4명을 체포하면서 더욱 확대되는 양상을 보였다.

다에 대한 비판이 높아져 갔다. 공직 추방 해제로 정계에 복귀한 하토야마가 자신의 파벌을 거느리고 자유당을 탈당하여 일본진보당의 후신(後身)인 개진당과 합류, 일본민주당을 결성하는 등 보수세력 사이에서도 정당 간의 이합집산이 반복되었다.

## 6. 1955년체제의 성립과 붕괴

요시다 내각 퇴진 후 제1당이 된 일본민주당은 하토야마 이치로를 총리로 추대하였으며, 그는 헌법 개정, 자주 외교 전개 등을 주요 정책으로 전개하였다. 그 결과, 하토야마 내각은 헌법위원회를 설립함과 동시에 자위대에 합헌 판단을 내리고 국방회의를 발족시켰으며, 나아가 소련과 1956년 소일공동선언을 체결하여 국교를 정상화시킨다. 또 소련의 승인을 확보하여 유엔 가입을 이룩하는 등 독자 정책을 실시하였다. 한편 개헌을 하고자 하는 하토야마 내각에 대해, 샌프란시스코 강화조약의 체결을 둘러싸고 좌우 양계파로 분열되었던 사회당이 개헌 저지에 필요한 3분의 1 이상의 의석 확보를 위해 1955년(쇼와 30) 10월, 다시 통합을 이루어 자유당을 능가하는 제2당의 지위로 떠오른다. 이러한 혁신정당의 통합에 따라 보수정당 측도 이에 대항할 필요를 느껴 1955년 일본민주당과 자유당의 합당으로 자유민주당(자민당)이 탄생한다. 자민당은 중의원 의석의 약 3분의 2를 점하는 거대 정당이 되었으며 이후 1993년에 이르기까지 장기집권을 유지한다. 이러한 다수 의석을 확보한 제1당인 자민당과 자민당의 절반 의석을 차지한 제2당 사회당과의 보수·혁신 2대 정당의 대립에 따른 정치체제를 1955년체제(55년체제)라고 부른다.

하토야마 이치로의 뒤를 이은 이시바시 단잔(石橋湛山) 내각은 이시바시 단잔의 건강문제 등으로 불과 2개월 만에 기시 노부스케(岸信介) 내각으로 정권이 교체되었다. 기시 노부스케는 외교에서 '미일 신(新) 시대'를 주창하는 등 친미노선을 채택, 1960년에는 미일안전보장조약을 개정하였다. 반면, 혁신 세력은 미국의 세계전략에 대한 동조를 반대하여 1959년에 안보개정저지국민회의를 결성하는 등 일반 시민까지 끌어들여 대규모 반대 투쟁을 전개하였다. 자민당은 강행 채택으로 안보조약 개정을 달성하지만 기시 노부스케는 이로 인해 사의를 표명하고 퇴진한다. 기시 노부스케 퇴진 후에는 이케다 하야토(池田勇人)[94]가 총리가 된다. 이케다 하야토는 혁신 세력과의 충돌을 피하는 한편 경제 발전을 우선하는 정책을 취하고(소득배증계획), 이와토(岩戸) 경기[95] 등 호황의 영향을 받아 연간 10% 이상의 경제성장률을 달성하였다(고도경제성장). 또한 1964년에는 도쿄 올림픽 개최로 호황을 극대화함과 동시에 세계에 전후 부흥의 깊은 인상을 각인시켰다.

이케다 하야토

다음으로 총리가 된 사토 에이사쿠(佐藤栄作)[96]는 8년 간에 걸친 최장기 집권을 유지하였고, 또한 외교관계에서도 1965년(쇼와 40)에 한일기본조약을 체결하여 우리나라와 국교를 회복하였다. 대미관계에서도 미국의 통치하에 있었던 고가사하라 제도(小笠原諸道)의 반환을 1968년에, 같은 미국 통치하에 있던 오키나와(沖縄)의 반환을 1972년에 각각 실현시켰다. 사토 내각

**94** 제58대에서 60대까지 3기 연속으로 내각 총리를 역임한, 패전 후 일본관료 출신 보수파 정치가의 한 사람이다. 요시다 시게루(吉田茂) 측근 가운데 한 명으로 연합국과의 강화(講和), 냉전체제하의 미일관계 구축에 관여함과 동시에 전후 일본경제의 재편성 과정에서도 지도적인 역할을 담당했으며, 총리 취임 후에는 소득배증계획을 내놓아 일본의 고도경제성장을 이끌었다.

**95** 1958년 6월-1961년 12월까지 42개월간 연속해서 고도성장하였던 호경기를 말한다. 짐무 케에키(神武景気, 일본 고도경제성장 초기 1954년 12월부터 1957년 6월까지 발생한 폭발적 호경기, 한국전쟁 특수에 의한 호경기를 말한다), 이자나기 케에키(いざなぎ景気, 1965년 11월부터 1970년 7월까지 57개월간 지속된 호경기, 일본열도를 만든 신의 이름)와 어깨를 나란히 하는 전후 고도경제성장시대의 호경기 중의 하나.

**96** 제61-63대 내각 총리. 노벨 평화상을 수상한, 자유민주당 사상 유일의 4선 총재다.

사토 에이사쿠

이 장기간에 걸쳐 정권을 유지한 반면 1960년대부터 자민당과 사회당의 득표율은 정체되고 새로운 정당이 결성되는 등 정계는 다당화 양상을 보인다. 1960년(쇼와 35)에는 니시오 스에히로(西尾末広) 일파 등 사회당 우파 일부가 사회당을 이탈하여 민주사회당(후에 민사당)을 결성하였으며, 1964년에는 소우카각카이(創價學會)를 주요 지지기반으로 하는 공명당(公明党)이 결성되었다. 또한 무력투쟁 노선의 실패로 지지기반을 잃었던 공산당(共産党)이 세력을 회복하는 등 도시부를 중심으로 다당제화가 진행되었다. 그러나 이러한 경향은 자민당 정권을 흔들거나 위태롭게 할 정도로까지는 발전하지 못하였으며, 당시의 이른바 55년체제는 최근까지도 유지되고 있는 실정이다.

1972년(쇼와 47) 다나카 가쿠에이(田中角栄)가 총리가 되면서 고령자 의료를 비롯한 복지정책을 충실하게 펴서 국민 지지를 얻는 데 성공하였다. 또한 다나카 가쿠에이는 '일본 열도 개조론'에 따라 국토의 효율적 이용을 호소하며 한층 강력한 고도경제성장정책을 도모함과 동시에 지역의 이익을 유도해 가는 정치를 확립해 갔다. 외교정책으로는 중국과의 관계 개선에 노력하여 1972년 9월에 중일공동성명을 발표하며 국교를 회복한 반면, 타이완과는 단교를 표명하였다. 그러나 다나카 가쿠에이는 스스로의 '자금 출처(金脈)' 문제가 록히드 사건[97]으로 발전하여 결국 내각총사퇴가 불가피하게 되었다.

1970년대 지방자치단체에서는 혁신계열 수장이 지속적으로 당선되는 등 보수세력인 자민당은 후퇴했고 또한 록히드 사건의 영향으로 고노 요헤

**97** 전일본(全日本)회사의 신형 여객기 도입과 관련된, 전 내각 총리이자 자유민주당 중의원 의원으로 '컴퓨터가 달린 불도저'라 지칭되던 다나카 가쿠에이(田中角栄)가 같은 해 7월 27일 수뢰와 외국환 및 외국무역관리법 위반 혐의로 체포된 전대미문의 사건. '총리의 범죄'라는 별명이 있다.

이(河野洋平)[98] 등이 자민당을 이탈하여 신(新)자유클럽을 결성하는 등 '여야 백중(伯仲)'으로 불리는 정치상황이 전개되었으나, 1980년 의회 해산과 총선거를 결정하여 선거전에 임한 오히라 마사요시(大平正芳)가 급사하면서 그에 대한 동정심 등이 작용하여 자민당은 지지율을 회복하고 대승을 거두어 또다시 안정적인 정권기반을 획득하게 된다.

다나카 가쿠에이

1982년(쇼와 57) 총리가 된 나카소네 야스히로(中曾根康弘)[99]는 레이건(R. Reagan) 미국 대통령이 구소련과의 대립을 격화시켜 나갈 때 일본의 방위력 증강을 호소하여 미키 다케오(三木武夫)[100] 내각에서 규정하였던 GNP 대비 방위비 1%의 틀을 깨고 방위비를 과다 지출하는 등 친미노선을 명확히 견지하였다. 국내정치에서는 1980년 제2차 석유파동 이후 적자국채 발행에 의해 악화 일로에 있던 재정상황의 재건을 도모하며 행·재정 개혁을 전개하였다. 이는 1961년에 설치된 제1차 임시행정위원회(제1차 臨調)를 모델로, 1981년 스즈키 젠코(鈴木善幸)[101] 내각에서 설치된 제2차 임시행정위원회(제2차 臨調)를 중심으로 진행되었다. 제2차 임시행정위원회는 도코 도시오(土光敏夫)[102] 경제인단체연합회(경단련) 회장을 위원장으로 하여 '증세 없는 재정재건'을 슬로건으로 개혁을 진행하였고, 그 결과 일본 국철(国鐵, JR), 일본전신전화공사(電電公社, NTT), 일본전매공사(專賣公社, JT)의 3개 공사를 민영화시키는 성과를 거두었다. 그러나 나카소

**98** 자유민주당 제16대 총재. 일본육상경기연맹회장, 신자유클럽대표, 내각 관방장관과 외무대신을 역임하였고, 일본 헌정사상 가장 오랫동안 중의원 의장을 맡았다.

**99** 제71-73대 내각 총리(재임 : 1982년 11월 27일-1987년 11월 6일). 중의원 의원에 연속 20회 당선되었다.

**100** 제66대 내각 총리를 역임한 일본의 정치가.

**101** 제70대 내각 총리, 제10대 자유민주당 총재.

**102** 쇼와시대(昭和時代) 엔지니어, 기업가, 재계 인물로 제4대 경제단체연합회(게이단렌) 회장을 역임했다.

후쿠다 다케오

네 내각의 행·재정개혁에도 불구하고 적자 국채의 발행이 지속된 상황과 세수 확보 문제, 세제(稅制)에서 직·간접세 비율을 수정하는 관점에서 소비세 도입이 검토되었다. 1989년(헤이세이 1) 4월, 다케시다 노보루(竹下登)[103] 내각은 소비세법을 성립시켜 소비세 도입에 성공하지만, 때마침 총리 이하 유력 의원들이 리크루트 사건[104]에 연루된 것이 발각되면서 다케시다 내각은 총사퇴한다.

자민당은 1955년 성립 이후 오랫동안 정권을 유지했지만 그 내부 실제 사정까지 반석 위처럼 탄탄했다고는 할 수 없다. 그 구성 시기에는 요시다 시게루, 하토야마 이치로의 양자 대립을 비롯하여 미키, 고노 이치로(河野一郎) 등 당내 비주류파에 유력 의원들이 존재했고, 후에 총리가 되는 스즈키 젠코와 같은 인물도 사회당(社會党)으로부터 이적한 인물이라는 점 등 상당히 다양한 세력이 결집한 정당이었기 때문에 언제든지 분열 가능성이 존재했다. 이 때문에 자민당 내부에서 파벌 간의 균형과 대립은 상당히 중요한 의의를 가지게 되었다. 55년체제하에서도 당의 주도권을 둘러싸고 후쿠다 다케오(福田赳夫)[105]와 다나카 가쿠에이 사이의 격한 대치(角福戦争)[106] 또는 오히라 마사요시(大平正芳)와의 사이에 격렬한 대립이 나타나게 되었다.

1993년(헤이세이 5), 미야자와 기이치(宮澤喜一)[107] 내각에서 자민당 최대

**103** 자유민주당 최대 파벌인 경세회(経世会, 후에 平成研究会) 창설자로서 정부 여당에 영향력을 발휘하였다.

**104** 가격 상승이 확실했던 리크루트 코스모스(현 Cosmos Initia Co., Ltd.) 사의 미공개 주식을 공개 직전에 양도한 것으로 정치가 관료들이 상당수 체포되었다.

**105** 제67대 내각 총리.

**106** 다나카 가쿠에이와 후쿠다 다케오(福田赳夫) 사이에 있었던 일본정치사의 격렬한 정쟁. 1970년경부터 다나카가 무너지는 1985년까지 권력투쟁은 지속되었다. 다나카와 후쿠다 정쟁의 격렬함은 출신계층의 차이에 의한 것으로 어느 의미에서는 유사한 계층투쟁의 양상을 보인 것으로 이해할 수 있다.

**107** 제78대 내각 총리(재임 : 1991년 11월 5일-1993년 8월 9일).

의 파벌이었던 다케시다(竹下) 파의 분열로 하타 쓰토무(羽田孜),[108] 오자와 이치로(小沢一郎) 등이 자민당을 탈당하여 신생당을 결성하고 또한 다케무라 마사요시(武村正義), 하토야마 유키오(鳩山由紀夫) 등도 자민당을 탈당, 신당(新党) 사키가케[109]를 결성한 결과 중의원에서 자민당 의석이 과반수를 밑돌았다. 더욱이 내각불신임 결의에 의해 7월 총선거에서 자민당의 의석 과반수 미만 확보는 거의 확정적인 상황이었다. 이로 인해 미야자와 내각은 퇴진하였고 일본신당과 함께 7개 정당이 일본신당(日本新党)의 당수 호소카와 모리히로(細川護熙)[110]를 총리로 한 연립정권이 탄생되었고, 이로써 자민당의 55년체제는 드디어 붕괴되었다.

미야자와 키이치

## 7. 연립정권하에서의 정치가와 행정관

1993년 총선거 결과, 일본신당을 포함한 7개 정당으로 구성된 연립정권이 탄생하였고, 일본신당 당수인 호소카와 모리히로가 총리로 선출되었다. 이에 따라 38년간 정권을 유지해 온 자민당은 한동안 야당으로 전락하지만

**108** 제80대 내각 총리(재임 : 1994년 4월 28일-6월 30일). 농림수산성 대신(2회), 대장성 대신, 부총리 겸 외성 대신, 신생당 당수, 신진당 부당수, 민정당 당수, 태양당 당수, 민주당 간사장 등을 역임하였다.

**109** 헤이세이기(平成期)의 일본 보수정당. 약칭은 사키가케(さきがけ). 헤이세이 5년(1993) 자유민주당의 다케무라 마사요시(武村正義)·다나카 슈세이(田中秀征)가 이끈 오토피아 정치연구회에 참가한 젊은 국회의원을 중심으로 봉기하였다. 보수정당이긴 하지만 행·재정개혁의 추진, 환경 중시의 자세를 전면에 내세우고, 황실과 헌법 제9조를 존중하는 '尊憲'을 내걸었던, 진보적인 색채를 가지고 있었다.

**110** 내각 총리(79대), 중의원 의원(2기), 참의원 의원(3기), 구마모토현 지사(제4대, 2기) 및 일본신당 대표로 약 40년 만에 자유민주당에서 정권교체를 실현했다.

1994년(헤이세이 8) 호소카와 내각의 뒤를 이은 하타 쓰토무 내각의 퇴진으로 자민·사회·사키가케의 3당 연립에 의해 사회당의 무라야마 도미이치(村山富市)[111] 위원장을 총리로 선출시켜 여당의 지위를 다시 회복하게 된다. 1996년에는 자민당 총재인 하시모토 류타로(橋本龍太郎)[112]가 총리로 선출되어 연립정권하에서 자민당은 다시 정권을 회복하게 된다. 같은 해 10월 총선거에서 자민당은 의석을 증가시켜 중의원에서 다시 단독 과반수를 회복한다. 한편 연립 여당이었던 사회민주당(사회당이 개칭)·사키가케는 의석이 대폭 감소되고 또한 내각 밖에서의 협력 형태로 변화되어, 1998년에는 사회민주당이 여당에서 이탈하게 된다. 이후 자민당은 공명당과의 연립을 축으로 정권을 유지한다. 이 가운데 정권에서 이탈한 각 정당의 변화가 급격하게 이루어졌다. 예를 들면 신생당(新生党)은 신진당(新進党)으로 변화된 후 또다시 민주당(民主党)으로 개칭하고, 신진당에서 분리한 자유당(自由党)과 재합병하여 오늘에 이른다.

정권을 회복한 자민당은 1996년에 규제완화 등을 주요 논점으로 하는 이른바 하시모토 행정개혁을 전개하였고 그 성과의 하나로 중앙부처의 재편이 이루어졌다. 이것은 1960년(쇼와 35)에 자치청(自治廳)이 자치성(自治省)으로 승격한 이후 약 40년에 걸쳐 지속된 1부(府) 12성(省) 체제로 변경하는 것으로, 대신(大臣)을 장(長)으로 하는 청(廳)이나 위원회를 합쳐 1부 22성청이었던 행정조직을 1부 12성청으로 재편하였다. 또한 2001년에 총리가 된 고이즈미 준이치로(小泉純一郎)[113] 내각하에서는 공기업·특수법인 등의 재편을 포함한 행·재정개혁(구조개혁)이 전개되었다.

55년체제라고 하는 장기간에 걸친 자민당의 1당우위체제 붕괴와 연립정권 탄생은 정부뿐만 아니라 정치가와 관료들 간의 관계에도 크나큰 영향을

---

**111** 제81대 내각 총리(재임 : 1994년 6월 30일-1996년 1월 11일). 옛 일본사회당 위원장이자 옛 사회민주당 당수이다.

**112** 제82-83대 내각 총리.

**113** 제87-89대 내각 총리.

미쳤다. 전후 부흥기에 일본의 정책형성은 주로 각 중앙부처의 관료 주도로 이루어져 왔지만 55년체제의 성립으로 자민당이 장기집권하면서 법안작성이나 예산사정 등 정책형성과정에서 자민당과 관료와의 공동 작업으로 이루어지는 것이 공식화되었다. 이러한 현상은 자민당 차원에서 정부의 주요 정책형성과정에 미치는 영향력이 자연스럽게 증대되는 양상으로 나타났다. 또한 자민당 정권의 장기화에 따라 특정 정책 영역에 관해 전문지식을 축적한 이른바 정책집단 의원(族議員)[114]이라 불리는 사람들이 정책형성에 영향력을 행사하는 경향도 보였다. 정책 영역에서는 관료 주도로 자민당의 영향력이 약한(政高党低) 분야와 반대로 자민당의 영향력이 강한(党高政低) 분야가 함께 존재하지만 일반적으로 자민당이 공식, 비공식적으로 영향력을 행사하여 관료와 공동으로 정책을 형성하게 되었다(호리에〔堀江〕 외, 1994).

하시모토 류타로

그러나 호소카와 내각과 같이 다수 정당으로 형성된 연립정권의 경우 자민당 정권에서 했던 바와 같은 정책형성의 정식 통로를 밟지 못하였고 특정 정책을 둘러싼 각 당의 입장 통일 등이 명확히 이루어지지 않는 현상이 발생하면서, 정당으로서 정책형성에 미치는 영향력은 떨어지게 되었다. 또한 38년 간에 걸친 장기집권을 유지해 온 자민당과 동일한 영향력을 정권에 이제 막 참여한 여당인 신생, 연립정당이 가지는 것은 무리가 있어 관료 주도의 정책형성이 이루어지기 쉬운 상황으로 전개되었다.

1993년부터 94년 약 1년간 자민당은 비록 야당이긴 했지만 오히려 야당

**114** 여당 의원 가운데 일정 분야의 정책입안에 영향력을 가진 정치가 집단을 말한다. 집단에는 그 분야를 소관하는 성청의 대신이나 정무차관 등 경험자, 소관 관청의 커리어 관료(사무차관, 심의관 등) 출신 의원들이 많으며, 이들이 정책입안의 결정권을 쥔다. 조쿠깅(族議員)은 로비스트화 되어, 특정 성청이나 업계의 이익을 둘러싼 유착이 문제시되고 있다.

으로 정책형성에 영향력을 끼칠 수 있었던 절호의 기회이기도 했다. 야당이 되긴 했지만 자민당이 최대 의석수를 지닌 정당인 것은 변함이 없었고 또한 장기간에 걸쳐 정권을 담당해 왔기 때문에 당내 정무위원회(政務調査會)의 각 부회(部會)와 정책집단 의원(族議員)의 존재 등 정책형성에 관여하기에 여전히 충분한 조직과 인원, 경험을 가지고 있었다고 볼 수 있다. 이 때문에 자민당은 여당·정부가 독자적인 정책을 입안하는 경우, 야당으로 얼마든지 정책형성에 관여할 수 있었다고 추측 가능하다. 그러나 실제로 야당시대의 자민당은 구체적인 대안을 가지고 정책 비판을 하지 않았으며, 이로써 야당의 정책형성과정에의 관여 가능성은 대폭 후퇴하였다고 말할 수 있다(야마구치〔山口〕, 1995). 그 결과 오늘에 이르기까지 정책형성을 둘러싼 정치가와 행정관료와의 관계는 정당 우위가 언급되는 가운데, 연립정권의 성립으로 정부에 대한 정당의 영향력이 저하된 경우도 있어 여전히 관료의 막대한 영향력을 인정할 수밖에 없으며, 행정관료 우위의 상황에서 정책이 형성된다고 볼 수 있을 것이다.

# 제2장 내각제도의 형성과 발전

## 1. 근대 태정관제

1867년 10월, 에도막부는 천황이 정치를 행하던 조정(朝廷)에 대정(大政), 즉 통치권을 반환하였고, 그해 12월에 메이지 신정부에 의한 왕정복고의 대호령(정권이 천황에게 이전되었음을 선언하는 정변)이 반포되었다. 이에 260여 년이나 지속되었던 막부 정치가 그 막을 내리고 유신 정권이 탄생했다. 왕정복고의 포고에 기초하여 '모든 중요한 업무(万機)를 통제하고, 일체의 사무를 결정한다'는 총재(總裁), '사무 각 과를 분리감독(分督)하며 의사(議事)를 결정한다'는 의정(議定), '정치 업무에 참의(參議)하고 각 업무를 분담, 처리한다'는 참여(參與)의 3직이 설치되어, 신정부에 의한 정치〔施政〕가 실시되었다. 사무 각 과로는 내국(內国), 외국(外国), 육해군(陸海軍), 회계(會計), 형법(刑法), 제도(制度)의 사무 총독(總督) 아래에 각 계(掛)가 설치되었다.[1] 총재에는

1 왕정복고의 대호령이 내려졌지만 여전히 강력한 정치체제를 유지하던 에도막부를 대신할 정치체제의 확립이 급선무였다. 이에 막부·세이이타이쇼군·섭정·관백을 대신하는 것으로 총재(総裁, 아리스가와노미야 다루히토 친왕〔有栖川宮熾仁親王〕), 의정(議定, 황족 2명·공경 3명·오와리〔尾張〕·에치젠〔越前〕·아키〔安芸〕·도사〔土佐〕·사쓰마〔薩摩〕의 각 번주〔藩主〕로 한 모두 10명), 참여(参与, 공경 5명, 의정 5번에 각 3명으로 모두 20명)의 3개 직이 임명되었다. 이 아래에 신기(神祇)·내국(内国)·외국(外国)·육해군(陸海軍)·회계(会

아리스가와노미야 다루히토

아리스가와노미야 다루히토 친왕(有栖川宮幟仁親王)[2]이 임명되었고, 의정에는 황족, 공경(公卿),[3] 제후(諸侯) 가운데에서 10명, 참여(參與)에는 여러 번에 의해 선출된 명사에 의해 20여 명이 각각 임명되었다. 이러한 3직 7과제는 곧이어 3직 8국제로 재편되어 더욱 명확한 직무관장이 규정되었다.

왕정복고란 메이지 천황의 이름으로 천황 친정을 선언함을 의미한다. 이를 왕정복고의 대호령이라고 부른다. 내용은 1) 섭관제도(摂政·関白), 즉 군주를 대신하여 정치를 행하는 섭정제도와 천황을 대신하여 정치를 행하는 고위 귀족관료직의 폐지, 2) 에도막부의 폐지 및 에도막부 도쿠가와 요시노부의 쇼군직 사직을 허락, 3) 새롭게 총재, 의정, 참여의 3개 직을 두는 것으로, 에도막부의 폐막과 천황에 의한 신정부 수립을 선언하는 것이었다. 메이지 천황은 당시 15세로 유년기였기 때문에, 실권은 이와쿠라(岩倉具視) 일파와 일부 고위 귀족, 사쓰마번(薩摩藩)·조슈번(長州藩)이 장악하였지만 형식상으론 천황이 권력을 직접 행사하는 정치(천황 친정)를 선언한 것이다.

왕정복고의 대호령은 1867년 11월 9일에 도쿠가와 요시노부가 정권을 반환(다이쇼봉환)하는 바람에 유신개혁파들이 막부 토벌에 대한 대의명분을 상실해 가는 상황에서, 막부 토벌파였던 이와쿠라 도모미와 오쿠보 도시미치(大久保利通) 일파가 막부를 쓰러뜨리는 대의명분을 얻기 위해 결행한 쿠데타였다. 이후에 막부는 무너지고 메이지 유신이 실현되었다.

1868년(메이지 1) 3월 1일, '5개조 선언문'[4]이 포고되고, 3직 8국제가 근

計)·형법(刑法)·제도(制度)의 계를 두고 당면하는 정무에 임하도록 했다.

2 일본 황족, 정치가, 군인. 아리스가와노미야 다루히토 친왕의 제1왕자. 관직은 원로원의장(元老院議長), 정부 총재(政府総裁).

3 일본의 율령에 기초한 태정관(太政官)의 최고간부로서 국정을 담당하는 직위. 즉 태정대신, 우대신, 좌대신, 대납언, 중납언, 참의를 가리키는 용어다.

4 메이지 천황이 공경이나 제후에게 제시한 메이지 정부의 기본방침. 정식 명칭은 어서

| 태정관제(정체서 관제) | | |
|---|---|---|
| 태정관 | | |
| 의정관<br>(상국)<br>(하국) | 행정관<br>신기관<br>회계관<br>군무관<br>외국관 | 형법관 |

본적으로 개정되었다. '5개조 선언문'에 기초한 메이지 원년 윤4월 정체서(政体書)가 정해져 '천하의 모든 권력을 태정관에게 돌려 주고, 태정관이 발하는 정령으로 일원화한다. 태정관의 권력을 나누어 입법·행정·사법의 삼권으로 한다'고 하는 이른바 정체서관제(政体書官制)가 발족되었다. 이 정체서관제하에서는 태정관[5]이 정부 전체를 대표하는 것으로 하면서, 이에 의정관(議政官), 행정관(行政官), 신기관(神祇官), 회계관, 군무관, 외국관 그리고 형법관(刑法官) 등 7개 관으로 나누었다. 의정관은 입법기관으로 상국(上局)과 하국(下局)으로 구분하였다. 상국에는 의정, 참여, 사관 등이 설치되었고, 하국에는 2명의 의장 외에 상국의 명령에 따라 조세, 역체(驛遞, 교통 우편 업무), 통상 등의 안건을 심의하는 의원(議員)을 설치하였다. 행정관은 행정기관 가운데 최고위를 점하고 있었으며, 산조 사네토미(三条実美)와 이와쿠라 도모미를 대신(輔相)으로 칭하여 천황을 보필하는 궁중 사무와 함께 국내 일반 사무를 총괄하는 업무를 관장하였다. 형법관은 사법기관으로 넓게는 검찰, 사법 업무를 담당하였다. 의정관이 입법부, 행정관에서부터 외국관까지가 행정부, 형법관이 사법부라고 고려할 경우, 일본도 처음으로 삼권분립주의를 채용한 것이다.[6]

문(御誓文)이다.

5 일본 메이지 유신 정부에 설치된 직명. 1868년 윤4월에 공포된 정체서(政体書)에 기초하여 설치되었다. 태정관이란 의정관(議政官) 이하 7개 관직의 총칭이다. 다음 해 1869년(메이지 2)의 관제개혁으로 민부성(民部省) 이하 6성을 관할하였다. 후에 장관으로 태정대신(太政大臣)이 설치되었다. 1885년(메이지 18) 내각제도가 발족함에 따라 폐지되었다.

6 국가 권력체제를 지배하는 조직을 '태정관'이라 칭하고, 동시에 내부에서는 권력 분립을 실시하여 전제 권력의 발생을 저지하면서 여러 다이묘와 국민을 강력히 지배해 가는 체제를 조직하고자 하는 것이다. 총재가 폐지되고 부총재 2명이 보상(輔相)이라 칭하며 사실상의 정부수반으로 취임하였다. 입법권을 관장하는 의정관은 의정·참여에 의한 상국(上局)과 여러 번의 대표(貢士)에 의한 하국(下局)으로 구성되었다. 행정권을 담당하는 것은 행정·신기·회계·군무·외국의 각 관에 의한 '5관'으로 이루어지며, 특히 행정관은 보상을 장으로 기타 4관을 감독하는 역할을 하였다. 하지만 사법권을 다루는 사법관은 실제로 4관과 마찬가지로 행정관의 감독을 받았기 때문에 사법권의 독립은 형태만 있었

메이지 정부 첫해의 통치기구는 빠르게 그리고 급격하게 변화되어 갔다. 정부는 1869년(메이지 2) 7월, 직원령(職員令)을 발포하여 행정기구를 다시 재편한다. 이는 직원령 체제의 성립을 말한다. 그 특징을 한마디로 표현한다면 복고주의라 할 수 있다. 고대의 다이호령(大宝令)[7]을 모태로 한 2관 6성제가 탄생하였다. 2관이란 실제 행정을 담당하는 태정관에 대한 천황의 제사를 담당하는 신기관의 설치를 의미한다. 신기관 설치는 옛 번주(藩主)층 등 수구파로부터의 강한 요구를 이와쿠라 도모미 등이 배려한 결과 실현되었다. 당초 이 신기관은 태정관 아래의 한 관직에 지나지 않았지만 이 시점에 이르러 옛 영에 의거하여 태정관의 상위에 별도로 설치되었다. 정무(政務)의 중추를 이루는 태정관은 '제도에 의해 2관 6성의 명분으로 태정관 복구의 각 부처를 총칭하는 것은 아니다'라고 위치 형성되어 최고관부로서 지위를 확립하였다.[8]

1871년(메이지 4) 7월 14일, 폐번치현(廃藩置県)[9] 단행으로 새롭게 태정관 직제가 제정되었다. 좌우의 양 대신(大臣) 및 대납언(大納言)[10]이 폐지되고 태정대신이 설치되어 이 자리에 산조 사네토미가 임명되었다. 태정관은 정원(正院), 좌원(左院) 및 우원(右院)으로 구성되었다. 각각의 사무장정(事務章

다. 게다가 보상은 의정 자격으로 의정관(상국)의 구성 멤버이기도 했기에 권력 분립은 형식적이였다고 할 수 있다.

7 8세기 초에 제정된 일본의 율령이다. 다이호율령(大宝律令)은 일본 역사상 처음으로 율(律)과 령(令)이 나란히 성립한 본격적인 율령이다.

8 1869년 8월 15일(메이지 2)에 새롭게 태정관제가 도입되었다. 이것은 미국의 영향을 받은 정체서 체제를 폐지하고 '제정일치(祭政一致)'를 원칙으로 한 복고적 관제였다. 우선 신기관(神祇官)이 부활되어 태정관보다 상위에 위치하고, 태정관 아래에는 민부성·대장성·병부성·형부성·궁내성·외무성을 둔다고 하는 2관 6성제를 채택하였으며, 시조원(侍詔院)·당죠다이(弾正台)·집의원(集議院)·대학교(大学校) 등 여러 기관을 두었다. 삼권이 모두 태정관 아래에 놓여진 것이 특징이다.

9 메이지 유신기 1871년 8월 29일에 메이지 정부가 지금까지의 번을 폐지하고 지방 통치를 중앙 관할의 부와 현으로 일원화한 행정개혁이다.

10 조정 조직의 최고기관. 태정관직의 하나로 좌대신, 우대신, 내대신에 이은 관직으로 4등관 중의 차관에 해당한다. 주요 직무는 대신의 업무를 보좌하고 조의(朝議)에 참가하거나 이를 시행하는 것이다.

程)에 따르면 정원(중앙정부)은 '천황도 출석하여 모든 중요한 일을 총괄, 판단하고 대신과 납언(納言)이 보필하며 참의(參議, 실제의 권력자)가 참여하여 다양한 정무를 관리 감독하는 곳', 좌원은 '여러 의원입법의 일을 논의하는 곳', 그리고 우원은 '법률 초안을 기안하고, 행정 실제의 이해를 심의하는 곳'이 되었다. 이른바 태정관 3원제의 성립이다. 태정관 아래에는 대장성, 공부(工部)성, 병부(兵部)성, 사법성, 궁내성, 외무성, 문부성의 7성이 배치되었다. 각 성의 장관〔省卿〕에 관해서는 '경(卿, 대신)은 천황의 정치 업무를 분리하고 여러 업무를 정리하는 것'과 '경은 기타 업무를 총괄하는 전권을 가진다는 것'과 함께 더욱이 '경은 소속하는 관리의 임면권을 가진다'고 하여 각 부처 장관〔省卿〕의 자주적 정책 운영과 인사권 행사가 보장되어 관료조직의 전문 분화가 예측되었다(가사하라〔笠原〕, 1991).

같은 해 11월 이와쿠라 사절단 일행의 출발과 함께 산조 사네토미를 중심으로 사이고 다카모리(西鄕隆盛), 오쿠마 시게노부(大隈重信)에 의해 부재중 정부가 성립하였다. 해외사절파와 부재중 정부파 간에는 12개조의 약정이 체결되어 부재중 정부의 독주를 견제하였지만 약정에 내포된 모순이 결과적으로 부재중 정부의 독주를 허용하게 되었다. 사사키 다카유키(佐々木高行)의 일기 《호고비여비(保古飛呂比)》에 '오늘날 세력은 각 성이 독립하여 우원은 유명무실, 정원은 사무에서 매일 멀어지고 연이어 각 성은 권력 투쟁에 시간을 보내어, 오늘날 개혁도 무익 허사로 돌아갈 것으로 보인다'고 기술하고 있듯이 부재중 정부의 정책과정에는 부처주의가 분출하여 극도의 혼미함을 초래하고 있었다. 이러한 사태는 1873년(메이지 6) 예산 분쟁으로까지 발전하였다.

그 결과 1873년 5월 2일, 태정관 직제 개정이 이루어졌다. 이 개정에서는 처음으로 '내각'이라는 호칭을 사용하지만 후에 성립하는 내각제도와는 성격이 다른 것이었다. 개정 요점은 보필(輔弼)책임체제의 변용과 정원의 강화였다. 천황에 대한 보필 책임은 태정대신과 좌우 대신으로 한정하기로 하고,

참의는 그 임무를 '내각의 의관(議官)으로 하여 여러 기능과 업무에 관한 판단 업무를 관장하는 것'으로 규정하였다. 이외에 좌원에 대한 것뿐만 아니라 각 성에 대해서도 정원의 권한은 상당히 강화되었다. 정원의 소장 사무는 행정 전반으로 확장되었고 직제 개정의 주목적이 각 성에 대한 태정관의 통제력 강화에 있다는 점은 명백한 사실이었다. 이 개정으로 좌원 혁신은 유보되었고 우원은 '칙명에 의해 임시로 연다'고 하였다. 이에 따라 참의 및 각 성의 장관 겸임제가 채용됨으로써 연락협의기관으로서 우원이 존재 의의를 상실하는 것으로 보여, 상시 개최는 보류되었다. 좌원은 1874년에 사무장정(事務章程)이 개정되면서 서서히 자문기관으로 변화되어 갔다.

이어서 태정관제가 개정된 것은 1875년 4월의 일이다. 1873년 10월에 정한론(征韓派)을 둘러싸고 국론이 양분되면서 정부는 분열되었다. 사이고 다카모리, 이타가키 다이스케(板垣退助) 등의 정한파 참의(參議)는 논쟁에 패하면서 하야하였다. 그 다음 해 기도 다카요시(木戸孝允)는 타이완 정벌(征台)의 방침에 반대하여 그 역시 하야하게 된다. 분열된 정부를 회복하고자 분주하게 노력한 이는 이노우에 가오루(井上馨)와 이토 히로부미(伊藤博文)였다. 이 둘의 끈질긴 주선이 열매를 맺어 1875년 2월에 오사카 회의가 개최되었다. 오사카 회의에서 오쿠보 도시미치, 이노우에 가오루, 이토 히로부미는 정부 측 협상자로 나서 하야 측의 기도 다카요시, 이타가키 다이스케와 회담하며 메이지 정부의 정치체제 개혁을 둘러싼 논의를 하였다. 회담에서 얻어진 합의를 토대로 태정관의 직제개혁을 단행하여 좌원과 우원을 폐지하고 대신 새로운 원로원(元老院)과 대심원(大審院)[11]을 설치하였다.[12]

---

**11** 일본 제국헌법하에서 일본의 최고재판소였다.

**12** 1875년(메이지 8) 1월, 참의(參議)인 오쿠보 도시미치와 이토 히로부미는 정한론 등을 둘러싸고 사직한 기도 다카요시와 이타가키 다이스케에 대해 참의에 복직할 것을 요청하였다(오사카 회의). 같은 해 2월에 입헌체제로의 점차적인 이행에 합의하고 두 사람의 복귀를 결정하였다. 4월 14일에는 입헌정체의 조서(태정관포고 제58호)를 발포하여 행정을 담당하는 태정관·정원(正院), 입법을 담당하는 원로원·지방관 회의, 사법을 담당하는 대심원(大審院)을 설치하고 삼권분립체제의 기초를 만들었다.

이노우에 가오루

원로원은 입법기관인 것에 비해 대심원은 최고 사법기관이었다. 원로원의 입법권은 제약되어 있었고 의안(議案)은 칙령〔勅命〕에 의해 내각으로부터 교부하는 것이었기 때문에 사실상 원로원의 의안 발의권은 인정되지 않았다. 또한 검시(檢視)제도가 설치되어 '급한 시책을 요하는 사건, 즉 원로원(당시, 입법부)의 검시를 거칠 여유가 없는 것은 내각에 의해 편의에 따라 앞서 포고한 후에 원로원의 검시에 붙이도록' 하였기 때문에 명확히 행정권이 우위에 있었다(이나다〔稲田〕, 1975년).

1878년(메이지 11) 12월 5일, 태정관 직제가 개편되었다. 기존의 군정, 군령은 육군성 및 해군성이 소관하고 있었지만 육군성에 관해서는 참모국을 폐지하고 참모본부를 설치하였다. 이에 따라 군령부 기관이 독립하였다. 지금까지 태정대신은 군사에 관한 모든 사항에 관하여 천황을 보필할 책임을 가지고 있었지만 군령 사항이 육군성의 업무관장에서 벗어남에 따라 해당 사항은 태정대신의 보필 책임으로부터 벗어났다. 즉, 군사 사항에 관한 한 참모본부는 태정대신과 어깨를 견줄 만한 지위를 확보하게 된 것이다.

1880년(메이지 13)까지 참의와 각 부처 장관〔省卿〕 겸임제는 유지되었다. 1873년경부터 지속된 이 체제는 75년(메이지 8)의 오사카 회의에서 분리 방침이 나왔음에도 불구하고 그 이후에도 존속되었다. 이는 시마즈 히사미츠(島津久光)와 같은 분리추진파가 정부에서 물러나 있었던 것도 주요 요인이다. 참의와 각 성 장관의 분리가 이루어지는 것은 1880년 2월의 일로, 양자를 분리하는 것은 참의로 하여금 국정심의에 전념시키겠다는 의도였다. 참의와 각 중앙부처 장관의 분리에 수반하여 내각의 권한강화를 위해 법제국과 조사국을 폐지하여 태정관에 법제부, 외무부, 회계부, 사법부, 군사부, 내무부의 6부를 설치하였다. 그리고 참의가 각 1개 부를 관할토록 하였다.

이 무렵 재야에서는 자유민권운동과 국회 개설을 요구하는 움직임이 활발하게 전개되고 있었다. 이미 정부 측에서도 1876년 9월, 원로원 의장에 대해 헌법초안 작성의 칙령이 내려져 원로원에서도 여러 나라의 헌법을 범례로 한 정밀한 조사를 진행하고 있었다. 각 참의에 대해서도 국회 개설을 위한 의견 개진이 요청되었다. 여전히 점진론적인 입장이 다수인 가운데 오쿠마 시게노부만이 실질적으로 급진적인 논의를 전개하고 있었다. 1881년 3월, 오쿠마 시게노부는 조기에 헌법을 제정하여 2년 후 국회를 개설할 것을 주창하였다. 오쿠마 시게노부의 주장은 정부에서 받아들여지지 않았고, 결국 오쿠마 시게노부는 메이지 14년 정변[13]에 패해 하야 했지만, 같은 해 10월 12일 10년 후를 기일로 국회를 개설한다는 칙유(勅諭)가 발표되었다.

이 칙유 발표와 함께 태정관에 '내각의 명령에 의해 법률 규칙의 초안 심사에 참여하는' 참사원(參事院)이 설치되었다. 지금까지의 6부는 폐지되고 입헌정체(立憲政體) 수립을 위한 체제 형성을 목표로 참사원에 의한 기획, 조정 작업이 시작되었다. 이 때문에 참사원의 권한은 확대되었다. 참사원은 원로원의 의안(議案)을 재심리하거나 각 성에서 품의가 올라온 법률안과 규칙안을 심사(審査), 수정(修正)하는 작업을 맡았다.

참사원이 설치되고 그 의장에 이토 히로부미가 취임하면서 태정관 진용이 변화되었고 다시 내각과 각 성 간의 연락을 긴밀히 하기 위해 참의·경[14] 겸임제가 부활하였다. 이에 분리 이념은 후퇴할 수밖에 없었던 것이다. 그리고 참사원에는 서무(庶務)를 관장하는 내국(內局) 외에 외무부, 내무부, 군사부, 재무부, 사법부, 법제부가 설치되었다(가사하라〔笠原〕, 1998). 같은 해 11

---

**13** 1881년(메이지 14) 자유민권운동을 둘러싼 정부 내의 대립으로 이토 히로부미가 오쿠마 시게노부를 추방한 사건으로 삿초 번벌정부체제(薩長藩閥政府体制)가 확립되었다. 오쿠보 도시미치 사망 후 메이지 정부는 이토 히로부미, 이노우에 가오루(죠슈 파벌, 長州閥)와 오쿠마 시게노부를 중심으로 운영되었다. 오쿠마 시게노부는 정부 내에서 재정정책(세이난 전쟁 후 재정적자를 외채로 극복하고자 하였다)을 둘러싸고 마쓰카타 마사요시와 대립하였다. 또한 자유민권운동에 동정을 표하고 조기 헌법 공포와 국회 즉시 개설을 주장하였다.

**14** 메이지 정부 시대 8개 성의 장관. 후에 대신으로 개칭되었다.

월 10일에는 각 성의 사무장정(事務章程)이 폐지되고, 이를 대신하여 여러 성의 사무장정 통칙(通則)이 정해졌다. 이것은 후에 각 성의 관제통칙(官制通則)을 선도하게 되고 이에 따라 각 부처 장관〔省卿〕의 직무 권한이 명확해졌다. 이렇게 정리된 태정관과 각 성청(省廳) 간의 관계는 1885년(메이지 18) 내각제도 창설 시까지 계승된다.

## 2. 제2차 세계대전 이전의 내각제도

1885년(메이지 18), 12월 22일 내각제도 창설에 관한 태정관 포고(達)[15] 제69호가 발령되었고 이로써 새로운 내각제도가 발족하였다. 태정관제를 대신하여 내각제도가 창설된 배경에 대해서는 같은 해 12월의 태정대신 산조 사네토미의 의견서(奏議)가 잘 설명해 주고 있다. 이 의견서에는 태정관제의 폐해와 내각제도의 이점이 명료하게 지적되어 있다. 이에 따르면 1869년의 직원령(職員令) 체제에서는 여전히 다이호령제(大宝令制)[16]에 따라 태정관은 여러 성(省, 중앙부처)의 우두머리〔冠首〕로, 여러 성(省)은 태정관에 예속하는 분관(分官)으로 취급되었다. 이 때문에 여러 성은 어김없이 태정관의 지령을 받들게 되었고 각 성의 대신 책임은 가벼워졌다. 때문에 이러한 사항을 수정하고 내각을 '재신회의(宰臣會議)'로서 '모든 중요한 사항의 정치를 민첩하고 활발하게 여러 대신들과 함께 대정(大正, 중요한 정무)에 참여하는 각 부의 직으로 임하는' 제도로 해야만 한다고 하였다(오코우치〔大河内〕, 1976).

이러한 취지로 태정관제는 폐지되고 내각 총리대신 및 궁내(宮內), 외무,

---

**15** 메이지시대 초기에 최고 관청으로 설치된 태정관에 의해 공포된 법령의 형식이다.

**16** 8세기 초에 제정된 일본의 율령이다. 당시 백제 멸망과 함께 한반도의 급변하는 상황에 대비, 중앙집권화를 강화하고 국가의 기틀을 마련해 가기 위해 법령을 집대성, 완성한 것이 다이호율령이다. 이는 일본 역사상 최초로 그리고 다른 동아시아 군주제와 달리 군주의 명령이 법률과 함께 정리되어 성립한 본격적인 율령이다.

내무, 대창(大藏), 육군, 해군, 사법, 문부, 농상무, 체신의 각 대신을 두고, 궁내대신을 제외한 내각 총리대신 이하 각 성의 대신(大臣)으로 내각을 조직하도록 하였다. 궁정 내부의 사무와 천황의 업무를 수행하는 궁중(宮中, 조정)과 정부 내부 및 국정 업무를 수행하는 부중(府中, 정부)을 별도로 명확히 하기 위해 궁내성은 내각으로부터 분리되었다.

원래 태정관제하에서 현실적인 국가정책의 결정은 대부분 참의에 의해 행해졌음에도 불구하고 제도상 천황 보필의 책임은 태정대신과 좌우대신에게만 한정되어 있었다. 더욱이 여러 정책을 수행하는 각 성의 수장〔省卿〕은 태정관에 예속되는 분관에 지나지 않았다. 이 때문에 각 성의 수장은 국가업무를 수행함에 그때마다 태정관의 지령을 따르지 않으면 안 되었다. 즉 태정관제와 내각제도는 다음과 같은 차이가 있었다. 태정관은 태정대신을 장으로 하는 독자적 임무수행(獨任)기관이었지만 내각은 내각 총리대신 및 여러 대신에 의해 조직되는 기관이였다. 태정관에서는 각 성의 수장이 태정관에 예속됨에 지나지 않았지만 내각제도하에서 각 대신은 내각 총리대신과 마찬가지로 내각의 구성원으로서 위치하게 되었다. 또한 태정관제하에서는 궁내성도 태정관에 예속되어 궁정 업무와 국정 업무가 분리되지 못했지만 내각제도하에서는 궁중과 부중이 분리되고 궁내성은 내각의 밖에 위치하게 되었다.

메이지시대 초기는 고대 율령제를 기초로 하여 새롭게 설치된 태정관을 국정의 최고기관으로 한 태정관제를 채택하였다. 태정관제에 의한 운영기간 동안 정부조직은 수차례 그것도 대폭적인 개정이 이루어져 안정적이지 못한 정부조직 형태를 유지하고 있었다. 이에 1881년(메이지 14) 10월 12일, 메이지 천황이 내린 '국회 개설의 조서(詔, 천황 명령)'에 1890년(메이지 23)을 기하여 국회 즉 일본 의회의 개설을 목표로 한다고 표명하게 되었다. 정부 중심으로 입헌주의 체제의 정비를 도모하고 있었던 이토 히로부미 일파는 태정관제를 교체할 새로운 정부기구의 책정에 돌입하였다. 1885년(메이지 18)

12월 22일, 내각제도의 창설과 함께 내각기구의 운영에 관한 준칙으로서 다음 7개 조에 의한 '내각직권(職權)'이 정해졌다(일본행정학회, 1987).

제1조 내각 총리대신은 각 대신(大臣)의 수반(首班)으로서 기능과 업무를 주선하고 뜻을 이어받아 국정의 방향을 지시하고 행정 각 부를 총감독한다.

제2조 내각 총리대신은 행정 각 부의 성적을 고려하고 설명을 요구하여 이를 검증하고 명확히 할 수 있다.

제3조 내각 총리대신은 필요하다고 인정될 때에는 행정 각 부의 처분 또는 명령을 정지시켜 직접 결재(親裁)를 기다리도록 할 수 있다.

제4조 내각 총리대신은 각 과(科)의 법률기안(起案)위원회를 감독할 수 있다.

제5조 범부처 법률명령에는 내각 총리대신이 중복하여 서명토록 하고(副署) 각 성(省)의 주임 사무에 속하는 것은 내각 총리대신 및 주임대신이 각각 서명하도록 한다.

제6조 각 성의 대신은 주임 사무에 관한 시시각각의 상황을 내각 총리대신에게 보고해야 한다. 단 군기(軍機)에 관해서는 참모본부장에 의해 직접 상소(上奏)하고, 육군대신은 해당 사건을 내각 총리에 보고해야 한다.

제7조 각 대신에게 사고가 있을 시에는 임시 명령에 의해 타 대신이 해당 사무를 관리할 수 있도록 한다.

내각직권의 최대 특징은 대재상(大宰相)주의에 있으며 여러 대신에 대한 내각 총리대신의 통제력이 상당히 커졌다는 점을 들 수 있다. 제1조에서는 '각 대신의 수반으로서 기능과 업무를 주선하고 뜻을 이어받아 국정의 방향을 지시하고 행정 각 부를 통제 감독하는 것'으로 이 점을 명확히 하고 있다.

단, 주의할 것은 제6조에 이른바 통수권(統帥權)의 독립에 관한 전제가 포함되어 있다는 것이다. 여기에는 군정 사항으로 구별되는 군령 사항에 관해서는 육군참모본부장이 최고의 보필기관으로 직접 상소하는 것이 가능한 이아쿠죠우쇼우(帷幄上奏)[17] 체제가 포함되어 있다. 이것은 군의 통수권이 내각으로부터 독립되어 있다고 할 수 있지만, 내각을 행정부외(局外)로 두는 것을 피하고자 하는 규정으로도 볼 수 있을 것이다(내각제도100년사 편찬위원회, 1985).

곧이어 같은 달 26일에 내각 총리대신 이토 히로부미는 입헌정치의 시작에 대응하는 행정기구를 정비하기 위해 '정강5장(政綱五章)'을 제정하고, 각 성의 사무를 정리하도록 하였다. 정강5장은 1) 관리로서의 직책을 명확히 할 것, 2) 관직의 지위를 정하고 임용할 것, 3) 번거롭고 까다로운 절차와 규칙을 생략할 것, 4) 낭비를 없애고 절약할 것, 5) 규율을 엄하게 할 것의 5항목으로 구성된다. 1) '관리로서의 직책을 명확히 할 것'이란 관제(官制)를 정하는 각 성의 부서 조직과 권한을 표시하고, 각 기관의 정원이나 관리의 등급분류기준을 지키도록 하는 것을 말한다. 2) '관직의 지위를 정하고 임용할 것(選叙)'이란 관리의 연고채용이나 정실인사를 배제하고 임용과 승진은 시험이나 기타 자격 임용으로 하라는 지침이다. 3) '번거롭고 까다로운 절차와 규칙을 생략할 것'이란 번문욕례(繁文縟礼)[18]를 고치고 능률을 향상시키라는 것이며, 4) '낭비를 없애고 절약할 것'이란 우선 인건비 등의 절약을 가리키고 있다. 5) '규칙을 엄하게 할 것'이란 물론 관리에게 열정적인 근무와 규

**17** 이아쿠죠우쇼우(帷幄上奏, いあくじょうそう)란 군주제 국가에서 이아쿠(帷幄) 기관인 군부가 군사에 관한 사항을 군주에 직접 상소하는 것이다. 이아쿠란 의미 자체는 작전 기밀을 논의하는 곳을 가리키지만, 이것이 천황 및 군주를 가리키는 의미로 바뀌었다. 독일 제2제국의 영향을 받아 제국주의 일본에서도 제도화되었다. 1889년(메이지 22) 제정된 '일본 제국헌법'으로 일반 통치권과 군 통수권 분리가 명기되었지만, 같은 해 내각관제 제7조에 의해 이것이 제도화되어 군 통수권은 내각 총리대신의 국무상 보필사항의 예외가 되었다.

**18** 규칙이 지나치게 상세하고 번잡한 절차가 많아 상당히 비능률적인 상황을 가리킨다. 레드 테이프(Red Tape)라고도 한다.

칙의 준수를 요구하는 것으로, 일탈하는 자는 징계 또는 견책하는 기강 확립에 관한 것이다.

초대 이토 히로부미 내각에서부터 구로다(黑田) 내각 시기까지 헌법 제정과 국회 개설 준비가 빠르게 진행되었다. 여기서 우선 내각의 방향과도 밀접히 연관되는 사항으로서 제국의회(帝国議會)[19]의 권능과 추밀원(樞密院)[20] 설치가 주목된다.

일본 제국헌법에서는 제국의회에 입법승인권과 법률발의권, 상소권, 예산승인권을 인정하였다. 내각은 국가정책을 진행함에 중요한 법률의 제정과 예산편성에 대해 의회의 간섭을 받게 되었다. 따라서 의회는 내각의 운영을 좌우하는 큰 요소로 작용하였다. 한편 추밀원은 원래 헌법 초안을 심의하는 심의기관으로서 1888년(메이지 21) 이후 기능해 왔지만, 헌법 제정으로 헌법상의 기관으로서 지위를 획득했다. 추밀원 관제에 규정된 권한으로는 헌법, 황실법, 법률, 조약, 칙령 그리고 천황으로부터 자순(諮詢, 아랫사람에게 의견을 물어 논의함)된 모든 국무사항의 심의가 있다. 헌법상 천황은 내각과 의회 사이에 발생한 쟁의를 재정(裁定)하도록 되어 있지만, 이러한 일을 어떻게 판단해야 하는가를 권고하는 것은 추밀원 고문관의 중요한 임무였다.

조약개정 문제의 분규로 오쿠마 시게노부 외상[21]이 예상치 못한 어려움을 겪으면서 구로다 총리가 사퇴한다. 차기 총리인 야마가타 아리토모(山縣

19 1889년에 반포된 일본 제국헌법(메이지 헌법)하에서의 의회(국회, 입법기관)를 말한다. 1890년 11월 29일, 제1회 의회부터 1947년 3월 31일, 제92회 의회까지 이루어졌다. 메이지 초기의 자유민권운동, 국회개설운동을 거쳐 1890년(메이지 23)에 성립되었다.

20 일본의 추밀원(枢密院)은 일본 제국헌법하에서 천황의 최고 자문기관이었다. 약칭은 추부(枢府). 1888년(메이지 21) 일본 제국헌법 초안 심의를 위해 창설되었다. 일본 제국헌법 제56조는 '추밀원관제에 의해 천황의 자순(諮詢)에 답해 중요한 국정업무를 심의한다'고 규정하고 있다. 초대 의장은 이토 히로부미였으며, 의장 1명, 부의장 1명, 고문관 24-28명으로 조직되었다.

21 이토 히로부미는 오쿠마 시게노부가 정적이었음에도 불구하고 그의 외교수단을 높이 평가하여 불평등조약을 개정하고자 그를 외무대신으로 정했다. 1888년 2월, 외무대신에 취임한 오쿠마 시게노부는 같은 해, 구로다 기요타카가 내각을 조직했을 때도 유임했지만, 반대파의 저항에 부딪쳤고, 결국 1889년 국가주의 조직의 일원에 의한 폭탄 테러로 우측 다리를 잃고 사직하였다.

有朋)는 임시 총리였던 산조 사네토미로 하여금 내각제도의 개혁을 제언하도록 하였다. 그 결과 전 각료의 서명으로 내각제도 개혁의 주청이 이루어졌고, 이를 받아들여 1889년(메이지 22) 12월 24일 내각관제[22]가 공포되었다.

내각관제는 내각직권(內閣職權)을 대신하는 것이었다. 내각관제와 내각직권은 다음과 같은 점에서 차이가 있다. 첫째로 내각 총리대신의 각 성 대신에 대한 통제 권한이 약화되었다. 둘째는 내각이 그 직무와 권한을 논하는 각의(閣議, 내각의 직권행사 시 그 의사결정을 위해 개최하는 국무대신회의)에 상정 및 회의에 부치는(付議) 사항이 열거되고, 명확히 규정되었다. 셋째는 각 성 대신 외에 특명에 의해 내각 구성원의 반열에 속하는 국무대신 규정이 설치되었다. 개혁의 주안점은 첫 번째 사항에 맞춰져 내각 총리대신의 내각 통제력은 저하되어, 제국헌법 55조 각 대신의 단독보필책임제와 조화를 이루고자 하였다. 내각 총리대신의 권한에 관해서는 내각직권은 '뜻을 이어받아 정치(大政)의 방향을 지시하고 행정 각 부를 통제, 감독한다'고 정하고 있지만, 내각관제에서는 '뜻을 이어받아 행정 각 부의 통일을 보호, 유지한다'로 내각직권에서 '행정 각 부의 성적을 고려하며 해당 설명을 요구하고 이를 검증할 것을 요구한다'는 규정은 내각관제에서는 모습을 찾아볼 수 없게 되었다.

이것은 내각 총리대신의 각 성에 대한 감시 권한이 삭제된 것을 의미한다. 총리대신의 법률명령에 대한 부서(副署) 범위를 축소한 것에 반해, 각 성의 대신에 의한 국무회의(閣議)에 의안제출권은 명시적으로 인정되었다. 또한 각의를 거쳐야만 할 사항이 구체적으로 열거됨에 따라 각의의 안건으로 할 것인가 말 것인가의 재량권은 좁아지게 되었다.

내각직권에서 내각관제로의 이행으로 내각 총리대신의 각 관료에 대한

---

**22** 광의의 의미로는 내각 설치, 폐지, 명칭, 조직, 권한 등에 관한 규정을 말한다. 협의로는 1889년(메이지 22)에 정해진 일본 법령, 메이지 22년 칙령 제135호를 말한다. 광의의 내각관제는 협의의 내각관제 외에 메이지 18년 12월 22일, 태정관통달 제69호와 내각 직원을 포함한다. 일본헌법 제정 후에 내각법이 대신하여 제정됨에 따라 폐지되었다.

통제력은 약해져 내각의 일체성이 손실되었다는 지적이 있다. 제국헌법 55조에 규정된 대신의 단독보필책임제와 함께 생각하면 일견 그 타당성을 이해할 수 있을 것 같아 보이지만, 원래 내각관제의 개혁은 내각의 일체성 확보에 역점을 두었기 때문에 내각관제의 규정으로 그 즉시 내각의 일체성이 약해졌다고 보는 것은 성급한 판단이라는 견해도 있다. 실제로는 국무회의에서 각료(閣僚)는 자기의 주관(主管) 사항에 대해서도 총리대신이나 다른 각료의 의견에 어느 정도 구속을 받았으며, 새로운 내각관제의 시행으로 주관사항이라고는 하더라도 대신이 독단으로 처리한다는 것은 있을 수 없었다.

메이지 헌법하에서는 천황에 의한 통치권의 종합적 관할〔總攬〕이 기본원칙이었으며 헌법 조문에 '내각'이라는 문언 자체도 존재하지 않았다. 행정권은 원칙적으로 국무대신의 보필로 천황이 스스로 행하도록 하였다. 행정권의 행사는 천황의 수권(授權)에 기초하여 각 성의 대신 및 기타 행정기관이 실시하도록 하였다. 내각관제에서 이른바 내각은 순수한 행정기관이 아니라 어디까지나 천황을 보필하는 대신이 보필의 임무를 다하기 위해 방침을 조정하고 통일시키기 위해 협의하는 통치조직이었다.

내각은 천황을 보필하는 대신의 협의조직이었다고는 하지만 그 협의 사항은 정무(政務) 전반에 이르는 사항이었기 때문에 이른바 천황의 협찬(協贊) 기관인 제국의회보다도 지위는 우위에 있었다. 사실 제국의회의 소집, 개회, 중의원의 해산, 회기의 연장, 정회(停會)의 권한은 내각에 귀속되었다. 이러한 가운데 정회나 해산은 큰 권한에 해당하여, 이를 기초로 점점 더 강력한 권력이 발동될 수 있었던 것은 잘 알려져 있다. 그 외 조약체결권과 긴급칙령, 독립 명령, 천황의 통치권에 기초한 기존 세출 및 의무비의 폐지, 삭감에 관한 정부 동의권 그리고 예산 불성립의 경우 전년도 예산의 집행 등 정부의 권한은 광범위하게 걸쳐 있었다.

이러한 강력한 내각의 임명은 모두 천황의 명으로 이루어지도록 하였지만 누구를 임명할 것인가를 천황에 조언하는 이른바 추천 역할을 담당하고,

총리대신 선임에서 실질적인 결정권을 쥐고 있었던 것은 원로(元老)[23]였다. 원로에 관해서는 공식적인 규정 없이 메이지 유신에 수훈을 세웠던 인물이 해당되었다. 원로로서는 이토 히로부미, 이노우에 가오루, 야마가타 아리토모, 오야마 이와오(大山巖), 구로다 기요타카, 마쓰카타 마사요시, 가쓰라 다로(桂太郎), 사이온지 긴모치(西園寺公望) 등을 거명할 수 있다. 원로는 내각의 총리대신 선임에 큰 역할을 할 수 있었지만 반드시 원로의 의향 대로 결정되는 것은 아니었다. 여기에는 그때그때 정치세력간의 역학 관계가 투영되고 있었다(하야시〔林〕·츠지〔辻〕, 1981).

처음에는 내각을 조직함(組閣)에 정당 세력은 배제되어 초연주의(超然主義)[24]의 입장에서 번벌(藩閥)[25] 지도자 층에서 주로 인선하였다. 그렇지만 서서히 정당 세력을 배경으로 하는 자들이 각료와 총리에 선임되었고 의회 개설 후에는 예산이나 입법승인권을 가진 의회의 지지 없이 내각은 안정적인 정치 운영이 불가능하게 되었다. 여기서 의회의 지지란 의회의 기반을 가진 정당 세력의 지지를 의미한다.

1896년(메이지 29) 제2차 이토 히로부미 내각에 자유당의 이타가키 다이스케(板垣退助)가 내무상으로 입각하였다. 그리고 2년 후 1898년(메이지 31)에는 일본 최초의 정당내각인 오쿠마 시게노부 내각이 탄생한다. 오쿠마 내각 이후로 정당내각이 지속되진 않았지만 당시 이미 초연주의 시대는 과거의 것이 되어 버렸고 정권 운영을 위해서는 정당과의 제휴가 필요했

**23** 메이지 후기에서부터 쇼와 초기에까지 일본 정계 최고 수뇌였던 중신을 말한다. 메이지 유신에 공적이 있었던 인물을 원훈(元勳)이라고도 불러, 그들이 메이지 신정부에서 장기간에 걸쳐 사실상 정치를 견인한 것을 두고, 주로 매스컴 주변에서 탄생한 용어라고 전해진다(長老元勳 → 元勳老 → 元老).

**24** 외부의 동정에 관여하지 않고 초연히 독자의 입장을 관철한다는 사상을 말한다. 일반적으로는 일본 제국헌법 반포 후 제국의회 개설부터 다이쇼(大政) 시대 초기까지 번벌, 관료에 의해 구성된 정부가 취한 입장을 가리킨다. 정부는 의회, 정당의 의사에 제약되지 않고 행동해야 한다는 주장이다. 이러한 사상을 택한 내각을 초연내각이라고 한다.

**25** 메이지시대에 일본 정부와 군의 요직을 점한 일본의 여러 번(이른바 薩長土肥) 출신자 그룹에 대한 비판적 호칭이다. 메이지 과두제(明治寡頭制, Meiji oligarchy)라고 하기도 한다.

다. 시대는 번벌 지도자와 정당 세력이 내각을 좌우하는 방향으로 전개되었다. 주요 번벌 지도자는 위로는 천황으로부터 아래로는 문무 관료에 이르는 광범위한 인맥을 가지고 있었으며, 정당 세력은 의회 의석이라고 하는 자원(resource)이 있었다. 이토 히로부미를 중심으로 적극적으로 정당과의 제휴를 모색하는 노선과 야마가타 아리토모를 중심으로 한 정당과의 제휴를 제한하고자 하는 노선이 서로 경쟁하였다. 주요 번벌 지도자는 부국강병정책을 지향했던 것에 비해 정당 세력은 조세 경감으로 국민의 부담을 덜고 힘을 키우는 국민휴양(休養)정책을 추구하였다. 청일전쟁 이후, 정당의 내각에 대한 영향력은 커졌지만, 번벌 세력도 이에 대항하는 자세를 보여 주게 되었다.

최초의 정당내각인 오쿠마 시게노부 내각은 육해군 대신들의 저항에 부딪쳐 겨우 4개월 만에 총사퇴할 수밖에 없었다. 제2차 야마가타 아리토모 내각에서는 문관임용령이 개정되면서 문관분한령(分限令)과 문관징계령이 발령되었고, 또한 문관의 임용, 분한,[26] 징계령에 관한 칙령은 추밀원의 자문사항이 되었다. 이러한 일련의 개정은 정당인이 관료조직의 최상층에 임용되는 길을 막기 위해 시행된 것이다. 같은 내각에서 육군성, 해군성의 관제개혁을 시행하여 군부대신 현역무관제가 도입되었다. 제4차 이토 내각은 입헌정우회[27]를 기반으로 하였기 때문에 증세(增稅)안은 중의원을 통과할 수 있었지만 귀족원에서 야마가타 파벌의 저항으로 부결되었다.

번벌 세력은 귀족원과 추밀원 등 내각으로부터 자립해 있던 국가기관을

**26** 일반직 공무원으로 근무실적이 좋지 않은 경우와 심신장애로 인해 그 직무수행에 지장이 있거나 또는 감내하기 어려운 경우 등 공직에 필요한 적격성을 상실했을 때, 직(職)의 폐지 등으로 공무의 효율성을 유지하는 것을 목적으로 그 직원의 뜻에 반해 행해지는 처분을 가리킨다. 신분 보증의 한계라는 의미도 있다.

**27** 일본 메이지 후기부터 쇼와 전기까지 입헌민정당과 어깨를 나란히 한 2대 정당 중의 하나이다. 약칭은 정우회. 1900년(메이지 33) 초연주의의 파탄과 정당정치의 필요성을 느낀 이토 히로부미가 스스로 여당으로 조직하였다. 자신이 초대 총재가 된 이토 히로부미와 그의 계열 관료와 헌정당(구 자유당), 제국당을 중심으로 하여 창설하였다. 정당을 불신했던 메이지 천황은 이토 히로부미의 정당 결성에 강하게 반대했지만 이토 히로부미는 의회 속에 천황과 국익을 소중히 하는 정당이 필요하다는 점을 역설하여 승낙을 얻어낸다(이때 이토 히로부미를 통해 하사금 2만 엔이 정우회에 수여된다).

거점으로 저항하였지만, 가쓰라 다로 내각이 헌정옹호운동[28]에 떠밀려 총사퇴하는 다이쇼 정변(大正政變)[29]이 일어나고, 이로 인해 서서히 정당을 기반으로 하는 내각이 큰 힘을 얻게 되었다. 제1차 야마모토 곤노효에(山本權兵衛) 내각은 군부대신현역무관제[30]에서 '현역'을 제외하였다. 또한 문관임용령이 개정되어 시험에 의하지 않은 특별 임용의 폭이 확대되어 정당의 진출이 용이해졌다. 정당 세력의 정치력은 자연스럽게 커졌고 하라 다카시(原敬)의 지도력으로도 군부의 군비확장 요구를 억제할 수 있었다. 하라 내각에서는 드디어 귀족원 연구회를 여당화하는 데 성공하였고 내각으로부터 독립된 육해군, 귀족원, 추밀원 등의 기관 통제가 가능해졌다.

쇼와(昭和) 공황 이후 정당의 부패가 심화되고 국민의 지지를 잃어버린 정당은 급속히 추락하는 양상을 띠었다. 만주사변을 거치면서 시대는 전시체제로 전환되어 또다시 내각의 일원화가 요구되었고, 5상회의(五相會議)[31] 등 내부내각(Inner-cabinet)의 정리와 청산을 모색하였다.

조각(組閣)에서 빠질 수 없는 주천(奏薦) 역할을 하는 원로도 사이온지 긴모치만 남게 되었고 새로운 추밀원 의장과 내각 총리대신 경험자에 의해 구성되는 중신(重臣)이 총리를 지명하게 되었다. 이누카이 쓰요시, 사이토 마코토(斎藤實), 오카다 게이스케(岡田啓介), 하야시 센주로(林銑十郞)의 선임은 사이온지 긴모치가 중신과 내대신(內大臣)[32]에 타진한 후 추천하였다.

---

**28** 호헌운동(護憲運動)이란 다이쇼(大正) 시대에 발생한 입헌정치를 옹호하는 운동으로, 헌정옹호운동이라고도 불린다.

**29** 1913년(다이쇼 2) 말에 발발한 헌정옹호운동(1차)에 의해 제3차 가쓰라 내각이 무너진 것을 가리킨다.

**30** 군부대신현역무관제(軍部大臣現役武官制)란 일본 제국헌법에서 군부대신(육군대신, 해군대신)의 보임 자격을 현역무관(군인)으로 제한하는 제도로, 현역무관으로 제한하기 때문에 문관은 물론 예비역 등 퇴역 무관은 그 자격이 없다.

**31** 쇼와시대 전기 일본에서 내각 총리대신, 육군대신, 해군대신, 대장성대신, 외무대신의 5각료에 의해 개최된 회의이다.

**32** 메이지 일본에 있던 궁중 직책(役職)으로 내각과 국무대신에는 포함되지 않았지만, 내대신부(內大臣府)에서 천황의 측근으로서 항상 천황을 보필하고 국가나 천황의 중요문서관리와 천황의 명령 및 선언문에 관한 사무를 다루었다. 쇼와시대에 들어서 원로를 대

1930년대, 이러한 선출 방식은 제1차 고노에 후미마로(近衛文麿) 내각에서부터 변화되어 후임 총리에 관한 천황의 물음〔下問〕은 내대신에게 이루어지게 되었다. 1940년대에 들어서 내대신이 유아사 쿠라헤이(湯浅倉平)에서 기도 고이치(木戸幸一)로 바뀜에 따라 내대신이 원로와 중신의 의견을 구하는 방법에서 중신회의[33]에 자문하고, 이를 토대로 내대신이 추천하는 방식으로 바뀌었다(오코우치〔大河内〕, 1976).

5·15사건[34]으로 이누카이 쓰요시 내각[35]이 쓰러지고 제2차 세계대전 이전의 정당내각은 사라졌다. 사이토 마코토, 오카다 게이스케, 히로타 고키(廣田弘毅) 내각에서는 정당, 관료, 군부, 재계의 대표가 상호 견제하면서 국내외에서 군부 독주에 제동을 걸려고 하였다. 그러나 정당의 추락은 지속되는 반면 군부의 역할은 현저하게 대두되었다. 1936년(쇼와 11)에는 히로타 내각하에서 군부대신 현역무관제가 다시 부활하였다. 중일전쟁이 더욱 치열해지고 영미와의 관계도 악화됨에 따라 총력전체제가 더욱 강하게 요구되었다. 전쟁 수행을 위해 모든 자원의 동원이 요구되었고 국가총동원법의 시행으로 경제 통제가 진행되었다. 총동원체제를 신속하게 실시하기 위해서도 내각의 종합조정기능 강화가 긴급한 과제로 떠올랐다. 이를 위해 앞서 서술한 내부내각(Inner-cabinet)이 설치되어 권한의 집중화를 목표로 하였다.

1939년(쇼와 14) 아베 노부유키(阿部信行) 내각하에서 '국가총동원법의 시행 총괄에 관한 칙령'이 공포되었다. 이에 따라 국가총동원법의 시행에 관

---

신하여 총리 추천에 큰 역할을 하였으며 궁중뿐만 아니라 부중(정부 내)에서도 큰 힘을 가졌다.

**33** 쇼와시대에 원로의 직무를 계승하는 형태로 후임 내각 총리대신의 선정과 국가의 중요사항에 관해 천황의 자문에 답하는 형식으로 열렸던 회의. 구성원은 내각 총리대신 경험자 및 추밀원 의장이다.

**34** 1932년 5월 15일에 발생한 해군 급진파 청년장교를 중심으로 한 반란. 무장한 청년장교가 갑자기 총리관저에 돌입, 당시 호헌운동의 기수라고도 할 수 있는 이누카이 쓰요시 내각 총리대신을 암살하였다. 이 사건으로 일본의 정당정치는 쇠퇴하였다.

**35** 입헌정우회를 중심으로 한 정당내각이다. 그러나 이 내각은 5·15사건으로 붕괴하고 이후 일본은 군국주의로 내달리기 때문에 이것은 사실상 전쟁 전 최후의 정당내각이라고 할 수 있다.

한 총괄을 요하는 경우는 내각 총리대신이 관계 각 청에 지시가 가능하도록 규정하였다. 또한 내각기능의 강화를 위해 내각조사국과 내각정보국, 기획원 등의 스태프 기구가 만들어졌다. 그러나 성청의 분할주의는 생각보다 강했고 충분한 내각의 일원화를 이루지 못한 채 전쟁 종결을 맞이한다.

## 3. 전후(戰後) 내각제도

전후(戰後) 일본 헌법의 제정으로 통치기구는 크게 변화하였고, 내각제도의 틀도 변형되었다. 일본 제국헌법하에서의 통치기구와 근본적인 차이점은 새로운 의원내각제가 채택된 것이다. 내각[36]은 우선 국회로부터 신임을 얻어야만 하고 국회의원 가운데에서 국회 의결로 내각 총리대신이 지명되고, 기타 국무대신은 총리대신이 임명하게 되었다. 또한 내각은 행정권의 행사에 관하여 국회에 대해 연대책임을 졌다. 내각 총리대신의 지명에서 중의원의 우월성이 인정되었으며, 만일 양원(兩院) 의견이 일치하지 않아 양원협의회에서도 결정하지 못할 경우, 또는 10일 이내에 참의원이 이를 의결하지 않았을 때에는 중의원 의결이 곧 국회의 의결로 간주되었다. 내각은 중의원 다수파의 지지에 의존하고 있으며, 현행 헌법은 국회에 의거하는 내각에 행정권을 위임함에 따라 민주 정치가 이루어지는 체제이다.

전후의 내각은 의원내각제를 채택했을 뿐만 아니라 내각의 책임이 좀더 명확해져 조직으로서의 일체성이 증대된 점이 제2차 세계대전 전과 크게 다른 점이다. 전쟁 전의 내각은 일본 제국헌법 55조에서 규정하는 단독보필책임제로 총리는 이른바 동년배자들 중에서 수석의 지위를 점하는 데 지나지 않았다. 내각관제가 '행정 각 부의 통일을 유지·보전'한다는 규정에 그쳐 총

36 국가 행정권 집행을 담당하는 최고기관으로 내각의 수장을 통상 내각 총리대신이라 칭한다.

리대신의 다른 국무대신에 대한 지휘명령권을 인정하지 않았다. 따라서 전후 내각은 헌법 66조에 명기되어 있듯이 총리대신을 '내각의 수장'으로서의 지위에 자리매김하게 하고, '안으로는 내각의 통일과 일체성을 확보하고 밖으로는 내각을 대표하는 지위를 가질 것'이 요구되었다(아나미〔穴見〕, 1994).

총리가 독자적인 방침에 따라 내각의 일체성을 유지하기 위해 각료의 임면권을 가진다고 하는 것은 상당히 중요하다. 또한 총리가 독자적인 판단으로 각료를 파면시킬 수 있다는 것은 내각의 통일을 유지하는 데 있어 불가결하다고 할 수 있다. 이러한 여러 사항으로 보면 전쟁 전과 비교하여 전후의 총리가 훨씬 큰 권한을 가지게 되었다고 할 수 있다.

상기의 국무대신 임명권 외에 총리대신에게는 헌법상 국무대신의 소추(訴追)에 관한 동의권, 의안을 국회에 제출하는 것, 일반 국무 및 외교 관계를 국회에 보고하는 것, 행정 각 부를 지휘·감독하는 것, 법률 및 정령에 서명하는 것, 의회에 출석하여 발언하는 것 등이 인정된다. 이외에도 법률상 국무회의〔閣議〕[37]의 주재권, 대신 간의 권한 이의(異議) 재정(裁定), 행정 각 부의 처분 또는 명령중지권, 총리의 임시 대리자 지명권, 국무대신의 임시대리자 지명권, 자위대에 대한 최고지휘권, 긴급사태의 포고, 재해긴급사태의 포고, 행정처분 등의 집행 정지에 대한 이의권 등의 권한이 부여되어 있다.

내각법 6·7·8조에 규정되어 있는 행정 각 부의 지휘감독권, 대신간의 권한 이의 재정, 행정 각 부의 처분 또는 명령중지권은 일본 국가행정조직법이 요청하는 국가 행정기관의 일체성 유지를 위해 내각 총리대신이 가지는 중요한 권한이다. 그러나 이러한 권한에는 한계가 있다. 그것은 국가행정조직법이라고 하는 '내각의 통할(統轄)'이라는 점이다. 즉 내각법 4조 1항에 규정되어 있듯이 이러한 직책을 총리가 수행하는 데에는 각의(閣議)의 제약을 받도록 하고 있다는 점이다.

---

**37** 내각의 직권행사(職權行使) 시에 내각 총리대신이 주재하고 그 의사결정을 위해 개최하는 국무대신회의를 말한다.

전후(戰後)의 내각제도에서도 원칙적으로 국무대신은 중앙부처〔省廳〕의 행정장관인 것이다. 물론 예외적으로 무임소(無任所)대신을 둘 수 있었지만, 이 제도에 관해서는 비판이 제기되었다. 제1차 임시행정위원회에서는 국무대신의 행정장관 겸임제가 내각의 통일성을 저해한다고 비판하였다. 분명 국무대신은 각의라고 하는 국정의 방향성을 결정하는 합의체의 일원으로서 국익을 중시하는 자세가 요구되지만 행정장관을 겸임하는 경우, 소관 성청의 이익을 우선시하기 때문이다. 예를 들면 농산물 자유화 문제에서 외무성과 농림수산성이 대립하게 되고 외무상과 농림수산상은 각의에서까지 각자의 부처 이익을 가지고 논쟁하는 경향을 보이게 되었다. 일본 외교의 주축이라 할 수 있는 미일관계를 중시하는 외무성은 미일 간의 무역 불균형을 시정하기 위해서도 일단의 시장개방을 요구하고 있는 것에 반해 농림수산상은 일본의 농업을 보호, 육성하는 입장에 서서 이를 반대하였다. 농림수산성은 관료조직과 정책집단의원(族議員),[38] 업계 단체에 둘러싸여서 농림수산성의 이익에 집중할 수밖에 없게 된다.

다음으로 각의의 개최 사항이지만 내각법 4조 3항에는 '각 대신은 안건의 여하를 불문하고 내각 총리대신에게 각의 개최 요구를 제출할 수 있다'고 규정한다. 각의에는 순회 각의[39]와 임시 각의도 있지만 통상적으로 매주 화요일과 금요일에 정례 각의가 열린다. 각의는 원칙적으로 비공개로 실시하

**38** 여당 의원 가운데 일정 분야의 정책입안에 영향력을 가진 정치집단을 가리킨다. 이 집단에는 그 분야를 소관하는 부처 대신, 정무차관 등 경험자, 소관 관청의 커리어 관료(사무차관, 심의관 등) 출신 의원이 많으며, 그들이 정책입안의 결정권을 쥐고 있다. 족의원은 로비스트화하여 특정 부처나 업계의 권익을 둘러싼 유착이 문제시된다. 처음부터 이른바 '족(族)'의 방침에 반대하는 정책을 입법·행정부가 입안, 수행하는 것은 곤란한 상황이었다.

**39** 각의는 내각법 4조에 규정되어 있지만 회의의 절차에 관해서는 특별한 규정 없이 관행을 따르고 있었다. 각의에는 매주 화요일과 금요일 오전 중에 열리는 정례 각의와 필요에 의해 열리는 임시 각의가 있다. 원칙적으로 전 각료가 총리관저 각의실(국회 회기 중은 국회 내의 각의실)에 모여서 하게 된다. 그러나 시급한 처리를 요하는 안건의 경우에는 내각참사관(內閣参事官)이 각의서(閣議書)를 가지고 돌면서 개별 각료의 서명을 받음으로써 의사결정을 하는 경우가 있다. 이를 순회각의라고 한다.

며, 각의에서의 의사결정은 모든 회에 걸쳐 만장일치제가 채택되었다. 각의에 앞서 각의에 제출하는 안건을 둘러싸고 각의 전날인 월요일과 목요일에 해당 사무차관 회의가 열린다. 제출 안건을 중심으로 부처 간의 최종 조정이 이루어지지만, 이 회의도 만장일치제이기 때문에 반대 의견이 나올 경우, 그 안건은 각의에 올려지지 못한다. 이외에도 중요 안건에 관하여 관계 각료와 여당 간부에 의한 관계 각료회의도 빈번하게 열린다.

사무차관회의는 모든 부처의 사무차관과 함께 경찰청 장관이 출석하여 내각관방 부장관을 중심으로 각의 제출 안건에 관한 사전 심사가 이루어진다. 회의는 이러한 안건의 사전 심사에만 그치지 않고 부처 간의 연락과 조정, 사무처리 방침의 통일성을 도모한다. 조약 체결이나 예산 취급, 기타 내각의 권한에 관련되는 안건은 동 회의의 심의를 거쳐야 하지만 정무(政務)에 관한 안건이나 천황의 국정 행위에 관한 안건 등은 본 회의를 거치지 않고도 직접 각의에 제출된다. 최근에는 이러한 사무차관회의의 기능이 내각의 주도성을 저해하고 결국에는 정치 주도에 방해가 된다고 하여 사무차관회의의 폐지를 주장하는 목소리도 높아지고 있다.

전후의 의원내각제하에서 총리대신의 권한은 현저히 강화되었지만, 여전히 내각이 행정권을 행사하고 있는 이상 총리가 주도권을 발휘하고 있다고 보기는 어려운 상태이며, 오히려 내각기능의 강화가 주장된다. 내각기능의 경우, 내각 보좌기구의 방향성을 검토해 둘 필요가 있다. 내각 보좌기구 가운데 핵심은 내각관방이다. 내각법 12조 2항에 '내각관방은 각의 사항의 정리, 기타 내각의 서무, 각의에 상정되는 중요사항에 관한 종합조정, 그 외 행정 각 부의 시책에 관한 통일 유지에 필요한 종합조정 및 내각의 중요 정책에 관한 정보의 수집·조사에 관한 사무를 관장한다'고 규정하고 있다. 이와 같이 내각관방은 행정 각 부의 통일을 도모하도록 요구받고 있으며, 이를 위해 정부 정책에 관한 종합조정기능의 발휘가 기대된다.

내각관방기능의 강화책으로서 당초 각의 사항의 정리 등에 해당하는 내각참사관실, 행정 각 부의 종합조정에 해당되는 내각심의실, 내각의 중요사항에 관한 정보의 수집을 담당하는 내각조사실을 만들었고, 그 후 행정 각 부의 홍보를 종합조정하기 위해 내각홍보실을 설치하였다. 더욱이 1980년대 후반에는 국방회의가 안전보장회의로 발전함에 따라 내각관방은 정보조사실, 홍보관실, 참사관실, 내정심의실, 외정심의실, 안전보장실의 6개 실로 개편되었다.

내각관방을 주재하는 것은 당연히 내각관방장관으로 내각법상 국무대신이다. 내각관방장관은 총리의 보좌, 대변인의 역할을 담당하고 각료 간뿐만 아니라 정부와 여당 간의 조정 역할도 수행하고 있다. 이러한 관방장관 아래에는 정무, 사무에 관한 2인의 부장관이 있으며, 관방장관을 보좌하는 역할을 한다(아나미〔穴見〕, 1994).

내각을 법률 면에서 보조하고 있는 것이 내각 법제국(法制局)이다. 법제국도 일본 헌법 제정 시에는 내각에 설치되어, 내각법 12조 3항에 '내각 제출의 법률안 및 정령안의 심의, 입안 및 조약안의 심의, 기타 법제 일반에 관한 것을 관장한다'고 규정하였다. 그러나 신헌법의 삼권분립주의를 중시하는 GHQ의 지시로 법제국은 폐지되고 이를 대신하여 법무청이 설치된다. 이후 법무청은 법무부로 개칭되었고, 1952년에는 또다시 해체되어 법제국과 법무성으로 새롭게 재탄생되었다. 그 직무 관장은 당초 내각법에 규정된 내용과 마찬가지였다. 그 후 명칭도 내각법제국으로 되어 각 부처 간의 이의와 쟁의(爭議)에 대해 '법제 의견'을 내고, 정부가 국회 등에서 통일된 견해를 요구하는 경우, 이에 대응하는 역할로 좁혀졌다.

전후 내각은 당초 연립내각이 지속되었지만 좌우 사회당의 통일, 보수 합동에 의한 55년체제가 성립되면서 중의원에서 과반수를 점하는 자유민주당에 의한 단독정권이 오랫동안 지속되었다. 경제부흥기의 1950년대부터 고도성장기의 60년대에 걸쳐 자민당은 중의원과 참의원, 양원에서 안정적인 다수를 확보하고 단독 내각을 유지하였다. 자민당은 국민의 높은 지지를 얻었다기보다는 중선거구제[40]라는 일본 특유의 선거 제도가 장기간의 단독정권을 가능하게 한 점도 있다. 국정선거에서 불과 40%의 득표율밖에 얻지 못한 자민당이 중선거구제의 특성으로 제1당으로서 과반수 의석을 확보하게 된 것이다.

나카소네 야스히로

중선거구제의 영향 때문인지 자민당에는 결속력이 강한 파벌이 생겨났고, 이들은 내각 인사에 큰 영향을 미쳤다. 55년체제하에서는 각 파벌의 연공서열에 따라 배출된 입각 후보자들에 의해 내각 구성이 이루어졌다. 파벌의 영수는 선거에서 당파에 속하는 국회의원에게 정치자금을 제공함과 동시에 각료와 당내에서 일정한 직위와 역할을 배분하기도 하였다. 일반적으로 정무위원회의 부(部)회장이나 국회의 상임위원장을 역임하고 또는 5선 이상의 다선의원이 입각 후보에 오르고 기대를 건다. 이러한 입각 대망 그룹의 기대에 부응하기 위해서라도 빈번한 내각 개조가 필요하였다. 이 때문에 각료의 재임이 짧아지고 관료조직을 장악하여 중요한 현안 사항을 정면에서 수행하는 것이 어려워졌다. 그 결과, 예산편성이나 법안작성도 관료 주도로 결정되는 것이 많았고 소관 대신은 충분한 지도력을 발휘하기가 어려운 상황이었다. 이것이 결국 부처 이익 중심의 행정운영을 초래하였고, 내각의 종합조정기능이 충분히 기능하지 못하는 주요한 원인으로 작용하였다.

적어도 1980년대까지는 국가의 주요 정책이 관료 주도로 이루어졌다. 80년대에 탄생한 나카소네 야스히로(中曾根康弘) 내각은 이러한 관료 주도의 경향에 종지부를 찍기 위해 새로운 정치 스타일을 도입하였다. 이때까지 일본의 정책결정은 상향식(Bottom-up)이었지만 나카소네 내각은 하향식(Top-down)을 지향하였다. 다음에 상세히 기술하겠지만 나카소네 내각은 재계 우두머리 도코 도시오(土光敏夫) 경단련 회장을 제2차 임시행정위원회 위원

**40** 한 선거구에서 3-5인을 선출하는 선거제도로, 대선거구제의 일종이다.

장으로 앉히고 '증세(增稅) 없는 재정재건'을 슬로건으로 대담한 행정개혁안을 작성하여 총리에 의한 하향식(Top-down) 정책결정을 단행하였다. 1990년대에 들어서면서는 55년체제가 일거에 붕괴되고 정계 재편이 진행되어 정치 주도를 요구하는 경향이 현저하게 나타난다. 이러한 가운데 내각기능을 강화하는 방침이 부각된다.

## 4. 행정개혁과 내각기능의 강화

전후 행정개혁은 1960년대 제1차 임시행정위원회에서 시작하여 1980년대의 제2차 임시행정위원회를 거쳐 1990년대의 행정개혁회의로 진행되었다. 제1차 임시행정위원회는 1962년 미국의 후버위원회를 본떠 독자적으로 조사 능력을 가진 권위 있는 임시행정진단기관으로서 발족하였다. 동 위원회의 설치법은 만장일치제를 취하고 정원 정리는 하지 않는 것으로 합의하였다. 경제부흥에서부터 고도경제성장으로 향하는 시기에 행정의 효율화가 추구되었다. 위원회는 노동계의 대표를 포함하여 7명의 위원과 16명의 전문위원 그리고 다수의 조사원으로 구성되었다. 위원회 보고에서 보이는 특징으로는 소비자 보호와 수도권 정비 등 새로운 행정 수요에 대응하여 개별 분야에 개혁의 메스를 도입한 것 등이다.

제2차 임시행정위원회는 제1차 임시행정위원회를 모델로 1981년에 발족하였다. 앞서 언급한 바와 같이 재계에서 도코 도시오 경단련 회장을 위원장으로 영입하고 2명의 노동계 대표를 추가하여 9명의 위원과 그 외 다수의 전문위원, 조사위원을 위촉, 참여시켰다. 제2차 임시행정위원회는 석유파동 이후 경제성장 둔화에 동반하는 세수 감소와 그에 따른 큰 폭의 세입 결함과 거액의 적자국채 발행에 따른 누적 채무에 직면한 심각한 경제상황에서 국가재정재건이 최대 과제였다. 이러한 상황에서 정부의 과감한 세출 삭감이 요구되었다. 이에 임시행정위원회는 안이한 증세에 의존하지 않고 행정개혁에 의한 세출 삭감을 목표로 하는 '증세 없는 재정재건'을 슬로건으로 하게 된 것이다.

때마침 영국의 대처리즘, 미국의 레이거노믹스와 같은 신보수주의가 세계적인 조류를 이루며 작은 정부를 목표로 하였다. 일본도 재정적자 체질로부터 벗어나야 하는 긴축재정주의의 관점에서 제로 실링(Zero-Ceiling, Zero-개괄적산정요구기준)과 마이너스 실링(Minus-Ceiling)[41] 방침을 내세웠다. 제2차 임시행정위원회의 큰 성과는 3개 공사의 민영화였다. 일본국유철도가 JR로 일본전신전화공사가 NTT로 또 일본전매공사가 JT로 경영형태를 바꾼 것은 최대의 성과라고 말할 수 있을 것이다. 그리고 중앙부처의 개혁도 모색되었지만 총무청의 탄생 이외에는 별 진전이 없었다. 내각기능의 강화 측면을 미리 내다본 것은 오히려 제1차 임시행정위원회였다.

1964년 제1차 임시행정위원회 보고에 따르면 '내각기능'에 관하여 내각의 총괄관리기능을 충실히 하고 이를 강화하기 위해 내각관방 등의 내각보조부국과 총리부의 종합조정 부문을 통합 정비하고, 내각의 보좌기관으로서 새로운 '내각부'를 설치하였다. '내각부'는 내각 및 총리대신의 스태프로서 '내각보좌관'을 중심으로 예산편성방침, 예산규모 등을 심의하고 이를 기초로 대장성은 예산편성을 시행하게 되었다. 이때 '내각보좌관'은 대장성과 각 성(省) 간의 협의를 맡아 미조정사항을 조정하도록 하였다.

또한 각 성 간의 종합조정을 효율적으로 시행하기 위해 내각 총리 본부의 종합조정부문과 행정관리청을 통합·정비하여 인사 관리, 자료 수집·분석 사무를 추가한 '총무청'을 새롭게 설치한다. 그리고 행정감찰 등에도 민간

---

**41** 개산요구기준(概算要求基準)은 국가의 예산편성에 앞서 재무성이 각 부처에 제시하는 예산편성방침이다. 이를 실링이라고 부른다. 이는 세출의 무제한 증대를 억제하는 효과 외에 국가의 중점 투자 항목을 안팎에 제시한다는 의의를 가진다. 각 연도 예산편성에서 전년 여름부터 가을경까지 각 부처가 필요한 예산액을 재무성에 제시한다. 이것을 개산요구(概算要求)라 한다. 이를 재무성의 주계국(主計局)이 정리하여 재무원안(財務原案)이라 불리는 예산 원안을 작성하는 절차가 된다.

의견을 반영시키기 위해 총리청에 '행정감리위원회'를 설치하고, 행정의 민주적인 운영을 추진하고자 시도하였다. 그 외 개발행정의 일원화를 도모하기 위해 경제기획청의 개발관계부국(部局), 홋카이도개발청, 수도권정비위원회 등을 통합·정비하여 '통합개발청'을 설치하는 것 등도 제언하였다. 제1차 임시행정위원회의 보고에는 제2차 임시행정위원회 보고 시의 해당 내용과 2000년의 성청 재편 시에 구체화한 내용이 상당수 포함되어 있었다는 것이 새롭게 주목을 받게 된다.

하시모토 류타로(橋本龍太郎) 내각에서 설치한 행정개혁회의는 적극적인 심의를 거쳐 1997년 12월, 최종보고서를 제출하였다. 최종보고서에서는 행정개혁의 요체를 '비대화·경직화되고 규제에 의한 피로가 심각한 전후(戰後) 형태의 행정 시스템을 근본적으로 바로잡고, 자유로우며 공정한 사회를 형성하고 이를 위해 중요한 국가 기능을 유효하고 적절히 수행할 수 있도록 간소화하며 효율적이고 투명한 정부를 실현하는 데 있다'고 하였다. 구체적으로는 제일 우선적으로 내각·관저 기능의 근본적인 확충·강화를 도모하고 중앙부처를 행정 목적별로 큰 틀에 의한 재편성을 주장하였다.

내각·관저기능의 강화로는 우선 총리의 각의에서의 발의권 확립을 요구하였다. 총리가 내각의 수장으로서 국정에 관한 기본방침에 관해 각의에 상정 가능하다는 것이 법제상 명문화됨에 따라 총리의 지도력 강화가 도모되었다(요미우리 신문, 1996).

내각과 총리를 보좌하는 기관으로서 내각관방의 권한이 강화되어 정치임명직을 늘리는 등 체제 강화를 꾀함과 동시에 총리를 장으로 하고 내각의 중요 정책에 관하여 내각의 사무를 지원하고 내각관방을 지원하는 임무를 가진 내각부(內閣府)를 신설하도록 하였다. 내각관방의 권한 강화란 국정기본정책의 기획·입안과 국정 중요사항의 종합조정을 의미하며, 이를 위해 내외로부터 폭넓게 인재를 등용하는 것이 검토되었다. 그때까지 각의의 사전준비 업무를 주요 역할로 하였던 내각관방에 '전략의 장(場)' 혹은 '행동하는 관방'으로서의 역할이 요구되기에 이른 것이다(다나카, 1994).

핵심인 중앙성청 재편에서는 하나의 부처가 가능한 한 종합성과 포괄성을 가진 행정 기능을 담당하는 것으로, 그리고 기본적인 정책 목적과 가치 체계가 대립하는 행정 기능은 가능한 별도의 부처가 담당하는 방향으로 재편 방향이 정립되었다. 국가 기능에 대해서는 국가로서의 존속 기능, 국가의 부(富)를 확대하고 이를 확보해 가는 기능 등으로 구분하여, 이를 주요 근간으로 기존의 성청을 큰 틀에서 재편하여 내각부를 신설(총리부, 경제기획청, 오키나와개발청을 폐지)하고, 성청을 통합하여 총무성(총무청, 자치성 및 우정성), 노동후생성(후생성과 노동부), 문부과학성(문부성과 과학기술청), 국토교통성(건설성, 운수성, 북해도개발청 및 국토청)을 설치하고 환경청이 성으로 격상되었으며 대장성이 재무성으로, 통산성이 경제산업성으로 개편되면서 전체적으로 1부 12성으로 재편되었다.

다음의 행정개혁 주요 과제는 '관료 주도에서 정치 주도로'였으며 이를 위해 기존의 정무차관제도를 폐지하고 새롭게 부(副)대신제도와 대신정무관(大臣政務官)제도를 신설하였다. 부대신은 '대신의 명을 받아 정책 및 기획을 담당한다'고 되어 있으며, 대신정무관은 '대신을 도와 특정 정책 및 기획에 참여하고 정무를 처리한다'고 규정하고 있다. 1999년에 '국회심의 활성화 및 정치 주도의 정책결정 시스템 확립에 관한 법률'이 성립되면서 정무차관제도는 폐지되고, 24명의 기존 정무차관을 대신하여 부대신 22명, 대신정무관 26명이 임명되었다. 약 2배 규모의 정치가가 관료기구 위에 들어오게 된 것이다. 이로써 '정치 주도'의 형태는 정비되었지만 그 성과는 앞으로의 운영에 달려 있다고 할 수 있다(다나카·오카다, 2000).

# 제3장 공무원제도의 형성과 발전

## 1. 제2차 세계대전 이전의 관료제도

메이지 유신 후 근대화를 모색한 메이지 정부는 관료 등용 시에 "공개경쟁 방법을 활용"한다고 정체서에 공포하였지만, 실제로는 유신에 공적이 있었던 사쓰마(薩摩, 현 가고시마현), 조슈(長州, 현 야마구치현) 출신 등의 번벌(藩閥)[1] 인사를 중심으로 한 관료의 등용이 주를 이뤘다. 그러나 1885년(메이지 18) 내각제도 창설에 따라 이듬해 각 부처〔省〕 관제(官制)가 제정되는 시기에 이르러 행정조직도 정비되기 시작하였고 그에 따라 관료제도도 정비되었다. 1886년(메이지 19) 2월에 제정된 각 부처 관제에는 각 중앙부처의 조직 및 직책·권한을 명확히 하여 '통칙(通則)'에 의해 모든 성(省)에 대신관방과 총무국을 설치하였다. 그리고 기존의 대소보(大少輔, 장관 아래 차관에 대보, 소보) 이하를 폐지하는 대신 차관〔勅任官〕, 비서관〔奏任官〕, 서기관〔奏任官〕, 국장〔奏任官〕, 참사관〔奏任官〕, 국차장〔奏任官〕, 시보(試補, 奏任官에 준함), 과장(課長, 判任官), 속(屬, 判任官) 등을 설치하였다.

---

1 번벌(藩閥, はんばつ)은 메이지시대부터 다이쇼(大正)시대에 걸쳐 일본 정부와 군대의 주요 요직을 점한 구 세이난(西南) 출신들에 대한 비판적 명칭이다.

일본 제국헌법하의 관리

* 임명방법에 따라 친임관, 칙임관, 주임관 및 판임관의 신분적 구분이 정해졌다. 이 가운데 친임관, 칙임관 및 주임관을 고등관이라 하였다. 고등관에는 문관과 무관의 구분이 있었다. 문관은 고등문관시험에 합격한 자, 무관은 육군사관학교, 해군병학교를 졸업한 자를 임용하는 방법이 주를 이루었다. 단, 문무관 동일하게 판임관부터 승진한 자를 임용하는 방법도 있었다.

여기서 얘기하는 칙임관(勅任官)[3]은 천황이 직접 임명하고, 주임관(奏任官)[4]은 총리대신이 천황에 상소하여 임명하였다. 판임관(判任官)[5]은 각 부처 대신이 총리를 통하여 상소, 임명하는 관료였다. 이러한 관료 가운데 칙임관, 주임관은 고등관이라 칭하였으며, 그 외 판임관과 고원(雇員), 용인(傭人)으로 구별하였다. 고원은 고등소학교 정도의 학력으로 관료와 함께 행정사무에 종사하는 사무원으로 고용되었고, 용인은 의무교육 종료 후 단순 업무에 종사하는 현업인이었다. 고원, 용인은 사법상의 계약에 기초하여 고용하였기 때문에 정식 관료〔官吏〕에는 포함되지 않았다.

1887년(메이지 20) 7월, "문관시험 시보 및 견습 규칙" 및 "관리복무규율"이 공포되었다. 전자에 의해서 문관 임용을 위한 고등시험 및 보통시험이

---

**2** 친임관은 고등관의 최상위이자 관리의 최고위직이다. 친임관은 천황이 직접 임명하는 형식을 취하며 사령에는 천황의 서명과 함께 내각 총리대신이 부서(副署)한다. 친임관에 해당하는 직은 내각 총리대신, 기획원 총재, 정보국 총재, 국무대신, 육군대장 및 해군대장 등이 있다.

**3** 칙임관은 친임관 다음가는 고등관이다. 친임관 이외의 고등관을 1등에서 8등까지 분류하고 1등과 2등을 칙임관이라 부른다. 칙임관은 내각 총리대신이 기명(記名)한 관기(官記)를 교부하지만 천황의 서명도 압인한다. 칙임관에 해당하는 직으로는 문관에는 내각 서기관장, 법제국장관, 기획원 차장, 정부국 차장, 특허청장관, 제국대학 총장 등, 무관은 중장과 소장 등이 있다.

**4** 주임관은 3등에서 8등까지의 고등관을 가리킨다. 내각 총리대신이 천황의 재가를 얻어 임명하는 형식을 취한다. 무관으로는 대좌에서 소위까지가 주임관에 해당된다. 쇼와 21년, 관등(官等)제도 폐지에 의해 사무관 2급, 기관(技官) 2급으로 되었다.

**5** 판임관(判任官)은 1871년 관등(官等)개정 시 8등급 이하를 의미하고 메이지 헌법하에서 고등관 아래에 위치한 하급관리의 등급이었다. 판임관은 천황의 임명대권 위임이라는 형식 아래 각 행정관청이 임명하였다. 고원(雇員)과 용인(傭人)과는 달리 국가와 공법상의 관계에 의한 관리(官吏)이다.

정해졌다. 단, 관립(官立)학교, 관립중학교 졸업생은 무시험으로 임용하였다. 후자의 관리복무규율에는 천황 및 천황 정부의 관료로서 무한대의 근무 의무를 부과하고 법률명령에 따라야 하는 행정관료로 취해야 할 규율을 제시하고 있다. 제2차 세계대전 이전 행정관료제도하에서 관료는 이른바 천황 및 천황의 정부를 위해 존재하고 있었기 때문에 "국가무책임의 원칙"으로 인도된다.

1889년(메이지 22)에는 일본 제국헌법이 제정되어 천황이 행정 각 부의 관제 및 문무관의 봉급을 정하고, 그 임면을 관리하는 천황의 관제와 임관대권(任官大權)이 기술되어(제국헌법 10조) 일본 국민〔臣民〕은 법률명령에 따라 평등하게 문무관 및 그 외 공무원에 등용되는 길이 열렸다(제국헌법 19조). 그리고 1893년(메이지 26) "문관임용령" 및 "문관시험규칙"이 제정됨에 따라 지금까지 취해져 온 특권적인 임용 규정은 폐지되었으며 주임관 이하의 관료 임용은 공개시험으로 임용하는 것이 원칙이 되었다. 즉 주임관은 고등문관시험에, 판임관은 보통문관시험에 합격한 자 가운데에서 각각 임용하였다. 그러나 칙임관, 총리대신 비서관, 각 부처 비서관은 여전히 자유롭게 임용되었다. 고등문관시험 합격자는 일명 고문조(高文組)라 불리는 도쿄제국대학 법학부 출신이 그 대부분을 점했다. 이러한 경향은 전후에도 도쿄대학 법학부 출신이 커리어 그룹[6]의 대부분을 점하고 있는 현상을 감안하면 여전

6 일본의 국가공무원시험 상급 갑종 또는 I종에 합격하여 간부후보생으로 중앙부처에 채용된 국가공무원의 속칭. 고급 관료와 그 후보생의 등용, 승진 시스템을 커리어제도(キャリアシステム)라고 부른다. 채용 시의 시험 구분에 따라 선발된 간부후보 그룹은 다른 직원(논커리어라고 불림)과 구별하여 일률적으로 인사 관리가 이루어지고 더욱 빠르게 승진하였고, 고급 관료 포스트를 거의 독점한다. 원래, 커리어제도는 메이지시대에 일본을 근대 국가로 만들기 위해 독일의 공무원 채용제도를 참고로 1888년에 출발한 시보제도(試補制度)에 그 기원이 있다. 이때 제국대학 출신자를 무시험으로 임용토록 하였고 부족한 인재는 제국대학 출신자 이외의 시험선발 형태로 채용하였다. 제국대학 졸업자의 무시험 임용에 대한 비판이 높아지면서, 1894년에는 고등문관시험(高文試験)이라 불리는 현재의 커리어 채용제도와 유사한 제도가 탄생하였다. 고등문관 합격자는 고등관으로 불렸지만 다른 관리(判任官 등)와는 칙령에 의해 엄격히 구별되어 현재의 커리어와 비교하더라도 훨씬 빠른 속도로 승진하였다.

히 존속하고 있다고 할 수 있다. 당시의 고문조는 각 부처 내에서도 특별 대우를 받아 식당, 화장실 등의 사용에서도 다른 그룹과 구별되었다.

1898년(메이지 31), 일본 최초의 정당내각이라 할 수 있는 오쿠마 시게노부(大隈重信) 내각이 발족하면서 그때까지 자유 임용되었던 칙임관에 정당인을 등용하며 그 영향력을 유지하기 위해 노력하였지만, 1899년(메이지 32) 행정관료에 정당인의 진출을 꺼렸던 야마가타 아리토모(山縣有朋) 내각은 문관임용령을 개정하여 칙임관은 주임관에서 임용토록 한정하였다. 그리고 야마가타 아리토모는 문관분한령(文官分限令),[7] 문관징계령(文官懲戒令)을 제정하여 관료의 질서 유지를 도모하고자 하였다. 문관분한령이 제정됨에 따라 관료는 파면, 전임, 휴직 등의 처분을 받을 경우 본령에 의하지 않으면 안 되었고, 문관징계령에 의한 징계처분 종류는 파면, 감봉, 견책의 세 종류로 한정되었다. 또한 야마가타 아리토모는 관료조직에 정당 세력의 진입을 배제하기 위해 문관임용령, 문관분한령, 문관징계령에 관한 칙령을 개정할 경우 당시 일본 제국헌법하에서 천황의 최고 자문기관이었던 추밀원의 자문을 얻도록 하였으며, 이 의견은 1900년(메이지 33) 메이지 정부에 의해 받아들여졌다. 그러나 야마가타 아리토모가 관료의 정치 임용을 막으려 했떤 시도가 반드시 성공한 것은 아니다. 일본은 1913년(다이쇼 2) 야마모토 곤노효에(山本權兵衛) 내각, 1920년(다이쇼 9) 하라 다카시(原敬) 내각을 거치면서 내각 서기관장, 법제국 국장, 각 성 차관, 내무성 경보(警保)국장, 경시총감 등은 자유임용을 가능하게 하였다. 또 다이쇼(大正) 시대에는 지방관 인사에 관해서도 정당내각의 영향으로 "관청 사무의 상황에 의해 필요할 때에"(문관분한령 11조 1항 4호)는 휴직을 명할 수 있다는 규정으로 관료가 정쟁에 휩싸일 수 있는 상황이 발생하였다. 즉 정권교체가 실현되면 야당 계열

7 일반직 공무원으로 근무실적이 좋지 않은 경우나 심신장애로 그 직무수행에 지장이 있는 또는 이를 감내하기 어려운 경우 등 그 직무에 필요한 적격성을 상실한 경우, 직무의 폐지 등으로 공무의 효율성을 유지하는 것을 목적으로 그 직원의 뜻에 반해 행해지는 처분을 말한다. "신분 보증의 한계"라는 의미를 가진다.

의 관료는 휴직처분되는 등 정치적 영향을 받을 수 있기 때문이다.

문관임용령은 1913년(다이쇼 2) 다시 개정되어 5년 이상 고용인으로 재직한 자는 판임관으로 등용되는 길이 열렸다. 1918년(다이쇼 7)에는 문관시험규칙이 폐지되었고 1929년(쇼와 4)과 1941년(쇼와 16)에는 시험과목을 변경하였다. 1941년 개정에서는 전시체제의 영향으로 구술시험에 일본사가 포함되어 어느 때보다도 시험과목으로 중시되었다. 또한 시국(時局)의 불안이 지속되는 가운데 1943년(쇼와 18) "고등시험 정지에 관한 건", 1945년 "고등관 임용자격의 특례에 관한 건"이 나오게 됨에 따라 관료의 시험 임용은 정형화되었다.

관료의 자격임용제는 전시체제라고 하는 특수한 시기를 경험하였지만 기본적으로는 1893년(메이지 26)의 문관임용령 및 문관시험규칙의 제정으로 그 토대가 만들어졌다고 할 수 있다. 1883년(메이지 16)에는 미국에서 펜들턴(Pendleton) 법이 제정되어 자격임용제의 길이 모색되기 시작하였다. 늦게나마 근대화를 추진한 일본이 10년 뒤 문관임용령 및 문관시험규칙을 제정하여 미국의 자격임용제를 채용한 것은 주목할 만한 사실이다.

## 2. 제2차 세계대전 이후의 공무원제도

제2차 세계대전 이후 새로운 일본국 헌법이 제정되어 공무원제도의 방향이 제시되었다. 그것은 전쟁 전의 천황 관료로부터의 결별을 의미하는 것이었으며, 새로운 개념으로 모든 공무원은 국민 전체의 봉사자로서 어느 특정계층의 봉사자가 아님을 선언한 것이었다(헌법 15조 2항). 또 공무원의 선정 및 파면권은 국민 고유의 것이 되었다(헌법 15조 1항). 공무원과 일반 국민과의 관계에서 공무원의 불법행위로 손해를 입었을 경우, 법률에 의해 국가 또는 공공단체에 그 배상을 요구할 수 있도록 포괄적으로 인정되었다(헌법 17조). 헌법 17조의 취지로 우선 제정된 것이 국가배상법(이하 국배법)이다. 이 법에서는 국가 또는 공공단체의 공권력 행사에서 공무원이 그 직무를 수행함에 고의 또는 과실로 위법하게 타인에게 손해를 가한 경우, 국가 또는 공공단체에 이를 배상할 책임을 부과한다(국배법 1조). 그리고 도로, 하천, 그 외 공적구조물 설치 또는 관리에 하자가 발생하고 그로 인해 타인에게 손해를 끼친 경우에도, 국가 또는 공공단체가 이를 배상해야만 한다(국배법 2조). 공권력의 행사에서 공무원의 과실에 대한 배상책임, 공적구조물 설치 관리의 하자에 대한 배상책임이 인정되어 공무원의 국민에 대한 책임이 더욱 명확해졌다고 할 수 있다. 우선, 제2조에서 규정한 공무원의 무과실책임이 명확해져서 하자가 있을 시에는 배상책임을 부과하지 않을 수 없게 되었다는 점은 주목할 만하다.

제2차 세계대전 후, 국가배상법에 이어 위법 또는 부당한 행정에 대해 쟁의(爭議)가 가능하게 된 것도 주목할 필요가 있다. 행정에 대한 국민 불복(不服) 신청의 길도 행정불복심사법으로 가능하게 된 것이다. 이 법으로 공무원이 실시하는 위법한 처분 또는 부작위뿐만 아니라 부당한 처분 등에 관해서도 심사청구, 이의신청 등의 수단을 강구할 수 있게 되었다. 불복신청제도는 행정청의 결정에 대해서 재고를 요구하는 것이지만, 소송 절차와 비교해서 간소하고 신속한 처리가 가능해졌다는 장점이 인정된다. 그러나 불복신청에 의해서도 해결되지 않은 경우 국민은 행정사건소송법에 기초하여 재판소에 구제를 요청할 수 있게 되었다. 행정기관은 마지막 심판으로서 판결을 할 수 없기 때문에(헌법 76조 2항), 최종적으로는 재판소에 의한 구제 방도를 강구할 필요가 있었던 것이다.

그런데 공무원이라 하더라도 다양한 형태가 존재하며, 국가공무원법(이하 국공법)에서는 국가공무원을 일반직과 특별직으로 분리하여 검토하고 있다(국공법 2조 1항). 여기서 특별직이란 1) 내각 총리대신, 2) 국무대신, 3) 인사관 및 검사관(檢査官), 4) 내각법제국 장관, 5) 내각관방부장관, 6) 내각 위기관리관, 7) 내각관방부 장관보, 내각홍보관 및 내각정보관, 8) 내각 총리대신 보좌관, 9) 부대신 및 법률에 의해 국무대신으로서 해당 장(長)에 할당하도록 정해져 있는 각 청의 부장관, 10) 대신정무관 및 장관정무관, 11) 내각 총리대신 비서관 및 국무대신 비서관 또는 특별직 기관장의 비서관 가운데 인사원 규칙에서 정하는 것, 12) 취임에 선거를 필요로 하거나 혹은 국회의 양원(兩院) 또는 일원(一院)의 의결 또는 동의를 필요로 하는 직원, 13) 궁내청(宮內廳)[8] 장관, 시종장(侍從長),[9] 동궁대부(東宮大夫),[10] 식부장관(式部長官) 및 시종차장, 법률 또는 인사원 규칙에 의해 지정하는 궁내청의 기타 직원, 14) 특명 전권대사, 특명 전권공사, 특파 대사, 정부 대표, 전권위원, 정부 대표 또는 전권위원의 대리 및 특파 대사, 정부 대표 또는 전권위원의 고문 및 수행원, 15) 일본 유네스코 국내위원회 위원, 16) 일본학사원 회원, 17) 일본학술회의 회원, 18) 재판관 및 기타 재판소 직원, 19) 국회 직원, 20) 국회의원 비서, 21) 방위청 직원(방위청설치법 61조 1항에서 규정하는 심의회위원 및 조정 직원 등으로 인사원 규칙에서 정하는 것을 제외함), 22) 독립 행정법인 통칙법 2조 2항에서 규정하는 특정 독립 행정법인 임원, 23) 일본우정공사 임원으로 되어 있다. 이에 대해 일반직이란 특별직에 속하지 않는 이외 직의 국가공무원을 말하며 국가공무원법에서는 직원으로 표기한다. 2003년(헤이세이 15) 현재 이러한 국가공무원의 개략적인 내역을 정리하면 〈그림 3-1〉과 같다. 이하 이 장에서 '공무원'을 기술할 경우 원칙적으론 일반직 국가공무원을 말하며, 일반직 사무를 수행하는 자를 의미한다. 일반적으로 공무원

**8** 황실 관계 사무나 천황의 국사(国事)행위 가운데 외국 대사의 접수(接受)나 의식(儀式)에 관한 사무 및 천황의 인장〔御璽〕, 국가의 국쇄(国璽)를 보관하는 일본의 행정기관이다. 1869년에 율령제하의 궁내성에 비유되어 설치된 궁내성이 전후 축소되어, 1974년 일본국 헌법의 시행과 함께 궁내부(宮内府)로 전환하여, 1949년에 총리부 외국(外局)의 궁내청이 되었다. 2001년 중앙부처 재편으로 내각부에 설치되도록 개편되었다.

**9** 특히, 천황의 측근에서 봉사하는 문관의 직위를 의미한다.

**10** 궁내청 내부(内部) 부국(部局)의 하나이다. 실제 동궁직(東宮職)은 황태자 주변의 일반사무뿐만 아니라 황태자, 황태자비 또한 미혼 자녀의 가정(家政)일을 수행한다.

**그림 3-1. 국가 공무원의 종류와 수**

출처: 공무원백서를 토대로 작성. 여기서의 국가 공무원(독립 행정법인 및 일본 우정공사 직원을 제하고)의 수는 2003년도말 예산 정원임

의 의미는 광의적 의미에서 통용되고 있으며, 가끔 국가배상법에서 언급하고 있는 "공권력 행사"에 임하는 공무원으로서 행정으로부터 권한을 위탁받아 활동하는 업무수행자(Case Worker)로서 상정할 수 있다는 점도 기술해 두고자 한다.

공무원은 기본적으로 공개경쟁시험으로 채용되며(국가공무원법 36조 1항) 각 중앙부처에 공통되는 관직을 대상으로 한 시험에는 대학 졸업 요건을 충족하는 국가공무원 채용 I종 시험(국I), 국가공무원 채용 II종 시험(국II), 고졸 채용의 요건을 충족하는 국가공무원 채용 III종 시험(국III)이 있다. 이 가운데 I종 시험에 의해 채용된 공무원은 커리어 또는 관료로 불린다. 이들은 장래의 간부후보 공무원이다. 공무원 채용제도는 개방형과 폐쇄형으로 나뉘지만 미국과 같이 공무원의 중도 채용이 빈번히 이루어지는 국가는 개방형으로 이해할 수 있고, 일본과 같이 시험에 의한 공개채용에 따른 공직으로의 진출이 대부분을 이루며 최초 임용 성적, 졸업 학교, 임용 후 업적 등에 기초하여 승임 인사가 실시되는 것은 폐쇄형으로 간주할 수 있다. 이러한 임용 방식이 상호 다른 배경에는 미국에서는 공무원에 대해 전문가(specialist)를 요구하는 경향이 있는 반면, 일본에서는 일반행정가(generalist)를 요구하는 점을 지적할 수 있다. 그리고 일본의 경우 채용 후의 조직 내 교육에서 공무원의 전문성을 향상시켜 간다. 영국에서는 옥스브리지형의 일반행정가가 요구되며, 이러한 의미에서 일본의 공무원제도는 영국형과 유사하다고 할 수 있다. 단 영국의 공무원이 익명(匿名)성을 중시하는 행정관임에 반해 일본의 공무원은 정무(政務)에 깊이 관여하는 정치적 행정관이라는 점에서 차이가 있다.

공무원 채용은 앞서 언급한 바와 같이 국I·국II·국III과 같은 채용시험에 의해 결정되지만 이러한 시험을 실시한 것은 제2차 세계대전 이후 공무원제도의 특징 중의 하나로서 지적되는 인사원에 의해서였다. 인사행정의 종합조정기관으로서 인사원은 GHQ의 간접 통치하에 진행된 전후 개혁의 일환으로서 창설되었다. GHQ의 중개로 일본을 방문한 "후버고문단(대일합중국인사행정고문단)"은 1947년에 국가공무원법 초안을 제출하였다. 이 초안 가운데 중앙인사행정기관으로서 인사원의 창설이 포함되어 있었다. 인사원은 규칙제정권, 인사행정의 개선에 관한 각 부처 및 기타 정부기관에 대한 권고권, 법률의 제정, 그 외 국가공무원법 목적 달성에 필요한 사항에 관하여 내각에 대한 권고권 등 광범위한 권한을 인정받았다. 또한 인사원이 실행하는 처분에 관해서는 사법 절차에 의한 재심의가 필요 없다고 하고 있다. "후버고문단"이 제출한 이 국가공무원법 초안은 같은 해 국가공무원법안으로서 국회에 제출되지만 동 법안에서는 인사원을 총리 소관에 두고 인사원 규칙의 제정에는 총리의 승인을 요하며, 국회에의 직접권고권이나 법안제출권, 처분의 최종 심판 권한을 부정하는 등 당초 예정되었던 인사원의 권한에서 다소 약해졌고, 명칭도 인사위원회로 변경되었다. 그러나 국가공무원법 성립 후 급여를 둘러싼 공무원과 정부 간의 대립이 점점 격해짐에 따라 1948년(쇼와 23) GHQ는 총리에게 동 법의 개정을 명령하였고, 이에 따라 정부는 개정안을 같은 해 11월 국회에 제출하였다. 이 개정안은 인사위원회의 독립성 강화를 목표로 당시 총리 관할의 총리청(總理廳) 부서 가운데 하나였던 외국(外局)에서 내각 소관으로 위치시켜 독립성 제고를 시도하였다. 이 개정안으로 명칭도 인사원으로 변경되었다. 인사원 규칙 제정에서는 개정 이전에는 총리의 승인을 거쳐야 했던 것을 인사원 독자적으로 규칙을 제정할 수 있도록 하였고, 또한 인사원의 권한으로 처분 등은 인사원에 의해서만 심사토록 하였다. 그 후 GHQ의 간접통치로부터 해방된 요시다 시게루(吉田茂) 내각에서는 인사원 폐지와 이를 대신하는 기관으로 총리부 인사국의 창설을 제시하는 등 폐지 위기를 경험하지만, 오늘날까지 과학적 인사행정의 이름으로 내각에 대한 보고 의무를 가지면서 광범위한 준입법권과 준사법권을 가지는 기관으로 활동하고 있다.

현재 인사원은 35세 이상으로 양 의원의 동의를 거쳐 내각에 의해 임명되는 인사관 3인에 의해 조직되고, 그중 1인이 총재를 맡는다. 인사관 선임에서는 그 중립성을 확보하기 위해 임명되는 날까지 5년간 정당 임원, 정치 고문, 기타 이와 유사한 정치적 영향력을 가진 정당원이었던 자 또는 공공선거에서 국가 또는 도도부현의 공직후보자가 되었던 자는 인사관이 될 수 없게 하였다. 그리고 인사관 중 2인이 동일 정당에 소속할 수 없으며 또한 동일 대학의 학부를 졸업한 자여서도 안 된다고 규정하고 있다(국가공무원법 5조 4항·5항). 인사관은 공개 절차에 의한 파면 결정이나 임기 만료를 이유로 하는 경우를 제외하곤 파면할 수 없는 확실한 신분 보장이 이루어진다(국가공무원법 8조 1항).

인사원의 주된 관장 업무는 급여와 기타 근무조건 개선 및 인사행정 개선에 관한 권고, 직계제(職階制), 시험 및 임면, 연수, 분한(分限), 징계, 고충처리, 직무에 관련한 윤리 규정, 그 외 직원에 관한 인사행정의 공정성 확보 및 직원의 이익 보호에 관한 것이다(국가공무원법 3조 2항). 이러한 사무처리를 위해 인사원은 인사원 규칙을 제정하고 인사원 지령을 발령하며 해당 절차에 관한 규정을 가능하게 하였다. 또한 언제든지 적절한 시기에 인사원 규칙의 개폐(改廢)가 가능하였다(국가공무원법 16조 1항). 인사원 규칙 및 그 개폐는 관보를 통해 공포되었다(국가공무원법 16조 2항).

인사원은 광범위한 준입법권·준사법권을 행사함에 따라 적정한 판단을 해야 하는 필요성 때문에 광범위한 조사권을 부여받았다. 인사원 또는 인사원에 의해 지명되는 자는 필요에 따라 증인 소환 또는 필요 서류 혹은 그 사본의 제출을 요구할 수 있다(국가공무원법 17조 2항). 그리고 조사 필요에 따라 공무원에게 출두를 요구할 수 있으며 또한 조사담당자를 조사 대상 공무원이 근무하는 장소에 파견하여 조사하고, 장부·서류·기타 필요한 물건을 검사하고 관계자 질문이 가능하도록 하였다(국가공무원법 17조 3항).

인사원은 전후 요시다 내각의 이른바 "역주행"시대에 폐지 위기에 직면하면서도 중앙인사행정기관으로서의 역할을 담당해왔지만 1965년(쇼와 40)에는 국가공무원법의 개정으로 총리도 새로운 중앙행정기관으로서의 역할과 자리매김이 가능해졌다. 여기서 총리에게 기대되는 주요 역할은 인사원이 관장하지 않았던 사무들이다. 즉 공무원의 능률, 후생, 복무 등에 관한 사무, 각 행정기관이 실시하는 인사관리에 관한 방침, 계획 등에 통일성 유지를 위해 필요한 종합조정에 관한 사무처리를 실행하는 것이다(국가공무원법 18조 2, 1항, 2항). "공무원의 능률이 충분히 발휘되고 또한 그 증진을 도모해야만 한다(국가공무원법 71조 1항)"라는 능률의 원칙을 토대로 총리는 공무원 능률의 발휘 및 증진에 관해 조사 연구를 실시하고 능률 발휘를 위해 적절한 방책을 강구할 것을 요구받으며(국가공무원법 71조 3항), 이를 위해 "근무 성적이 우수한 자를 표창하고 성적이 현저히 불량한 자에 대해서는 교정 방법을 입안하여 적당한 조치를 강구해야만 한다(국가공무원법 72조 3항)"고 하고 있다. 이 같이 공무원의 능률을 확보하기 위한 조치와 함께 총리는 공무원 보건, 레크리에이션, 안전 유지, 후생을 위해 관계 기관장에게 관련 계획을 수립하고 이를 실시하도록 독려도 요구할 수 있다(국가공무원법 73조 1항).

이러한 중앙인사행정기관의 정비와 더불어 전후 개혁 가운데 직계제(職階制)[11]의 도입도 무시할 수 없을 만큼 중요한 사항이다. 직계제는 전후 개혁 사례 중에서 과학적 인사행정의 기준을 확립한 것으로(국가공무원법 29조·30조) 전후 공무원제도에 관한 사고를 일대 전환하는 시도였다. 직계제는 관직을 직무의 종류 및 복잡성과 책임성 정도에 따라 "국가공무원의직계제에관한법률(이하 직계법)"에 기초하여 분류, 정리한 계획이다(직계법 2조 1항). 여기서 관직(官職)이란 한 사람의 공무원에 할당되는 직무와 책임을 의미하며, 직무(職務)란 공무원이 수행해야 하는 할당된 업무를 말하고, 책임(責任)이란 공무원이 직무를 수행하거나 또는 직무수행을 감독할 의무라고 정의할 수 있다(직계법 3조). 그리고 인사원에 의해 직무와 책임이 충분히 유사한 것으로 결정된 관직군(官職群)을 대상으로 직계를 설정하고, 동일 직계에 속하는 관직에 관해서는 자격요건에 적합한 공무원 선발에서 같은 시험을 실시하며, 동일 내용의 고용 조건에 따라 같은 급여 수준을 균등히 적용하고자 하는 것이다. 그러나 현재에 이러한 직계제는 실시되지 않는다.

## 3. 공무원의 노동기본권

일본 헌법에서는 노동자의 단결권리 및 단체교섭, 기타 단체행동 권리를 인

11 직계제(職階制)란 동일 내용의 고용조건을 가지는 동일 직급에 속하는 직위 또는 직무에 관해 동일 자격요건을 필요로 함과 동시에 해당 직위 또는 직무에 종사하는 사람에 대하여 동일 폭의 급료를 지급하는 제도를 말한다. 직계제는 미국에서 널리 사용되는 제도이며 일본 공무원제도에서는 제2차 세계대전 항복 후, 연합군최고총사령부에 의해 도입되었다. 그러나 직계제는 종신고용을 기본으로 하는 일본의 관행과는 맞지 않기 때문에 국가 및 지방공무원에서는 실시되지 않았다.

정하고 있다(헌법 28조). 즉 노동자에게 단결권, 단체교섭권, 단체행동(쟁의)권이라는 이른바 노동3권을 제도상으로 인정하는 것이다. 이 노동3권을 노동기본권이라고도 한다. 그리고 이 제도에 기초하여 노동조합법(이하 노조법)을 제정하였으며 여기에서는 "노동자가 사용자와의 교섭에서 대등한 입장에 설 것을 촉진함에 따라 노동자 지위를 향상시킬 것, 노동자가 해당 노동 조건에 관해 교섭하기 위해 스스로 대표자를 선출할 것과 기타 단체행동을 실시하기 위해 자주적으로 노동조합을 조직하고 단결할 권리를 옹호할 것, 그리고 사용자와 노동자와의 관계를 규제하는 노동협약을 체결하기 위한 단체교섭을 할 것과 그 절차를 조성할 것"을 목표로 노동조합을 조직하는 것을 인정하고 있다(노조법 1조 1항). 또한 노동조합의 단체교섭 행위에 관해서는 형법 35조(정당행위)를 적용하여 데모 등의 쟁의 행위에 관해서도 해당 행위가 폭력 행위를 동반하지 않고 정당성을 확보하는 한 형사재판을 하지 않도록 하고 있다(노조법 1조 2항). 이 노조법에서 말하는 "노동자란 직업의 종류에 상관없이 임금, 급료 및 이에 준하는 수입에 의해 생활하는 자"(노조법 3조)이기 때문에 공무원도 노동자로서의 성격을 가지며, 이 때문에 기본적 인권은 존중하여 공무원도 노동3권의 대상이 되기는 하지만 공무원이 이러한 권한을 행사할 때에는 몇 가지 제한을 두고 있다.

공무원의 노동3권에 대한 제한이 이루어지는 이유는 공무원은 정부가 사용자로서 국민에 대해 동맹파업, 태업(怠業), 기타 쟁의 행위를 하거나 또는 정부 행위의 능률을 저하시키는 태업을 해서는 안 되며, 더욱이 이러한 위법 행위를 기획하거나 또는 그 수행을 공모(共謀), 부추기거나 선동해서도 안 되기 때문이다(국가공무원법 98조 2항). 가령 공무원이 동맹파업과 그 외 국가공무원법 98조 2항의 규정을 위반하는 행위를 한 경우 해당 공무원은 그 행위와 함께 국가에 대해 법령에 기초하여 임명 또는 고용상의 권리에 대해 대항할 수 없으며(국가공무원법 98조 3항) 이러한 결과 단체행동권(쟁의)을 제한받는다.

공무원의 단체행동권(쟁의) 제한에 대해서는 법원에서도 "전농임경직법 사건(全農林警職法事件)[12]"의 판결로 그 정당성을 제시하고 있다. 이 사건의 시작은 1958년 10월, 내각이 경찰관직무집행법[13] 개정안을 중의원에 제출하였지만 그 내용이 경찰관의 권한 남용을 초래하고 결국에는 노동자의 단체운동을 억압할 위험이 크다고 판단한 일본 노동조합 중앙조직, 즉 일본노동조합총평의회[14]가 제4차 통일행동 결성 후 전농림(全農林)노동조합[15]까지 참가하여 피고인들과 노조 간부가 같은 해 11월 5일 직장대회 실시에 관해 정오 출근 행동에 돌입한다는 지령을 발령하였다. 또한 같은 날 오전 10시경부터 11시 40분경까지 농림성 직원 직장대회에 약 3천 명의 직원 참여를 독려하였다. 이러한 노조 간부들의 행동이 당시 국가공무원법에 저촉한다고 보고 기소한 것이다. 1심 판결에서는 무죄를 선고했지만 2심에서는 이 사건의 쟁의 행위가 "정치 데모"로 해석되어 유죄 판결이 내려졌다. 이로 인해 피고인인 전농림 노조 간부가 상고(上告)하게 된다. 일본 최고재판소는 "공무원은 공공의 이익을 위해 근무하며 공무의 원활한 운영을 위해서는 그 담당하는 직무 내용에 상관없이 각자의 직장에서 그 책무를 다하는 것이 필요 불가결하며 공무원이 쟁의 행위에 임하는 것은 그 지위의 특수성 및 직무의 공공성과 맞지 않을 뿐만 아니라 적잖은 공무의 정지와 폐해〔停廢〕를 초래하고 그 폐해는 결국 근로자를 포함한 국민 전체의 공동 이익에 중대한 영향을 미

---

**12** 공무원의 노동기본법 제한이 문제시된 일본의 형사 사건. 최고재판소 1973년 4월 25일 판결은 그 판결 가운데 가장 대규모인 것으로 알려져 있다. 전농림노동조합(全農林労働組合, 全農林)은 1958년 경찰관 직무집행법 개정안이 중의원에 상정되었을 때 이에 반대하여 소속기관장 승인 없이 정오에 출근하는 등 쟁의를 실시하였다. 이것은 국가공무원법 위반으로 조합의 간부가 형사 책임을 지게 되었다.

**13** 경찰관은 경찰법에 규정하는 '개인의 생명, 신체 및 재산의 보호, 범죄의 예방, 공안의 유지 및 그 외 법령의 집행 등 직권, 직무를 충실히 수행하기 위해 필요한 방법을 정하는 것을 목적으로 한다'는 법률(동법 1조 1항)이다. 경찰의 책무를 달성하기 위한 수단과 방법을 정한 것으로, 주로 경찰관의 즉시 강제에 관한 일반법으로 제정한 것이다.

**14** 일본 최대의 전국노동조합 중앙조직이었다. 제2차 세계대전 후 점령군·연합군 최고사령관 총사령부의 보호와 육성하에 재출발한 일본의 노동운동은 당시의 경제, 사회 정세를 배경으로 격하게 그리고 정치적 색채를 강하게 띠는 조직이었다.

**15** 농림수산성 직원을 중심으로 관련 독립 행정법인의 직원도 가입하는 노동조합이다.

치게 된다" 등의 이유로 피고인들의 상고를 기각했다.

공무원의 단체행동권(쟁의)은 일정한 제약을 받고 있지만, 더욱이 쟁의 행위를 공모하고 기획하여 선동한 경우에는 3년 이하의 징역 또는 10만 엔 이하의 벌금과 같은 행정 처벌까지 부과하게 되어 있다(국가공무원법 110조 1항 17호). 그리고 경찰, 소방, 해상보안청, 형무소, 자위대에 근무하는 공무원들의 노동3권은 모두 부정된다. 그러나 노동3권이 제한되는 반면 근무조건 유지 개선을 목적으로 한 직원단체의 결성은 인정된다(국가공무원법 108조 2, 1항). 이것은 공무원의 단결권을 보장하는 것을 목적으로 한다. 직원단체는 사무차관, 국장 등 행정상의 중요한 의사결정을 하는 공무원 그리고 심의관, 과장 등 중요한 행정상 의사결정에 참여하는 관리자 지위에 있는 공무원과 그 외 공무원에 의해 결성하는 것은 인정되지 않는다(국가공무원법 108조 2, 3항). 또한, 경찰, 해상보안청, 형무소에 근무하는 공무원은 당국과 교섭하는 단체를 결성하는 것 또는 이러한 단체에 가입하는 것도 인정되지 않는다(국가공무원법 108조 2, 5항).

직원단체를 결성하는 권리에 더해서 공무원은 불이익 처분에 대해 불복신청을 할 수 있다. 즉 스스로의 뜻에 반하는 감봉, 강등, 휴직, 면직, 기타 현저한 불이익 처분 또는 징계 처분을 받은 경우(국가공무원법 89조 1항) 인사원에 불복신청을 낼 수 있다(국가공무원법 90조). 불복신청에 관한 일반 법은 행정심판법이지만 공무원의 불이익 처분에 대한 불복신청에 관해서는 행정심판법 제2장 제1절부터 3절까지의 규정을 적용치 않고 "불이익 처분에 관한 불복신청(인사원 규칙 13-1)"이라는 인사원 규칙을 적용한다. 이 규칙에 따라 불복신청권자는 불복신청을 할 경우 처분 사유를 기재한 설명서를 수령한 다음 날로부터 60일 이내에 신청해야만 한다. 또한 처분이 있었던 다음 날부터 1년이 경과하였을 경우에는 불복신청 행위를 하는 것이 불가능하다(국가공무원법 90조 2). 단 천재지변이나 불가피한 사유가 발생한 경우에는 예외로 둔다(인사원 규칙 1316조 2항). 그리고 실제로 불복신청의 길을 선택한 공무원은 심사청구 및 이의신청을 거친다(국가공무원법 90조 1항). 일반적으로 심사청구란 처분 기관 이외의 행정기관에 대해 실시하는 불복신청을 말하며, 이의신청이란 처분 기관에 대한 불복신청을 말한다. 이러한 경우 인사원 이외의 임명권자가 행한 불이익 처분에 대해서는 인사원에 심사청구를 하고 인사원의 처분에 대해서는 인사원에 이의신청을 하게 된다.

## 4. 중앙부처(省廳) 인사 관리제도

중앙부처(省廳)의 인사 관리에는 인사원(人事院)과 함께 내각 총리대신이 종합조정을 위한 중앙인사행정기관으로서 관여하지만, 평상시 인사 관리는 임명권자인 대신(大臣) 즉 장관에 의해 이루어진다. 각 부처 장관(大臣)은 임명권자 또는 복무관리자로서 공무원의 인사 관리를 하는데, 각 중앙부처에서의 임명권은 그 부서 내의 상급 공무원에 한해 위임이 가능하다. 그리고 임명권자는 결원이 발생한 경우 공무원의 보충을 실시할 권한을 가지고 있으며, 공무원의 휴직, 복직, 퇴직, 면직, 징계에 관해서도 권한을 행사한다(국가공무원법 61조·84조). 인사에 관한 사무처리는 각 중앙부처의 인사관리관이 수행한다.

공무원은 공공의 이익을 위해 근무함과 동시에 직무수행에서는 전력(全力)을 다해 전념할 필요가 있으며(국가공무원법 96조 1항), 직무에 종사할 때에는 복무선언이 의무화되어 있다(국가공무원법 96조). 또 그 직무를 수행함에 법령에 의해, 특히 상사의 직무상 명령에 충실히 따라야 하며 법률 또는 명령이 정하는 경우를 제외하고는 모든 주의력을 근무시간 동안 직무상 해당 직책 수행에 최선을 다하고, 정부가 제공하는 책임 있는 직무에만 종사하여야 하며 더욱이 관직을 기본으로 하고, 다른 업무의 겸직은 금지하고 있다(국가공무원법 101조 1항). 베버(M. Weber)는 자신의 관료제론에서 명확한 권한 원칙, 계층성 원칙, 직원 전문성 원칙 등을 지적하고 있는데 여기서 언급한 일본공무원복무규정은 마치 근대 관료제의 원칙에 기초하고 있다고 말할 수 있다. 부가적으로 공무원에게는 비밀 준수〔守秘〕 의무도 부과되어 있다(국가공무원법 100조 1항).

공무원은 전력을 다해 직무수행에 임해야 한다고 하는 복무규정이 부과되어 있지만 이에 반하는 행위, 즉 직무수행에서 능률성 확보를 태만히 하거나 규율이나 질서를 어지럽히는 행위를 하는 때에 일정한 형태의 처분을 검토해야만 하는 경우가 있다. 이 같은 경우, 분한 처분(分限處分)[16]이 이루어진다. 분한이란 공무원의 신분 보장을 전제로 한 신분 상실이나 변동과 같은 신분상의 변화를 말하며, 처분의 종류에는 강임(降任), 휴직(休職), 면직(免職), 강급(降給), 복직(復職)이 있다. 분한 처분은 모든 공무원에 대해 공정해야만 하며(국가공무원법 74조 1항), 공무원의 의사에 반하는 강임, 휴직, 면직은 법률 또는 인사원 규칙에 따라 명확히 해야만 한다(국가공무원법 75조 1항). 단, 강급 규정은 인사원 규칙에 정하도록 되어 있지만 해당 규정이 제정되어 있지 않아 현재 실행되지 않고 있다. 복직은 휴직 기간 종료와 동시에 명한다.

분한 처분과는 달리 공무원이 복무규정을 위반하고 공무 운영의 질서를 어지럽힌 경우에 시행되는 징계 처분이 있다. 징계 처분은 공무원 본인의 책임을 묻는 제재 요소가 포함된다는 점에서 분한 처분과 다르다. 징계 처분은 면직, 정직(停職), 감급(減給), 계고(戒告)로 나뉜다. 공무원의 징계는 공정해야만 한다는 점에서(국가공무원법 74조 1항), 다음의 경우에 한해 징계 처분이 임면권자 또는 인사원에 의해 이루어진다(국가공무원법 82조 1항). 여기

---

**16** 일반직 공무원으로 근무실적이 좋지 않은 경우나 심신장애로 직무수행에 지장이 있거나 또는 견디기 어려운 경우 등 그 직무에 필요한 적격성을 상실한 경우, 직무 폐지 등으로 공무 효율성을 유지하기 위한 목적으로 그 직원의 뜻에 반하여 행해지는 처분이다. '신분 보장의 한계'라는 의미다. 이는 공무 효율성을 유지하기 위해 실행하는 것으로 직장 내의 기강 확립을 목적으로 한 징계처분과는 달리 징벌적 의미는 포함되어 있지 않다. 또한 임명권자가 분한 처분을 실행하는 경우는 공정해야만 한다.

에는 1) 국가공무원법 혹은 국가공무원윤리법 또는 이러한 법률에 기초한 명령을 위반한 경우, 2) 직무상의 의무를 위반하거나 직무에 태만한 경우, 3) 국민 전체의 봉사자로서 적절치 않은 비행(非行)이 있었던 경우가 있다. 징계 처분은 공무원 관계에서 복무 의무 위반을 제재하는 것이며, 사회 질서를 어지럽히는 행위로 제재를 받는 형사 처벌과는 상이하기 때문에 징계 처분과 형사상의 소추를 동시에 받더라도 2중 처벌 금지에는 저촉되지 않는다.

공무원의 인사 관리는 분한·징계 처분 등에 한정되지 않고 승진 임명〔昇任〕, 퇴직(退職) 등의 관리도 중요한 요소다. 공무원의 승진 임명은 원칙적으로 경쟁시험에 의하나(국가공무원법 37조 1항), 승진 임명을 위한 경쟁시험은 실시되지 않는 것이 현실이며 근무실적에 기초한 전형〔選考〕에 의해 이루어진다. 향후 경쟁시험의 도입을 포함한 승진 임명 시스템의 구축이 요구된다. 한편 공무원의 정년은 원칙적으로 60세다(국가공무원법 80조 2, 3항) 단, 일본의 공무원 중에 커리어 관료는 같은 동기 가운데 사무차관이 1명 선발되기 때문에 승진 임명 인사를 감안하면서 사무차관으로의 길을 포기한 경우 조기 퇴직하여 제2의 인생을 사는 경우가 많다. 이때 낙하산 인사로 문제되는 경우가 많고, 현재 민간기업으로의 재취업에 관해서는 이직 후 2년간은 이직 전 5년간 재직한 국가기관과 밀접한 관계에 있는 기관에서 근무하는 것을 금지하고 있다. 단, 인사원의 승인을 얻은 경우는 가능하지만 이것도 1998년부터 중앙부처의 국장급 이상에 대해서는 업무와 밀접한 관련이 있는 기업으로의 재취업은 원칙적으로 승인하지 않고 있다.

지금까지 행정학에서는 관료제의 역기능 혹은 병리 현상을 지적해 왔지만 이러한 연구는 일본의 공무원제도를 검토하는 데 시사점을 제공한다. "파킨슨 법칙"으로 알려진 파킨슨(C. N. Pakinson)은 행정기관의 직원 수는 해당 업무량에 관계없이 일정한 비율로 증가하는 경향이 있다고 지적한다. "피터의 법칙"으로 알려진 피터(L. J. Perter)는 피라미드형 조직에 속하는 직원은 종종 자신의 능력을 초월한 지위까지 올라가게 된다고 지적하였다. 그리고 머튼(R. K. Merton)은 직원은 표준 상황을 전제로 마음가짐이나 태도에 대해 훈련받지만, 전제로 하고 있던 상황과 다른 상황에 대해서는 유연하게 대응하기가 어렵다고 비판하였다. 이것을 관료조직에서 직원의 "훈련된 무능력" 현상이라 할 수 있다. 그 외 관료제 비판으로는 번잡한 행정절차를 비판한 "번문욕례(繁文縟禮, Red-tape)", 지나친 전문적·능률적 행정에 의한 할거주의(Sectionalism) 등이 언급되며 또한 일본의 공무원은 법령보다도 행정규칙·내부관리규칙(내규)에 지나치게 의존하는 "의법(依法)주의"를 지적받는다. 능률적이고 민주적인 공무원제도를 구축하기 위해서는 이러한 관료제 및 공무원의 비판에 관한 몇 가지 현상을 회피하는 노력이 인사 관리에서 요구될 것이다.

## 5. 공무원제도 개혁

제2차 세계대전 후 일본 국가공무원제도가 발족하고 50년 이상이 지났다. 1993년 "55년체제[17]"의 종식 후 약 20년이 경과한 현재 공무원제도에 관한 지속적 개혁이 요구된다. 이러한 배경의 하나로서 1993년에는 행정절차법을, 1999년에는 정보공개법을 각각 제정하여 지금까지의 행정 모습에도 변화를 요구하고 있다는 점을 들 수 있다. 이러한 행정 및 공무원제도의 바람직한 개혁은 일본만의 현상은 아니다. 우선 영국과 미국의 여러 국가들에서는 지금까지 민간에서 추구되어 왔던 효율성(efficiency), 경제성(economy), 유효성(effectiveness)의 3E를 행정에서도 철저히 요구함에 따라 더욱 유연하고 질 높은 행정의 실현을 목표로 하는 NPM(New Public Management, 신공공경영론)의 조류에 의해 개혁을 이루어 가고 있으며 이는 일본의 행정개혁과 공

**17** 1955년에 성립된 체제로 일본에서 여당인 자유민주당과 야당인 일본사회당이 2대 정당으로 군림하며 정치를 지속해 온 체제. 1993년까지 지속되었다.

무원제도 개혁에서도 유익한 점이 있다.

최근 일본의 공무원제도 개혁 동향으로는 1997년 4월에 공무원제도위원회(公制調)를 설치하여 "국가공무원에 관한 제도와 그 운용 방향에 관한 전반적인 수정"을 하시모토 내각에 자문하였다. 위원회의 연구 결과는 1999년 3월에 "공무원제도 개혁의 기본 방향에 관한 답신"으로서 오부치(小渕) 내각에 제출되었다. 그리고 2000년 12월에는 "행정개혁대강(行政改革大綱)"이 각의(閣議) 결정되었고, 2001년 12월에는 "공무원제도개혁대강"이 각의 결정되었다. 2003년 이 공무원제도개혁대강에 기초해 구체적인 개혁의 방향성이 내각 관방(內閣官房, Cabinet Secretariat)[18] 중심으로 검토되었다.

공무원제도위원회는 보고서를 제출하면서 공무원제도 개혁을 향한 주요 논점을 정리한다. 우선 공무원제도 개혁의 배경으로서 국내 캐치업(Catch-Up)형 경제성장 종언, 사회 경제 성숙화에 동반하는 가치관과 의식의 다양화를 지적하고 포스트 캐치업(Post Catch-Up) 시대에 부응하는 공무원제도 모색이 필요하다고 언급하면서, 구체적인 논점으로서 1) 채용, 2) 인사 평가, 3) 승진 관리, 4) 처우, 5) 능력 개발과 인사 교류, 6) 복무·분한·징계, 7) 근무시간 등, 8) 퇴직 관리, 9) 남녀 공동 참가, 10) 기획 입안 부문과 실시 부문의 특수성에 따른 인사 관리, 11) 기타(간부 직원의 바람직한 모습·직계제·노사관계) 개혁을 요구한다. 이러한 논점을 정리한 후 공무원제도위원회는 "공무원제도 개혁의 기본 방향에 관한 답신"을 발표하는 데 여기에서의 공무원제도 개혁 과제로는 1) 행정 과제의 복잡 고도화에 대응한 능력 향상, 2) 간소하며 효율적으로 기동성 있는 행정 실현과 종합성 확보, 3) 국민 신뢰 재구축, 4) 고용 환경의 변화에 대응한 고용 시스템 실현을 강조한다. 그리고 이러한 과제를 해결하기 위해 1) 개방화, 2) 다양화·유연화, 3) 투

**18** 내각에 설치된 행정기관의 하나. 각의(閣議) 사항의 정리, 내각 서무, 행정 각 부 시책의 종합 정리 등을 시행한다. 내각 총리대신을 주임대신으로 하고 국무대신인 내각 관방장관이 사무를 총괄한다. 내각 관방장관은 '총리 보좌역'으로 불리기도 하고 각의 구성 시에는 가장 먼저 임명되어 총리의 오른팔 역할을 하게 된다.

명화, 4) 능력·실적의 중시, 5) 자주성의 중시라고 하는 5가지 관점을 제기한다. 또한 각론으로서 12개의 논점을 지적하여 '구체적인 개혁 정책'을 각각 제시하고 있지만 보고서는 공무원제도위원회의 심의회로서의 성격도 지니고 있어 전반적이며 총론적으로 공무원제도의 당연한 방향성을 제시하는 것이기도 하다. 단, 이 보고서는 공무원제도 개혁의 필요성을 사회에 널리 인지시키는 역할을 지니고 있었다는 점에서도 평가를 할 수 있다. 즉 공무원제도위원회에서 본 공무원제도 개혁의 동향은 2000년 행정개혁대강에서 행정개혁의 일환으로서 국가공무원·지방공무원제도의 근본적 개혁의 필요성 제기로 나타났고, 다음 해 공무원제도개혁대강으로 연결되어 가는 과정에서 더욱 명확해졌다.

공무원제도개혁대강에서는 우선 정부 전체로서 적절한 인사·조직 관리 실현을 위해 인사관리권자로서 각 중앙부처 대신의 주체적인 책임과 권한의 명확화를 시도함과 동시에 인사원과의 관계 개선을 제기하였다. 또한 새로운 공무원제도로서 '능력급제도'를 도입하여 이를 임용, 급여, 평가의 기준으로 활용하는 '종합 시스템(Total System)으로서의 인사 시스템' 구축을 목표로 한다. 한편, 사무차관, 국장, 심의관 등 상급 간부 공무원에 관해서는 능력등급제 대신 연봉제를 도입하는 등 별도의 임용·급여제도를 설계할 필요성을 지적하였다. 그리고 관민의 인적 교류를 추진함에 따라 다양한 인재를 공무원으로 확보하기 위해 민간기업의 인재를 기업의 지위와 병행이 가능하도록 고려하였고, 인사원의 사전 승인·협의 절차 등의 수정, 급여 체계의 탄력화 등을 실현하고자 하였다. 또한 공무원 재취업 규정 확립도 검토하였다. 이 공무원제도개혁대강에서는 2006년에 새로운 제도를 이행하는 것을 목표로 하였다.

"공무원제도개혁대강"의 각의(閣議) 결정을 최근 동향에 한정하여 생각해 보면, 공무원제도위원회 이후 논의의 연장선상에 있다고 할 수 있다. 그러나 미시적으로 "공무원제도개혁대강"의 책정 과정을 검토할 때, 내각관방행정개혁추진본부·사무국에서의 심의는 불투명하고, "공무원제도 개혁의 기본 방향에 관한 보고서"를 답습·존중하지 않았으며, 전문가 그룹을 제외한 독자적 정리라는 지적을 무시할 수 없다(니시오〔西尾〕, 2003). 공무원이 국민 전체의 봉사자이기 위해서는 향후 공무원제도 개혁의 논의는 넓게 국민에게 공개적으로 이루어져야만 한다.

공무원제도를 근본적으로 개혁해야 할 필요성은 지속되는 공무원의 불상사에서도 그 이유를 찾을 수 있다. 예를 들면, 공무원백서(2003)에는 수용(收容) 절차 중인 외국인이 도주한 사실을 은닉하기 위해 공문서를 폐기한 법무성 공무원의 징계 면책 처분, 세계보건기구(WHO)의 육우 사료 제조과정에서 육골분(肉骨粉) 금지 권고에 대한 위기 의식 결여로 행정 공무원에게 행정지도로 그친 문제, BSE(Bovine Spongiform Encephalopathy, 일명 광우병) 문제에 불충분한 행정 대응에서 당시 관련했던 농림수산성 담당국장 등에 대한 미미한 감급처분 등을 보고하고 있다. 또한 전력회사의 원자력발전소 분쟁 은폐에 대한 조사방법 등이 부적절하다고 하여 원자력안전·보안위원장 등이 미미한 처분을 받은 '원자력발전분쟁사건', 홋카이도(北海道) 개발국의 항만공사 발주에서 담당 공무원이 입찰 공정성의 문제로 인해 처분된 "홋카이도 개발국 관제 담합 사건"등도 명확히 기술하였다. 향후 공무원제도 개혁에서 이러한 사건의 재발을 방지하는 노력도 구체적으로 검토되어야 한다.

# 제4장 지방자치제도의 형성과 발전

## 1. 메이지 유신 전후의 지방제도

신정부는 1868년(메이지 1) 윤4월, 정체서(政體書)[1]를 제정하여 막부천령(幕府天領)[2]·황실영토(皇室領)·막부를 지지하는 번(佐幕藩)으로부터 몰수한 영토에 부현(府縣), 다이묘(大名)[3] 영토를 번(藩)[4]으로 하는 부번현3치제(府藩縣三治制)[5]를 채택하였고, 신정부의 직할지인 부현(府縣)에 지방관으로서

---

1 메이지 초기 통치기구에 관해 정한 포고. 메이지 유신 신정부가 지금까지 임시정부적인 3직 체제를 대신하여 새로운 관제(官制)를 정한 것이다. 서두에 5개 조의 선언문을 게재했고, 이를 정부의 기본방침으로 정하였으며 국가 권력을 총괄하는 중앙정부로서 태정관을 두고, 2명의 대신(輔相)을 그 수반으로 하였다. 태정관의 권력을 입법, 행정, 사법의 삼권으로 나누고, 각각을 의정관, 행정관 이하의 5관, 형법관이 장악하는 삼권분립체제를 취하였지만 실제는 의정관 상국(上局)의 실력자가 행정 각 관의 책임을 겸하거나 형법관이 행정관의 감독하에 있어 권력 분립은 불충분했다.

2 에도막부의 직할령을 가리키는 총칭. 원래 메이지 초기에 구(旧) 막부 직할령이 천황의 재산과 소유지가 되었을 때 천령(天領)으로 부르게 되었지만, 소급하여 막부 시대의 것도 천령으로 부르게 되었다.

3 원래 지방에서 세력을 떨친 자들을 말한다. 이 가운데 무사사회에서 많은 영토와 부하를 소유하는 무사를 의미하는 말이다.

4 에도시대에 1만 석 이상의 영토를 보유하는 봉건 영주인 다이묘가 지배하는 영역과 그 지배기구를 가리키는 용어이다. 일반적으로 제후가 다스리는 영지 및 통치조직을 일컫는다.

5 메이지 초기의 지방행정제도. 1868년 정체서의 공포와 함께 도쿠가와 막부의 직할지

지부사(知府事)·지현사(知縣事)를 두었다. 같은 해 10월 신정부는 번(藩)에 대해 가신(家臣)에 의한 세습적 통치를 폐지하고 집정(執政)·참정(參政)을 두어 번(藩)의 행정과 가신정치(家政) 분리를 목적으로 번치직제(藩治職制)를 제정하여 부번현의 〈3치(治)일치〉를 강조하였다. 부현에 대해서는 다음 해 2월에 부현시정순서(府縣施政順序)를 제정하여 민심 장악을 중시하는 통치방식을 실시한다.

한편, 메이지 유신 직후 정촌(町村)은 전국적인 규제를 받지 않고 막부 시대를 유지하도록 하였다. 촌(村)은 5-60호 단위로 설정하여 촌 단위의 토지세(貢租)인 연공(年貢)[6]을 한 가구 단위가 아닌 전체 촌 단위로 징수(村請制)[7]함과 동시에 촌에 소요되는 비용은 "촌락 자치를 위한 경비(村入用)"로 촌의 주민이 분담하였다. 촌의 통치기구는 관리(役人)로서 명주(名主 또는 庄屋·肝煎)[8]·조두(組頭 또는 年寄)[9]·백성대(百姓代 또는 脇百姓)라는 지방 3역(村方三役)을 두었다. 이러한 명주 또는 촌장(庄屋) 지위에 있던 그들은 천황의 어명을 대신하여 연공 징수를 대행하는 영주(領主)의 말단기구임과 동시에 영주에 대해서는 농민의 이익을 대변하는 '촌의 대변자(惣代)'[10]이기도 하였다. 또한 조두는 명주의 보좌역이었으며, 백성대는 촌민을 대표하는 지위로서

---

가운데 죠다이(城代)·교토소사대(京都所司代)·봉행(奉行)의 지배지를 부(府), 그 이외를 현(県)으로 하고, 부에는 지부사(知府事), 현에는 지현사(知県事)를 두었지만, 번(藩)은 기존과 마찬가지로 다이묘가 지배하였다. 1869년 판적봉환으로 삼치제(三治制)가 확립되어 번도 국가의 행정구역이 되었고 옛 번주(大名)는 지번사(知藩事)에 임명되었다. 지번사는 중앙정부가 임명하는 지방관으로, 번의 영역은 번주(藩主)의 지배권을 인정하였다.

**6** 일본 역사상 조세의 한 형태. 중세, 근세를 통해 영주가 백성을 비롯한 민중에 부과하는 조세로서 존속하였다. 주로 쌀로 거두었기 때문에 연공미라고도 불렀다.

**7** 근세에 연공을 촌 단위 책임하에 거두도록 한 제도. 이에 따라 한 호(戶)마다 연공을 거두는 것이 아니라 촌 전체로 연공을 거두었다.

**8** 지방 3역(地方三役)의 하나로 촌락의 대표자를 말한다. 서일본에서는 촌장(庄屋, しょうや)의 호칭이 많고, 동일본에서는 나누시(名主, なぬし)라고 불리는 경우가 많다. 또한 기모이리(肝煎, きもいり)라고 불리는 지방도 있다.

**9** 조두(組頭, くみがしら)는 에도시대 지방 3역의 하나로 일반적으로 촌장·나누시를 보좌하는 역할과 직책을 말한다.

**10** 소다이(惣代, そうだい)는 정(町)의 정치를 도맡아 수행하는 마을 공무원(町役人)의 우두머리에 위치하는 직책인 소타 노인(惣年寄)을 도와 지방 사무에 종사하였다.

명주·조두에 대한 감사역(監査役)을 맡았다. 촌민은 수십 호씩 5개조로 조직되어 연공의 납입(納入)·막부의 법칙 준수 등 연대 책임이 의무화되어 있었다. 이와 같이 촌은 영주에 대한 행정촌이기도 하였지만 동시에 그 운영에서 위원회나 회의(會合)와 투표(入札)[11] 등과 같은 형식에 의해 촌정이 운영됨으로써 자치체적인 성격을 띄기도 하였다.

1869년(메이지 2) 6월, 신정부는 번에 판적봉환(版籍奉還)[12]을 명한다. 이에 따라 옛 번주(藩主)를 지번사(知藩事)로 임명하여 집정과 참정이 부현과 마찬가지로 각각 대참사(大參事)·소참사(小參事)가 되는 등 부현과 함께 지방행정에서 〈3치일치〉가 추진되었다. 더욱이 다음 해 9월에는 당시의 번 체제를 해체하고자 번제(藩制)[13]를 제정하여 번의 기구와 재정에 대한 규제를 가하였다.

그러나 실질적으로는 판적봉환에 의해 3치일치를 달성하지 못했고, 정부의 부현에 대한 통제, 특히 대장성(현 재무성)에 의한 재정적 통제를 강화하였다. 판적봉환 전, 1869년(메이지 2) 4월에 부현 사무를 "총체적으로 판단(總判)"하는 민부관(民部官)을 설치하였으나, 같은 해 7월 직원령(職員令)에 의해 민부성(民部省)[14]으로 바뀌었다. 그러나 신정부의 실질적인 세수는 부현의 공조(府縣貢租)에 주로 의존하고 있었기 때문에 재정 기반 확립을 주장하는 오쿠마 시게노부(大隈重信) 일행의 대장성 주도로 다음 달 두 중앙

**11** 이레후다(入札, いれふだ)는 메이지시대 이전 일본에 존재한 대표자 선출 방법으로 투표 절차는 메이지 이후 선거에 가까운 방식으로 변했다. 주로 마을 공무원이나 마을 관리인(村役人), 조직 내 대표자의 선출 방식으로 이용되었다.

**12** 1869년(메이지 2) 6월 17일에 일본 메이지 정부에 의해 실시된 중앙집권화사업 가운데 하나다. 여러 다이묘로부터 천황으로 영지(領地, 版図)와 영민(領民, 戸籍)의 반환을 의미한다.

**13** 1870년에 '번제(藩制)'가 제정되어 번조직(藩組織)의 전국적인 통일이 강제시되는 등 중앙정부에 의한 각 번에 대한 통제가 강화되는 한편, 다수의 번에서 재정 문제가 심각해지고 번을 폐해 달라는 신청이 줄을 이었다. 1871년의 폐번치현(廃藩置県)으로 번은 폐지되고 부현제가 실시되었다.

**14** 태정관에 설치된 중앙부처의 하나. 국내 행정을 관할하였다. 하지만 1개월 후 대장성과 합병되었다. 징세(徵稅, 民部省)와 재정(財政, 大蔵省)기구 일체화로 중앙집권체제 확립을 주장하는 유신 지도자에 의해 설립되었다.

부처(省)가 합병되었다. 이에 따라 대장성은 세수 확보 관점에서 부현에 대한 관여를 강화할 수 있었다. 병합 직전 7월에 부현시정순서(府縣施政順序)를 대신하여 부현봉직규칙(奉職規則)을 제정하지만 지방관에 의한 공조 감면은 금지되었다. 그러나 이 시기 흉작으로 농민 생활이 궁핍해짐에 따라 부현 통치에 임하고 있는 지방관 가운데에는 대장성 지령을 무시하고 공조를 감면하는 자들이 나타났다. 결국 지방관에 의한 대장성 비판은 다음 해 민부성과 대장성(民藏)의 분리를 초래하지만 그들이 실질적으로 정부의 통제가 미치지 않는 번의 존재에 대해 3치일치의 모순을 감지하면서 군현제(郡縣制)로의 이행, 즉 폐번치현(廃藩置県)[15]이 주장되었다. 신정부에서도 국정의 원활한 운영을 위해서는 재정 기반 확립의 필요성이 더욱 더 높아져 가는 한편, 또한 여러 번들은 보신(戊辰) 전쟁의 비용 부담으로 재정은 더욱 궁핍해져 갈 뿐이었다. 이렇게 폐번치현의 기운이 고조되었다.

## 2. 대구(大區) · 소구(小區)제와 호적법

1871년(메이지 4) 7월, 신정부는 폐번치현을 단행하고 옛 번주를 번지사의 직에서 해직하고 도쿄 주재를 명하면서 일본 전역을 3부(府) 302현(縣)으로 재편하였다. 같은 해 11월에는 당시 지방행정을 관장하고 있던 대장성(폐번 직전 다시 민부성과 대장성은 합병하였음)의 주도로 3부 72현까지 정리, 통합하였고 오랜 습관의 청산(一掃) 필요성에서 원칙적으로 타 부현 출신자를 부지사 · 현령(縣令)으로 임명하는 등 부현은 드디어 국가의 지방행정구획이 되었다.

동시에 현을 통치하는 조례를 포고하여 지금까지 부현 행정을 규정했던

**15** 메이지 유신기 1871년 8월 29일, 메이지 정부가 지금까지의 번을 폐지하고, 지방 통치를 위해 중앙 관할하의 부와 현으로 일원화한 행정개혁이다.

부현의 봉직규칙을 폐지하였다. 새롭게 임명된 부지사 및 현령의 관장 업무는 "현 내의 인민을 가르치고 단속·보호하며 조령(條令) 포고를 받들어 시행하고 조세를 거두고 부역을 독려하며 상벌을 판단하고 비상시에는 군대를 편성·품의(稟議)하여 적절한 처분을 관장한다" 하여 광범위한 직무가 기대되었다. 그러나 현을 다스리는 조례에 포함되는 현치사무장정(縣治事務章程)에는 지방관의 사무가 중앙의 주무 부서와 대장성으로 품의·허가·사후보고를 상세하게 하도록 의무화하고 있었다. 즉 지방관에 기대되었던 직무와는 정반대로 그들은 중앙으로부터의 강한 규제와 속박, 특히 대장성에 의한 재정적 통제를 받게 된 것이다.

이처럼 각 지방관은 대장성과 각 중앙부처의 할거 상태에 강한 불만을 가지면서도 정부 정책을 수행해야 했고 이를 위해서는 지역사회에 대한 이해가 필요하였다. 그 첫 번째 방법이 메이지시대 최초의 말단 행정구획이 된 대구(大區)·소구제(小區制)[16]다. 폐번치현 직전의 1871년(메이지 4) 4월에 정부는 호적법을 공포하였다. 호적법은 호적 사무를 위한 행정단위로서 편의상 호적구(戶籍區)를 설정하였고, 작성된 호적은 징세(徵稅)와 징병(徵兵)의 기초 자료로 활용하고자 하였다. 그러나 호적구의 설치 기준이나 호적 사무만을 취급하는 호장(戶長)의 선임은 지방관으로서의 재량을 부여하고 있었기 때문에 말단 행정구획이면서 자치체적인 측면을 가지고 있던 옛 막부시대의 지방자치단체인 정촌(町村)이나 촌방 3역(村方三役, 名主·組頭·百姓代 : 마을 단위 정치를 담당)과의 사이에 일치하지 않는 부분이 발생하였다. 이에 다음 해에는 촌방 3역을 호장(戶長)·부호장(副戶長)으로 개칭하고 호적 사

**16** 메이지시대 1872년에 시행된 지방제도로 부현 아래에 대구(大区)를 두고 대구 아래에 소구(小区)를 두는 제도다. 일본 전체적인 호적을 만들기 위한 준비로 정부는 1871년(메이지 4)에 호적법을 제정하고 편제 단위로서 구(區)를 두었다. 1872년(메이지 5) 10월에 이 구를 대구로 개칭하고 그 아래에 옛날의 정촌(町村)을 몇 개로 정리하여 소구를 두었다. 대구에는 구장(区長), 부구장(副区長)을 두었다. 소구에는 호장(戶長)과 부호장(副戶長)을 두고 여기에 에도시대의 마을 관리(村役人, 庄屋·名主)와 마을 공무원(町役人, 年寄 등), 다이쇼야(大庄屋) 등 경험자를 임명하였다. 이것이 대구·소구제이다.

무에 추가하여 일반적인 지방자치단체로서의 정촌 사무도 담당토록 하였다. 또한 구(區)의 대소(大小)도 인정하여 준(準) 관리(官吏)로서 대구에 구장(區長)을, 소구에는 호장(戶長) 또는 부구장(副區長)을 임명하는 등 옛 막부 시대의 통치기구에 의거한 대구·소구제를 형성하였다(실제의 운용은 부현에 따라 차이가 있다).

두 번째는 1871년(메이지 5) 무렵부터 일부 부현에서 개설한 지방민회(民會)다. 지방민회란 후술하는 3신법(新法) 제정 이전에 개설한 부현회나 대·소구회, 정촌회를 총칭하는 것으로 지방관이 추진하고자 하는 부현(府縣)행정에 대해 지역 주민의 이해를 구하고자 구호장(戶長)을 모이게 하여 회의를 열었던 것이다. 1873년(메이지 6) 11월에 "국내 안녕, 인민 보호의 사무를 관리하는" 내무성(內務省)을 설치하여 지방행정을 포함한 내정을 관장하였고, 오쿠보 도시미치(大久保利通)가 초대 내각 대신으로 취임했다. 지방 관리들은 세금 징수 이외 통일된 지방행정이 제시될 수 있다는 점에서 내무성의 설치에 기대를 가졌다.

발족 당시의 내무성은 메이지 정부가 서구에 대항하여, 산업과 자본주의 육성에 따라 국가 근대화 추진을 위한 정책인 식산흥업(殖産興業)과 치안유지에 중점을 두고 있었지만, 1876년(메이지 9) 전후부터 지방행정에도 본격적으로 착수하였다. 1875년 6월, 오사카 회의 합의사항으로 제1회 지방관회의를 개최하였고 지방행정의 중요사항 이외에 각 부현에서 개최하고 있는 지방민회를 구호장 민회로 변경하는 등의 내용을 논의하였다. 같은 해 11월에는 현의 통치조례를 대신하는 부현직제 및 사무장정의 제정과 다음 해에는 지방관의 인사평가를 규정한 현관임기례(縣官任期例) 제정, 더욱이 부현구획 대개정으로 3부 59현에서 3부 35현으로 감축이 이루어졌다(현재의 홋카이도를 제외한 3부 43현의 완료시기는 메이지 21년). 현관임기례의 포고(布告)에 의한 지방관의 인사 이동에서 볼 수 있듯이 이 당시 일부 유능한 지방관이 경질되고 내무성 주도로 지방행정을 정리하기 시작하였다.

## 3. 3신법(三新法)[17] 제정

1877년(메이지 10) 2월, 정부 정책에 불만을 품고 있던 무사 가문(士族)[18] 반란이 정점에 달하면서 메이지 유신 최대 공로자 가운데 한 사람인 사이고 다카모리(西郷隆盛)를 중심으로 하는 세이난(西南) 전쟁[19]이 발발했다. 또한 토지세제 개정에 반대하는 농민 소동도 심각한 사회 문제였다. 이러한 상황에 대처해야 했던 정부는 같은 해 1월, 토지세 경감과 행정개혁을 실시하여 토지세를 지가의 3%에서 2.5% 정도로 경감함과 동시에 조세 감축에 걸맞는 행정기구 개혁을 추진하였다. 그러나 토지세 경감은 부현 세입에 해당하는 서민 세금 0.5%의 감소도 포함되었기 때문에 지방제도의 근본적인 개혁을 필요로 하였다. 내무성은 앞서 언급한 바와 같이 1876년(메이지 9) 무렵부터는 이미 본격적으로 지방행정에 착수하였기 때문에, 이때부터 근본적인 지방제도 개혁을 모색하기 시작하여, 통일된 지방제도의 기본 구상으로서 1878년(메이지 11) 3월에 내무성 대신 오쿠보 도시미치의 이름으로 "지방체제 등 개정 상신(오쿠보 도시미치 상신)"을 정부에 제출하였다.

이 상신의 취지는 첫째, 기존의 대구·소구제가 "수백 년 동안 내려온 관습인 군제(郡制)를 폐지하고", "일반시민에게 익숙하지 않았기" 때문에 여기에 새로운 "행정구획"과 "주민사회 독립구획"이라고 하는 2종류의 개념을 도입하여, 부현·시군시(市郡)에 이러한 두 종류의 성격을 띠게 하고, 정촌에

---

**17** 메이지시대 일본이 제정한 3가지 지방제도 관련 법이다. 구체적으로는 군구정촌편제법(郡区町村編制法), 부현회규칙(府県会規則), 지방세규칙(地方税規則)에 관한 세 가지 법령을 말한다.

**18** 메이지 유신 후 구(旧) 무사계급에 부여된 족칭이다. 1883년 말에 약 195만 명(당시 일본 전체 인구 약 3,750만 명의 5.2%)이었다. 1869년 판적봉환(版籍奉還) 이후 무사계급은 화족(華族, 도쿠가와 이에야스 가문, 다이묘, 공경 등), 사족(士族, 무사〔旗本〕, 각 번의 번사), 졸족(卒族, 아시가루〔足軽〕 즉 보병)으로 편성되었다.

**19** 1877년(메이지 10)에 현재의 구마모토(熊本)·미야자키(宮崎)·오이타(大分)·가고시마(鹿児島)에서 사이고 다카모리(西郷隆盛)를 맹주로 하여 발발한 무사계급에 의한 무력반란이다.

는 "주민사회 독립구획"만의 성격을 갖도록 하는 것이었다. 이 두 개념으로 일본의 지방자치단체 또는 지방공공단체는 지방행정구획과 자치단체의 두 가지 성격을 가지게 되었다. 오쿠보 도시미치 상신의 두 번째 취지는 지방단체에 두 가지 성격을 설정하여 부현·군구(郡區) 관료의 업무관장에서 적절한 분권을 이루어야만 했기에, 지방관의 직제를 정하도록 한 것이다. 세 번째는 전술한 각 지방의 지방민회 설치 움직임에 따라 주민의 "독립된 공권(獨立公權)"으로서 "지방의회", 즉 부현회(府縣會)를 법적으로 승인하도록 하는 것이었다. 네 번째는 지금까지 뒤섞여 복잡했던 사무를, 지방에서 부담해야 할 사무에 관해서는 비용을 그 지방민이 부담하도록 하고, 그것을 지방 공공비용으로 처리토록 하여 국비와 지방비를 명확히 구별하고자 했다. 이러한 오쿠보 상신에 기초하여 법제국의 이노우에 고와시(井上毅) 수정을 거쳐, 제2회 지방관회의와 원로원에서 심의하여 1878년(메이지 11) 7월, 군구정촌편제법(郡區町村編制法)·부현회규칙(府縣會規則)·지방세규칙(地方稅規則)의 이른바 세 가지 신법(三新法)이 제정되었다.

군구정촌편제법은 지방행정구획을 설정하는 법으로 기존의 대구·소구제를 폐지하고 부현하에 군구정촌(郡區町村)을 두었다. 구(區)는 3부(府)·5항(港)과 "사람들이 밀집한 지역"에 설치하는 것으로 이후의 시(市)에 해당한다. 군(郡)[20]·구(區)[21]에는 관선에 의한 군수〔郡長〕·구장(區長)을 두었으며, 정촌[22]에는 공공선거에 의한 호장을 두었다. 호장의 성격은 3신법 시행순서에 "행정사무에 종사할 경우 다른 정촌을 다스리는 자와 같은 성격을 가지는 자"로 규정하고 있어 "행정사무에 종사할" 때에는 부지사·현령이나 군·구장의 명령에 따르도록 하였다.

**20** 군은 넓은 지역을 분할하여 1인의 군수〔郡長〕를 두었다. 군이 협소한 경우도 1인의 군수를 두는 경우도 있었다.

**21** 3부·5항 및 인구 밀집지에는 군에서 분리하여 구를 두었고, 넓은 인구 밀집지역에는 복수의 구를 설치하였다. 구에는 구장을 두었다.

**22** 정(町)과 촌(村)에는 호장을 두었고, 2군데 이상의 정촌에 1인의 호장을 두는 경우도 있었다. 구 내의 정촌에 관해서는 구장이 호장의 사무를 겸임할 수도 있었다.

부현회규칙은, 앞서 서술한 제1회 지방관회의에서 가결된 구호장민회(區戶長民會)를 개정하여 공공선거로 선출된 의원(議員)에 의한 부현회[23] 설치를 규정한 것이다. 의원선거권은 만 20세 이상의 남자로 해당 군구 내에 본적을 두고 해당 부현에 5엔 이상의 조세를 납입하는 자에 한해 부여하였다. 피선거권은 만 25세 이상의 남자로 해당 부현에 본적을 두고 만 3년 이상 거주하며 10원 이상의 조세를 납입한 자에게 부여하였으며, 임기는 4년으로 2년마다 의원 반수를 선출하였다. 정·부의장은 의원 간 호선(互選)이었으며 부지사·현령의 인가와 내무대신에 대한 보고가 필요하였다. 또한 회의 도중 국가의 안녕을 해한다고 인정될 때에는 부지사와 현령은 물론이고, 경우에 따라서는 내무대신에 의해 부현회의 폐회도 가능하도록 규정하고 있었다. 부현회의 의사 권한은 지방세 예산으로 한정되어 규칙제정권, 즉 오늘날의 조례제정권은 부지사와 현령의 고유권한으로 남아 있었다.

지방세규칙은 기존 부현의 수입이었던 주민세(民費)와 부현세를 지방세로 하고 그 재원은 토지에 부과되는 세금인 지조(地租)의 5분의 1 이내로 한 '지조할(地租割)' 외에 '호수할(戶數割)'과 영업세 및 잡종세로 하여 지방세로 지불해야 할 비목〔費目〕을 설정하였다. 부현회는 각 비목의 증감을 심의할 수 있었지만 삭제는 인정되지 않았다.

2년 후인 1880년(메이지 13)에는 "구정촌(區町村)의 공공에 관한 사건 및 기타 경비의 지출 징수 방법을 정한다"고 규정한 구정촌회법(區村町會法)을 제정하여 통일된 지방제도인 3신법체제는 일단 정비했지만, 오쿠보 도시미치 상신에 포함된 3신법 제정과 거의 동시에 부현관직제(府縣官職制)를 제정한 것도 간과해서는 안 된다. 군구정촌편제법에 따라 새롭게 관선(官選)에 의한 군의 관리자(郡長)가 자리했는데, 오쿠보 도시미치 상신은 이를 "적절한 분권"으로 언급하였지만 자유민권운동대책의 관점에서는 정촌의 자치를 감시하는 관료를 정부에서 필요로 했던 것이다.

---

**23** 오늘날 지방의회의 전신으로 부현의 의회(府会·県会)를 가리킨다.

## 4. 메이지 헌법하의 지방제도

1881년(메이지 14), 정부 지도자 간의 대립으로 오쿠마 시게노부가 정부에서 추방되는 정변[24]이 발생하고 그 후 1890년(메이지 23)에 국회를 개설하는 칙유(勅諭)[25]가 내려진다. 또한 정변 이전 세이난 전쟁 당시 대량으로 발행된 환수 불가능한 지폐를 정리하기 위해 부현 토목비에 대한 국고양도금 등을 폐지하여 지방재정의 부담을 증대시켰던 태정관[26]포고 제48호가 내려졌다. 더욱이 오쿠보 도시미치의 추방으로 재정을 담당하게 된 대장대신 마쓰카타 마사요시(松方正義)에 의한 이른바 마쓰카타 디플레이션 재정[27]은 농촌에 큰 영향을 미쳐서, 지방재정은 더욱 궁핍화되었다. 이러한 상황 속에서 더욱 높아져만 가는 자유민권운동은 국회개설운동과 함께 부현회를 무대로 지방자치를 신장시키고자 하였다. 이미 일본 정부는 앞서 기술한 태정관 48호 포고와 같은 날 반포한 태정관포고 49호에 의한 부현회규칙[28]을 개정하여 부지사·현령(縣令)[29]과 부현회 사이를 조정하기 위해 부현회 의원 가운데 5-7

---

**24** 일본 정부는 1891년(메이지 14)에 이른바 메이지 14년의 정변으로 즉시 국회 개설을 주창했던 급진파 오쿠마 시게노부(사가번 출신) 일파를 정부로부터 추방하는 한편, '국회 개설의 칙유'를 발표하여 메이지 23년에 국회를 개설할 것을 국민 앞에 약속하였다. 그 후 1885년(메이지 18)에는 태정관제를 폐지하고 내각제를 도입하여 초대 내각 총리대신으로 이토 히로부미(伊藤博文)를 취임시켰다.

**25** 일본 헌법 시행 이전, 천황이 공무 차원에서 실시한 의사 표시를 말한다. 넓게는 헌법과 법률 등 법규를 포함하지만 협의로는 칙서, 칙어 등 특정 형식을 정하지 않은 것을 말한다.

**26** 메이지 유신이 개시된 1886년, 정체서(政体書)에 의해 설치된 최고 행정기관이다. 입법, 행정, 사법의 기능을 갖추고 있다.

**27** 세이난 전쟁에 따른 군비 조달에 의해 발생한 인플레이션을 해소하고자 대장성 장관 마쓰카타 마사요시(松方正義)가 실시한 디플레이션 유도의 재정정책을 말한다.

**28** 일본의 부현에 처음으로 부현회를 둘 것을 정한 법으로 1878년(메이지 11)에 제정되어, 1890년(메이지 23) 부현제 시행으로 폐지되었다. 부현회규칙은 지방 3신법의 하나로 7월 22일에 태정관 제18호 포고로 반포되었다. 지방제도이긴 하지만 근대 일본 의회의 출발점이고 또한 선거제도의 출발점이기도 하다.

**29** 현령(県令). 메이지 4년 7월(1871년 8월)에 시행된 폐번치현(廃藩置県)에 의해 그때까지 부번현(府藩県)이었던 지방제도를 부와 현으로 통일하고, 같은 해 11월(1872년 1월)에 공포된 현치조례(県治条例)에 의해 현 장관의 명칭을 지현사(知県事)로부터 현령(전부

마쓰카타 마사요시

명을 호선(互選)시키는 상설위원을 설치하였다.

그러나 부지사·현령과 부현회의 대립은 심화되어 국회 개설 요구뿐만 아니라 군수〔郡長〕와 부지사 그리고 현령의 공공선거 요구까지 부의회 의결이나 건의사항으로 속출하기에 이른다. 이와 같은 상황에 의거하여 1882년(메이지 15) 한 해 동안 수 차례에 걸쳐 부현회 규칙이 개정되어 부현회의 건의 제한이나 부지사 및 현령의 원안집행권 확대 등 관료적 통제 측면이 강화되어 갔다. 이처럼 3신법에 의해 어느 정도 용인된 자치에 대한 제한은 구정촌에 영향을 미쳐서, 이른바 메이지 17년의 개정이라고 불리는 일련의 지방자치제도 개혁을 이루었다. 이 개정은 국정위임 사무 수행의 관점에서 정촌의 행·재정능력과 호장의 행정관리로서의 성격을 강화하는 것을 목표로 한 것으로, 후술하는 시제정촌제(市制町村制), 부현제 군제(府縣制郡制)의 배경이 된다(자세한 개정 내용은 제6장 참조).

한편, 1885년(메이지 18)에 내각제도가 도입됨과 동시에 내무성도 다음 해 내무성관제를 제정하여 지방행정에 관해서는 현치국(縣治局, 후 地方局)이 최고 부서〔筆頭局〕가 되었다. 게다가 같은 해에는 부현관직제를 대신하여 지방관관제가 새롭게 제정되고, 부현지사(縣令도 知事로 개칭)와 군수〔郡長〕 등 지방관료기구도 정비되었다.

그러나 앞서 서술한 바와 같이 1890년에는 국회 개설이 결정되어 있었고 정부는 그때까지 헌법을, 더욱이 헌법 제정까지는 지방자치제도를 정비할 필요가 있었다. 내무대신 야마가타 아리토모(山縣有朋)는 알베르트 모세(Albert Mosse) 등을 초빙하여, 야마가타 자신이 지방제도편찬위원회를 설치

관등이 4등급인 자)으로 개칭하는 한편, 도쿄·교토·오사카의 3부에 관해서는 그대로 지사라는 명칭이 사용되었다. 관내의 행정사무 전반을 주관하였다. 메이지 19년(1886)의 지방관관제에 의해 지사(知事)로 변경되었다.

하고 알베르트 모세의 초안을 토대로 검토하여 원로원에서 심의한 뒤, 1888년(메이지 21)에 시제정촌제[30]를 제정하였다.

시는 정촌과 마찬가지로 자치단체가 되었고 시정촌 내에 거주하는 주민 가운데 만 25세 이상의 남자로 2년 이상 해당 시정촌에 거주하며 조세 또는 직접국세 2엔 이상을 납부한 자를 공민(公民)으로 간주하여 선거권을 부여하였다. 시정촌회 의원 선거는 시의회(市會)가 3급, 정촌의회(町村會)를 2급으로 하는 등급 선거를 채용하여 고액납세자를 우대하는 제도였다. 시정촌회에는 조례제정권을 부여하였고 집행기관의 경우 시는 시장(市長)·조역(助役)[31]·명예직 참사(參事)[32]회원으로 구성되는 시참사회(市參事會)에서, 정촌은 정촌장이 맡았다. 시정촌장의 선임에서 시장은 시의회가 추천한 3명의 후보자로부터 내무대신이 천황의 재가를 받아 임명하였고, 정촌장은 정촌회에서의 선거를 거친 후 부·현지사가 인가하도록 하였다. 또한 정촌에 관해서는 재정 확보의 관점에서 이른바 메이지 대합병이라고 불린 대규모 정촌 합병이 추진되었다. 그러나 자치(自治)라고 하지만 제한이 가해졌다. 예를 들면, 도쿄·오사카·교토시장(市長)은 부지사(府知事), 조역은 부서기관(府書記官)이 겸임하는 3대도시특례가 채용되었다. 이밖에 시정촌에서도 시는 내무대신과 부현지사, 정촌은 군수의 감독을 받게 되어 있었으며 시정촌장은 국가기관으로서 기관위임 사무를 부과하였다.

야마가타 아리토모는 시제정촌제와 함께 부현제군제 도입을 시도하였다. 그러나 전술한 지방관 관제에 따라 당시 국가의 지방행정구획으로 되어 있는 부현군에 자치를 부여한다는 것에 대해서 정부 내부 반발이 강해 부현

---

**30** 1888년(메이지 21)에 제정되어 1947년(쇼와 22) 지방자치법 시행까지 일본 시정촌의 기본 구조를 정한 법률이다. 앞서 군구정촌편제법을 대신하는 것으로 지방자치법 시행에 따라 폐지되었다.

**31** 부자치단체장으로 자치단체장을 보좌하고, 자치단체장 결원 시 그 직무를 대신한다.

**32** 지방 공공단체에서 참사는 국가기관에 참사관과 마찬가지로 계열보다는 참모(스태프) 직명으로 사용되었다. 참사는 대개 부장급 또는 과장급 직명으로, 국(局)이나 부(部)의 소장 업무 가운데 특정 사무를 분장한다.

제군제는 헌법 반포 후인 1890년(메이지 23)에 제정되었다. 부현에서 우선 집행기관은 관료〔官吏〕인 부·현지사가 맡았고, 지사(知事)와 2명의 고등관, 명예직 참사회원으로 구성되는 부현참사회는 부(副)의결기관이 되었다. 부현회는 의결기관이긴 하지만 당시 조례제정권은 인정되지 않았다. 부현회 의원 선거에는 시와 군의원과 참사회원이 선거하는 복수선거제〔複選制〕가 채택되었다. 부·현은 내무대신 감독 아래에 있었으며, 내무대신은 부현회의 해산권도 가지고 있었다. 군에도 마찬가지로 군 의회(郡會)와 군 참사회가 설치되었다. 군 의회 의원 선거는 정촌회 의원에 의한 복수선거제였지만 정수(定數)의 3분의 1은 대지주 의원에 의해 선출되었다. 이와 같은 관치적(官治的) 자치로 평가되는 메이지시대의 지방자치제도가 확립되어 갔다.

## 5. 지방자치권의 확충

1894년(메이지 27)의 청일전쟁과 1904년(메이지 37)의 러일전쟁, 두 전쟁을 통해 일본의 자본주의가 확립됨에 따라 사회 상황이 현저하게 변화하였다. 일본 국내 정치상황도 1898년(메이지 31), 일본 최초의 정당내각인 오쿠마 시게노부 내각의 성립에서 볼 수 있듯 정당 세력이 점차 확대되었고, 이러한 변화에 대응하여 메이지시대의 지방자치제도는 변화를 거듭하였다. 최초 제정되었던 시제정촌제와 부현제군제의 시행은 결코 쉽지 않았다. 앞서 기술한 정촌제 시행에 앞서 정촌 합병은 기존 관행을 배려하였지만 정부 주도로 추진되었기에 정촌의 분리 합병에 대한 지역 주민의 불만이 각지에 남아 있었고, 또한 새롭게 형성된 정촌 내에서 구(旧) 정촌 사이에 대립이 발생, 이는 결국 부락 간의 대립으로 나타나기도 하였다. 군(郡)제도의 시행도 군 규모와 군 구역 정리 등 군의 분리 합병 배치가 필요하였다. 군제도는 공포 다음 해인 1891년(메이지 24)에 11개 현(縣)에서 시행되었지만 이것은 군의 분리

합병 배치가 필요 없었기 때문이다. 따라서 군제도와 시제도의 시행을 전제하는 부현제[33]도 그 실행에 난항을 겪었고 같은 해 시행된 것은 겨우 10개 현 정도였으며 주요 부현은 10년 동안 그 실행이 어려웠다.

이러한 전면 시행이 어려운 상황을 개선하고자 야마가타 아리토모 내각은 1899년(메이지 32)에 부현제군제 전면 개정을 단행하였다. 개정 요점은 부현회 의원의 복수선거제를 폐지하고 부현민의 직접선거로 선출하는 한편 부현회·부현참사회에 대한 부현지사의 권한도 강화하였다. 군제도 복수선거제를 없애고 현실에 맞지 않는 대지주 의원을 폐지하였다. 야마가타 내각은 또한 문관임용령을 개정하여 칙임관 임용에서도 일정한 자격자를 임용토록 하여 정당의 영향력을 배제하고자 하였다. 원래 정우계(政友系)[34]와 비정우계 간에 정권교체가 이루어지고 있던 이른바 게이엔시대(桂園時代)[35]에는 정권교체 때마다 지사가 경질되어 지사가 정쟁에 휩싸였고 지사의 정당화(政党化)가 이루어지고 있었다. 또한 3대도시특례는 시행 초기부터 시민들의 강한 반대로 시행 전에 폐지되었다.

시제정촌제도 1911년(메이지 44)에 전면 개정하여 시(市) 참사회를 기존 집행기관에서 부(副)의결기관으로 하였고, 시장을 집행기관으로 하였으며 시정촌장의 기관위임 사무 규정을 확대하는 등 행정의 효율 향상을 도모하였다. 그러나 이 시기 러일전쟁으로 지방, 특히 농촌 지역은 더욱 피폐해졌다.

---

**33** 행정구획으로서 부현은 1868년(메이지 1) 부번현 3치제로 시작되어, 1871년(메이지 4) 폐번치현으로 3부 302현이 설치되었고, 3부 72현을 거쳐 1889년(메이지 22)까지 3부 43현으로 통합되었다. 그동안 1878년(메이지 11) 군구정촌편제법과 함께 새로운 지방3신법(地方三新法)을 구성하는 부현회규칙 및 지방세규칙에 의해 자치단체로서 성격을 형성하게 되었고, 기존의 국가 출향기관(地方出先機関)으로서의 성격과 함께 양면성을 가지게 되었다.

**34** 입헌정우회(立憲政友会)의 약칭으로 제2차 세계대전 이전 일본 최초의 본격적인 정당정치 정당이다. 메이지 후기부터 쇼와(昭和)시대 전기까지 입헌민정당(立憲民政党)과 어깨를 나란히 하는 2대 정당 중의 하나다.

**35** 야마가타 아리토모(山縣有朋) 파벌에 속하는 가쓰라 다로(桂太郎, 11·13·15대 내각 총리대신)와 이토 히로부미의 후계자로서 입헌정우회 2대 총재를 지낸 사이온지 긴모치(西園寺公望, 12·14대 내각 총리대신)가 서로 정권을 교체한 1905년부터 1912년의 8년간을 말한다.

그 결과, 이미 1908년(메이지 41)에 히라타 도우스케(平田東助) 내무대신을 비롯한 내무관료에 의해 이른바 지방개량운동[36]이 전개되었다. 이 운동은 내무성의 외곽 단체로서 당시 전국에 약 100여 개 정도로 조직되어 있던 보덕사(報德社)[37]가 중심이 되어, 정촌의 자치 의식을 고양시켜 재정을 강화하는 것을 목표로 하였다.

그러나 다이쇼(大正) 데모크라시[38] 시기에 접어들면서 정당정치 발전과 보통선거를 위한 운동이 고양되어 지방자치권 확충을 요구하는 목소리는 더욱 높아졌다. 이러한 목소리를 수용하여 정우회의 하라 다카시(原敬) 내각은 1921년(다이쇼 10)에 시제정촌제와, 고액 납세자가 우대받는 등급(等級)선거를 개정하였으며(정촌회 의원 선거에서는 폐지, 시의회 의원 선거는 2급 선거로 완화), 공민(公民)[39]의 자격 기준도 직접 국세 적용에서 2년 이상 해당 시정촌으로 직접 시정촌세 납입으로 개정하였다. 또 1923년에는 정촌의 기능 확대, 재정 부담 완화를 목적으로 군제 폐지가 결정되어 자치단체로서 군을 폐지하였다. 더욱이 그 다음 해에는 지방행정구획으로서 군청(郡役所)도 폐지하였다.

---

**36** 러일전쟁 후 황폐화된 지방사회와 시정촌의 개량, 재건을 목적으로 한 내무성 중심의 관제(官制)운동이다. 러일전쟁으로 열강의 지위를 손에 넣었지만 전시 재정하에 행해진 증세 등으로 지방재정은 파탄 지경에 이르렀고, 지방의 폐해, 황폐화는 심각했다. 이에 1908년 10월 13일에 나온 무신 조서(戊申詔書)하에 지방, 특히 시정촌 재정의 재건과 재정기반 정비, 인재 육성, 이에 더하여 국민 교화 추진을 시도하였다.

**37** 보덕사(報德社)란 공익사단법인 대일본보덕사(公益社団法人大日本報德社)의 준말로 보덕(경제와 도덕의 융화, 사리사욕만 챙기는 것이 아니라 사회에 공헌하면 언젠가 자기에게 환원된다는 설)을 신조로 뜻을 같이하는 단체이다. 모든 구성원이 협력하여 실현하고 더욱이 그 행동이 사회 전반에 영향을 미치도록 하는 공익법인이다.

**38** 러일전쟁 후, 국가 체제의 재편성기부터 호헌운동(護憲運動), 즉 다이쇼(大正) 시대에 발생한 입헌 정치를 옹호하는 국민과 정당 운동이 활발했던 시기에 번벌 정치(藩閥政治, 일본 정부와 군 요직을 점하고 있던 옛 서남번 출신 그룹에 대한 비판적 용어)를 비판하고 민중을 위한 정치를 요구하는 광범위한 운동을 가리킨다.

**39** 정치에 참여 가능한 사람을 말한다. 정치 참여의 의미에서 '시민(市民)'이라고 말할 수 있지만 엄밀하게는 참정권, 특히 선거권과 피선거권을 가지는 경우 공민이라고 부르는 경우가 많다. 대부분 공민이라는 말은 시민과 같은 의미로 사용되는 경우가 많지만 시민은 다의적이기 때문에 특히 선거권과 피선거권을 강조할 경우 공민이라고 부를 수 있다.

1925년(다이쇼 14)에 보통선거제도가 도입되면서 헌정회(憲政會)[40]의 와카츠키 레이지로(若槻禮次郎) 내각은 다음 해에 시제정촌제, 부현제를 동시에 개정하고, 지방의회 선거에도 보통선거제도를 도입하였다. 또한 시정촌장의 선임도 시장 선임에 대한 천황의 재가(裁可), 정촌장 선임에 대한 부현지사의 인가(認可) 필요성이 없어졌다.

정우회의 다나카 기이치(田中義一) 내각은 지방분권을 위한 부현 기능을 더욱 확대하였다. 1929년(쇼와 4)의 부현제 개정에서 부현에 시정촌과 동일한 조례제정권을 부여하는 것 외에 내무대신에 의한 부현 예산삭감권 폐지와 인허가권 정리도 실시하였다. 또한 도입하지 않았지만 지방재정 강화를 목적으로 토지세(地租稅)·영업수입세의 지방 위양(토지세·영업수입세 양 세금위양론)이나 지사 공공선거론을 검토하는 등 부현의 단체자치권이 확충되어 부현과 시정촌의 지방자치단체로서의 성격에 차이가 점차 없어졌다.

## 6. 전시체제 지방제도

1929년(쇼와 4)의 대공황은 일본에도 심각한 불황을 초래하였고 많은 실업자가 발생하였다. 다음 해에는 농산물 가격이 급락하여 이른바 "농촌 공황"으로 확대되었다. 또한 1931년(쇼와 6) 만주사변으로 일본을 둘러싼 국제 환경이 급변하여 구미(歐美)와의 대립이 심화되었으며, 1937년(쇼와 12) 중일전쟁이 발발함에 따라 국가는 준전시체제에서 총력전을 향한 전시체제로 서서히 전환되었다. 이와 같은 쇼와(昭和) 시대의 전쟁 전(前) 시기는 농촌 구제(救濟)를 비롯한 지방자치제도 재편성과 전쟁 수행을 위한 중앙 통제 강화로 나타났다.

---

**40** 다이쇼시대부터 쇼와(昭和) 초기에 걸쳐 정당정치를 옹호하는 국민과 정당의 운동인 호헌운동(護憲運動)의 중심이 된 정당이다.

농촌은 파국적 궁핍 상태에서 벗어나기 위해 1932년(쇼와 7)에 시국광구사업(時局匡救事業)[41]과 농어촌경제갱생운동을 전개하였다. 시국광구사업은 실업대책으로서 토목 사업을 전개하여 농촌의 과잉 노동력을 전용하기 위한 사업이었다. 지방의 토목사업비는 급증하였고 이는 국고에서 지급되었다. 농어촌경제갱생운동의 목적은 "농촌 부락 고유의 미풍인 이웃과 서로 협동〔隣保共助〕하는 정신 활용"과 마을 사람이 일치 협력하여 농촌 재건에 힘쓰는 것이었다.

이러한 노력 이외에도 궁핍해지는 국민 생활 대책을 위해 다양한 정책들이 강구되었지만 이에 따른 지방자치단체의 국정위임 사무는 증대되었다. 이에 대해서는 국고보조금을 통한 중앙 통제를 강화하는 한편, 지방자치단체 간의 재정력 격차가 커짐에 따라 중앙·지방을 통한 재정세제 조정을 실시하는 지방재정조정제도를 내무성 지방국을 중심으로 계획하여 1936년(쇼와 11)에 내무성령으로 임시재정보조금 규칙을 공포하였다. 1937년(쇼와 12)에 시행된 국가총동원법으로 전쟁과 관련된 비용이 증대되어 지방재정은 더욱 궁핍해졌다. 이에 1940년 임시재정 보조금규칙은 지방분여세(地方分與稅)제도로서 정착하였다. 이 제도는 일정 세금을 일단 국세로서 징수한 후 지방자치단체에 나누어 주는 것으로 이 가운데 배부세(配付稅)는 지방재원 보장을 위해 제2차 세계대전 후까지 존재했다. 이러한 결과, 지방자치단체의 국정위임 사무처리 능력은 높아지는 반면 재정상의 자주성은 상실되었다. 1935년(쇼와 10)에 내무성은 농어촌경제갱생운동의 말단 활동을 담당하고 있던 정내회(町內會)·부락회(部落會)를 실행 단위로 한 이른바 선거숙청운동(選擧肅正運動)을 시행하여 지방의 정당 세력은 쇠퇴하였다. 1940년(쇼와 15)에는 내무성 훈령으로 정내회와 부락회 그리고 인접 조직의 정비

---

**41** 시국광구사업(時局匡救事業)은 1932년(쇼와 7)부터 1934년(쇼와 9)에 걸쳐 일본에서 실시된 경기활성화대책을 목적으로 한 공공사업이다. 국가재정에서 총 5억 5,629만 엔, 지방재정에서 총액 3억 858만 엔, 합계 8억 6,487만 엔이 투입되어 일본 전역에서 토목공사를 시행한 사업이다.

를 부현지사에게 명하였고, 이는 지역공동체적인 성격을 가진 조직을 시정촌의 보조적 조직으로 정비하는 내용이었다.

1943년(쇼와 18)이 되면서 전시체제에 대응해야만 했던 결과 시제정촌제와 부현제 개정, 도쿄도제(東京都制) 제정 등을 실행하였다. 시제정촌제 개정 요점은 ① 국정위임 사무는 법률 이외에도 각종 명령으로 위임 가능하고, ② 시정촌장은 필요에 따라 시정촌 내의 단체에 대해 지시를 명할 수 있으며, ③ 시정촌회의 의결사항을 한정하고 시 의회(市會, 시제정촌제시대 시의회의 별칭)의 권한도 일부 시참사회에 위양, ④ 시장은 시 의회의 추천을 받아 칙재(勅裁)[42]에 의해 선임하고, 정촌장은 정촌회의 선거를 통해 지사가 인가하고, ⑤ 정내회·부락회에 관해서는 시정촌장의 직무 권한으로 한다는 등이었다. 부현제 개정으로 부현에 대한 사무는 법률·칙령 이외에도 넓게 명령에 의해 위임 가능했다. 도쿄도제[43]는 제국의 수도다운 면모를 갖출 필요가 있다는 관점에서 도쿄도를 탄생시켰으며 도장관(都長官)을 관리(官吏)로 하는 국가적 성격을 강하게 가졌다.

또한 전시 중에 행정 종합화에 대응하기 위해 지방행정의 광역화가 모색되었다. 1938년(쇼와 13), 후생성(현 후생노동성)이 내무성으로부터 독립하였고, 내무성은 "지방행정의 총무성(總務省)"과 같은 성격으로 변질되기 시작하였다(아마카와〔天川〕, 1994). 내무성은 지사(知事)에게 지방행정 광역화를 담당시키고자 1940년에 지방연락협의회를 설치하고, 1943년에는 지방행정협의회를 확충하여 회장에 지사(知事)가 임명되도록 만들었다. 1945년에는 새로운 지방 총감부가 설치되긴 하였지만 조직이 정비되기 전에 일본은 패전을 맞이하였다.

---

**42** 칙재(勅裁)는 천황의 양해를 받아 관리가 의사를 표시하는 형식을 말한다.

**43** 현재 도쿄도 지역에 존재했던 도쿄부(東京府)와 도쿄시(東京市)를 폐지하고 새롭게 도쿄도라고 하는 광역행정기관과 기초자치단체를 설치하는 것을 정한 일본 법률이다. 이 법률은 1947년 지방자치법 시행으로 폐지되었다. 도쿄부와 도쿄시는 폐지되었지만 조례 등은 도쿄도에 인계하였다. 도쿄도제(東京都制)에 의한 도쿄도의 수장(首長)은 관선 도쿄도장관(東京都長官)이 되었다.

## 7. 전후 민주화와 재개혁(再改革)

1945년(쇼와 20) 8월, 일본은 포츠담 선언을 수락하면서, GHQ(연합국군총사령본부)에 의한 점령 통치가 시작되었다. GHQ의 점령 방침은 일본의 비군사화·민주화에 있었고, 지방자치제도의 개혁에 미치는 영향도 막대하였다. 그러나 1951년 9월에 샌프란시스코 강화조약이 조인되어 일본은 독립을 회복하였고, 동서냉전이 개시되면서, 전년도에 발발한 한국전쟁 등의 영향으로 GHQ는 점령 방침을 일본의 조기 부흥 및 수정으로 대전환한다.

1946년 9월에 세워진 내무성에 의한 제1차 지방제도 개혁에서는 지금까지 관선(官選)이었던 지사(知事)의 직접공선제(지방의회·시정촌장도 동일), 만 20세 이상 남녀의 보통선거제, 조례 제정과 자치단체장·의원의 해직감사 청구 등 직접청구제도를 실시하였다. 당초 내무성은 지사의 신분은 관리로 하고 공공선거제 또한 부현회에 의한 호선(互選)[44]으로 상정하고 있었다(다카키〔高木〕, 1974). 이는 식량·치안문제 등의 과제를 중앙정부의 지도력에 기초하여 처리해야 할 필요성에 따라 지사에 대한 내무성의 감독권 확보를 목적으로 한 것이었지만 GHQ의 반대로, 공공선거에 의한 지사 관리안(公選知事管理案)은 헌법 시행 후 공공의 관리〔公吏〕로서 주민의 직접선거에 의한 선출로 바뀌었다.

이와 같이 부현의 성격이 자치단체화 됨에 따라 지금까지 관선 지사가 실행하던 국정 사무를 어떻게 처리할 것인가, 즉 국가의 지방행정구획이라고 하는 부현이 가진 또 하나의 성격에 관한 검토가 과제로 남았다. 이러한 과제를 포함하여 같은 해 9월에 지방제도위원회가 설치되어 제2차 지방제도 개혁으로서 1947년(쇼와 22) 5월 3일에 지방자치법(地方自治法)을 시행하였다. 이 지방자치법은 메이지시대에 제정한 시제정촌제, 부현제와 같이 각 지방자치단체에 해당하는 개별 법을 일체화한 법으로 지방자치에 관한 기본

**44** 일본의 총리 지명 투표와 같이 관계자 간의 투표 행위로 선출하는 방식이다.

법 성격을 가진다. 이 법에 기초하여 일본의 도도부현(都道府縣)은 시정촌과 마찬가지로 완전 자치화하여 보통 지방자치단체로 전환하였다. 도쿄도 특별구(東京都特別區) 등은 특별 지방자치단체화[45]하였고, 또한 대도시는 다른 도시들보다 자치권을 강화하여 특별시(特別市)제도를 도입하였다.

주변 법률 제정으로 지방자치권이 확대되는 한편, 기관위임 사무가 시정촌장으로부터 도도부현의 지사에게로 확장되었다. 이에 따라 기관위임 사무에 관해서는 주무대신이 공공선거로 선출된 지사의 상급기관이 되었다. 또한 기관위임 사무를 보완하는 것으로 법률·정령(政令)[46] 등에 의해 자치단체에 행정기관, 시설, 특정직의 설치를 의무화하는 필수적 규제가 생겼고, 정령에서 정하는 도도부현 직원은 지방사무관으로서 국가공무원으로 만들어졌다. 이와 같이 국가의 지방행정구획 성격에 관해서는 해결이 되었지만 기관위임 사무의 확장을 GHQ가 용인하고 있었다는 점을 간과해서는 안 된다. 민주화에 관한 GHQ 내부 대립도 있었지만, 민주화 추진의 일환으로써 완전한 지방분권화 추진은 정부를 극도로 약화시킬 수 있다는 우려에 따른 대국적(大局的)인 입장도 있었던 것으로 생각할 수 있다(히라노〔平野〕, 1990).

또한 지방자치법 시행과 같은 날, 새로운 일본 헌법도 시행되어 헌법 제8장에 의거 "지방자치"가 보장되었다. 제92조에는 "지방 공공단체의 조직 및 운영에 관한 사항은 지방자치의 취지에 기초하여 법률에서 이를 정한다"고 규정하여, 지역사회에서 주민 스스로의 의사에 기초하여 자기 통치(自己統治)를 실시하는 주민자치(住民自治)와 국가의 관여를 가능한 배제한 자율성을 확보하는 단체자치(團體自治)의 실현을 목표로 하였다.

그러나 지방자치제도 개혁에 대한 내무성의 자세는 GHQ의 입장에서는

---

**45** 일본 지방자치단체 가운데 보통 지방자치단체 이외의 법인이다.

**46** 내각이 제정하는 성문법. 법률에 필요한 규칙이나 법률이 위임하는 사항을 정한다. 일본 헌법 제73조 6호에 기초한다. 각의(閣議)에서 결정하고, 주임 국무대신이 서명하며 총리가 연서(連署)하여 천황이 공포한다.

소극적으로 비춰졌다. 지방자치법의 당초 안(案)에서 내무대신은 자치단체에 관한 문제를 "소관 업무〔所轄〕"라고 하였지만 GHQ의 반대로 "일반적 감독"으로 개정되었다. 당시 GHQ는 중앙부처(省廳)의 민주화를 중점적으로 추진하였다. 경찰 행정을 내무성이 소관하고 있던 점을 중앙집권적이라고 간주하여 국가지방 경찰과 자치단체 경찰로 분권화하였다. 그외 지방자치제도 개혁과 관련해서는 문부성(현 문부과학성)에 교육위원 공공선거제를 도입하였다. 그런데 내무성은 GHQ의 분권화 요구에 대하여 스스로를 "지방자치의 총무성"으로 자리매김하면서 "민정성(民政省)"으로 명칭을 변경하는 개혁안을 제출하였으나 이는 GHQ에 의해 거부당하였다. 이로 인해 내무성은 지방행정을 관할하는 지방국(地方局)을, 국무대신·국회·지방자치단체의 대표에 의해 구성되는 지방자치위원회로 개편〔改組〕을 실시하였다. 그러나 민주화·분권화의 요구에 대한 내무성의 자세에 불만을 가진 GHQ는 지방자치위원회의 개편을 연기시켰고, 이에 따라 1947년 12월에 드디어 내무성 해체를 결정하였다. 또한 이와 동시에 지방자치법을 개정하여 지방출향기관 설치의 국회 승인에 관한 규정을 포함하였으며, 지방공공단체[47]는 동 규정과 각 중앙부처의 기관위임 사무에 의해 중앙부처의 피라미드식 행정(縱割行政)[48]에 의한 통제를 받게 되었다.

그런데 제2차 세계대전 전부터 지속된 지방재정의 궁핍 속에서 세제(稅制) 근대화의 필요성을 느낀 GHQ는 1949년 5월에 컬럼비아 대학 쇼우프(Carl S. Shoup) 교수를 단장으로 하는 사절단을 초빙하였다. 같은 해 9월, 이른바 쇼우프(Shoup) 권고가 제출되었다. 이 권고는 세제 개혁뿐만 아니라 일

**47** 국가 영토의 일부를 범위로 하고, 그 지역 주민을 구성원으로 하여 그 지역의 지방자치를 실시하기 위해 헌법과 법률이 정한 자치권 행사를 목적으로 하는 단체를 말한다. 일반적으로 지방자치단체나 지방정부라고도 부른다.

**48** 개별 중앙부처가 국가로부터 지방자치단체에 이르기까지 해당 관할 업무를 지배하고 있는 피라미드형의 행정 시스템을 말한다. 특히 부조리한 역할 분담이나 각 부처의 과잉 관할 의식으로 행정서비스가 비효율적인 현상을 보이는 것으로 '종적 관계 행정의 폐해(縱割り行政の弊害)'를 비판하는 논조로 사용된다.

본의 지방자치 방향에 관해서도 중요한 제안을 하고 있었다. 그 요점으로는 ① 행정 책임의 명확화, ② 능률성, ③ 시정촌 우선의 사무 재분배를 꼽을 수 있다. 특히 ③은 자치단체이기도 하며 국가의 지방행정구획이기도 한 "2중적 성격"의 지방 공공단체를 개혁하는 것이었다(아마카와〔天川〕, 1994). 그리고 사무 재배분의 전제로서 세원(稅源) 분리의 필요성을 제언하였고, 지금까지의 보조금에 의한 중앙 통제를 줄여야 한다고 하였다. 구체적으로, 전술한 배부세(配付稅)는 그 총액이 소득세와 법인세 등 국세의 일정 비율로 정해지기 때문에 지방이 필요로 하는 재원을 완전히 보장하지는 못하였고 또한 지방의 재정 수요와 재정력을 정확히 반영할 수 없는 등의 문제점이 있었다. 이러한 문제점을 해소하기 위해 새롭게 지방재정을 조정하기 위한 지방재정형평교부금제도를 창설하였고 이는 지방재정위원회의 소관 사항이 되었다. 단, 쇼우프 권고에 의한 지방세제 개혁으로 지방세가 증액되기는 하였으나, 시정촌세가 우대되어 도도부현은 불만이 남아 있었다.

쇼우프 권고를 받아들여 중앙과 지방 간의 사무 재배분을 검토하고자 1949년 12월에는 간베 마사오(神戸正雄)[49]를 위원장으로 하는 지방행정조사위원회(간베 위원회)가 설치되었다. 간베 위원회는 다음 해 12월에 제1차 권고안(간베 권고)을 정부에 제출하였다. 간베 권고에서는 기관위임 사무의 활용은 최대한 피하고, 도도부현을 광역지자체, 시정촌을 기초자치단체로 하여 권한을 상호 명확히 하는 "분리형" 중앙-지방 관계를 구축해야 한다고 하였다. 그러나 앞서 서술한 바와 같이 GHQ는 이 시기부터 일본의 점령 방침을 전환하여, 중앙정부의 감독을 약화시키는 것에 소극적인 입장이었고 각 중앙부처도 마찬가지로 이에 반대하였다. 더욱이 수용체제의 불비로 지방 측도 환영하지 못하는 처지에서 간베 권고는 사실상 묻히고 말았다. 이와 같이 행정사무의 재배분은 실현되지 못하였고, 독립 후에는 오히려 중앙의

**49** 아이치현(愛知県) 이치노미야(一宮市) 출신의 법학자·경제학자·정치가로, 공공선거 제1호 교토(京都)시장이다.

지방에 대한 개입을 강화하였다. 간베 권고에서는 시정촌의 자치력을 강화하기 위해 시정촌 합병을 권고하였는데, 중앙정부 주도로 시정촌의 행·재정 능력을 강화하기 위해 1953년에는 시정촌 합병촉진법이 추진되었고, 이어 1956년에는 신(新)시정촌 건설촉진법이 제정되었다(쇼와 대합병).

지방재정균형교부금제도도 교부 금액을 둘러싼 중앙과 지방의 대립으로 재정 조정 기능을 수행하지 못하고 있었다. 이에 다음 해 교부 총액을 국세의 일정 비율로 반영시켜 지방 재원 보장을 목적으로 하는 지방교부세제도를 재편하고, 1952년에 지방재정위원회와 지방자치청(地方自治廳)을 통합하여 총리부(總理府, 현 내각부) 외국(外局)인 자치청(自治廳)을 설치, 이를 소관하게 하였다. 지방재정의 통합 움직임은 이미 내무성이 해체된 후인 1949년 국무대신을 장으로 하는 지방자치청의 설치로 가시화되고 있었다. 쇼우프 권고에 따라 지방재정위원회가 분리되었지만, "지방자치의 총무성"과 같은 성격을 가지는 부서가 중앙정부 수준에서 설치되기를 원하는 논의가 중앙과 지방, 양쪽 모두에 있어 자치청이 설치되었다. 자치청은 1960년(쇼와 35)에 자치성(현 총무성)으로 승격하였다.

지금까지 살펴본 바와 같이 미국의 점령 방침 전환에 따라 전후 개혁에서 지방자치에 대한 민주적 개혁은 다양한 수정을 거치게 되었다. 우선 1952년의 지방자치법 개정으로 도쿄도 특별구에서의 구장 공공선거제가 폐지되었다. 이어서 1954년에는 교육위원 공공선거제가 폐지되었고, 장(長)의 선임은 임명제로 바뀌었다. 더욱이 경찰제도도 시정촌 재정 부담이 크다는 이유로 자치단체 경찰과 국가지방 경찰이 도도부현 경찰로 일원화되었다.

또한 이 시기는 부현제도의 방향을 둘러싼 문제도 있었다. 1956년의 지방자치법 개정에서는 도도부현을 포괄적 지방 공공단체, 시정촌을 기초적 지방 공공단체로 하여 양자의 상하관계를 명확히 하였다. 이 개정에서는 전술한 특별시제도와 쇼우프 권고에 의한 지방세제 개혁 이후 심화되는 부현과 대도시 사이의 대립을 피하고자 특별시제도를 정령지정도시제도(政令指

定都市制度)[50]로 개정하였다. 그러나 지사의 공공선거제에 대한 불신이 여전히 뿌리 깊게 자리하고 있어 1957년 10월 제4차 지방제도조사위원회는 도도부현을 폐지하고 관선 단체장(長)을 임명하는 "지방"을 전국 7-9개로 설치하는 "지방안(地方案)"과 2-4 부현을 통합하는 "현안(縣案)"으로 양론을 기술한 "지방제안(地方提案)"을 답신하였다. 그러나 이 안은 도도부현도 중앙정부도 강하게 반대하여 국회에 제출되지 못했지만 향후 국가의 지방종합출향기관을 모색하는 데 활용되었다.

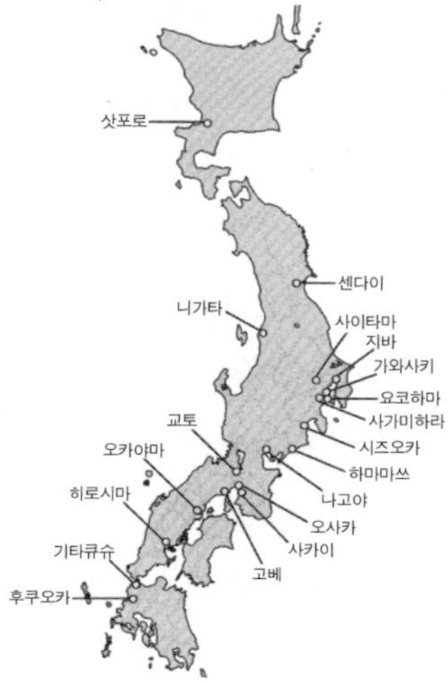

정령지정도시제도

## 8. 신(新)중앙집권화

1950년대 후반부터 60년대에 걸쳐 경기(景氣)가 상승하면서 일본은 경제발전과 경제성장을 이룩하였고 1960년에 각의(閣議)에서 결정한 소득배증계획이 상징하듯이 이른바 고도경제성장시대에 접어들었다. 이러한 고도경제성장기에 지방자치제도가 안정되어 감에 따라 "제도 운용의 시대"로 불리는 한편, 동시에 개발행정을 중심으로 한 중앙집권화의 추진으로 "신중앙집권화" 시대에 접어들게 되었다.

경제발전과 경제성장을 지향하는 정책은 지역 개발의 추진이라는 형태

**50** 정령(政令)으로 지정하는 법정인구 50만 이상의 시를 가리킨다. 지방자치법 제252조 19 이하에 정한 일본의 대도시제도 가운데 하나다. 법령상으로는 '지정도시(指定都市)' 또는 '지정시(指定市)'로 표기되고 있다. 약칭은 정령시(政令市)다.

로 나타났다. 1962년, 해안 지역에 석유 콤비나트와 철강 콤비나트의 거점 개발을 목표로 한 일본 전국종합개발계획이 책정되어 입지거점 지역의 선정과 해당 자치단체에 대한 세제와 재정상 우대 조치를 포함한 신산업도시개발촉진법이 제정되었다. 각지의 자치단체는 중화학공업형 산업을 유치하고자 유례를 찾아보기 어려울 정도의 진정(陳情)과 로비전을 전개하였다. 정부는 당초 13개 지역에 신산업도시를 지정할 예정이었으나 자치단체 간의 격렬한 경쟁은 보수 계열 지역 의원을 끌어들여 결국엔 의원입법으로 새롭게 10개의 공업정비특별지구가 추가 지정되었다.

이와 같이 지역 개발을 둘러싼 공공투자 및 보조금 획득을 목표로 하는 이른바 "중앙 직할 지방자치"가 전개되는데, 효율적인 지역 개발을 이유로 지금까지 자치단체에 있었던 권한마저 국가에 귀속되고 이는 다시 기관위임사무와 지방출향기관의 증가와 같은 중앙부처에 의한 피라미드식행정의 강화로 나타났다. 이러한 기관위임 사무의 대표적인 사례가 1964년 도로법 개정과 신(新)하천법 제정이다. 도로법 개정에서는 국도(国道)·도도부현도(都道府縣道)·시정촌도(市町村道)로 구분하여 간선도로망인 지정 국도와 고속도로를 건설대신(현 국토교통성 장관) 관할로 하고, 지정 구간 이외의 국도 관리를 지사 또는 정령지정도시 시장의 기관위임 사무로 하였다. 신(新)하천법에서는 1급 하천·2급 하천·준용 하천으로 구분하여 중요 구간의 1급 하천은 건설대신이 직접 관할하고, 그 외의 1급 하천 관리 업무와 2급 하천 지정 및 관리는 지사가 그리고 준용 하천은 시정촌장의 기관위임 사무로 하였다. 이러한 움직임과 함께 중앙부처의 지방출향기관이 증설되어 직할사업 체제로 정비되는 한편, 중앙부처 감독하에 특수법인 형태의 공단(公團) 등이 남발되었다. 앞서 언급한 도로법 개정과 신하천법 제정으로 건설성 지방건설국이 직할사업을 담당하였다. 1963년 5월에는 농림성 농림수산국이 전국 8개 블록의 지방농정국(地方農政局)으로 개편되어 지방출향기관으로 전환되었다. 그 외에 일본주택공단과 일본도로공단 등 공단(公團)과 사업단(事業

團)이 다수 설치되었다.

이와 같은 "신중앙집권화" 경향은 그동안 지연되어 진행되지 않았던 부현제도의 폐지와 부현의 광역 합병을 위한 타개책으로서도 강구되었지만 이러한 움직임을 지지한 것은 제1차 임시행정위원회(第1臨調)였다. 기관위임 사무는 앞서 언급한 간베 권고에 기초하여 1952년의 지방자치법 개정으로 증가억제책을 시행하였지만, 제1차 임시행정위원회는 기관위임 사무를 그대로 유지(温存)시키는 결론을 내려 기관위임 사무는 두 배 이상 증가하였다. 지방출향기관에 관해서도 전국을 9개 블록으로 구분하여 국가 행정의 종합출향기관을 설치하는 "지방청(地方廳)" 구상을 제창하였다. 또한 제10차 지방제도조사위원회는 부현합병(府縣合併)을 보고하였는데, 이러한 움직임은 부현제도를 축으로 하는 제2차 세계대전 이후 지방자치제도의 동요를 의미하였다.

그러나 고도성장의 여파는 심각한 공해와 도시 문제를 발생시켰다. 특히 공해 문제 개선을 호소하는 주민운동이 전국에서 전개되어 사회당이나 공산당 등 혁신 정당의 추천을 받은 후보자가 자치단체장에 당선되는 혁신 자치단체가 1963년의 통일 지방선거 이후 지속적으로 탄생하였다. 혁신적 자치단체장은 보수정당이 추진해 온 개발 중시 정책을 수정하여 "주민 참여의 지방자치"를 전개하였다. 그런데 자치단체장은 혁신적일지라도 의회 의원 과반수는 보수적인 상태였다. 그러나 예를 들면 아스카타 이치오(飛鳥田一雄)[51] 요코하마시장의 "1만 명 집회" 등 시민 참가가 추진되어 국가의 공해법령보다도 훨씬 엄격한 규제의 공해조례를 제정하는 등 생활 우선, 복지 우선의 이른바 "정권교체 없는 정책 전환"이 선도되었다.

---

**51** 요코하마시(横浜市) 출신의 일본 정치가로, 중의원 의원(6선), 요코하마시장, 일본사회당 위원장을 역임하였다.

## 9. 지방분권 개혁

일본은 1973년 제1차 석유파동으로 고도경제성장기가 종언(終焉)을 고하면서, 저성장시대에 진입하였다. 이미 앞 절에서 언급한 바와 같이 신중앙집권화와 혁신 지자체의 등장으로 1960년대 후반부터는 공공사업비가 증대되었고 또한 혁신 자치단체가 추진한 복지정책으로 사회보장비도 늘어 갔다. 이러한 두 축의 비용 증가로 국채 발행액이 지속적으로 상승하였고, 1957년부터 당시까지의 건설 국채에 더하여 적자 국채의 발행이 거의 일상화되었다. 이러한 복지와 공공사업의 확장과 저성장에 의한 세수 저하는 행정개혁의 필요성을 인식시켰고 지방자치제도 개혁에도 영향을 미쳤다.

1981년 3월, 도코 도시오(土光敏夫) 일본 경제단체연합회[52]장을 위원장으로 하는 제2차 임시행정위원회(調査会)가 설치되어 "증세(增税) 없는 재정재건"을 슬로건으로 한 행·재정 개혁을 도모하였다. 제2차 임시행정위원회의 5차례에 걸친 보고에 의해 1983년(쇼와 58)에 정부는 신행정혁신대강을 내각 의결〔閣議〕하였다. 지방에 대해서는 ① 보조금 총액 억제, ② 기관위임사무의 정리·합리화, ③지방행정의 감량화와 합리화, ④ 필수 규제의 정리·합리화 이외에 지방사무관 문제도 차기 국회에 법안을 제출하는 등 국가 즉 중앙정부의 지방에 대한 관여를 축소하는 지방분권개혁을 목표로 하였다. 이와 함께 중앙으로부터의 재정 이전 삭감으로 지방도 심각한 재정 삭감을 강요받았다. 제2차 임시행정위원회 해산 이후에는 3차에 걸쳐 임시행정개혁추진심의회〔行革審〕를 중심으로 지방분권개혁이 논의되었다. 임시행정개혁추진심의회와 제23차 지방제도위원회에서 지방제도 개혁은 시험적(pilot)자

---

52 사단법인 일본경제단체연합회는 일본상공회의소, 경제동우회(経済同友会)와 어깨를 나란히 하는 '경제 3단체'의 하나로 도쿄 증권거래소(東証) 일부 상장기업을 중심으로 구성된다. 2002년 5월에 경제단체연합회(経団連)와 일본경영자단체연맹(日経連)이 통합하여 발족하였다. 약칭은 일본경단련(日本経団連, にっぽんけいだんれん), 또는 경단련(経団連)으로 불린다.

치제도·중핵시제도·광역연합제도 창설 등 시정촌으로의 분권을 목표로 하고 있다는 점에 특징이 있었다.

1993년 8월, 38년간 지속된 55년체제는 붕괴되고 호소카와(細川) 연립정권이 탄생하였다. 지방분권을 요구하는 목소리는 연립정권 탄생 직전에 중의원(衆議院)과 참의원(參議院) 양원에서 "지방분권추진에 관한 결의"와 이른바 민간임시행정위원회의 "지방분권에 관한 긴급제언"으로 나타나고 있었다. 이러한 움직임의 배경에는 일본의 국제적 지위가 고조되어 가는 가운데, 국가와 지방의 역할 분담을 명확히 하고, 국민 생활에 직접적인 영향을 미치는 것은 지방이 담당하여 "풍요로운 사회 실현"을 추구함과 동시에 수도 도쿄(東京)로의 일극 집중을 시정하는 것이 주요한 요인으로 작용하였다. 또한 정·관·재계의 유착 구조에서 오는 정치 부패를 타파하기 위해 지금까지의 행정개혁뿐만 아니라 정치개혁의 일환으로서도 지방분권을 추구하였다. 연립정권 발족 후에도 지방 6개 단체, 제24차 지방제도위원회 등의 의견서와 보고로부터도 지방분권의 필요성이 제기되어 1994년(헤이세이 6) 12월에 지방분권대강(地方分權大綱)을 내각 의결하고, 다음 해 5월에 헌정사상 처음으로 지방분권추진법(地方分權推進法)을 제정하여, 같은 해 7월에 지방분권추진위원회를 발족시켰다.

지방분권추진위원회는 도도부현과 시정촌의 2층 구조를 전제로 실현가능한 분권을 지향하여, 국가의 지방에 대한 관여 축소와 국가로부터 지방으로의 권한 위양이라는 두 가지 방향성을 중점 논의한 점에 특징이 있다고 할 수 있다. 그리고 중간 보고와 5차에 걸친 권고를 제출하여 1999년 7월에 지방분권일괄법(地方分權一括法)이 성립되었고 또한 이와 함께 지방자치법을 개정하였다. 이 분권개혁의 최대 주안점(眼目)은 기관위임 사무의 폐지였다. 이와 함께 기존의 지방 공공단체가 담당하던 행정 사무와 단체위임 사무 등을 정리하였다. 그리고 원래 국가가 실행해야 하지만 적정한 처리를 확보할 필요성에 의해 법률이나 정령에 규정하는 법정수탁 사무와 지방 공공단체가 처리해야만 하는 자치 사무를 구분함에 따라 국가는 자치단체에 법규정에 의거하지 않은 지휘감독은 더 이상 불가능하게 되었다. 이로써 국가와 지방은 대등·협력관계에 놓여졌고, 국가와 지방의 역할분담원칙이 제기되었다. 그러나 국가의 관여를 완전히 배제할 수는 없기 때문에 국가의 지방자치단체에 대한 관여가 정당한가를 심사하는 국가지방계쟁처리위원회(国地係争處理委員會)를 총무부에 설치하였다. 더욱이 도도부현으로부터 시정촌으로의 권한위양사항으로서 정령지정도시·중핵시(中核市)와 함께 인구 20만명을 기준으로 하는 특례시(特例市)의 설치와 필수 규칙의 수정도 포함하였다. 그 외 지방 사무관의 폐지도 후에 결정하였다. 2001년 7월, 추진위원회는 해산하였지만 정령에 따라 지방분권추진회의가 설치되었다. 이 회의는 추진위원회가 남긴 과제 해결을 위해 현재 분권의 실질적 현장이라 할 수 있는 시정촌 합병을 추진하여 다음 해 10월 "사무·사업의 방향에 관한 의견"에서 국가와 지방의 역할 분담 적정화를 도모하였다. 더욱이 오늘날 국고보조금·지방교부세 및 세원이양(稅源移讓)의 이른바 삼위일체 개혁으로 지방의 자주재원 확보를 제고하는 개혁을 추진하였다.

단, 이러한 분권개혁은 이른바 단체자치에 대한 개혁이라는 점에 유의할 필요가 있으며 향후 직접청구(直接請求)와 주민투표 등 주민자치를 위한 개혁에도 힘을 기울여야만 했다.

# 제5장 대도시제도의 형성과 발전

## 1. 3대도시와 6대도시

메이지 헌법의 성립, 제국의회(帝国議會) 설립에 앞서 확립된 지방제도는 프로이센의 제도를 범례로 제정한 1888년(메이지 21)의 시제정촌제(市制町村制), 1890년(메이지 23)의 부현제군제(府縣制郡制)를 중심으로 한다. 이 제도로 전국은 부(府)·현(縣)으로 나뉘었고 부현은 다시 군(郡)과 시(市)로 그리고 군은 정(町)과 촌(村)으로 나뉘어졌다.

특히 도쿄(東京), 오사카(大阪), 교토(京都)의 3대도시에 관해서는 시제정촌제 시행에 앞서 "시제(市制) 가운데 도쿄시, 교토시, 오사카시를 특례로 설정하는 건"(메이지 22년, 법률 12호)에 의해 시제(市制)특례를 설치하였다. 그 주요한 내용은 이 3대도시에서 각각 부지사(府知事)가 시장(市長)을, 부서기관(府書記官)이 조역(助役)[1]을 겸임하고, 더욱이 이 3개시 참사회(參事會)는 부지사, 부서기관(府書記官) 및 명예직 참사회에 의해 조직되는 등의 특례

1 시정촌(市町村)에서 시정촌장(市町村長)을 보좌하고 그 보조기관인 직원을 담임하는 사무를 감독한다. 지방자치법에 규정된 특별직 공무원이다. 시정촌장이 궐위 시에는 그 임무를 대행한다. 개정 지방자치법이 2006년 5월 31일 가결, 성립되어 폐지되었고, 2007년 4월부터 부시정촌장(副市町村長)으로 명칭이 변경되었다.

를 가졌다. 또한 이에 따라 세입면에서도 도쿄부(東京府), 교토부(京都府), 오사카부(大阪府)에는 부(府)의 지출에 충당해야 할 부세(府稅)를 시 부문(市部)과 군 부문(郡部)으로 나누어 부과하는 등의 특례가 존재하였다. 이러한 특례는 부와 3개 대도시의 행정운영 일체화를 도모하기 위해 3개 도시를 일반시보다도 국가의 강력한 감독 아래에 두었고, 지방자치단체로서 독립성을 제한하는 것을 염두에 둔 제도였다. 그 이유는 시제정촌제의 제정과정에서 시장의 공공선거 제도화에 대한 불안감이 존재하였고 3개 대도시와 같이 규모면에서 중요한 역할을 가진 시에 관해서는 부(府)를 통한 정부의 통제와 관여가 가능한 특례가 필요하다고 여겼기 때문이다.

이와 같은 특례하에서 예를 들면, 시 참사회원, 시의회 의원은 내무 관료인 부지사가 겸임하는 시장과 부서기관이 겸임하는 조역의 권위 앞에 의견을 충분히 표명하기 어려운 상황에서 3대도시의 정치상황은 폐쇄 상태였다고 전해진다. 이 때문에 시제 특례에 대해 3대도시로부터의 반발이 강해져 주로 해당 시의회 의원을 중심으로 한 시제특례철폐운동이 벌어진 결과 1898년(메이지 31)에 이 시제 특례를 폐지하였고, 모든 시에 동일한 제도를 적용하였다. 그러나 이러한 3대도시와 요코하마(横浜)·고베(神戸)·나고야(名古屋)·히로시마시를 포함하는 부현은 다음 해 부현제 전면 개정 후에도 재정제도를 부현 전역에 관한 것, 시 지역〔市部〕에 한정하는 것, 군 지역〔郡部〕에 한정하는 것으로 3개 영역으로 분할하는 이른바 3부 경제제도(三部經濟制)를 채용하였다.

그 후 3개 대도시에 요코하마시, 고베시, 나고야시를 포함한 6대도시에 인구의 급격한 집중 현상이 발생하여 규모 면에서 일반시(市)와 큰 격차가 발생하였다. 이와 같은 변화를 반영하여 다이쇼기(大正期)[2]에 접어들면서 구(旧) 도시계획법이나 도로법의 제정에서 6대 대도시는 일반시와는 다른 특

---

**2** 메이지(明治) 이후 쇼와(昭和) 이전, 다이쇼(大正) 천황 재위 기간인 1912년 7월 30일부터 1926년 12월 25일까지의 기간을 가리킨다.

별한 취급을 받았다. 또한 6대 대도시는 부현의 감독으로부터 완전한 탈피를 지향하는 특별시제정운동(특별시운동) 등에 의해 6대도시의 사무처리에 관한 부현지사의 감독권 완화를 규정한 "6대 대도시 행정 감독에 관한 법률"을 1922년(다이쇼 11)에 제정하였다. 그러나 제2차 세계대전 전에는 더 이상 괄목할 만한 제도는 제정되지 않았으며, 쇼와 10년대의 전시체제하에서 특별시(特別市) 운동도 쇠퇴되어 갔다.

제2차 세계대전 후 1947년(쇼와 22) 지방자치법에 의해 대도시를 위한 특별제도로서 특별시제도를 설립하였다. 이는 부현과 대규모 시 사이에 발생하는 이중행정의 폐해를 제거하고 대도시에서 행정의 통일적 또는 합리적인 운영을 도모하는 것을 목적으로 시행한 제도였다. 구체적으로는 특별시를 도도부현[3]의 구역으로부터 독립시켜 시로서의 기능을 부여함과 동시에 도도부현으로서의 기능도 함께 가지는 특별지방공공단체로서 자리매김시키는 것이었으며, 이 특별시에는 행정구(行政區)가 설치되어 공공선거로 구청장(區長)[4]을 선출하는 것을 규정하였다.

특별시는 인구 50만 이상의 도시가 법률에 의해 지정되는 것으로 규정되었지만 이는 도쿄를 제외한 5대도시가 상정되었기 때문이었다. 그러나 이와 같은 제도에 관계되는 각 부현으로부터의 강한 반발로 결국 특별시 지정은 시행되지 못한 채 1956년(쇼와 31)의 지방자치법 개정에 의해 특별시제도는 폐지되었고, 오늘날의 정령지정도시(政令指定都市)[5]제도가 설립되었다.

---

**3** 일본의 지방자치단체인 도(都)·도(道)·부(府) 및 현(県)의 총칭. 도쿄도(東京都), 홋카이도(北海道), 교토부(京都府), 오사카부(大阪府)를 제외한 모든 지방자치단체는 현에 해당하기 때문에 일본 도도부현의 구성은 일반적으로 1도(都) 1도(道) 2부(府) 43현(県)으로 인식된다. 일본 행정 구분의 하나로 '시정촌을 포괄하는 광역 지방자치단체'(지방자치법 2조 5항), 포괄적 지방자치단체 또는 광역적 지방자치단체라고도 한다.

**4** 특별구(特別区)에서 구청장(区長)은 도쿄도 23구(区)의 장을 가리킨다. 도쿄도 23특별구는 시정촌과 마찬가지로 독립된 지방자치체로서 인정받기 때문에 구청장의 선출은 공직선거법에 기초한 선거에 의해 선출된다.

**5** 일본지방자치법 제12장(대도시 등에 관한 특례) 제1절(대도시에 관한 특례) 제252조의 19 제1항의 규정에 의거하여 정령(政令, 지방자치법 제252조의 19 제1항의 지정도시의 지정에 관한 정령)으로 지정되는 시이다. 이 법에서는 '지정도시(指定都市)'라고 하지만 정령에

## 2. 도제(都制)[6]와 특별구(特別區)[7]

일본의 지방제도는 도도부현과 시정촌의 이층구조를 가지고 있지만 도쿄도만은 시정촌과 함께 이른바 도쿄 23구로 불리는 특별구(特別區)가 존재한다. 이 특별구는 각 구(區)의 장(長)이 공공선거에 의해 선출된다는 점에서 정령지정도시에서 시정(市政)의 편의를 위해 설치한 행정구와는 그 성격에 차이가 있다.

도쿄도의 특별구도 기초자치단체로서 시에 준하는 존재이며 일반시와 마찬가지로 주민 생활에 밀접한 행정사무를 처리한다. 그러나 대도시인 도쿄의 경우, 도(都)가 일체적·통일적인 행정운영을 위해 필요한 사무처리를 행하고 도제도(都制度)하의 특별구는 그 권한과 재정 면에서 일반시정촌과는 다른 위치를 형성하고 있다. 예를 들면 도쿄도에서는 통상적으로 도부현(道府縣)이 담당하는 보건소 설치 등 환경·공중위생 업무가 특별구에 의해 이루어지는 반면, 일반시정촌의 담당 사무인 소방이나 하수도의 설치 관리 등은 도쿄도(都)에 의해 이루어진다. 또한 재정 면에서도 도쿄도와 특별구 사이에 재정조정제도가 존재하는 점이나 원래 시정촌세이지만 일부가 도세(都稅)로 징수되고 있는 점 등을 도쿄도의 특수성으로 볼 수 있다. 이와 같은 도쿄도의 특수성은 태평양 전쟁 중의 도제(都制) 시행 등 전쟁 이전부터 수도(首都) 도쿄에 대한 특수한 제도적 위치 형성에 기인한다.

발족 당시의 도쿄부(東京府)에는 1878년(메이지 11) 군구정촌편제법(郡區町村編制法)에 의해 15개 구(區) 6개 군(郡)을 설치하였지만 그 후 1888년

---

의해 지정되었기 때문에 일반적으로 '정령지정도시(政令指定都市)'라고 불린다.

**6** 현재 도쿄도 지역에 존재하는 도쿄부(東京府)와 도쿄시(東京市)를 폐지하고 새롭게 도쿄도라고 하는 광역행정기관과 기초 지방자치단체를 설치하는 것을 규정한 일본 법률이다. 이 법률은 1947년 지방자치법 시행에 따라 폐지되었다.

**7** 일본 지방자치법 제281조 제1항에 규정하는 '도(都)의 구(区)'이다. 도도부현, 시정촌이 보통 지방자치단체인 것에 비해 특별구는 특별 지방자치단체이기 때문에 일반적인 시정촌과는 다른 취급을 받는 것도 많다.

(메이지 22)의 시제정촌제 시행으로 도쿄시가 되면서 15개 구는 그대로 도쿄시의 행정구가 되었다. 그 후 도쿄시는 주변 시정촌과의 합병으로 35개 구까지 확대되었다. 전술한 바와 같이 대도시는 국가가 직접 감독해야만 한다는 이유로 도쿄, 오사카, 교토의 이른바 3대도시에 관해서는 시제특례(市制特例) 등 일반시와는 다른 제도가 존재하였다. 특히 수도인 도쿄에 관해서는 도쿄부로부터 도쿄시를 독립시켜야 한다는 안이 몇 차례 제기되었다. 예를 들면 도쿄시 구역을 "도쿄도"로 하고 관선(官選) 도장관(都長官)을 두는 안이나 역으로 일반시와 마찬가지로 시장을 시의회에서 선임하는 안이 존재하였지만 결국 어느 것도 실현되지 못했다.

그러나 태평양 전쟁을 수행하면서 전시체제 강화의 필요성으로 도쿄부·도쿄시 사이에 이중행정의 비효율성을 해소하고 수도(首都) 행정의 일원화를 도모할 필요성이 지적되었다. 1943년(쇼와 18)에 국방체제 강화, 행정 능률 향상의 관점에서 도쿄부와 도쿄시를 일원화한 도쿄도제(東京都制)가 실현되었고 도쿄부 및 도쿄시는 폐지되었다. 도의 수장은 관선 도장관이 맡았으며, 기존 도쿄시의 구(區)는 하급 조직이 되었다. 구의회가 존치된 것과 도조례 규정에 따라 도 사무를 구(區)에 위양하는 것이 가능하게 된 점 등 구에는 어느 정도 자치적인 요소가 인정되었다. 그러나 구청장은 관선이었고 또한 과세권이 없었으며, 권능은 재산 관리 등에 한정되는 등 구의 자치권은 대폭 제약되었다. 한편 서, 남, 북의 3개 다마(三多摩) 지구[8]의 시정촌과 도(都)와의 관계는 기존의 도쿄부와의 관계에 변함이 없었다.

전후 1946년(쇼와 21), 제1차 지방제도 개혁에서 도쿄도제 개혁으로 구청장을 공공선거로 선임하는 등 구는 일반시정촌과 동등한 존재로 자리매김하였고, 그 후 35개 구가 현재의 23개 구로 줄어들었다. 더욱이 1947년(쇼

**8** 도쿄도 가운데 특별구(구 도쿄시)와 도서 지방(島嶼, 이즈 제도〔伊豆諸島〕, 오가사와라 제도〔小笠原諸島〕)을 제외한 지역을 가리킨다. '다마 지역(多摩地域)에서 동다마군(東多摩郡)을 제외한 서(西)다마군, 남(南)다마군, 북(北)다마군의 다마 3군역(郡域)'을 말한다.

와 22)에 제정된 지방자치법에서는 구를 특별구로 공공선거에 의한 구청장에 의해 일반시정촌과 동등한 기능을 가지는 특별 지방자치단체로 규정하였다. 하지만 실제로 도는 기존의 시가 수행해야 할 역할을 계속 담당하였고, 특별구의 담당 사무와 권능은 대폭 제한되었기 때문에 사무 배분 등을 둘러싼 도와 특별구와의 사이에 대립이 발생하였다.

1952년(쇼와 27)의 지방자치법 개정으로 기존의 특별구가 소유하고 있던 일반 시정촌과 유사한 자치단체의 성격은 크게 전환되어, 도의 내부 기구로서 위치 형성이 강화되었다. 그 결과 구청장의 공공선거제가 폐지되고, 특별구가 처리 가능한 사무가 한정되었다. 그러나 그 후 도쿄권으로의 인구 집중이 가속화되어 도에 대한 행정 수요가 급증한 결과, 도 행정운영의 비능률적인 면 등이 문제점으로 지적되었다. 이 때문에 1964년(쇼와 39)에 지방자치법 등을 개정하여 도와 특별구와의 관계를 개정하였다. 구체적으론 특별구의 처리 사무에 복지사무소 설치 등의 사무를 부가하는 한편, 지방세법 개정으로 특별구의 과세권을 법정화했고 시정촌세 일부를 특별구세로 이양하였다. 더욱이 1974년(쇼와 49)의 제도 개정으로 구청장 공공선거화, 보건소 사무 위양 등을 실현하여 특별구의 자주성, 자율성을 대폭 강화하였다.

1998년(헤이세이 10)의 제도 개정으로 특별구는 타 시정촌과 마찬가지로 기초 지방자치단체로 자리매김하였다. 구체적으론 도쿄도와 특별구 사이의 역할 분담이 더욱 명확해졌다. 예를 들어 일반 폐기물에 관한 사무 등을 도에서 특별구로 이양한 것 외에 특별구의 폐지·설치 및 분리 합병, 경계 변경에 관한 도지사 발의(發議)제도가 폐지되는 등 변화가 이루어졌다.

## 3. 정령지정도시(政令指定都市)제도 창설

정령지정도시제도란 도도부현과 시정촌과의 이층구조 속에서 대도시가 안고 있는 고유 행정과제에 대처하기 위해 정부가 정령(政令)[9]으로 지정한 시에 도도부현에서 일정 사무에 관한 권한을 이양하는 제도이다. 사무 배분·재정상에서 일반시와 다른 특례를 인정함으로써 도도부현 지사의 관여를 받지 않고, 주민 가까이에서 사무처리를 더욱 원활히 수행하기 위한 조직으로서 행정구(도쿄도의 특별구와는 다름)를 설치하는 점이 주요 특징이다.

이 정령지정도시제도는 1889년(메이지 23)의 시제정촌제 시행 이후, 대도시인 도쿄, 오사카, 교토, 요코하마, 나고야, 고베의 6대도시를 기초로 한다. 앞서 언급한 바와 같이 전시에 도제(都制)를 시행한 도쿄 이외의 5대도시는 부현으로부터 독립하여, 부현과 마찬가지 권한을 가지는 "특별시"로서의 지정을 요구하는 자치권확충운동(특별시운동)을 전개하였다. 전후 지방자치법 제정으로 특별시제도가 만들어졌지만 대도시가 독립하는 것에 대한 부현의 위기감이 고조되면서 특별시로 지정되는 예는 없었으며, 이 제도는 결국 활용되지 못했다. 1956년(쇼와 31)의 지방자치법 개정으로 기존의 특별시제도를 대신하여 대도시를 도도부현의 틀 내에 있게 한 후 일정 사무에 한해 부현으로부터 권한을 위양받는 현행 정령지정도시제도가 창설되었다.

기존의 특별시제도를 계승한 정령지정도시는 지방자치법 규정에 따르면 인구 50만 이상을 요건으로 하고 있었다. 그러나 실제로는 인구 요인에 의한 형식적인 판단보다는 도시 규모나 행·재정 능력 등의 요소를 종합적으로 판단한 후에 기존의 지정도시와 동일한 실태를 가진다고 판단되는 도시를 대상으로 지정하였다. 우선 1956년(쇼와 31)에 오사카, 나고야, 교토, 요코하마, 고베의 5대도시를 지정하였고, 그 후 기타큐슈(北九州), 삿포로(札幌), 가와사키(川崎), 후쿠오카(福岡), 히로시마(広島), 센다이(仙台), 지바(千葉), 사이타마(埼玉)가 각각 추가로 지정되어 오늘날 정령지정도시는 13곳이다.

---

9 일반적으로 법률(국회가 제정하는 법규범)과 명령(행정기관이 제정하는 법규범)을 합해서 부르는 법률 용어로, 다양한 제정법 가운데 법률과 명령 외에 조례나 최고재판소 규칙, 훈령 등을 '법령'에 포함시켜 가리키는 경우도 있다.

정령지정도시에 대한 사무 배분의 특례는 지방자치법 규정에 따라 도도부현이 처리하는 사무 가운데 사회복지, 보건 위생, 도시 계획 등 18개 항목의 전체 또는 일부 사무를 처리하도록 하였으며, 구체적인 사무 내용에 관해서는 자치령으로 규정하였다. 더욱이 개별 법령으로 정령지정도시는 도도부현이 처리하는 사무 가운데 국토교통 행정, 문교 행정, 환경 행정 등에 관한 사무처리가 가능하게 하였다.

또한 정령지정도시가 도도부현의 관여로부터 독립한 대도시로서 일원적인 사무처리가 가능토록 하기 위해 일반시에 요구되었던 도도부현 지사 등의 인허가권을 배제하였고, 스스로의 판단에 의한 사무처리와 국가와의 직접 절충을 가능토록 하는 등 관여에 대한 특례도 규정하였다.

더욱이 정령지정도시에는 주민기본대장 사무 등 주민에 밀접한 행정을 원활히 추진하기 위해 행정구획인 이른바 행정구 설치가 가능하도록 행정조직의 특례를 규정하였다. 이러한 구에는 시장이 시의 사무 관료 가운데 임명하는 구청장(區長), 구조역(區助役), 구의 수입역(區收入役)[10] 이외에도 선거 관리위원과 농업위원회를 설치하였다. 또한 정령지정도시구역에는 도부현(道府縣)의 경찰본부 사무를 분장시키기 위한 시경찰부(市警察部)를 설치하였다. 사무 배분이나 행정조직에 관한 특례로 발생하는 새로운 행정 수요에 대응하기 위한 재정상의 특례조치로서 지방교부세 교부금 산정에서 보정(補正)에 필요한 조치를 강구하였고, 도로 관리 재원으로서도 지방도로양여세(地方道路讓與稅), 석유가스양여세를 도도부현과 같은 수준으로 넘겨받았다. 그 외 도도부현과 마찬가지로 복권의 발매도 인정되었다.

---

**10** 시정촌의 회계 사무를 관장하는 특별직 지방 공무원. 도도부현의 경우 출납장(出納長)이라고도 한다. 지방자치법에 규정되어 있다.

## 4. 중핵시(中核市)제도의 창설

중핵시[11]제도는 1994년(헤이세이 6) 지방자치법 일부 개정으로 창설되었다. 기존의 정령지정도시와 일반시라고 하는 두 분류에 추가하여 새롭게 만들어진 세 번째 유형으로서 정령지정도시만큼 큰 규모는 아니지만 일반시보다 비교적 규모가 큰 도시를 대상으로 도도부현으로부터 보건소에 관한 사무 등을 위양받음으로써 그 사무권한을 강화하는 목적을 가지고 있다. 중핵시의 지정 요건은 ① 인구 30만 이상일 것, ② 인구 50만 미만의 경우는 면적 100km² 이상으로 규정하고 있다. 인구 30만 이상이라는 규정은 중핵시의 경우 지역보건법 규정에 따라 보건소 설치를 규정하고 있기 때문에 보건소 설치시(保健所設置市)[12]의 기준에 따를 필요가 있다는 이유에서다.

또한 중핵시제도의 창설에는 상기 요건에 추가하여 인구 50만 미만의 경우, 주변 지역으로부터 경제사회생활권의 중핵으로서 역할하는 도시의 조건으로 주야간 인구 비율 100[13] 이상의 요건을 설정하고 있다. 이는 해당 시의 주변 시정촌으로부터 주간 인구의 유입이 유출을 상회하는 것을 중핵시 지정 요건으로 하여 이 제도가 주로 지방도시를 대상으로 한 것임을 보여 준다. 그 결과 대도시 주변의 근교 도시 가운데에는 지정 요건인 30만 이상의 인구 규모를 가지면서도 중핵시로 지정되지 못했던 시가 다수 존재하였다. 그 후 분권화 추진의 관점에서 인구·면적 요건을 충족하는 시에 대해서는 그에 상응하는 행정 수요와 행·재정 능력을 가진다고 평가하여 2000년(헤

**11** 일본 지방자치단체 중 지방자치법 제252조 22 제1항에 규정하는 정령에 의해 지정받는 도시이다. 중핵시(中核市)는 정령지정도시가 처리 가능한 사무 가운데 도도부현이 통합해서 처리해야 하는 사무 이외의 것(복지·위생·지역개발 등)을 처리하도록 하였다.

**12** 일본 지방자치단체 가운데 지역보건법 제5조 1항의 규정에 따라 보건소를 설치할 수 있는 도도부현, 정령지정도시, 중핵시, 특별시(特例市), 그 외 정령으로 정하는 시와 특별구를 말한다. 도도부현 및 특별구는 정령에서 지정하지 않더라도 설치가 가능하지만 일반시는 정령으로 지정되지 않으면 설치가 불가능하다.

**13** 주간 대 야간 인구비율이 1을 넘는 경우로 주간 유입 인구비율이 높은 경우다.

이세이 12)에는 주야간 인구 비율 요건이 폐지되었다.

중핵시(中核市)에는 정령지정도시(政令指定都市)에서 인정하는 사무 배분의 특례 범위 내에서 선택적으로 사무 위양이 이루어진다. 해당 사무의 구체적인 내용은 자치령으로 규정하며 사회복지, 보건 위생, 도시 계획 등에 관한 사무가 그 대상이다. 또한 환경 보전에 관한 사무, 도시 계획 개발 행위에 관한 사무 등 개별 법령(대기오염방지법과 도시계획법)에서 규정하던 사무도 처리가 가능하다. 재정상의 특례는 정령지정도시와 마찬가지로 지방교부세 교부금 산정상의 조치가 강구되어 있다. 단, 중핵시에는 도로 행정에 관한 사무 배분의 특례가 없기 때문에 정령지정도시에서 인정하는 바와 같은 도로 관리를 위한 재원 특례는 인정되지 않는다. 또한 관여의 특례에 관하여 정령지정도시와 유사한 특례를 인정받는 것은 복지 관련 사무(노인, 아동, 신체장애자의 복지나 민생위원, 생활 보호에 관한 것)에 한정된다.

중핵시 지정에 관한 절차는 정령지정도시와는 달리 지방자치법에서 명확히 규정하고 있다. 중핵시 지정을 받고자 하는 시는 ① 해당 시의회 의결, ② 관계 도도부현 동의(해당 도도부현 의회 의결이 필요), ③ 시로부터 총무대신(總務大臣)에게 신청, ④ 총무대신에 의한 중핵시 지정을 위한 정령 입안의 과정을 거친다. 중핵시로 지정되어 있는 시는 다음 40곳이다(2006).

① 1996년(우쓰노미야〔宇都宮〕, 니가타〔新潟〕, 도야마〔富山〕, 가나자와〔金沢〕, 기후〔岐阜〕, 하마마쓰〔浜松〕, 사카이〔堺〕, 히메지〔姫路〕, 오카야마〔岡山〕, 구마모토〔熊本〕, 가고시마〔鹿児島〕)

② 1997년(아키타〔秋田〕, 고리야마〔郡山〕, 와카야마〔和歌〕, 나가사키〔長崎〕, 오이타〔大分市〕)

③ 1998년(도요타〔豊田〕, 후쿠야마〔福山〕, 고치〔高知〕, 미야자키〔宮崎〕)

④ 1999년(이와키〔いわき〕, 나가노〔長野〕, 도요하시〔豊橋〕, 다카마쓰〔高松〕)

⑤ 2000년(아사히카와〔旭川〕, 마쓰야마〔松山〕)

⑥ 2001년(요코스카〔横須賀〕)

⑦ 2002년(나라〔奈良〕, 구라시키〔倉敷〕)

⑧ 2003년(가와고에〔川越〕, 후나바〔船橋市〕, 사가미하라〔相模原〕, 오카자키〔岡崎〕, 다카쓰키〔高槻〕)

⑨ 2005년(도야마[富山, 오사와노〔大沢野〕·오야마〔大山〕·야오〔八尾〕·후츄쵸〔婦中町〕와 야마다〔山田〕·호소이리 마을〔細入村〕과의 신설 합병으로 재지정], 히가시오사카〔東大阪〕, 하코다테〔函館〕, 시모노세키〔下関〕)

⑩ 2006년(아오모리〔青森〕)

## 5. 선도적(Pilot) 자치단체와 특례시

### 선도적(Pilot) 자치단체 지정

선도적(파일럿, Pilot) 자치단체는 1992년(헤이세이 4) 12월 각의(閣議) 결정으로 만들어진 제도로서 정식 용어로는 "지방분권특례제도"라 불린다. 의욕 있는 자치단체가 자주·자립적인 행정운영이 가능토록 하기 위해 선도적 시행(先導的試行, Pilot)으로 권한 이양을 특례로 인정하는 제도다. 향후 운영 실적에 따라 모든 자치단체를 대상으로 일반화시키는 것을 의도로 한다.

이 제도는 1990년(헤이세이 2)에 발족한 제3차임시행정개혁추진심의회 답신 내용에서 제기되었다. 행정개혁심의회는 "풍요로운 생활을 위한 위원회"(회장 호소카와 모리히로〔細川護熙〕)의 논의에서 중앙정부의 역할을 제한하고 지역 주민 생활에 직접 관련된 권한은 가능한 지방에 위양해야만 한다고 하는 방침을 구체화하기 위해 일정 요건을 충족시키는 의욕적인 자치단체에 대해서는 특례적인 권한 위양과 보조금의 일반 재원화 등의 조치를 강구하여 분권화를 촉진하는 것을 그 설립 목적으로 하였다.

이러한 방식은 북유럽의 기초자치단체인 프리 코뮌(Free Commune)에서 실마리를 얻은 것으로 그 특례적 조치 대상으로는 도시 계획, 농촌 정비, 교육, 문화, 보건, 복지 등의 정책 영역에 관한 권한 이양과 보조금, 지방채 발행, 조세 및 재정제도, 기관위임 사무의 각 항목을 열거하고 있다. 그러나 이와 같은 구상에 대해 중앙부처의 저항이 강하였고 또한 특정 시정촌만을 대상으로 권한을 위양한다는 것은 법체계상 곤란하다는 이유 등을 이유로 선도적 자치단체로 인정하는 특례는 현행 법률 내에서 그 운용을 탄력적으로 할 수 있다는 정도에 그치고 있다.

선도적 자치단체의 지정 절차는 인구 규모 20만 이상의 시정촌 또는 시정촌의 공동체가 지역 개발이나 활성화를 위한 프로젝트의 구체적인 계획, 자주성 발휘를 위해 필요한 조치, 관계 부처 시책의 종합 조정이 요구되는 사항 등으로 명확히 하여, 도도부현의 협력과 지원을 획득한 다음 당시 총무청(總務廳)을 통해 총리에게 지정을 신청하고 지방분권특례제도추진본부가 지정하도록 하였다. 선도적 자치단체가 가지는 특례 내용으로는 다음과 같은 항목을 들 수 있다.

① 도시 계획, 복지, 위생, 교육, 문화 등 지역 개발에 관한 인허가 탄력화
② 보조금 등 일반 재원화의 배려, 보조금 운용 요강의 탄력화, 사무 절차의 간소화
③ 지방채의 자동적 허가
④ 기관위임 사무에 관한 지휘감독 탄력화
⑤ 국가와 도도부현(都道府縣)으로부터의 지원

1993년(헤이세이 5) 제1차 모집 결과, 신청한 14개 자치단체(시) 전부와 1개 공동 시정촌이 선도적 자치단체로 지정되었다.

① 구시로〔釧路〕, 이와미자와〔岩見沢〕, 쓰루오카〔鶴岡〕, 덴도〔天童〕, 미토〔水戸〕, 우쓰노미야〔宇都宮〕, 마쓰모토〔松本〕, 가케가와〔掛川〕, 우지〔宇治〕, 가코가와〔加古川〕, 마쓰에〔松江〕, 미하라〔三原〕, 다카마쓰〔高松〕, 나하〔那覇〕

② 공동 시정촌(오카야〔岡谷〕, 스와〔諏訪〕, 시모스와〔下諏訪〕, 후지미 쵸〔富士見町〕, 하라 무라〔原村〕)

이러한 자치단체가 신청한 특례 조치의 주요 내용은 탄력적 인허가와 보조금 신청 사무 절차의 간소화였다. 또한 1994년에는 제2차 모집을 실시하였다. 앞서 언급한 선도적(Pilot) 제도 창설 단계에서 각 중앙부처의 자치단체 권한 이양에 대한 뿌리 깊은 저항이 있었기 때문에 특례 조치 내용은 법 개정뿐만아니라 정령 개정이나 재원 면에서 특례를 동반하지 않도록 하였다. 한편, 선도적(Pilot) 자치단체로 지정된 시정촌은 특례 조치에 의해 ① 인허가 사무의 탄력화(초등학교 빈 교실의 복지시설로의 전용 촉진 등), ② 기존 제도의 개선 촉진(토지구획정리 보조사업의 채택 신청 절차에 관해 파일럿(Pilot) 자치단체로부터 절차 간소화 요망이 인정된 사례 등), ③ 지방분권화를 향한 자치단체 의식 개혁 등의 효과가 발생하였다고 인식하고 있다.

### 특례시(特例市) 지정

특례시(特例市)제도는 정령지정도시제도, 중핵시제도에 이어 도도부현으로부터 시로 한층 더 권한을 이양하기 위해 2000년(헤이세이 12) 지방분권일괄법[14]에 기초한 지방자치법 개정으로 창설한 제도이다. 중핵시의 지정 요건인 인구 30만이라는 조건은 충족되지 않지만 어느 정도의 인구 규모를 가진

14 정식 명칭은 "지방분권 추진을 도모하기 위한 관계 법률의 정비 등에 관한 법률(地方分権の推進を図るための関係法律の整備等に関する法律, 1999년 제정)"이다.

시를 특례시로 지정하고, 중핵시에 대한 위양 사무 가운데 선택적으로 도도부현으로부터 사무를 이양받는 제도이다. 이 제도의 창설로 정령지정도시(인구 50만 이상), 중핵시(인구 30만 이상), 특례시, 일반시라고 하는 4가지 도시 유형이 형성되었다. 특례시의 지정 요건은 인구 20만 이상이다. 단, 정령지정도시제도·중핵시제도와 마찬가지로 도쿄 23구(특별구)는 이 특례시제도에서 예외다.

특례시에 대한 사무 배분의 특례는 중핵시에서 실시하는 사무 배분 범위 이내로 구체적으로는 도시계획 관련 사무(도시계획법에 기초한 개발 행위 허가와 도시재개발법, 토지구획정리법, 주택지구개량법에 관한 사무 등), 환경보전 관련 사무(소음규제법, 진동규제법에 기초한 규제 지역 지정 등)를 중심으로, 도도부현으로부터 사무를 위양받을 수 있다. 그러나 이러한 사무권한 가운데 기존 제도에서 이미 도도부현으로부터 시로 위임이 행해지고 있는 것들이 다수 존재하기 때문에 특례시가 되는 의의가 불명확하다는 지적도 존재한다. 더욱이 중핵시와는 달리 특례시에 대한 중앙정부 및 도도부현의 관여와 재정상의 특례는 원칙적으로 허가되지 않는다.

특례시 지정에 관해서는 중핵시 지정에 관한 절차 규정이 준용된다. 특례시의 지정을 받으려는 시는 ① 시의회 의결, ② 관계 도도부현 동의(도도부현 의회 의결 필요), ③ 시에서 총무대신(總務大臣)에게 신청, ④ 총무대신에 의한 특례시 지정의 정령 입안이라는 프로세스를 거친다. 현재 특례시에는 다음 38개 시가 지정되어 있다.

① 2000년(모리오카〔盛岡〕, 오다와라〔小田原〕, 야마토〔大和〕, 후쿠이〔福井〕, 고후〔甲府〕, 마쓰모토〔松本〕, 누마즈〔沼津〕, 욧카이치〔四日市〕, 구레〔吳〕)

② 2001년(하치노헤〔八戸〕, 야마가타〔山形〕, 미토〔水戸〕, 마에바〔前橋〕, 다카사키〔高崎〕, 가와구치〔川口〕, 히라쓰카〔平塚〕, 후지〔富士〕, 가스가이〔春日井〕, 오쓰〔大津〕, 도요나카〔豊中〕, 스아티〔吹田〕, 히라카타〔枚方〕, 이바라

키〔茨木〕, 야오〔八尾〕, 네야가와〔寝屋川〕, 아마가사키〔尼崎〕, 구루메〔久留米〕, 사세보〔佐世保〕)

③ 2002년(도코로자와〔所沢〕, 아쓰기〔厚木〕, 이치노미야〔一宮〕, 기시와다〔岸和田〕, 아카시〔明石〕, 가코가와〔加古川〕, 시모노세키〔下関〕)

④ 2003년(고시가야〔越谷〕, 지가사키〔茅ヶ崎〕, 다카라즈카〔宝塚〕)

또한 2000년(헤이세이 12) 국세조사에 의하면 특례시 지정의 대상요건을 충족하고 있는 도시로는 아오모리(青森), 후쿠시마(福島), 아게오(上尾), 소카(草加), 이치카와(市川), 후나바시(船橋), 마쓰도(松戸), 가시와(柏), 이치하라(市原), 하치오지(八王子), 후추(府中), 마치다(町田), 조후(調布), 후지사와(藤沢), 히가시오사카(東大阪), 니시노미야(西宮), 도쿠시마(徳島), 나하(那覇)를 들 수 있다.

# 제6장 광역행정제도의 형성과 발전

## 1. 메이지(明治) 정촌(町村) 합병

1888년(메이지 21)의 시제정촌제(市制町村制), 1890년(메이지 23)의 부현제군제(府縣制郡制) 제정으로 일본 최초로 체계적인 지방제도가 정비되었다. 당시 내무대신인 야마가타 아리토모(山縣有朋)[1]는 "정촌제 시행에서 가장 긴요한 것은 정촌의 크기와 넓이(大小廣狹)에 있다"고 하여 대규모 정촌 합병을 지시하였다. 이에 따라 정촌의 수는 7만 1, 314개(1888년 말)에서 1만 5, 820개(1889년 말)로 격감하였다. 합병의 규모와 방법에 관하여 내무대신 훈령으로 야마가타 아리토모가 제시한 표준적인 규모는 가구 수(戶數)를 기준으로 300-500가구 정도, 정촌 수로는 약 5-6곳에 해당된다. 이를 일컬어 "메이지 대합병"이라 한다.

일반적으로 메이지 대합병이란 시제정촌제 시행에서 실시한 것을 가리

---

1 1883년에 내무경(內務卿)에 취임하여 자유민권운동을 탄압함과 동시에 시제정촌제(市制町村制)·부현제(府県制)·군제(郡制)를 제정하였다. 1889년에 내각 총리대신에 취임, 초연주의(超然主義) 입장을 취해 군비확장을 추진한다. 제1회 제국의회의 시정 방침 연설에서 '주권선(主權線, 국경)'뿐만 아니라 '이익선(利益線, 한반도)'의 확보를 위해 군사 예산 확대가 필요하다고 설파하였다.

키지만 메이지 유신 후의 정촌 합병은 이것이 최초는 아니었다. 전국의 정촌 수는 메이지 유신 후 점차 감소하였고 행정구획으로서 정촌 규모는 계속 커졌다. 학제(學制)[2]와 징병제(徵兵制), 토지세 개정〔地租改正〕[3] 등, 새로운 정치 수행을 위해서는 에도막부와 다이묘 체제 당시의 정촌 규모로는 대응하기 어려웠다. 막부와 다이묘 체제하에서의 정촌 규모는 각 번주(藩主)가 행정단위로 설정한 대략 50-60호의 기존 집락촌(集落)이었다. 이른바 "근대적 행정촌(行政村)"이다. 단, 막부와 다이묘 체제에서 촌(村)은 농민의 생활 단위이자 자치단체로서 성격도 가지고 있었기에 행정촌임과 동시에 자연촌락으로서의 성격도 가지고 있었다. 이와 같은 공동체적 자연촌락이 단순한 행정구획으로서의 행정촌으로 모습이 바뀐 것은 1871년(메이지 4)의 대구소구제(大區小區制)와 1878년(메이지 11) 군구정촌편제법[4] 체제로 가능하였으며, 1888년(메이지 21)의 정촌 합병이 반드시 그 단서는 아니었다. 대구소구제로부터 3신법[5] 체제 아래 정촌 연합과 합병에 관해 행정의 광역화라는 관점에서 보면, 대구소구제에서 "호장(戶長) 관할 구역"은 1개 정촌에 1명의 호장(小區의 長)"을 두는 경우와 2개 이상의 정촌이 연합하여 1명의 호장을 둔 경우가 존재했던 것을 확인할 수 있다. 자연촌락은 합병으로 대규모 정촌으로 바뀌었지만 정촌 연합을 구성하고 있었고, 대구소구제로부터 3신법체제에 이르면서 소멸해 간 것으로 보인다(아라키다〔荒木田〕, 1999).

이러한 메이지 초기 정촌 합병 및 연합을 둘러싼 정책은 어떠한 제도적

---

**2** 1872년(메이지 5)에 공포된 일본 최초의 학교제도를 규정한 교육 법령. 교육령(메이지 12년 태정관포고 제40호) 공포로 1879년(메이지 12)에 폐지되었다.

**3** 1873년(메이지 6)에 메이지 정부가 실시한 조세제도 개혁이다. 이 개혁으로 일본에서 처음으로 토지의 사적 소유권이 확립되었기에 토지세 개정(地租改正)은 토지제도 개혁으로서의 측면도 가지고 있다.

**4** 1878년(메이지 11)에 제정된 일본의 지방제도에 관한 법령이다. 1888년(메이지 21)에 제정된 시제정촌제, 1890년(메이지 23)에 제정된 부현제·군제에 의해 각 부현에서 1900년(메이지 33)까지 순차적으로 폐지 또는 실효되었다.

**5** 메이지시대 일본이 제정한 3가지 지방제도 관련 법으로, 구체적으로는 군구정촌편제법(郡区町村編制法), 부현회규칙(府県会規則), 지방세규칙(地方税規則)의 3가지 법령을 일컫는다. 이로써 메이지시대, 전국적으로 통일된 본격적인 지방자치제도가 확립되었다.

배경에서 전개된 것인가. 1873년(메이지 6)에는 당시 지방행정을 소관하고 있던 대장성이 비용 절감을 위해 정촌 합병을 권고하였고 이것이 정부의 정촌 합병정책의 단서로 작용하였다. 이러한 적극적인 정촌 합병은 1873년 말에 성립하여 지방행정을 소관하고 있던 내무성이 1875년(메이지 8)에 "부득이한 경우를 제외하고는 인정하지 않는다" 하여 소극적으로 바뀌었다. 더욱이 1877년(메이지 10)에는 "지방세(民費) 부과 축소"를 위한 필요성은 인정하면서도 정촌 합병은 원칙적으로 금지하였다.

정촌 합병을 금지하는 원칙은 3신법 시행 후에도 지속되었다. 1878년(메이지 11)의 군구정촌편제법에서는 군구정촌 구역은 "부득이 시행해야 할 경우는 지방 장관이 내무경에 구체적인 상황을 보고하고 허가를 얻어 시행한다"고 하여 역시 합병에는 신중한 자세를 보인다. 한편 같은 법 제6조는 "각 정촌에 호장 한 사람을 두거나 여러 정촌에 한 사람을 두는 것으로" 하여 대구소구제하에서 호장의 관할 구역을 계승하며, 정촌 합병은 부정하면서도 정촌 연합은 인정하고 있다. 이 당시 지방은 토지세 개정 등을 반대하는 농민운동이나 자유민권운동[6]의 영향 등으로 불안정한 상황에 있었고 정촌 합병의 추진으로 지방행정은 더욱 혼란이 우려되었다. 그러나 정촌 재정이 궁핍한 상황에 있었던 것 또한 사실이어서 재정력이 풍부한 정촌의 창출도 요구되었다. 따라서 현실적으로 정촌 "합병(合併)"을 부정하면서 정촌 "연합(聯合)"은 인정할 수밖에 없는 상황이었다.

메이지 10년대에 정촌 재정이 어려운 상황에 놓인 배경은 세입과 세출 면에서 고찰이 가능하다. 세입 면에서는 지방세 규칙이 부현비(府縣費)를 지

---

**6** 메이지시대 일본에서 행해진 정치·사회운동. 1874년 민선의원설립건백서(民選議院設立建白書) 이후 번벌 정부(藩閥政府, 메이지시대 일본의 군과 정부 요직을 독점한 남쪽 지역 출신 그룹에 대한 비판적 칭호로 메이지과두제라고도 한다) 정치에 의회 개설, 토지세 경감, 불평등조약개정, 언론과 집회의 자유 보장을 요구하였다. 1890년 제국의회(帝国議会) 개설까지 지속되었다. 여기서 민선의원설립건백서란 1874년(메이지 7) 1월 17일, 전참의(前参議) 이타가키 다이스케(板垣退助), 고토 쇼지로(後藤象二郎)가 정부에 최초로 민선에 의한 의회 개설을 요구한 건의백서로 자유민권운동의 단서가 되었다.

불하는 세금을 규정하고, 정촌 재정은 "협의비(協議費)"로서 부현 재정에서 분리한 뒤에 정촌의 주요 재원이었던 '토지세〔地價割〕'·'소득세〔戶數割〕'가 부현 수입으로 바뀌면서 정촌은 어려운 재정상황에 놓였다. 세출 면에서는 1880년(메이지13년) 말 태정관 제48호 포고에서 부현의 토목사업비에 대한 국비 지급이 폐지된 결과, 부현의 토목사업비가 정촌의 토목사업비로 이전하여 정촌의 토목사업비 팽창을 초래하였다. 더욱이 1879년(메이지12년)에 제정된 교육령으로 공립학교 비용을 정촌이 부담하였고, 다음 해에는 국고 보조가 폐지되는 등 소학교 유지를 위한 비용 부담 또한 정촌 재정을 압박하였다.

이와 같은 지방 행·재정의 혼란 속에서 호장은 지역 주민의 생각과 의사를 체감하는 주민 대표의 입장에서 정부의 여러 정책에 반대 입장을 나타내는 경향이 강했다. 호장의 정치화와 지방 행·재정상의 혼란을 목격한 정부는 정촌 행정의 전환을 강구하지 않을 수 없었다. 이것이 이른바 "메이지 17년 개정"이다. 이 개정의 취지는 1) 호장 관할 구역의 확대, 2) 호장 관선화, 3) 정촌회 통제 강화, 4) 정촌재정의 감독 강화라는 4가지 사항으로 요약할 수 있다. 이 개정은 내무대신 야마가타 아리토모를 중심으로 진행되어 정부는 호장 관할 구역의 표준을 평균 5-6개 정촌, 5백 호로 정하였다. 당시의 정촌 규모는 대규모 정촌이 1천 호 정도, 작은 정촌은 10호 이하이며, 평균 1개 정촌의 호수는 약 120호 전후였다. 이 숫자에 기초하여 호장 관할 구역의 표준적인 정촌 규모를 중간 규모인 500호를 기준으로 하였고, 정촌 수로는 1개 정촌 100호, 즉 5개 정촌을 기준으로 했다고 한다. 이러한 호장 관할 구역 확대는 말단 행정기관인 정촌의 행·재정 능력 강화와 함께 유능한 "관리(官吏, 국가 공무원)"로서의 호장 채용이 목적이었다.

실제로 호장 관선이나 호장 관할 구역의 확대로 호장의 사무정리는 실효성을 거두었지만 메이지 초기 법제 관료인 이노우에 고와시(井上毅)[7]는 "각

7 일본의 무사, 관료, 정치가이다. 법제국장관(法制局長官), 문부대신(文部大臣) 등을 역

촌의 자치 정신은 쇠약"하였다고 이를 비판한다(이노우에 고와시, 지방정치개혁안). 메이지 17년 개정을 주체적으로 추진한 야마가타 아리토모는 "지방 정무가 겨우 실마리를 찾게 되었다"고 하면서도 "재정을 운영하고 관료 사무를 정리하는 데 지나지 않는다"고 엄격한 평가를 내린다. 그러나 이노우에 고와시와 야마가타 아리토모의 평가 기준은 "자치"를 둘러싼 이해에서 결정적인 차이가 나타난다. 이노우에 고와시는 전통적으로 내려오는 공동체로서 각 정촌의 자치〔各村自治〕를 추구하였고, 야마가타 아리토모는 확대된 호장의 관할 구역에서 자치를 추구했던 것이다. 즉 이노우에는 현 제도에서 주민자치의 결여를 염려하였고 야마가타는 단체자치의 결여를 우려하고 있었던 것이다. 더욱이 "자치"에 관하여 이노우에는 "양성하는" 것으로, 야마가타는 "허락하는" 것으로 인식하고 있었다는 점에서도 흥미롭다. 야마가타 아리토모에게 "자치"란 "지방민(地方人民)의 의무"이며 "국가가 진력을 다해야 할 본업"이었다(시제정촌제 이유서).

"메이지 17년 개정"에서 유의할 점은 다수 정촌의 "연합"체로서 호장의 업무 장소를 설치하고 "합병"까지는 추진하지 못한 점이다. 그 4년 후에 제정된 시제정촌제에서도 제3조에서 "기존에 존재하는 구역을 변경할 수 있다. 단, 향후 변경을 필요로 할 때에는 이 법률에 준거하여 가능하다"고 언급하여 신규로 시정촌 합병을 단행할 때는 "시정촌회 및 군참사회의 의견을 듣고 부현참사회에서 의결하여 내각 대신의 허가"(정촌제 제4조)를 받게 하고 있다. 단, 정촌제 제4조는 "정촌의 자격과 능력이 법률상의 의무를 부담할 만한 능력이 있어야 하며 또는 공익상 필요할 때 관계자의 뜻〔意義〕을 받아들여 정촌을 합병"하도록 하여 정촌 합병의 강행도 담보하고 있다. 역시 정촌의 "연합"이 아니라 "합병"을 요구한 것은 시제정촌제의 시행에 따른 행정 수요의 증가와 재정 부담이 주요 원인이었다. "지형과 지역 정서〔地形民情〕" 등으로 합병이 불가능한 경우에도 "정촌의 조합을 만들어 점차 합병에 이르

---

임하였다.

도록" 하여 정촌(또는 정촌조합)의 재정력 강화를 시도하였지만 정촌 합병과 군제의 시행이 최우선 과제였으며 정촌 조합에 관해서는 소극적인 자세로 임했다.

당시 7만여 정촌 가운데 100호 이하의 규모가 70% 가까이 되었지만 야마가타 아리토모는 이와 같은 소규모 정촌하에서 시제정촌제의 시행은 "숯불을 안고 풍랑을 구하는 것과 같은 것(모순되는 것)"으로 비유하였으며, "결단하여 여러 폐해를 배제하고, 새로운 정촌제를 실시하기에 앞서, 우선 정촌 합병의 처분을 단행"하라고 언급한다. 구체적으로는 합병 표준에 관한 훈령에도 있듯이 "현행의 호장 소관구역에서 지형과 지역 정서에 무리가 없는 구역을 합병"(제3조)하는 것이라고 하였다. 단, 합병에 의한 재정력 강화 배경으로 정촌의 공유 재산 통일을 빼는 것은 불가능하다. 합병 후 정촌은 국가와 부현으로부터 보조를 받지 않고 재정을 운영하도록 요구받았지만 그 주요한 재원으로 기대된 것은 공유 재산 수입이었다. 그러나 개괄적으로 정촌제 시행 후 세입을 보면 정촌 세입에 점하는 세수(税收) 비율은 60-70% 정도로 세수에 의존하지 않을 수 없었다.

이렇게 실시된 "메이지 대합병"이었지만 "정촌의 힘이 빈약하여 그 부담을 감내하고 〔…〕 정촌에게 불리할 뿐만 아니라 국가의 공익에 위배된다"(시제정촌제 이유)고 밝히고 있듯이 합병은 국가 논리로 추진되었다. 즉 정촌은 '국가-부현-시군(市郡)-정촌'이라고 하는 중앙집권체제의 말단 조직으로 "자원의 힘〔資力〕"이 기대되었고, 이에 상응하는 규모로 편제되었다. 여기서 "자원의 힘"이란 재정 문제에 한정되지는 않았다. 조약 개정이나 국회 개설을 시야에 둔 메이지 정부의 집권체제를 담당하는 제도로서 시제정촌제·부현제·군제를 제정한 것이다. 즉 시제정촌제 시행 이후 총리에 취임한 야마가타 아리토모가 "중앙 정사와 지방 통치를 혼돈하는 오류"라고 언급한 점에서도 보여지듯 분명한 정치 문제였던 것이다.

메이지 10년대에 부현회 대책으로 고민하던 정부는 국회 개설 후에 같은 전철을 밟지 않기 위하여 중앙정부에서 검토한 제도를 단순히 지방에 강요하지 않는 중앙집권체제 창출을 시도하였다. 정촌제에서 정촌의 장은 재력가〔有産者〕에 의해 구성되는 정촌회에서 선출되어 메이지 정부의 의향에 충실한 정촌 내부의 명망가가 취임하는 것을 기대하였다. 그러나 모든 정촌의 장이 정부에 순응하지는 않았고, 중앙 정국의 동향을 반영하여 당파적으로 활동하는 것도 적지 않았다. "관치적(官治的) 지방제도"의 구축을 위한 정촌 광역화는 정부의 의향을 충분히 반영하기 어려웠다. 더욱이 정부는 옛 정촌의 연대와 결합에 대한 단절에 어려움을 겪었으며 오히려 이를 활용하는 형태로 행정을 운영하였다. 이는 정촌뿐만 아니라 광역행정체제인 부현이나 군에서도 마찬가지였다. 메이지 정부가 설계한 관치적 지방제도는 부현제군제를 포함하여 총체적으로 제 기능을 다하지 못하고 있었다.

## 2. 메이지 후기 군제(郡制)[8] 폐지론

시제정촌제 시행 이후 1890년(메이지 23) 부현제군제가 성립되었다. 부현제군제는 군의 분리합병이 이루어진 후에 군제를 시행하고, 군제와 시제가 시행된 부현에서만 부현제를 시행할 수 있었다. 그러나 군의 분리합병에 시일이 걸린 이유로 부현제를 당장 시행하지 못하다가 1899년(메이지 32)의 개정에 이르러 겨우 부현제군제를 시행하는 부현(府縣)들이 나타났다. 원래 메이지 10년대 후반, 지방제도 개혁은 거의 정촌제 개혁에 집중될 예정이었지만

---

**8** 메이지부터 다이쇼기(大正期)에 걸쳐 부현과 정촌 사이에 위치하는 군을 지방자치단체로 규정한 법률이다. 1890년(메이지 23) 5월에 공포되었다. 에도시대까지 군은 메이지 첫해의 대구소구제 아래에서 무시되어 주민의 반발이 높았기에 1878년(메이지 11) 군구정촌편제법을 제정하여 옛 군을 행정단위로 인정, 군의 청사와 군수(郡長, 官選)가 설치되었다. 러일전쟁 후 군제 폐지의 문제가 발생하여 1921년(다이쇼 10) 하라 다카시 내각은 군제를 폐지하고 군청 또한 1926년에 폐지되었다. 이후 군은 단순한 지리적 명칭으로 남았다.

독일의 법률 고문 알베르트 모세(A. Mosse)의 조언으로 지방제도 전반과 국가 및 중앙정부와 관련한 개혁을 다루기에 이른다. 야마가타 아리토모는 알베르트 모세의 조언에 따라 프로이센 형식의 지방제도 개혁을 추진하기에 이른다. 알베르트 모세는 정촌제 및 정촌 합병과 부현제 개혁의 필요성은 역설하였지만 군(郡)을 프로이센과 동일한 형태의 자치단체로 하는 점에는 반대입장이었다.

원래 군은 "옛 관습 존중"을 강조한 1878년(메이지 11)의 군구정촌편제법에 의해 처음으로 제도적인 위치를 형성한다. 군구정촌편제법하에서 군은 행정구획화되어 군의 수장〔郡長〕인 군수를 두었다. 군수는 해당 지역에 본적을 둔 자가 취임하였지만 정촌을 감독하는 부현의 파견기관으로서 이른바 관리였다. 정촌의 호장이 "정촌의 총 대리인"으로서 민(民)의 대표였던 점에 비해 군수는 관(官)의 말단기관으로서 그 기능이 기대되었던 것이다. 그러나 군수 가운데에도 가나가와현(神奈川県) 기타타마군수(北多摩郡長)에 스나가와 겐코에몬(砂川源五右衛門)과 같은 자유민권운동가가 취임하는 사례도 있었다. "현회군수(縣會郡長)", 즉 지방의회의 군 수장이라는 색다른 이름을 가지고 스나가와는 기타타마군에서 결성된 민권(民權) 결사를 통솔하고 간부로서 군 서기와 현회 의원(縣會議員, 지방의회 의원)을 설치하였다. 1887년(메이지 20) 말에 경질되고 나서도 스나가와는 기타타마군 정계의 중심 인물로 지속적으로 활동한다.

이에 대해 메이지 정부는 1883년(메이지 16), 군수의 급여를 국고로 지불하는 것 외에 주임관(奏任官)[9] 대우의 가능성을 열어두는 등 군수를 중앙집권적 지방제도로 자리매김하고자 제도 개혁을 단행하였다. 1887년에는 군수를 시험으로 채용토록 하여 점차 관리(官吏)로서 성격을 강화하였다. 이 같은 결과로 행정구획으로서 군은 광역행정체로서의 존재 의의는 찾아보기

---

**9** 메이지시대 헌법하에서 고등관의 일종으로 고등관 3등에서 8등에 해당되는 직위이다.

힘들어졌다. 즉 군은 단순한 행정구획에 지나지 않았다는 점과 군수에 대한 관선 지명으로 인해 중앙지향적이었다는 점 등에서 광역행정구획으로서의 기능을 다하지 못했다. 그럼에도 불구하고 야마가타 아리토모는 부현제군제의 제정을 급하게 서둘렀다. 그 배경에는 눈앞에 다가온 헌법 제정과 국회 개설에 따른 정치 운동 활성화 그리고 사태가 진척되지 않는 조약개정[10] 교섭이 있었다. 야마가타 아리토모는 "중앙정부 업무(中央政事)와 지방 통치를 뒤섞는 오류"로서 중앙정계에서 민당(民党)[11]의 동향이 지방으로 전파되지 않도록 하기 위해 시제정촌제 제정을 우선적으로 다루었다. 부현제군제 또한 동일한 맥락에서 제정되었다. 한편 야마가타 아리토모에게는 "유럽 제도를 참조할 필요성이 간절하고 〔…〕 독일 자치제도의 형태에 의거해 일본 자치 법안을 기안하는, 가장 확실한 공정(功程)을 진행해야만 하는 방법을 강구하고"(야마가타 아리토모, 1919)라고 언급하여 조약 개정을 강하게 의식하였던 점이 엿보인다.

이와 같은 배경에서 야마가타 아리토모는 군제 도입을 추구하였지만 알베르트 모세는 반대하였고 정부 내외에서도 군제 제정에 반대 입장을 전개하였다. 정부 내에서 대부분의 비판은 군을 자치단체로 하는 것에 반대하는 입장으로 국회개설론과 직결되어 있었으며 군이나 부현으로의 자치권 부여가 국정에 막대한 영향을 초래한다는 우려를 자아냈다. 군은 재정 기반이 상당히 빈약했다는 점 이외에도 정촌과 같이 자치단체로서의 전통성을 갖지 못했다. 부현은 메이지 유신 후에 설정되었지만 번(藩) 체제에서 유래하기 때문에 일정한 전통성이 있었으며 메이지 정부의 지방파견기관으로서도 이미 그 기능을 다하고 있었다. 부현이나 정촌의 존재 의의에 비해 그 필요성이 의

**10** 에도시대 후기, 막부 말기부터 메이지시대에 걸쳐서 일본과 여러 외국과의 사이에 체결된 불평등조약을 개정하는 외교 교섭을 말한다.

**11** 민당(民党)이란 메이지시대 자유민권운동을 추진한 자유당, 입헌개진당 등 민권파 각 당을 일컫는 총칭이다. 주로 제국의회 개설부터 청일전쟁시기까지 사용되었으나 그 후에도 민중대표정당(民衆代表政党)의 의미를 가지고 다이쇼기까지 사용되었다.

문시되어온 군의 자치체화(自治体化)는 군폐지론을 야기하기도 하였지만 결국은 1890년(메이지 23)에 그 자치권을 축소하는 방향으로 성립되었다.

제정과정의 혼란이 암시하듯이 군제의 시행은 혼란이 극에 달하였다. 자치단체로서의 군은 정촌 합병 후 정촌 규모에 적합하지 않으면 안 되었기 때문에 분리통합(分合)은 필연적이었다. 부현제 시행은 군제 시행을 전제로 했기 때문에 정부는 군의 분리통합을 급하게 서둘렀다. 그러나 군의 규모는 1개 촌이 1개 군을 구성함에 따라 20만 명 규모의 군도 있었을 정도로, 촌에 따라 그 규모도 동일하지 않았다. 규모 측면에서는 정촌 합병과 동일한 상황이었지만 군의 분리통합은 개설된 제국의회의 의결을 필요로 함에 따라 난항을 거듭하고 있었다. 군은 관치적 자치와 정촌 자치의 결절점으로 설정됨과 동시에 국정에서의 정쟁(政争)이 정촌까지 영향을 미치지 못하도록 완충재로서의 기능까지 기대되었지만 결과적으로 그 기능을 다하지 못한 채 1899년(메이지 32)에 전면적인 개정이 이루어진다.

1890년(메이지 23)에 성립한 군제는 군회(郡會) 의원의 복수선거제와 대지주의원제로, 지방의 유력 인사들로 군 의회 영향력이 확보되었고 이와 동시에 정촌으로의 정쟁 파급을 방지시키는 효과가 기대되었던 관치 색채가 강한 제도였다. 이에 대해 1899년 개정에서는 복수선거제와 대지주의원제 폐지를 단행하였다. 야마가타 아리토모는 총리로서 개정에 임하면서 대지주의원제가 선거를 위한 지주(地主)를 탄생시켜 "당쟁의 도구"로 전락하고 있다고 하여 국정의 혼란이 부현회-군회를 통해 시정촌까지 영향을 미치는 현상을 타개하기 위한 개정이라고 설명하였다. 그러나 1899년의 개정 실태는 당시 야마가타 아리토모 내각에 협력하고 있던 헌정당(憲政党)[12]의 요구를 받아들인 것으로, 관치적 개혁이라고 말하기는 어렵다(고야마〔小山〕,

**12** 메이지시대 일본 정당이다. 1898년(메이지 31), 이타가키 다이스케의 자유당과 오쿠마 시게노부(大隈重信)의 진보당(進歩党)이 번벌 정부에 반대하기 위해 합동으로 만든 정당이다. 헌정당(憲政党)은 1900년 이토 히로부미(伊藤博文)를 중심으로 하는 입헌정우회(立憲政友会)에 합류하여 그 모체가 되었다.

1981/이토〔伊藤〕, 1991).

군제 개혁에 대한 헌정당의 영향력에서도 볼 수 있듯이 정당 세력의 신장은 지방제도 개혁에까지 영향을 미쳤다. 1900년(메이지 33)에 입헌정우회(立憲政友會)[13]가 성립한 것은 정당 세력의 대폭적인 확대와 지방정치 및 행정의 정당화를 의미한다. 정우회 성립으로 게이엔시대(桂園時代)[14]를 거쳐 정당내각기(政党內閣期)를 맞이하는데, 게이엔시대 정우회 가운데 강한 지도력을 가졌던 사람은 하라 다카시(原敬)였다. 하라 다카시는 제1차 사이온지(西園寺) 내각에서 내무대신(內務相)으로 취임하여 지방제도 개혁에 매진하였다. 이 시기에 하라 다카시에 의한 지방제도 개혁은 야마가타 계열의 관료 지사를 경질하고 신진 관료를 지사에 발탁하는 등 정우회의 당세 확장을 노린 점도 적지 않았다(이 시기부터 내각 교체에 따른 지사의 경질이 이루어졌다). 제22 의회(議會)와 제23 의회에 제출된 군제폐지안도 정우회의 당세 확장이나 내무성 내의 야마가타 계열 관료 배제라는 측면에서 설명이 가능하다. 그러나 군제 폐지를 둘러싼 논의에는 시정촌을 포함한 광역행정체제의 재편이라는 관점도 빼놓을 수 없다.

군제폐지안이 의회에 상정된 1908년(메이지 41), 러일전쟁 후의 전후(戰後) 경영은 지방경영의 개혁을 요구하였다. 정부재정 규모는 1890년(메이지 23) 일반회계 세출 100을 기준으로 러일전쟁 후의 1906년(메이지 39)에는 565의 규모로 팽창하였고, 정촌에 대한 국정위임 사무도 증가하였다. 더욱이 러일전쟁기에 경비 절감을 강요받았던 지방재정은 재정 수요를 충당하기

**13** 일본의 메이지 후기부터 쇼와(昭和) 전기까지 입헌민정당(立憲民政党)과 어깨를 나란히 하는 2대 정당의 하나였다. 약칭은 정우회(政友会, 세이유카이)라고 한다.

**14** 야마가타 파벌(山縣閥)에 속하는 가쓰라 다로(桂太郎)와 입헌정우회 총재인 사이온지 긴모치(西園寺公望)가 서로 정권을 바꿔가며 담당한 1905년부터 1912년까지 8년간을 말한다. '桂園(게이엔)'이란 양자의 이름에서 '桂'와 '園'을 따온 것이다. 특히 게이엔시대는 정치적 안정기로 이 기간 중에 실시된 2번의 중의원(衆議院) 의원 총선거는 의원 임기 만료로 실시된 것이었다. 2회 연속으로 임기 만료 및 총선거가 이루어진 것은 일본 헌정사상 이 시대뿐이었다.

위해 예산을 획득할 필요성이 있었다. 정촌의 재정 수요를 충당하기 위한 방안으로서 정촌세의 부가세 제한을 완화함과 동시에 정촌 합병이 시도되었다. 하라 다카시는 제23 의회에서 군제폐지안을 설명하면서 "사물의 진보에 부응하여 점차 정촌은 합병되고 있습니다. 정촌이 합병하여 규모가 커지는 것은 자연의 추세입니다"라고 언급하며 전제(前提)로서 정촌 합병이 존재한다는 것을 시사하였다.

제22 및 제23 의회에 상정된 군제폐지안은 중의원(衆議院)을 통과하였으나 귀족원(貴族院)[15]에서 심의(審議) 미완료 또는 부결되었다. 그러나 군제 폐지의 전제인 정촌 합병은 하라 다카시 내무대신 주도로 지방 관료의 손에 의해 추진되었다. 하라 다카시는 군제 폐지 후 정촌장에게 군수와 동일한 권한을 부여함과 동시에 지사급의 퇴직 관리를 충당할 것을 상정하였을뿐만 아니라 향후 중의원 의원 후보자로서 선출할 가능성도 시사하였다(관료의 정당화). 이와 같은 정촌장의 지위 향상은 선거권 확장 운동과도 연동되어 있다. 하라 다카시는 정촌장이 선거운동에만 애쓰는〔腐心〕 현상을 우려하여 자질 개선과 지위 향상의 필요성을 인식하였다. 즉 하라 다카시는 관치 지방제도에서 군의 수장인 군수가 담당해온 기능을 정촌장에게 담당시킬 것을 기획하였던 것이다.

제1차 사이온지 내각에서 정촌 기능 확대 및 정촌 합병을 합의한 군제폐지론은 야마가타 계열 관료에게는 충격으로 받아들여졌다. 그들은 군의 전통성과 정촌 자치의 위험성을 지적하는 등의 노력으로 군제폐지안을 비판하였다. 특히 군제 폐지가 정촌 합병을 전제로 하고 있다는 점을 강하게 비판하고 정촌 자치가 대합병 이전 옛 정촌 자치에 의해 유지되고 있다는 논리를 전개하였다. 즉 군제 폐지의 전제인 현행 정촌의 합병은 대합병 이전의 자연

15 과거 일본 제국헌법하에 설치된 입법기관. 중의원과 함께 제국의회를 구성하며 동등한 관계에 있었다. 단, 중의원에는 헌법상의 예산선의권(豫算先議權, 중의원에 먼저 예산을 제출, 심의받아야 함)이 인정되었다.

촌락을 파괴하고 정촌 자치를 훼손하는 결과를 초래한다는 것이다. 그러나 그들도 정촌 재정이 피폐한 상황에 있다는 인식은 같이하였다. 하라 다카시의 정촌 합병과 군제폐지안에 대해서 반대파가 제시한 계획이야말로 제2차 가쓰라 다로(桂太郎) 내각에서 전개한 지방개혁운동이였다.

지방개혁운동은 "야마가타의 회심의 칼"로 알려져 제2차 가쓰라 내각의 내무대신을 지낸 히라타 도우스케(平田東助)에 의해 추진되었다. 1908년(메이지 41), 러일전쟁 후 농촌의 피폐함을 우려하여 국민에게 근면검소(勤儉)를 요구하는 "보신쇼우쇼(戊申詔書, 무신조칙)"[16]가 발효되었고, 히라타 도우스케는 내무성을 중심으로 정촌의 자력갱생과 자치의 진흥을 기본 축으로 하는 지방개량운동을 전개하였다. 지방개량운동은 정촌 내부의 연대를 강화함과 동시에 공유재산 정리를 통해 정촌 재정의 기초를 견고히 하기 위한 운동의 일환이었다. 시제정촌제 시행의 전제로 시행된 것으로 정촌 합병에서 합병 전의 구 정촌들이 공유한 산림 재산이 새롭게 생긴 정촌으로 충분히 통합되지 않았던 점을 반성하여, 정촌의 귀중한 재산으로 재설정하고 이를 그 재정 기반으로 확보하고자 하는 시도였다. 당시 정촌 세부담 총액이 6천만 엔 정도에 이르렀고 옛 정촌 공유의 산림이 새로운 정촌으로 통합될 경우 그 수입이 약 7-8천만 엔 정도로 예상되었기 때문에 실행이 시급하였다.

그러나 구(旧) 정촌들의 저항은 완강하였고 그들이 공유하였던 산림 재산 통합에 따른 새로운 정촌의 재정 기반 확립은 중앙정부의 생각대로 진행되지 않았다. 이에 정부는 1911년(메이지 44)에 시제정촌제 전면 개정을 단행하여 이에 대응하였고, 제29 의회에 이를 상정하였다. 이 개정으로 시정촌장의 권한강화가 도모됨(시정촌 관리의 임면권 부여, 시정촌 회의소집권을 부여)과 동시에 시정촌에 대한 단체위임 사무를 포괄적으로 규정하는 등 시

**16** 메이지 41년(1908)에 러일전쟁 이후 자유주의, 사회주의 사상의 발흥과 해이해진 세상물정을 걱정하여 사상 통제책으로서 보신쇼우쇼(戊申詔書, 무신조칙)의 반포를 청하였고, 또한 지방 정책에서는 지방개량운동(地方改良運動)을 추진하였다.

정촌은 말단 행정기관으로서의 성격을 강하게 가지게 되었다. 정우회는 이와 같은 관치적 지방제도 개혁을 환영하였고 적극적으로 제도 개혁에 관여하였다. 그러나 새로운 시제정촌제의 원형은 제1차 사이온지 내각에서 하라 다카시가 제출한 시제정촌제의 개정안에 불과하다. 제2차 가쓰라 내각 말기에 두 세력의 "의기투합(情意投合)"이라고 하는 시대적 배경의 고려뿐만 아니라 개정안에 관해서는 하라 다카시도 정우회도 모두 내부 승낙을 마친 것이었다. 정촌 수장의 권한강화는 이미 하라 다카시의 시제정촌제 개정안에 포함되어 있었고 하라 다카시 안과 가쓰라 내각 개정안과의 유일한 최대 차이점은 군제폐지안을 포함하는지 여부였다. 따라서 정우회는 시제정촌제 개정안을 부정할 근거가 없었고 1911년에 공포되었다.

군제 폐지는 그로부터 10년 뒤 내각 총리대신〔首班〕으로 지명을 받은 하라 다카시 내각에서 가결, 성립되었지만 이 논의로 야마가타 아리토모와 정우회 사이의 균열은 더욱 깊어졌다. 야마가타가 혐오하는 정당이 세력을 확장해 가는 것, 그 정당에 의해 야마가타 자신이 구축한 지방제도가 방출되고 있다는 것은 야마가타에게는 굴욕이었다. 그러나 정촌의 자치 기반이나 재정 기반의 확보라는 점에서 야마가타 계열의 관료나 정당 세력 모두가 공통으로 시급히 실현해야 할 업무로 인식하고 있었고, 또한 광역행정제도의 변화가 필요하다는 점에도 의심의 여지가 없었다.

## 3. 쇼와(昭和) 초기 도주제론(道州制論) 형성과 임전체제(臨戰體制)

메이지시대 말기의 시제정촌제 개정이나 군제 폐지의 움직임은 어려운 시정촌 재정 현실을 반영한 것이었다. 제1차 세계대전을 경계로 급속한 도시화와 함께 주택이나 교통, 상하수도, 노동, 위생과 의무교육 등에서도 행정 수요가 확대되었다. 이에 따라 지방 세출은 급증해 갔지만 물가상승 등으로 세금 부담력이 약화된 국민에게 지방세 부담은 한계에 도달해 있었다. 이에 1918년(다이쇼 7)에 총리에 취임한 하라 다카시는 1920년(다이쇼 9)에 임시재정경제위원회를 설치하여 국가와 지방의 세제 정리에 관해 자문을 받았다. 1922년(다이쇼 11)에 제출된 보고서에는 국가로부터 지방으로 토지세(地租)와 영업세(營業稅)의 위양이 주장되었다. 이른바 양조세(租稅)위양론이다. 정우회에서 주장한 양조세위양론은 지방재정의 탄력화를 목적으로 전개되었다. 이에 대해 헌정회는 1926년(다이쇼 15)에 가토 다카아키(加藤高明) 내각에서 세제 개정을 실행하여 양 세제 위양은 실현되지 못하였다. 결과적으로 지방재정이 경직화되는 상황을 벗어나기 어려운 채 정우회의 다나카 기이치(田中義一) 내각은 1929년에 양조세위양론을 의회에 상정하여 중의원에서는 근소한 차이로 가결되었지만, 귀족원에서는 심의 미완료로 결국 처리하지 못하였다. 그러나 다나카 내각의 양조세위양안은 단순히 지방재정의 탄력화를 도모하거나, 정우회의 지방 지지자 확보를 목적으로 한 것만은 아니었다. 그것은 오히려 당시 국가총동원체제와 관련된 것이었다.

다나카 내각은 1929년(쇼와 2) 성립 직후에 행정제도심의회를 설치하여 지진 및 재난 공황이나 금융 공황 이후의 지방제도 방향에 관하여 자문을 받고자 하였다. 이 심의회는 "지방자치의 경제화"를 표방하고 시정촌에 사업 전개를 담당토록 하여 자립을 도모하고자 하였다. 그 재원으로 설정한 것이 토지세와 영업세, 양 세금이었다. 더욱이 시정촌의 자금력이 확대됨과 동시에 부현의 존재 의의가 희미해짐에 따라 부현 합병과 도주제(道州制)[17]가 논의 단상에 올랐다. 부현 합병이나 도주제론은 부현을 소관하는 내무성으로서는 수용하기 어려운 논의였다. 이 때문에 부현을 합병하여 도주제를 도입하는 것은 단념하였으나 부현의 자치체화와 새로운 광역행정구획으로서 "주(州)"의 설치가 논의되었다. 행정제도심의회에서 제시한 "주청(州廳)의 설

**17** 행정구역을 비교적 큰 지역(국가에 따라서는 '道', '州', '省' 등으로 호칭)으로 나누어 광범위한 행정 기능을 가지도록 하여 지방분권을 도모하는 제도이다.

치에 관한 건"은 다음과 같다.

① 부현과 국가의 중간 행정구획으로서 주(州)를 설치, 홋카이도(北海道)를 제외한 전국 6개 주에 주청(州廳)을 설치한다.
② 부현은 자치단체화 함과 동시에 고유 사무로는 완전한 자치권(知事의 공개선거화)을 부여한다.
③ 부현 또는 지사(知事)에게 가능한 한 광범위한 사무를 위임한다.
④ 부현 또는 지사에 위임 불가능한 행정사무는 주의 장관이 관장하고 필요에 따라 지청(支廳)을 설치한다. 경찰 사무는 주 장관의 소관으로 한다.

이러한 주청안(州廳案)의 전제에는 토지세와 영업세, 양 조세의 위양이 있었고 이것이 실현되지 않는 가운데 지사 공개선거론(知事公選論)과 주청 설치 논의는 수포로 돌아갈 수밖에 없었다. 그 후 1930년대 중반이 되면서 전시체제 강화를 배경으로 다수가 도주제론을 전개하였다. 전시체제의 강화는 부현 및 시정촌에 새로운 행정 수요를 요구하였다. 우선적으로 산업 정책에서 부현이나 시정촌의 광역적 대응이 요구되었고, 부현은 이에 협소함이 강조되었다. 1936년(쇼와 11)에 성립된 히로다 고키(広田弘毅) 내각의 5상회의(五相會議)에서도 "주청(州廳) 설치에 관한 문제"를 논의하는 등 부현을 폐지하고 국가와 부현의 중간에 광역행정체를 설치하는 움직임은 가속화되었다.

1940년(쇼와 15)이 되면서 제2차 고노에 내각이 제시한 신체제(新體制) 확립[18]의 방안으로 본격적인 도주제 도입이 논의되었다. 여기에서는 내무성

---

**18** 쇼와 초기부터 쇼와 20년(1945) 패전에 이르기까지 일본에서 약 20년 동안 주장되었던 정치운동. 일본에서는 파시즘운동이라는 인식이 강하지만 어디까지나 천황 보필을 목적으로, 나치 독일의 정치체제를 취하지 않았기 때문에 이 말은 적절치 않다. 주로 이것은 다이쇼요쿠산까이(大政翼賛会)로 대표된다. 이 모임은 신체제운동(新体制運動)의 결

이 반대하여 기존의 부현 조직을 그대로 둔 상태에서 지방의 세력 형성에 대한 할거성을 타개하는 제도를 제시하였다. 그 하나가 지방연락협의회로 홋카이도를 제외한 전국을 8개 지방으로 분할하고 이에 지사간의 연락 조정으로 광역 대응을 도모하자는 것이었다. 또한 1942년에는 지방각청연락협의회를 설치, 지사와 국가 파견기관 간의 연락과 조정을 실시하였다. 이 두 가지 조치는 1943년에 지방행정협의회로 단일화되어 홋카이도를 포함, 전국을 9개 지방으로 분할하여 부현행정의 종합화와 지방행정의 추진을 시도하였다.

곧이어 1945년(쇼와 20), 지방행정협의회를 대신하여 지방총감부가 설치되었다. 일본 본토 결전에 대비하여 육해군과의 연계를 강화하고 국가 행정으로부터 분리되더라도 전쟁 수행이 가능한 체제가 구축되었다. 협의회가 연락 조정만을 행했던 것에 비해 총감부는 상급 관청으로서 도도부현의 지휘감독을 맡았다. 그러나 전쟁 국면이 더욱 격화함에 따라 충분한 기능을 발휘하지 못한 채 패전 후에는 폐지되어 지방행정사무국으로 재편되었다.

## 4. 전후 광역행정 전개와 쇼와(昭和) 합병

1947년(쇼와 22) 5월 3일 일본 헌법과 함께 지방자치법이 공포되어, 내정(内政)의 요충(要衝)을 담당하였던 내무성을 폐지하였다. 부현은 완전자치화하고, 지사는 공개 선거에 의해 선출하였으며, 행정구역은 전쟁 전의 지역을 답습하였다. 또한 시정촌은 자치단체 경찰과 소·중등학교의 설치가 시정촌의 사무에 속하는 등 행·재정적 업무가 확대되었다. 지방의 행정 수요가 확대되는 한편, 일본 경제의 자립을 위해 방문한 도드(J. M. Dode)에 의해 인플레

과 발족하여 국민동원체제의 핵심 조직이 된다. 총재는 내각 총리대신이며 중앙본부 사무국 아래에 하부조직으로 도부현지부, 대도시지부, 시구정촌지부, 정내회(町内会), 부락회(部落会) 등을 설치하였다.

이션 억제를 위한 초(超)균형예산(Dodge Line)[19]이 채택되어 보조금 삭감 등이 시행되었다.

그러나 자치단체화한 부현과 시정촌과의 기능적인 차이와 또는 중앙정부와의 관계에서도 명확하지 못한 점이 있었으며, 행·재정 면에서 경합이 발생하는 것은 불가피하였다. 이러한 해결 방안에 직면하면서 초균형예산(Dodge Line)에 기초한 경제안정화를 세제 면에서 지탱해준 것이 1949년에 방일한 쇼우프(C. S. Shaup)에 의한 세제 개혁 권고였다. 쇼우프 권고는 사무배분 원칙에서 시정촌 우선 원칙을 제시함과 동시에 시정촌에 독자 재원을 부여하고 재정조정제도를 만들어 세입 결함이 발생한 시정촌에 재정 보증을 시행하는 것을 제창하였다.

쇼우프 권고에 기초하여 1949년 말 간베 마사오(神戸正雄)를 위원장으로 하는 "지방행정조사위원회(神戸委員會)"가 설치되었다. 간베 위원회(神戸委員會)에는 시정촌, 도도부현, 국가(중앙정부)의 사무 배분, 그중에서도 기관위임 사무 폐지가 기대되었다. 1950년(쇼와 25)에 제출된 제1차 간베 권고(神戸勸告)에서는 시정촌, 도도부현, 국가의 사무 배분을 명확히 제시함과 동시에 시정촌 행·재정 능력의 향상을 지적하였고 시정촌 합병에 대한 권고가 이루어졌다. 다음 해 1951년에는 제2차 권고를 제출하였지만 같은 해 가을 샌프란시스코에서 대일강화조약이 조인된 것과 50년에 한국전쟁이 발발함에 따라 이 권고는 실효성을 잃고 말았다.

1952년에는 쇼우프 권고와 간베 권고를 실현하지 못한 채 지방자치법 개정이 이루어져 자치단체 조직 운영의 간소화와 능률화를 요구받게 되었다. 이를 받아들여 다음 해인 1953년, 시정촌합병촉진법을 제정하여 인구 8천명 미만의 정촌을 해소하고자 합병을 추진하였다. 합병 결과, 합병촉진법 시

---

**19** 1949년 3월 7일에 일본 경제의 자립과 안정을 위해 실시된 재정금융억제정책. 인플레이션 및 국내 소비 억제와 수출 진흥이 그 중심축이다. GHQ 경제 고문으로서 일본을 방문한 디트로이트 은행 CEO 도드(J. M. Dode)가 입안, 권고하였다. 1948년 12월에 GHQ가 제시한 경제안정 9원칙의 실시 방책이다.

행 시에 9,868개였던 시정촌은 법이 실효되는 1956년에는 3,975개까지 감소하였다. 정부는 1956년에는 신(新)시정촌건설촉진법을 5년 시한 입법으로 정해 다시금 3,472 정촌으로 감소시켰다. 이른바 쇼와의 대합병이다. 곧이어 1956년에 제정된 시정촌합병특례법은 여러 번의 개정을 거쳐 2004년(헤이세이 16) 말 효력을 상실하였다.

쇼우프 권고 및 간베 권고의 실효성이 상실되고 합병으로 시정촌 규모가 확대됨에 따라 부현 수준 이상의 광역행정론이 논의 대상으로 떠올랐다. 이미 1952년에 설치된 제1차 지방제도위원회에서 부현제 개혁을 논의하여, 부현제 유지로 결론짓고 있었다. 이 당시 지사회(知事會)와 정촌회(町村會), 도도부현 의회와 정촌의회 의장회(議長會)는 부현제 유지를, 특별시제(特別市制) 도입을 주장한 시장회(市長會)와 시의회 의장회는 부현제 폐지를 주장하였다(1956년에 정령지정도시제도를 도입하였다). 다음 해에는 관서경제연합회(관서지방경제인연합)가 도주제의 도입을 주장하는 등 부현제를 둘러싼 논의는 급격히 활성화되었다.

1954년에 설치된 제2차 지방제도위원회에서는 부현제가 중심의제화 되었고 시정촌 합병을 경험한 정촌회는 도주제의 지지로 전환하여 논의는 다시 도주제론으로 기운 뒤에 결론은 제4차 지방제도위원회로 넘어갔다. 1957년에 설치된 제4차 지방제도위원회에서 자치청(自治廳, 1952년 설치) 주도로 정리한 보고서의 주요 내용은 다음과 같다.

① 부현을 폐지하고 전국을 7-9개 블록으로 분할하여 중간 단체인 "지방(地方)"을 설치하고 "지방의 장(地方長)"을 그 장(長)으로 한다(지방의 장은 지방 공개 선거에 의한 의회의 동의를 얻어 총리가 임명).

② "지방"에는 국가의 종합 파견기관인 "지방부(地方府)"를 설치하고 "지방의 장"을 장으로 한다.

이에 대해 소수의견으로서 3-4개의 부현을 통합하여 공개 선거에 의한 지사임명제를 유지하는 "현(縣)"안을 같이 명기하는 형태로 기재하였다. 다수결 결과 근소한 차이로 "지방제(地方制)"안을 채택하였다. 결국 보고서는 정부에 제시되지 못한 채 보류되었다. 또한 1963년에 임시행정위원회의 제2전문부회가 제시한 "지방청(地方廳)"안은 전국종합개발계획을 전개하는데 있어 광역행정 수요에 대응하는 것으로 고려되었지만 최종 답신에는 포함되지 않았다. 60년대에 들어서면서 부현제도 개혁은 부현 합병 중심으로 논의된다. 1963년에는 오사카(大阪)·와카야마(和歌山)·나라(奈良)·아이치(愛知)·기후(岐阜)·미에(三重) 등의 합병론이 경제계 주도로 진행되기도 하였다. 한편 같은 해 설치된 제9차 지방제도위원회는 "부현 연합"을 제창하였고, 1956년 제10차 지방제도위원회에서는 "부현 합병"의 보고서를 제출, 다음 해 "도도부현 합병 특례에 관한 법률안"이 국회에 제출되었지만 성립하지 못한 채 부현 합병 문제는 논의의 막을 내렸다.

더욱이 60년대에는 고도경제성장을 배경으로 지역 격차를 바로잡기 위한 지역거점개발계획을 각 중앙부처에서 제시하였고 이를 일원화하는 신산업도시건설촉진법이 1962년에 성립되었다. 신산업도시 이외에 공업정비특별지역정비촉진법(1963년) 제정으로 관련 사업에 대한 국가부담 비율이 일부 상승하면서 시정촌 합병을 추진하였다. 이와 같은 경제 효율을 우선하는 합병에 대한 비판과 공해 문제 발생, 과소 과밀 문제가 사회문제화 하면서 1969년에 자치성(현 총무성)은 광역시정촌권정비요강을, 건설성은 생활권 구상을 내세웠다. 느슨한 광역행정권의 설정은 제8, 제9차 지방제도위원회 보고서에 "시정촌 연합 구상"으로서 제시된다. 자치성은 이를 포함한 지방자치법 개정을 목표로 1974년 개정에서 "복합적 일부사무 조합(一部事務組合)"을 실현하였다. 곧이어 1977년에는 당시 국토청이 정주권 구상을 제시하여 지금까지의 개발 중시 개념에서 포괄적인 주거 환경을 중시한 권역 설정으로의 변화를 보이기 시작하였다. 같은 해 자치성이 신광역시정촌권 정비 계획을 책정하는 등 각 중앙부처들이 너나없이 각종 권역을 설정하였다. 반면 시정촌이 중앙부처의 부처할거주의에 농락당하는 문제점은 여전히 해결되지 않았다.

## 5. 헤이세이(平成) 대합병과 광역행정권

1970년대에 전개된 광역행정권 구상은 도주제와 같이 국가와 부현의 중간 단체를 설정하는 논의에서 시정촌의 합병 또는 연합에 의한 권역 확대 논의로 옮겨갔다. 이와 같은 논의를 수용하여 1981년에 설치된 제2차 임시행정위원회에서는 국가와 지방 간 기능 분담의 적정화가 논의의 중심이 되었고, 이를 수용한 체제 정비로서 시정촌 합병의 가능성을 시사하면서, 곧이어 1989년(헤이세이 1) 제2차 행정개혁심의회가 시정촌을 중시하는 관점에서 최종 보고서를 제출하였다. 제23차 지방제도위원회는 이를 받아들여 1991년(헤이세이 3)에 "지방분권특례제도(파일럿〔Pilot〕 자치단체)", 93년에는 "광역 연합" 구상·"중핵시" 구상(1994년 자치법 개정에서 실현)을 제창한 것 이외에도 1992년에는 지방거점도시정비법을 수립하는 등 우후죽순처럼 분권 수용안을 제시했다.

이와 같은 광역행정권 구상은 일괄적인 지방분권 추진보다는 일부 사무와 재정을 특례로 도시에 위양하고 이를 돌파구 삼아 분권적 개혁을 실행하고자 하는 시도였다. 이에 대해 포괄적인 지방분권을 실시하는 기운이 1993년(헤이세이 5), 여름 총선 후에 나타났다. 이는 바로 호소카와(細川) 연립정권[20] 탄생이었다. 지방분권의 논의에 대한 분위기 고조와 함께 자치성(自治

20 일본신당(日本新党) 대표 호소카와 모리히로(細川護熙)를 수반으로 하는 헤이세이(平成)기의 일본 내각. 재직 기간 263일이다. 자유민주당(自由民主党)이 제40회 중의원 의원 총선거에서 과반수 확보에 실패하여 1955년(쇼와 30) 당 결성 이후 최초로 여당 자리에서 물러났다(55년체제 붕괴). 야당 연합정권의 수립에 합의한 일본사회당·신생당(新生

省)은 1995년에 효력을 상실하는 시정촌합병특례법을 연장해 지금까지보다 적극적으로 합병을 추진하였다. 특례법에서는 시정촌 합병 추진을 명기함과 동시에 주민발의제도를 도입하여 법 개정을 통해 합병의 어려움을 제거하였다. 이를 전후하여 제3차 행정개혁심의회는 "지방분권"과 "규제완화"를 축으로 하는 최종 보고서를 정리하여 지방분권기본법의 제정을 요청하였다. 이에 따라 1994년에 탄생한 무라야마(村山) 내각[21]에서 95년 지방분권추진법을 수립하였고, 이 법에 기초하여 내각의 자문기관으로 "지방분권추진위원회"를 설치하였다. 동 위원회의 제2차 권고(1997)에서는 분권 추진을 위한 시정촌 합병을 주장하였고 대도시제도 요건 완화와 합병에 따른 재정 조치, 도도부현에게 합병 유형을 제시하도록 요구하는 등 구체적 제안을 실시하였다. 이를 받아들여 제25차 지방제도위원회(1995년 설치)는 지방분권과 저출산(少子)·고령화 그리고 지방재정의 탄력화와 효율적인 행정운영을 도모하기 위해 시정촌 합병이 유효하다고 주장하였다. 이러한 논의를 토대로 1999년에 개정된 특례법은 ① 신설·합병 시 시가 되는 요건 완화(인구 요건을 5만에서 3만으로), ② 지방교부세 산정 특례(합병 후 지방교부세 배분 수정 시기를 5년에서 10년으로 연장), ③ 합병 특례 지방채의 창설(합병 후 10년간 합병관련 사업의 기채(起債)를 인정) 등의 변경 사항을 추가하였다.

합병특례법 개정 이후 자치성은 시정촌 합병을 적극적으로 추진하였다. 1999년(헤이세이 11)에는 자치사무차관 명의로 "시정촌 합병 추진에 관한 지침"을 도도부현에 제시하였고 합병 유형 등을 내용으로 하는 시정촌 합병

党)·공명당(公明党)·민사당(民社党)·사회민주연합(社会民主連合)·민주개혁연합(民主改革連合) 6개 당파는 자민당과의 연대를 모색하고 있던 일본신당·신당 사키가케(新党さきがけ)를 끌어들이고 일본신당 대표였던 호소카와 모리히로를 총리 후보로 합의, 일본신당·사키가케도 이를 수락하여 비자유민주당, 비공산 정권 발족을 이루었다.

**21** 무라야마 도미이치(村山富市)를 총리로 하는 헤이세이기 일본 내각. 재직 기간 561일이다. 정권 회복을 목표로 한 자유민주당은 신당 사키가케와 함께 일본사회당 위원장인 무라야마 도미이치를 총리 지명선거에 내세워 신생당·공명당을 중심으로 한 여당 측이 지지하는 가이후 도시키(海部俊樹)를 이기고 총리에 취임, '자민당·일본사회당·사키가케 연립정권'을 수립하였다.

추진에 관한 요강(要綱) 작성을 도도부현에 요구하였다. 2000년에는 자치성 장관(自治相)이 합병특례법을 재연장하지 않겠다는 생각을 명확히한 후 합병 촉진 방안의 제창은 이후 가속화하였다. 같은 해 말에는 행정개혁추진회의가 "행정개혁대강(行政改革大綱)"에서 합병 후 시정촌수의 기준을 1천 개로 하는 등 합병 후의 시정촌에 대한 행·재정 조치와 제26차 지방제도위원회에서 제시한 주민투표제도의 도입을 제기하였다. 다음 해에는 총무성장관(總務相)을 본부장으로 하는 시정촌합병지원본부를 내각에 설치하여 국민에 대한 계몽(啓發)과 관계 중앙부처(省廳) 사이의 연계를 검토 과제로 하였다.

2001년에 출범한 고이즈미(小泉) 내각[22]에서 경제재정자문회의가 제시한 "향후 경제재정 운영 및 경제사회구조 개혁에 관한 기본방침(骨太의 方針)"은 "자립 가능한 자치단체"로서 시정촌 합병이나 광역행정을 추진할 것을 들고 있다. 호네부토 호우신(骨太方針)[23]은 해를 거듭하면서 시정촌 합병 의의를 명확히 하였고 2002년판에서는 지방분권의 "수용체제인 자치단체 행·재정 기반의 강화가 불가결하고 시정촌 합병을 위해 더욱 적극적인 태세를 촉진한다"고 하여 "분권의 수용체제"는 합병 추진에 있다는 점을 토로하였다. 이어서 2003년판에는 이른바 지방재정의 삼위일체 개혁과 병행하여 시정촌 합병 추진을 제시하였다. 이와 같이 정부가 시정촌 합병을 급히 서두른 배경에는 앞서 본 합병특례법의 효력기한이 있다. 2004년 말까지 합병하지 않으면 재정 지원 조치를 적용받지 못할 뿐만 아니라, 시제의 인구 요건 완화 적용도 2003년 말까지였다. 더욱이 2001년에 설치된 제27차 지방행정위원회의 부회장 니시오 마사루(西尾勝)[24] 씨가 쓴 "향후 기초자치단체의 방

22 2001년 4월 26일, 제87대 내각 총리로 지명, 임명된 고이즈미 준이치로(小泉純一郎)에 의해 구성된 내각이다. 자유민주당, 공명당, 보수당을 여당으로 한 연립내각이다.

23 '경제재정 운용과 구조개혁에 관한 기본방침'의 통칭. 경제, 재정, 행정, 사회 등의 분야에서 성역 없는 구조개혁을 추진하고 구조개혁의 중요성과 앞으로 일본이 나아가야 할 길을 제시하기 위해 경제재정자문회의(經濟財政諮問会議)에서 보고하여 각의에서 결정되었다. 그 후 예산편성 등에도 반영되었다.

향에 관하여(개인안)"에서는 특례법의 효력 상실 후 합병되지 못했던 시정촌에 관한 취급안을 제시하여, 시정촌 관계자에게는 충격으로 받아들여졌다. 니시오 초안[試案]의 골자는 다음과 같이 정리할 수 있다.

① 특례법 실효(失效) 후에도 합병을 하지 않은 시정촌에 일정 기간 별도의 새로운 법을 제정하여 더욱 강력하게한 합병을 추진한다.
② 또한 합병을 하지 않고 일정 규모(요건으로 인구를 예시. 규모는 시를 기준)에 이르지 못한 소규모의 정촌에는 다음 선택 사항을 제시한다.
A) "사무배분특례방식(事務垂直補完方式)"
일정 인구 요건을 충족하지 못한 자치단체는 다른 자치단체와 합병하든가, 자치 사무와 법령상 의무화된 일부 사무만 실행하고 대부분의 사무는 도도부현에 위탁한다.
B) "내부단체이행방식(包括的 團體移行方式, 事務水平補完方式)"
다른 기초자치단체에 편입하여 내부단체로 한다.
③ 더욱이 ①단계에서 합병할 경우, 합병 정촌의 내부조직으로서 옛 시정촌 단위의 자치조직을 설치하고 연합 도시의 형태를 취한다. ②단계에서 합병할 경우, A)는 ①과 마찬가지로 연합 도시 형태를 취하고, B)는 법인격을 가지는 내부단체로서 위치를 형성한다.

니시오 초안이 "시"를 기준으로 한 합병을 전제로 하기 때문에 정촌회를 중심으로 상당한 비판이 가해졌다. 니시오 초안의 제시로부터 거의 1년 후,

**24** 지방분권추진위원회(地方分權推進委員会, 1995-2001)의 중심 인물로 기관위임 사무제도의 전면 폐지와 중앙정부에 의한 자치단체 관여 축소, 폐지 등의 내용을 포함, 이른바 제1차 지방분권개혁을 실현시켰다. 2002년 11월, 제27차 지방제도연구회에 제출한 이른바 '니시오 초안(西尾私案)'은 기초자치단체의 합병을 추진하는 입장에서 일정 규모에 미치지 못하는 자치단체에 관해 그 소관 사무와 기구를 대폭 축소하는 특례제도 설정, 또는 해당 자치단체를 다른 기초자치단체의 내부 자치단체로 이전하자는 제언을 하여 일본 전국 정촌회와 전국 정촌의회(町村議會) 의장회(議長会)로부터 반발을 불러일으키는 등 물의를 빚기도 하였다.

2003년에는 "향후 지방자치제도의 방향에 관한 보고서"가 정리되었다. 여기에서는 "합병특례법 기한 도래 후의 분권 역할자로서 기초자치단체"에게 다음과 같은 사항을 제시한다.

① 합병특례법 실효(失效) 후 일정 기간 자주적인 합병을 촉진하고 새로운 법을 제정. 재정 지원 조치는 실행하지 않는다. 합병 구상은 도도부현이 책정. 합병을 적용받는 시정촌 규모는 인구 1만 명 미만.
도도부현 지사가 합병협의회 설치를 권고 가능한 제도를 검토할 필요가 있다.
② 합병 후는 지역 자치 조직 제도를 활용(기초자치단체의 판단으로 설치. 행정구 형태와 특별 지방공공단체 형태〔법인격 유무〕).
③ 합병 불가능한 시정촌은 광역 연합 가능성을 모색. 자치 사무와 법령상 의무화된 일부 사무를 실행하고 대부분의 사무를 도도부현 사무로 위탁.

최종 보고서는 기본적으로 니시오 초안을 토대로 정리하였다. 시정촌을 기본적인 자치단체로 자리매김하였고 지방분권 실시의 수행체제로서의 규모와 능력을 요구하였다. 더욱이 주민 욕구의 다양화와 어려운 재정상황, 저출산·고령화 등을 이유로 시정촌 규모와 능력의 확대를 도모할 수 있는 합병 추진을 강조하였다. 주요 초점이 된 것은 합병특례법 실효 후 합병추진책으로서 니시오 초안과 비교하여 합병 기준인 인구 요건에 1만 명이라는 숫자를 언급하고 있다는 점 외에 도도부현 지사에 의해 합병 권고가 제기되는 등 일보 전진한 보고서 내용이었다.

현재의 시정촌 합병은, 합병으로 지방분권의 수용체제로서 충분히 기능할 수 있는 기초자치단체로의 재편을 시도한다. 합병이 진전되면 숫자상으로는 인구 규모와 재정력이 강화되고 중핵시·특례시·정령지정도시 등 대도시제도의 적용을 받는 자치단체가 증가할 것으로 예상된다. 기초자치단체의 기능 강화는 당연히 도도부현제도의 재고(再考)까지 포함한다. 이에 제27차 지방제도위원회는 도도부현 기능을 더욱 충실히 할 것을 호소하며, 도주제 도입 검토를 주장하고, 도주제(道州制)를 "전국을 몇 개 블록으로 나누고 그 블록 단위로 국가의 파견 기관이 아닌 공개 선거로 자치단체장〔首長〕과 의회를 옹호하는 지방자치단체를 설립하는 제도"로 자리매김시키고 있다. 그러나 시정촌에 대해 합병 권고를 하는 도도부현이 합병 후에 소멸되어 도주 형태로 이행한다는 모순에 관해서는 언급하고 있지 않다.

향후 지방분권 논의 가운데 광역행정권 재편론이 진행된다면 역시 시정촌이나 도도부현의 인구와 재정 규모가 하나의 논점이 될 것이다. 또한 시정촌이나 도도부현, 특히 국가의 역할과 기능에 관한 논의도 필요로 한다. 이때 분권의 수용범위론으로 광역행정체제를 논의하는 것은 한계일 것이다. 메이지 대합병과 쇼와 대합병에는 인구 규모가 하나의 기준이 되었다. 이는 소학교나 중학교 설립이 가능한 기초자치단체의 창출을 의도하였기 때문으로 합리성은 부족하다. 보완 원리를 엄밀히 이해한다면, 기초자치단체에 귀속해야 할 사무권한을 원칙적으로 논의하는 것이 그 전제이며 그 후 광역행정체제나 국가에 대해 권한 위양을 실시해야 할 것이다. 여기서 처음으로 재정 조치가 논의되고(기초자치단체에 우선적으로 재정 조치가 취해져야만 함), 광역행정체제와 국가와의 조정이 이루어지게 된다. "지역자치제도"에 관해서도 오히려 현행 시정촌에서 커뮤니티 시책을 수정해야 하고 현존의 정내회[25]와 자치회(自治會)[26] 등의 운영은 고정화되고 폐쇄적이며 포괄적인 조직

---

**25** 러일전쟁 때부터 일본 내에서 조직되기 시작하여 태평양 전쟁에서는 다이쇼요쿠산까이의 가장 말단 조직으로서 1940년 도시에는 정내회, 정촌에는 부락회(部落会)가 국가에 의해 정비된 것이 그 기원이다. 전쟁 때에는 내부에 반상회(隣組)가 있었다. 정내회는 현 제도로서는 폐지되었지만 근린 주민의 커뮤니티 조직으로서 정내회 명칭이 사용되고 있다. 현재 지방자치단체와는 기본적으로 관계가 없다.

**26** 시구정촌에 따라서는 정내회를 '자치회(自治会)'로 부르는 곳도 많으며, 자치회가 정내회의 상부 조직인 지역도 있다. 대부분은 법인이 아니라 임의 단체이며, 의무는 아니지

인 이상 새로운 커뮤니티 조직을 요구하는 것이 현실이다. 다시 말해 현행 시정촌, 광역행정제도의 체계를 수정하는 작업을 실행해야만 한다.

한편, 2004년(헤이세이 16) 지방자치법 개정으로 "지역자치구"[27]가 성립하였다.

만 그 지역의 전 세대가 가입하는 경우가 대부분이다. 마을 축제나 청소 등을 하거나, 서로 장례 의식을 돕는 지역도 있다. 또한 경우에 따라서는 신사(神社)를 관리하기도 한다.

**27** 시정촌 내 일부 조례로 설치된 자치·행정조직의 하나. 지방자치법 제202조 4와 시정촌합병특례 등에 관한 법률에 규정되어 있다. 합병특례구가 법인격〔특별지방공공단체(特別地方公共団体)〕을 가지며 존속 기간이 5년 이내의 한도가 설정되어 있음에 반해 지역자치구는 법인격이 아니며 존속 기간이 설정되어 있지 않다. 시정촌합병 시 지방자치가 주민의식으로부터 멀어지는 상황에 대한 구제 조치의 의미가 강하지만 시정촌합병을 하지 않은 시정촌일지라도 설치가 가능하다. 시정촌장은 조례로 권한 일부를 지역 자치구에 위임하는 것이 가능하다.

제2부

# 일본 행정학의 기초이론

# 제7장 행정활동의 관리

## 1. 행정관리의 의의와 목적

"행정관리(administrative management)"란 문자 그대로 해석하면 객체(客體)로서 행정을 효과적으로 관리하는 것이다. 경영은 일반적으로 management 또는 business administration이라고 한다. 그러한 의미에서 행정관리를 행정경영이라고 말하더라도 위화감은 없다.

그러나 행정 이론 계보에서 행정관리론이라고 하는 것을 좁은 의미로 해석한다면 세계대전기에 미국에서 한창 발전했던 행정관리론을 의미한다. 당시 미국에서는 행정 수요가 급속히 늘어나는 가운데 자격임용제에 입각한 행정관료제가 확립되어 가고 있었다. 이렇게 형성된 행정관료제의 조직·제도·운용에 관해 연방정부 차원에서는 대통령에게, 지방정부 차원에서는 지사와 시장에게 위임하기 위한 이론의 정비가 요구되었다. 행정관리론이 "정권을 강화하기 위한 학문"(니시오〔西尾〕, 1990)으로 자리매김한 것도 이와 같은 의미에서다. 즉 좁은 의미에서 행정관리론은 우선, 첫째로 계층적 구조를 갖춘 행정관료제에 대한 최고관리자에 의한 총괄 관리(Top Management) 확립이라는 의미를 가진다. 굴릭(L. H. Gulick)이 제안한 포스드코브(POSDCoRB, 기획·조직·인사·지휘·조정·보고·예산)가 이러한 사고의 요체(要諦)다. 그가 참가한 브라운로 위원회(루즈벨트 정권 시절, 1937년 설치)의 성과는 나중에 대통령부의 창설로 결실을 맺는다.

한편, 넓은 의미에서 행정관리란 특정 장소와 시대에 구속받지 않는 일반적인 개념을 말한다. 여기서는 이러한 광의의 행정관리를 "행정의 실시과정에서 특정 활동 영역의 공무에 종사하는 직원의 노력과 공헌을 통해 행정목표를 효과적으로 달성하고자 조직 내부의 통일적·촉진적 역할을 다하는 것"으로 정의한다(혼다〔本田〕, 1993). 아베(阿部)는 행정관리를 "행정에서 무언가를 관리하는 것"이라는 표현을 사용하여 실제로 관리되는 것은 행정 내부의 제도, 조직, 운용, 정책이라고 하였다(아베, 1999). 행정 내부에서 각종 관리(management)라고 하는 관점은 행정관리의 본질이 구체화된(breakdown) 개개의 기능이라는 점을 나타낸다.

행정을 관료제와 이에 수반되는 조직 전체로 간주하고, 관리(管理)를 본래 목적인 행정활동을 실현하기 위해 효과적으로 조직을 편성하여 유지를 도모하는 것이라고 한다면 행정관리의 의의는 쉽게 이해될 수 있을 것이다.

## 2. 행정관리의 주요 이론

### 과학적 관리법: 테일러(Taylor)

테일러 시스템은 과학적 관리법으로서 알려져 있다. 테일러(F. W. Taylor)는 20세기 초에 저술한《공장관리(工場管理)》(1903)와《과학적 관리법의 여러 원리》(1910)에서 공장 노동자의 관리를 목적으로 기계화 이전과 초기 단계에서 작업의 효율화를 제창하였다. 그러나 그가 과학적 관리법을 구상한 것은 그 이전 필라델피아의 한 제철공장에서였다. 그는 공장장으로서 노동자의 조직적 파업에 대항해야 할 필요성을 고민하고 있었다. 이에 노동자의 일일 노동량을 과학적으로 설정하고 직능(職能) 조직으로 이를 관리하는 것을 지향하였다. 그의 사고는 필요한 최소한의 시간에 필요한 최소한의 동작(단위 동작)을 추구하는 것으로, 최선의 유일한 방법을 반드시 탐구할 수 있다는 신념에 기초한다. 동작 연구(動作研究) 시간을 활용한 작업 표준화와 과업 관리(課業管理) 기법으로부터 다양한 관리 방법을 개발하였다. 예를 들면, 직능 및 기능적 직장제(職長制), 공장 내 훈련방식 등이 그것이다. 한편 그의 사고는 노동자의 인간성을 인정하지 않는 냉정한 관리 기법이라 하여 노동쟁의와 함께 점점 커다란 비판을 초래하였다.

### 고전적 조직론: 파욜(Fayol)

파욜(H. Fayol)의 조직론은 과학적 관리법의 테일러와 함께 행정관리의 초기 이론 형성에 큰 영향을 미치고 있다. 이 두 이론은 현장 과학이라고 할 수 있는 이론이다. 그러나 행정조직의 윤곽이 애매하고 이를 포괄하는 조직론 자체를 겨우 탐구하는 단계였기 때문에 현재 기초 이론으로서 자리매김하였다고 보는 것이 타당하다. 그랑제콜(Grandes Écoles)[1]인 생테티엔(Saint-Étienne) 광산(鑛山)학교 출신이라는 경력을 가진 그는 처음에는 기술자였지만 1939년에는 어윅(L. F. Urwick)과 굴릭이 편찬한 업적에도 정리되었다. 따라서 미국의 행정관리에서도 큰 영향을 미쳤다는 것은 명확하다. 예를 들면, 굴릭의 "포스드코브(POSDCoRB)"는 이른바 그의 이론을 확장한 것에 해당한다. 파욜은 예측(계획), 조직화, 명령, 조정, 통제의 여러 기능을 관리 기능으로 여겼다(파욜, 1969).

1 프랑스 특유의 고등 전문 교육기관이다. 기본적으로 고교와 중학교 졸업을 인정하는 바칼로레아(Baccalauréat)를 취득 후 명문 중고교 통합 학교인 그랑제콜(Grandes Écoles. 전문 분야에 있어 고도 전문직 양성기관) 준비 학급에서 2년간 수학 후 각 그랑제콜이 실시하는 선발시험에 합격한 자만이 입학이 허가된다.

니시오 마사루(西尾勝)는 과학적 관리법에 대비하여 고전적 조직론을 고려할 경우 그 특징을 다음 3가지로 정리하였다. 즉 ① 하급 관리에서 상급 관리로, "작업의 과학"에서 "조직의 과학"으로의 관심 이전, ② 기능화 개념 내용의 변질(기능화를 조직 목표를 유효하게 달성할 수 있도록 편성하였음), ③ 기능별 직장(職長)제도[2] 부정과 "명령 일원화 원리", "스태프와 라인 분화"의 확립이다(니시오〔西尾〕, 1990).

파욜은 관리 기능을 원활히 하기 위한 원칙으로 14개 항목을 든다. 즉 ① 분업, ② 권한과 책임, ③ 규율, ④ 명령 통일, ⑤ 지휘 통일, ⑥ (개인적 이익이 아닌) 일반 이익 우선, ⑦ 공정한 보수, ⑧ 집권, ⑨ 계층조직, ⑩ 질서, ⑪ 공평, ⑫ 직원의 고용 안정, ⑬ 진취적 사고(창의), ⑭ 단체정신(단결)이다. 이러한 여러 원칙은 방법론적으로 조직론적인 접근을 체계화하기 위한 것이었다. 그의 이론은 경영 또는 일반관리론으로 불리기도 한다.

### 인간관계론: 메이오(Mayo), 로슬리스버거(Roethlisberger), 폴렛(Follett)

조직론의 계보에서 기구 및 조직도에 반영되지 않는 비공식적 인간 활동이 오히려 조직 편성에 중요한 열쇠가 된다고 생각한 것이 인간관계론이다. 과학적 관리법과 고전적 조직이론에서 조직은 개인에 환원되지 않고 그 요소는 직무로 되어 있다. 그러나 인간관계론에서는 인간 소외 극복이나 휴머니즘 관점을 강조하기보다는 생산성 향상을 위해 더욱 공헌하는 조직의 모습과 방향을 탐구한다는 이론적 견지를 취한다. 여기서 노동자는 감정적이며 조직 내의 인간적·사회적 관계에 의해 좌우되기 쉬운 인간으로 자리매김한다. 인간관계론의 창시자로서는 하버드 경영대학원의 메이오(E. Mayo)와 로슬리스버거(F. J. Roethlisberger)가 대표적이다. 특히, 그들의 호손 공장의 실

2 사업장에서 작업원을 지휘감독하는 것이다.

험(the Hawthorne research)[3]은 더욱 유명하다.

과학적 관리법은 조명 강도와 같은 작업 환경이 작업의 생산성에 분명 영향을 미친다는 생각이지만 실제로 이들의 관계는 명확히 검증되지 않았다. 이에 메이오는 3단계로 구성되는 실험을 기획, 분석하였다. 이는 작업 환경에 관한 실험, 종업원 면접, 인간관계에 착안한 작업 관찰이었다. 일련의 실험에서 생산량은 작업 조건에 관계없이 각 실험에서 증가하는 결과를 보였으며 이는 기존의 사고로는 설명이 불가능한 부분이기도 하였다. 이에 호손 연구에서는 비공식적 조직과 그 규범성을 찾아내어 임금에 의한 동기부여보다도 오히려사회 심리적인 영향을 중시한다는 결론에 이르렀다. 또한 부차적으로 호손 효과(effect)[4]도 발견하였다. 이것은 연구자들의 개입(주목의 대상)이 노동자들에게 심리적인 영향(플러스 효과)을 주어 결과적으로 생산성을 향상시킨다는 것이다. 인간관계론은 사회적 규범과 감정에 기초한 인간관계의 동태성을 발견했지만 이론적 틀로서는 소프트한 관리주의에 지나지 않았다고 평가해도 좋다.

이외에 폴렛(M. P. Follett)의 업적도 인간관계론과 연계된다. 폴렛은 초기에는 정치학자로서 업적을 남겼으나, 그녀의 명성에 비해 강연록을 제외하면 경영관리론 논문은 거의 남아 있지 않다. 폴렛의 연구 관심은 명확히 경영을 포함한 일반 조직에도 적용 가능한 관리론·조직론을 구축하는 데 있었다. 분명 폴렛의 일반이론 지향은 연구 경력의 전환과 무관하지 않을 것이다. 폴렛의 관리론에서는 "사실에 의한 관리의 원칙"과 "집합 관리의 원칙"이 중요하다고 지적한다. 그리고 집합 관리의 중요 개념인 "중앙 관리"란 최고관리자(Top)가 장악 가능한 방사형 네트워크로 유지하는 것이 아니라 상

3 인간의 동기부여에 관한 고전적 연구로, 이 연구를 계기로 노동자의 인간적 측면과 사회적 동기(함께 일하는 그룹 속에서 원활하게 일하며 인정받고 싶어 하는 동기)가 주목받았고 이러한 사고는 후일 행동과학으로 승화되었다.

4 사람이 어떤 연구에서 특별한 흥미와 주의의 대상이 되면 개입 형태에 상관없이 자신의 행동을 변화시키는 경향이 있는 현상을 말한다.

황에 맞는 상호 관련된 관리의 집적에 의한다고 지적한다. 관리를 최고관리자에게만 귀착시키는 것이 아니라 일단 양자를 형식적으로 분리하여 관리를 상황에 맞게 재구성하는 폴렛의 방법론은 당시로선 상당히 선진적 이론이라 할 수 있다.

결국 폴렛은 인간관계를 축으로 "인간의 일반 행동"에 관한 협동의 과학을 확립하고자 하였다. 인간관계에서 인간성의 고려를 "상황 법칙"의 도입으로 배제하고자 한 그녀의 업적은 조직심리학적 측면을 강조하는 인간관계론과는 상반되는 이론의 구축이다.

## 행정관리론: 굴릭(Gulick)

굴릭(Gulick)과 어윅(Urwick)에 의한 《관리과학논집》(1937)은 행정관리론의 금자탑이라 할 수 있다. 이 시대의 행정관리론은 조직의 편성 원리를 탐구한 조직관리론과 상당히 유사하다. 굴릭은 이른바 "브라운로 위원회"(행정관리에 관한 대통령 위원회)에서 포스드코브(POSDCoRB) 사고를 제창하였다. 포스드코브(POSDCoRB) 란 기획(Planning), 조직(Organizing), 인사(Staffing), 지휘(Directing), 조정(Co-ordinating), 보고(Reporting), 예산(Budgeting)의 7가지 기능의 머리글자로 굴릭이 만든 용어다. 앞 절에서 언급한 바와 같이 행정관리를 협의로 해석한다면 계층적인 구조를 가진 행정관료제에 대한 최고관리자의 총괄 관리(Top Management)에 관한 확립을 의미하며 이는 미국 전쟁기간 동안 이론적인 토대를 확립한 행정 이론 중의 하나인 것이다.

이에 대해 과학적 관리법과 고전적 조직론 시대에는 현장 관리가 제일 목적이었기 때문에 부문(部門) 내지는 작업 관리가 초점이었다. 조직 목적의 효율적 달성, 다시 말해서 효율적인 생산(생산성 향상)은 노동자와 접촉하는 관리자가 다해야 할 직무의 일환이었기 때문이다.

굴릭과 그의 후계자들은 관리자로서의 행동에 이어서 조직 편성의 원리를 탐구하였다. 니시오에 의하면 조직 편성 원리는 "명령 계통 일원화", "통제 범위", "동질성에 의한 분업"의 세 가지를 조합한 것이다. 조직의 "편성(編成)"이라고 말할 때에는 현대 행정학의 조직 "형성(形成)"과 대비되어 쓰인다. 그들은 관료제 조직을 전제로 이를 어떻게 효율적으로 운영할 것인가에 주로 고심하였다. 단, 이러한 논의는 정치·행정 이원론을 전제로 한다는 의미에서 명확한 한계를 가진다.

### 현대조직론: 바너드(Barnard)

바너드(C. I. Barnard)는 《경영자의 역할》(1938)을 저술하였으며 현대조직론을 창출하였다. 그는 일반적 의미에서의 "조직"을 협동체계(cooperative system)로 명명하고 "두 사람 이상의 사람들에 의해 의식적으로 총괄되는 활동이나 다양한 힘의 체계"로 정의하였다. 바너드의 이론은 경영, 조직, 관리의 3층 구조지만 여기서 학술적으로 정의된 "조직"이란 협동체계를 구성하는 보조체계이며, 인간 행동의 시스템이다. 그에 따르면 조직 존립의 세 가지 요소로 협동 의식, 공통 목적, 커뮤니케이션을 들 수 있다. 그중에서도 커뮤니케이션이야말로 중심적인 역할을 수행한다고 하였으며 그러한 의미에서 바너드의 조직론 요체는 커뮤니케이션 이론이라고 할 수 있다.

또한 그는 장기적인 기대에 기초한 "동기", 조직이 공급하는 "유인", 구성원이 조직에 대해 다하는 "공헌"이 서로 균형을 이룰 때 조직은 안정되고, 구성원은 조직에 지속적으로 몸을 담게 된다는 조직균형이론을 제창하였다. 그리고 조직의 작동을 지탱·유지하는 것으로 권위수용설을 역설하였다. 즉 권위란 일방적으로 위에서 부여하는 것이 아니라 하위 계층 구성원이 수용 가능한 범위에서 성립한다. 그리고 명령이 조직 목적에 비추어 이치에 맞는 것이라면 하위 구성원은 이에 맹목적으로 따를 것이라고 하여 이와 같은 영역을 그는 "무관심권(無關心圈)"이라고 이름하였다.

현대조직론에서 조직 관리 방법론은 최고관리자의 총괄 관리(Top Management) 주체에서 다수 개인의 네트워크에 의한 조직 전체로 전환하였다. 여기서 "조직은 일원적인 관리자의 구상에 의해 '편성(編成)'되는 것부터 단위 조직의 통합 과정에서 '형성(形成)'되는 것"(니시오, 1990)이다. 《경영자의 역할》은 가끔 경영학의 고전으로 취급되기도 하지만 바너드가 지향한 것은 공식, 비공식을 구별하지 않는 조직의 일반 이론이었다. 체계성과 포괄성 측면에서 보면 그 이후에도 조직론 분야에서 이를 능가하는 작품은 나오기 어렵다고 할 수 있다.

### 의사결정: 사이먼(Simon)

《경영행동》(1947), 《조직론(Organizations)》(1958)은 사이먼(H. A. Simon)의 대표작이다. 당시 행정학이 정치·행정융합론(일원론)으로 전개되는 과정에서 문제의 관심은 자연스럽게 행정관리적 기능에서 의사결정 기능으로 전환되었다.

합리적선택이론이란 경제학이 상정하는 "경제인", 즉 완전한 합리주의적 주체에 그 이론적 근거를 둔다. 그러나 현실적으로 정보처리 능력이 부족한 인간이 그와 같은 완벽한 합리주의적인 행동을 취하는 것은 생각하기 어렵다. 이에 사이몬은 "행정인"(경영인)이라 하여 유력한 선택 사항에 한정하여 합리적인 비교 검토를 행하는 인간의 모델을 제안하였다. 만족화 원리(기준)란 한정된 합리성이라는 조건에서 만족이 얻어지는 정도까지 합리적이며 점차적인 선택을 지속한다는 사고다. 이외의 의사결정론으로는 린드블롬(C. E. Lindblom)의 점증주의, 그리고 합리주의와 점증주의를 발전적으로 개량한 에치오니(A. Etzioni)의 혼합주사 모형이 유명하다. 기존의 조직론이 견지하고 있었던 것은 "행위(doing)"의 체계라 볼 수 있으며 사이몬이 이를 "결정(decision)"중심으로 바꿔놓은 것이야말로 조직론의 일대전환(무라마츠〔村松〕, 1999)이었다.

## 새로운 행정관리 이론: 상황적합이론

피들러(F. E. Fiedler)가 제창한 상황적합이론(Contingency Model)은 기존의 리더십 이론을 극복하고자 구상되었다. 서로 다른 규모의 여러 집단에 대한 관찰에 의해 얻어진 지견(知見)은, 효과적인 리더십 형태가 조직이 놓인 상황에 좌우된다고 하는 것이었다. 피들러는 조작화된 최소 선호 동료(LPC, Least Preferred Coworker)[5] 득점이라는 척도를 이용하여 과제 달성 지향과 인간관계 지향이라는 두 개의 축을 만들고 이로써 리더의 특징을 계량적으로 파악하였다. 참고로 LPC 득점이란 가공의 '가장 일하기 어려운 동료'에 대해 내리는 평가다. 피들러의 논의는 리더십의 유효성이 리더 개인의 특성에 의존하고 있는(제1단계) 것이 아니라면 리더의 행동에 의존하고 있는(제2단계) 것도 아니라는 것을 나타낸, 제3단계 리더십 이론이다.

맥그레거(D. McGregor)는 X이론과 Y이론이라는 두 가지 서로 다른 조직론을 전개하였다. X이론(폐쇄 모델)은 전형적인 계층제 조직에서 의사결정 수단이 최고위층에 독점되어 있고 그 구성원은 시종 책임회피적인 행동을 취하게 되며 일단의 안정을 추구한다고 생각하였다. Y이론(개방 모델)은 조직 구성원은 동기부여에 의해 태만이 없어지고 직무면에서의 자율성과 창조성이 기대되어 최고위층은 인간의 능력을 개발·관리하는 역할을 가진다고 하였다. 이러한 맥그레거 이론은 명확히 매슬로(A. H. Maslow)의 욕구계

5 최소 선호 동료(LPC)란 피들러가 창안한 퍼스낼리티 스타일의 측정 척도로 지금까지의 업무 동료 가운데 함께 일하는 것이 가장 어려웠던 사람을 상기하여 그 사람에 대한 인상을 즐겁다-즐겁지 않다, 우호적-비우호적, 거부적-수용적 등 8단계, 18항목으로 평가토록 하였다. 이 척도로 가장 일하기 어려운 사람에 대해 상대적으로 긍정적, 호의적으로 평가하는 사람을 고LPC, 상대적으로 부정적, 비호의적으로 평정하는 사람을 저LPC라고 하였다.

층이론을 토대로 하고 있다. X이론이 상정하는 인간은 저차원의 욕구 충족이 불가능한 결과 태만한 행동 밖에 취하지 않는 것에 비해 Y이론이 상정하는 인간은 고차원의 욕구 충족이 가능하기 때문에 주체적이며 자율적인 행동이 가능하다. 그런데 X이론에서는 위로부터의 통제가 불가피하지만 Y이론에서 상위 계층의 역할은 그 자체가 중요하다기보다는 오히려 직장 환경의 충실에 집중해야 한다는 것이다.

거버넌스 시대에서 새로운 행정조직의 모습으로는 폐쇄적인 행정조직을 전제로 한 X이론보다는 개방형의 Y이론을 기초로 행정의 역할을 고찰하는 것이 중요하다. 그러한 의미에서 X-Y이론의 틀에 준거하면서 참여민주주의 시대의 코디네이트형 행정(協調的行政)을 탐구하는 것은 상당히 시사적이다(혼다〔本田〕, 1993).

## 3. 행정관리의 기초

### 동기부여

인간은 조직에 관여할 때 일정한 가치에 의거한 태도를 보인다. 이러한 것을 가치적 태도라 일컫는다. 가치적 태도를 조직심리학에서 설명하고자 하는 것이 동기부여이론(Motivation Theory)이다. 동기부여이론을 구분하면 크게 내용이론(content theory)과 과정이론(process theory)으로 나눌 수 있다. 내용이론이란 무엇에 의해 동기부여되는가 하는 내용을 중시하는 입장이며, 욕구이론이라고도 불린다. 과정이론이란 어떻게 하여 동기부여 되는가 하는 과정을 중시하는 입장으로 문맥이론 또는 선택이론이라고 불리기도 한다.

고전적인 내용이론으로서 알려진 것이 미국 심리학자 매슬로(Maslow)의 욕구계층이론(욕구 5단계설)이다. 매슬로는 욕구의 계층을 저차원 욕구의 결핍(缺乏) 동기와 고차원 욕구로서의 성장(成長) 동기로 나누었다. 이 가운데 전자는 ① 생리적 욕구, ② 안전과 안정 욕구, ③ 소속과 사랑의 욕구, ④ 존경 욕구로 구성되며, 후자는 자기 실현 욕구라고 하였다(카이지마〔外島〕, 다나카〔田中〕, 2000).

매슬로는 이러한 욕구가 단계적으로 구성된다고 생각하였다. 이 이론에는 계층성의 가정이나 욕구의 정의에 문제가 있다고 하여 이를 비판적으로 극복하기 위한 올더퍼(C. Alderfer)의 ERG 이론이 생겨났다(마사다〔正田〕, 1992). ERG란 생존 욕구(Existence), 관계 욕구(Relatedness), 성장 욕구(Growth)라는 3단계 욕구의 머리글자를 의미한다. ERG 이론은 계층화에 상반되는 서로 비배타적이고 연속적인 이론이다. 즉 서로 다른 수준의 욕구가 동시에 나타나는 것을 인정한다.

그 외에 내용이론(內容理論)으로 분류되는 것은 맥클레랜드(D. C. McClelland)의 달성동기이론과 업무 그 자체에 관계하지 않는 외발적인 위생(衛生) 요인과 업무 그 자체에 내포되는 내발적인 동기부여 요인에 착안한 허츠버그(F. Hertzberg)의 두 가지 요인 이론이 있다. 참고로 위생 요인이란 예방위생(건강은 위생으로 얻을 수 없지만 위생적이지 않으면 병에 걸린다)에 착안한 흥미진진한 개념이다. 내용이론은 확실히 모델화가 평이하고 알기 쉬운 이론이긴 하지만 실증적(實証的)인 면에서는 점차 과정설에 의해 교체되는 양상을 보인다. 왜냐하면 내용이론에서는 욕구와 적어도 외면적으로 동떨어진 구체적인 행동을 개별적으로 설명할 수 없다는 약점이 있기 때문이다.

과정이론(過程理論)에는 기대(期待)이론, 공정(公正)이론, 달성동기(達成動機)이론, 목표설정(目標設定)이론 등이 있다. 우선 기대이론은 합리적인 개인을 상정하고 있기 때문에 그 개인이 가지고 있는 주관적인 기대(expectancy)와 유의성(誘意性, valence)에 의해 특정 행동이 선택, 결정된다는 사고이다. 초기 이론가로서는 브룸(V. H. Vroom)이 대표적이며, 오늘날에는 롤러(E. E. Lawler III) 등에 의해 더욱 정밀화되고 있다.

공정이론이란 분배 및 절차 측면에서 구성원 간의 공정성을 중시하는 모델이다. 단적으로 말한다면 노동의 성과를 평가하면서 다른 사람과의 관계를 고려한다는 것을 의미한다. 공정이론의 틀 속에 협의의 공평(형평)이론이 존재한다. 이 이론에 따르면 자신에 대한 대우가 공평하지 않다고 느낀다면 그 사람은 불공평을 해소하고자 하는 충동에 내몰린다는 것이다. 이론가로서는 애덤스(S. Adams), 굿맨(P. S. Goodman) & 프리드먼(A. Friedman) 등이 있다.

달성동기이론은 행동 달성을 위한 동기부여를 긍정적인 성공에 대한 동기와 부정적인 회피 동기로 구별하는데 달성 동기는 이러한 복합체적인 사고라는 것이다. 기존의 동기부여이론이 무시해온 불안, 공포 등과 같은 회피적(回避的) 동기 모델을 도입한 것이 획기적이다. 그러나 앳킨슨(J. W. Atkinson)의 모델에서는 보수를 고려하지 않기 때문에 주관적인 판단에서 성공할 확률이 반 정도일 때 동기부여가 최대화된다고 하는 그다지 현실적이지 못한 가정에 입각하고 있다.

목표설정이론은 구체적인 목표에 대해 사람들은 노력하고자 하는 경향이 인지되어 있으며 이를 이론화한 것이다. 애매하거나 쉬운 목표보다도 명확하면서 어려운 목표가 사람에게 더욱 동기를 부여한다고 생각한다. 여기에서 목표 설정은 외생적인 것(보수)이 아니라 내생적인 자기 동기부여에 의한다는 것이다. 최근의 연구성과에서는 로크(E. A. Locke)에 의한 높은 업적(高業績) 사이클[6]이 알려져 있다.

6 조직 목표에 대한 전념, 헌신(Commitment)을 높여 업적 개선을 지향하는 동기부여 모델로는 현재 로크와 레이섬(Locke & Latham, 1990)에 의해 제창된 목표설정이론을 기초로 '고(高)업적 사이클' 모델이 가장 통합적일 것이다. 이 사이클은 구체적이고 높은 수준의 목표에 대한 도전에서 출발한다. 목표의 유효성에 영향을 주고 업적과의 관계를 조절하는 요인으로는 5가지 변수가 존재한다. 적절한 능력에 더해 목표에 대한 높은 약속(Commitment), 피드백(Feedback), 강한 자기실현(효력), 그리고 그 과업이 단순한 것이 아니라 적절한 복잡성을 가진다면 이들은 높은 업적으로 연결된다.

## 리더십

일반적으로 리더십이란 특정 구성원이 집단에 행사하는 지도력을 의미한다. 학술적으로는 "집단 목표를 달성하기 위해 어느 구성원이 다른 구성원에게 미치는 영향력의 총체"(마사다〔正田〕, 1992)로 파악할 수 있다. 초기의 리더십 이론은 특정 리더가 가지는 특성에 초점을 맞추어 어떠한 자질을 가진 인물이 리더로서 적합한가를 해명하는 연구가 한창이었다. 이와 같은 연구(특성론적 연구)가 다수의 정합적인 지견(知見)을 제시했다고는 말하기 어렵지만 스토그딜(R. M. Stogdill)의 경우는 리더가 갖추어야 할 자질로서 지능(知能), 소양(素養), 책임감(責任感), 지위(地位) 등을 도출하였다.

제2단계 리더십 연구는 행동론적 연구이다. 리더의 지위에 오른 사람이 어떻게 행동하는가를 통계적으로 해명하는 것이다. 이러한 연구는 주로 인자(因子) 분석을 이용한다. 용어 그 자체는 다소 차이가 있지만 리더십에 관한 거의 공통된 2가지 인자(최대공약수적으로는 과제와 인간관계 지향)를 분석, 추출하였다. 이로 인해 단순하게는 2차원 모델로 이해할 수 있다. 미스미 지후지(三隅二不二)에 의한 PM이론도 여기에 포함할 수 있다.[7] P는 목표달성 기능(performance), M은 집단 유지 기능(maintenance)을 의미하며 블레이크와 마우턴(R. R. Blake & J. S. Mouton)에 의한 그리드 이론(Grid, The Managerial Grid)[8]과 이론적 틀에서 상당히 유사한 점이 있다.

제3단계 리더십 이론은 1970년대 이후에 일반화되었다. 대표적인 이론가

---

**7** 미스미(三隅)는 집단의 목표 달성 기능을 P기능, 집단의 유지 기능을 M기능으로(P : Performance, M : Maintenance) 나누었다. 그는 15만 명 이상의 면접을 실시하는 등 실증적 연구로 P와 M의 두 가지 기능을 모두 발휘하는 PM형이 생산성과 구성원의 도덕적인 면에서 효과적이라고 주장했다.

**8** 1962년 텍사스 대학 심리학자 블레이크(R. R. Blake)와 수학자 마우턴(J. S. Mouton)에 의해 개발된 동태적 조직 형성을 위한 행동과학이론이다. 그리드(Grid) 이론은 '제1단계 : 관리자 의식 개혁, 제2단계 : 팀워크 개선, 제3단계 : 부문간 활동 개선, 제4단계 : 기업 전략 모델 설정, 제5단계 : 전략의 계획화 실시, 제6단계 : 정착화'라고 하는 6단계에 기초하여 계획적으로 조직의 동태화를 도모한다.

로는 피들러(F. E. Fiedler)가 있다. 그는 효과적인 리더십은 ① 인간관계, ② 과제의 구조, ③ 리더의 권한에 의해 규정된다고 생각하였다. 피들러는 동료로서 가장 일하기 어려운 사람을 가상적으로 평가한 것을 LPC 득점이라 명명, 리더의 특질을 과제 달성 지향과 인간관계 지향으로 분류, 집단 생산성과의 관계를 예측하였다.

하우스와 데슬러(R. J. House & G. Dessler)는 2차원 모델의 기본적인 틀을 답습하면서도 업무의 성질에 의해 리더십도 변화한다는 주장을 하였다. 이는 통로(通路)·목표(目標)이론(Pass · Goal이론)[9]으로 불린다. 이들은 업무의 진행 방식을 지도하는 것을 구조(構造)형성 행동, 스트레스 완화를 위한 행동을 배려(配慮) 행동이라 명명하여 업무의 성질(정형·비정형)에 의해 차이가 있다고 하였다.

최근 리더십 이론은 리더뿐만 아니라 리더와 멤버와의 교류를 중요시하는 접근법을 도입하고 있다. 이른바 리더와 집단 각자가 조직적 성과에 영향을 미치는 독립 변수로 간주하고 있는 것이다. 이러한 리더십 이론은 새로운 전개에서 구성원 모두가 혁신적일 것을 촉진하는 새로운 모델링을 진행하고 있다. 이를 혁신형 리더십론이라고 부를 수 있다. 혁신적 행동을 실천하는 리더의 행동에 관해 더욱 종합적인 분석 결과가 기다려진다.

---

9 리더십을 부하의 관점에서 채택한 이론이다. 리더에게 중요한 역할은 유의한 목표 형성과 목표로의 통로(패스)를 확대함으로써 부하의 동기부여 수준을 높이는 것이다. 여기서 통로·목표(Pass · Goal)란 목표에 대한 통로라는 의미다. 이 이론에서는 리더십 효과는 상황으로 규정된다고 하여 그 상황 효과로서 과제의 특징, 부하의 특성을 들고 있다. 가설은 주로 2가지이다. 1) 과제의 구조화가 높은 직무에서 리더의 배려 행동은 부하의 만족도와 정의 상관관계를 보인다. 2) 과제의 구조화가 낮은 직무에서 리더의 구조 형성 행동은 부하의 만족도와 정의 상관관계를 나타낼 것이다.

## 4. 신공공경영론(NPM)

### 신공공경영론의 대두

최근 행정관리의 새로운 조류로서 신공공경영론(New Public Management)[10]이 대두되었다. 행정개혁이 지금까지의 언어로서는 소규모 제도 조정을 다루는 "행정정리(行政整理)" 단계에 그치고 있던 행정관리론의 단계에서 작은정부론에 입각한 "행정개혁(行政改革)"의 융성기를 거쳐 이제는 "행정혁명(行政革命)"이라 할 수 있는 새로운 단계에 도달한 것이다. 행정혁명은 '정부의 재생(Reinventing Government)'(1992)에 의해 오즈본(D. Osborne)과 개블러(T. Gaebler)가 제창한 것으로, 행정개혁의 질적 전환을 의미한다. 일본은 1960년대의 제1차 임시행정위원회가 제1단계, 80년대의 제2차 임시행정위원회 이후가 제2단계, 90년대부터는 제3단계로 이행했다고 볼 수 있다. 차세대 행정개혁이라는 표현도 이에 상응한다.

NPM 용어는 신공공경영론 이외에 신행정경영론, 신행정관리론 등으로 번역할 수 있다. 최근에는 NPM을 그대로 사용하는 것이 일반적이라 하지만 이 책에서는 "신공공경영론"으로 명명하고자 한다. 주지하는 바와 같이 신공공경영론(NPM)은 세계적인 조류이긴 하지만 영미(英美) 기원의 신행정관리기법이라고 하는 것 이외에는 그것이 제시하는 내용이 반드시 일정치는 않다. 일반적으로 NPM이라고 할 때에는 정책평가제도, PFI(Private Finance Initiative, 민간자금 활용에 의한 공공시설 정비), 밸런스 시트의 도입 등 새로운 기법을 포괄한 종합적인 행정관리의 프레임 워크를 가리키고 있다는 인식이 많다. 이 가운데 PFI는 민간의 자금과 경영 기법을 활용하면서 공공시설의 건설·유지·관리·운영을 촉진하고, 사회간접자본의 정비를 효과적으로

10 우리나라에서는 신공공관리론으로 해석한다.

수행하고자 하는 방법으로 영국의 존 메이저(Sir John Roy Major)[11] 정권에서 처음 고안하였다. 이후에는 토니 블레어(Tony Blair)[12] 정권에서 더욱 포괄적인 PPP(Public Private Partnership, 관민 연대)제도의 일환으로 발전적으로 통합하였다.

다음으로 밸런스 시트(대차대조표)는 1999년 경제전략회의 보고서에 기초하여 정부·자치단체에 관한 공적 회계 개혁을 목표로 제언되었다. 이 제도 도입의 선진국으로는 미국, 영국, 뉴질랜드가 있다. 일본 공적회계제도의 문제점으로는 단식 부기·현금 주의·자산 흐름(Flow)과 자산(Stock)의 분리·일관성의 결여·결산 경시·예산과의 비연동성·행정 비용 산출의 곤란·정책 비용의 파악 곤란 등이 있다(시라카와[白川], 2001). 이를 복식 부기·발생주의·연결 결산의 작성·외부 감사·전국 통일 기준에 의한 재무제표 작성·공표 등의 기법으로 공적 회계의 근본적인 개혁이 지향되고 있다. 고이즈미(小泉) 내각에서는 2001년 6월, 이른바 "호네부토 도우신(骨太答申)"(경제 재정 자문회의 보고서)에서 구조 개혁 단행을 위해 신행정개혁의 기법을 도입할 것을 표명하였다. 총무성 행정관리국에 "새로운 행정매니지먼트 연구회"(大住莊四郞 座長)가 설치된 것은 이 같은 경위에 바탕한다.

## 신공공경영론의 중심 개념

신공공경영론(NPM)의 중심 개념은 성과주의, 시장주의, 고객주의, 조직의 브랜드화로 요약 가능하다. 오스미 소지로(大住莊四郞)는 이를 ① 업적/성과에 의한 통제, ② 시장에 의한 통제, ③ 고객주의로의 전환, ④ 계층제의 간소화로 총괄하였다(오스미[大住], 2003).

**11** 고교 중퇴 후 다양한 직업을 경험하고 은행원으로서 성공한 것으로 알려져 있다. 12년 장기집권한 마거릿 대처의 후계자로서 총리에 취임하였다. 계급 사회인 영국에서 고교를 중퇴하고 대학도 나오지 않은 인물이 총리가 된 것은 아주 이례적인 것이었다.

**12** 영국 제73대 총리. 노동당 당수(18대)이자 하원의원이었다.

우선, 성과주의는 결정에 무게를 둔 기존의 행정 스타일을 예산 소화(豫算消化) 결과로서의 사업량(Output)에서 주민에게 구체적인 영향을 미치는 결과로서의 성과(Outcome) 중시 스타일로 전환하는 것이다. 둘째로 시장주의는 정부의 실패를 축소하기 위한 것으로 시장의 역할을 적극적으로 재평가하여 새로운 행정의 역할을 제로에서부터 재검토하는 것이다. 예를 들면 영국 대처(Margaret Hilda Thatcher)[13] 정권의 강제경쟁입찰제도(현재 폐지)가 그 원형이다. 그 후 메이저 정권에서는 시장화 테스트를 도입하였다. PFI와 에이전시화와 같은 기법도 마찬가지로 영미 계열의 시장주의에서 파생된 제도적 장치다.

셋째, 고객주의는 무엇보다도 행정서비스의 고객인 주민에 대해 만족도를 가능한 최대화시키고자 하는 자세이다. 행정의 주민에 대한 책임성(accountability) 확보 또한 이러한 문맥에서 자리한다. 블레어 정권의 SFNC(Service First New Charter Programme, 서비스 제일의 신 헌장프로그램)는 현장 직원과 주민의 관여, 성과(performance) 향상, 정책 쇄신 등이 특징이다.

넷째, 조직 프로그램화는 가능한 현장의 재량을 확보하기 위해 계층적인 통치 구조보다 평탄하며 심플한 형태로 재편성하는 것이다.

일본에서는 주로 영미계의 신공공경영론이 주목을 받는다. 그러나 국가 교차적인 비교로서 나숄드(F. Naschold)는 공공 부문의 현대화를 3가지 모델로 제시한다. 이러한 여러 국가에서 국가와 사회 관계의 차이 등을 감안할 때 행정개혁에서 그 방향의 차이는 상당히 시사하는 바가 크다. 생각해 보면, 보편적인 신행정개혁의 프레임워크와 방법이 있는 것인가 아니면 해당 국가와 사회에 따라 그 방법이 다른 것인가 하는 문제로 바꿔 말할 수 있을 것이다.

---

**13** 영국 최초 여성 보수당 당수 및 총리(재임 : 1979-1990). 보수적이고 강경한 성격으로 철의 여인(Iron Lady), 훈 족의 아틸라(Attila the Hun) 등의 이름으로 불렸다.

## 행정평가

행정평가란 일반적으로 "종합 계획의 체계에 기초하여 실행되는 행정활동(정책, 시책, 사무 사업)의 성과를 평가하고 이를 차기 예산편성과 새로운 정책형성에 피드백하는 것"을 의미한다(구와하라〔桑原〕, 마쓰다〔増田〕, 2003). 일상적으로 행정평가 용어는 정책평가와 거의 동일하게 사용하는 경우가 많지만 행정 현장에서 정책평가는 행정평가의 하위 개념으로 자리한다.

일본의 행정평가 시스템은 현재 발전 단계에 있다. 현 시점에서는 도도부현(都道府縣)과 정령지정도시(政令指定都市) 수준에서는 도입을 거의 완료하였으나 시정촌(市町村) 수준에서는 도입을 추진하는 상황에 있다. 정부의 형태가 다르면 도입하는 행정평가 시스템도 당연히 차이가 있기 때문에 시스템 도입의 일괄적인 진전은 어려운 실정이다. 그러나 정촌 수준에서도 선도적인 자치단체는 사무 사업 평가를 중심으로 시험적 도입 단계에서 본격 도입 단계로 이행한 곳이 적지 않다.

행정평가 방식에 관해서는 "특정 평가"와 "모니터링 평가"로 구분한다(사이토〔斉藤〕, 1999). 도식적으로 말하면 특정 평가란 평가 대상이 개별적인 정책 사업이며 수시로 또는 단발적으로 사업 담당 부문에서 시행한다. 이에 비해 모니터링 평가는 평가 대상이 전체 부서의 정책 사업 대부분으로 정기적으로 그리고 반복하여 관리 부문에서 시행한다. 현실의 행정평가제도에서는 정도의 강약은 있지만 양자를 보완하여 활용한다. 현재 도도부현 수준에서는 그래도 모니터링 평가가 주로 도입되어 있는 반면, 시정촌 수준에서는 특정 평가 위주로 되어 있다. 도도부현의 경우, 미에(三重)현, 시즈오카(静岡)현 등과 같이 평가제도를 선도적으로 도입하는 자치단체가 있는 반면, 유행에 뒤떨어지지 않는다는 평행 감각에 의해 때로는 형식적으로 행정평가를 정비하고 운용하고 있기도 하다. 이에 대해 정촌 수준에서도 사무 사업 평가제도를 시험적으로 시행, 도입하는 예가 꾸준히 증가하고 있는 것은 기초자치단체에서 감량 경영이 초미의 절박한 상황이기 때문이다.

행정평가는 그 하부 시스템으로서 정책평가(policy evaluation), 시책평가(program evaluation), 사무사업평가(project evaluation)로 나뉜다. 최상위 정책평가는 거시적, 정성적, 사전적 평가의 특성을 보인다. 이는 행정 및 (정권) 전체의 성과(performance)를 대상으로 하기 때문이다. 최하위의 사무사업평가는 미시적, 정량적, 사후 평가적 특성을 보인다. 이는 개별 사업의 구체적인 성과를 대상으로 하기 때문이다. 중간 단계에 있는 시책평가는 이 두 가지 특성을 병행하는데, 시책(施策)은 복수의 사무사업으로 세분화되는 것으로 상위 정책에 질적으로 통합되어 있다. 시책평가란 특정 행정 분야에서 행정 시책의 최적화를 도모한다. 다카요세 쇼조(高寄昇三)는 정책평가형은 예시하지 않았지만 시책 평가형으로서 시즈오카현의 업무 파악 방식(業務棚卸方式), 사무사업형으로서 고베(神戸)시의 공공시설 평점 방식을 그 예로 들고 있다.

요코스카(横須賀)시에서 행정평가제도의 경우, 평가체계는 종합 계획에 의거하여 순서대로 정책(대항목 8개), 시책의 방향성(중항목 44개), 시책(소항목 95개), 사무사업(230개 사업)의 4단계로 세분화되어 있다. 요코스카시의 평가제도는 이 책의 입장에서는 종합평가 시스템으로서 선진적인 사례라고 할 수 있다(구와하라〔桑原〕, 마쓰다〔增田〕, 2003). 자치단체 규모에 따라 필요한 행정평가제도의 내용이 달라지는 것은 당연하기 때문에 정령시(政令市)·중핵시(中核市) 수준에서 필요로 하는 시스템의 체계화와 종합화도 초기 비용과 도입 비용을 고려한다면 평가제도가 반드시 필요하다고는 단정하기 어렵다.

시스템의 정밀화가 행정평가 본래의 목적을 떠나 그 자체가 자기목적적인 성격을 추구하게 되었을 때 그 시스템의 유효성은 크게 상실할 수밖에 없다. 예를 들면 PPBS(사업계획예산제도)가 바로 그것이다. 결국, 행정평가제도는 행정의 업적 향상에 도움이 되는 합리적인 시스템이 되어야 한다.

## 업적주의와 능력주의

인사와 임금관리에 관한 시스템을 고려할 경우, 업적주의와 능력주의의 두 가지 큰 사고방식이 있다. 업적주의는 성과주의라고도 불리는 최근 인사와 임금 관리의 주요 흐름이다. 대비해서 말하면, 업적주의는 단기적 성과를 중시하는 미국형 인사관리제도(미국 모델)의 근간이며, 능력주의는 중장기적인 성과를 중시하는 일본형 인사관리제도(일본 모델)의 근간에 해당한다. 이러한 업적주의와 능력주의의 구분은 이른바 이념형이기 때문에 현실적으로는 양자의 특징이 어느 정도 혼용된 시스템이 어느 국가든 존재한다.

미국의 경우 공사(公私) 영역을 불문하고 개방형 경력(open career) 시스템 속에서 인재 이동이 상당히 용이하다. 사람들은 단기 성과로 능력을 평가받으며 짧은 순환주기 내에서 능력 발휘가 불가능하다면 조직으로부터 즉시 퇴출을 강요받는다. 잭슨 데모크라시[14] 전통으로 정치적 임용 규모는 상당히 커졌고 여기에는 엽관제(獵官制, spoils system)의 특징이 농후하게 나타난다. 잦은 정권교체 가능성에 의해 원래 지속성을 유지해야 하는 행정부에게까지 단기적인 성과를 추구하는 경향이 필연적으로 발생한다.

이에 비해 기존의 일본은 민간 영역에서도 종신고용제를 배경으로 연공서열주의적인 인사제도를 채택해 왔다. 폐쇄형 경력(closed career) 시스템 속에서 조직의 구성원은 능력에 따라 임금과 지위를 획득하는 것으로 간주하여 능력은 연공(年功)과 경험(經驗)에 의해 자연스럽게 점차 높아져 가는 것으로 생각하였다. 사회경제적 상승을 전제로 한다면 능력의 확대와 임금의 증대가 일관되게 지속되는 한 능력주의에 관한 사고는 도전을 받을 필요가 없었다.

---

**14** 제7대 미국 대통령인 앤드류 잭슨(Andrew Jackson)은 귀족 출신이 아닌 최초의 대통령이었다. 잭슨 시대부터 백인 남성 보통선거제를 확립하여 그 시대를 "잭슨 데모크라시"라고도 부른다. 대부분의 관리를 자신을 지지한 관리로 교체하는 엽관제(猟官制, spoils system)를 도입하였다.

최근의 공무원제도 개혁의 방향성은 기존의 능력주의를 수정하여 업적주의와 성과주의로 이동하고 있다. 미국의 상황은 별도로 하고, 공무원은 신분이 보장되어 있기 때문에 실적주의와 성과주의로 일거에 전환하는 것은 상당히 곤란하다. 일본의 공무원제도(행정관료제)는 기본적으로 "인사에서는 느린 승진, 급여에서는 누적형 보상(표창·영전) 시스템"을 취한다(미야가와〔宮川〕·야마모토〔山本〕, 2002). 단기 성과급(短期業績給, PRP)제도의 도입은 일본 공무원제도의 근간을 흔들기에 충분한 혁신성을 내포한다. 이미 자치단체 가운데 먼저 시행(試行)하는 사례도 있지만 업적 측정에 관해서는 제도가 아직 정비되지 않은 상태이다. 당분간 능력주의에 업적주의를 가미하는 형태로 완만한 제도 조정이 이루어질 가능성이 크다. 본격적인 업적주의의 도입은 여전히 장애가 높다고 할 수 있을 것이다. 또한 능력주의를 연공주의에 대치시켜 업적주의와 거의 마찬가지로 사용하는 경우도 있다. 1993년 3월의 공무원제도연구회 보고서가 그 예라 할 수 있다.

# 제8장 법치행정원리와 행정재량

이 장에서는, 행정활동(行政活動)은 법치주의에 근거해야 한다는 현대행정의 대원칙을 개관한 후, 법치주의에 의하지 않고는 행정재량(行政裁量) 또는 행정활동이 성립되지 않는다는 현실을 확인하고, 행정재량을 감시하는 목적에서 만들어진 행정절차법(行政手續法)과 그 입법과정에서 시민참여라는 새로운 움직임에 관해서 검토한다.

## 1. 법률에 의한 행정원리

### 법률에 의한 행정원리

헌법에 의해 확립된 법치주의 토대에서 행정활동은 행정관리의 자의(恣意)에 의해 실행되어서는 안 되며, 의회(국회)에서 제정한 법률에 기반하지 않으면 안 된다고 하는 사고를 "법률에 기초한 행정원리(Prinzip der gesetzmaessigen Verwaltung)" 또는 "법치행정원리"라고 한다. 19세기 독일에서 태생된 언어로 각국에서 다소 내용상의 차이는 있지만 현대행정의 대원칙으로 받아들여진다.

넓은 의미에서 영미법에서 "법의 지배"와 독일을 비롯한 대륙계 국가에서 사용되는 "법률에 의한 행정원리(법치행정원리)"는 거의 동일한 용어로 쓰인다. 그러나 본래 역사적 경위에서 그 의미하는 바는 약간의 차이가 있다. "법의 지배" 원칙이란 사람은 공평한 법의 지배하에 있으며 전제(專制) 권력이나 자의(恣意)적 행정에 의한 지배를 인정하지 않는다고 하는 법 지상주의 원칙이다. 왕권에 대항하여 생겨난 이념으로 영국에서는 재판배심제(陪審制)나 의회주의의 발달로, 미국에서는 사법권 우월(법령심사권)의 법리를 도입하여, 왕권이나 행정부의 자의를 제어하는 데에 크게 기여하였다. 대륙법 계열의 국가에서는 "법률에 의한 행정원리(법치행정원리)"에 기반한 국가를 "법치국가"라고 한다. 법치국가의 대전제는 의회 입법, 법률에 근거한 행정, 법률에 기반한 재판이라고 하는 권력분립주의를 말한다.

그러나 독일이나 일본 제국헌법에서는 형식적으론 행정재량의 적법성을 주창하면서도 중요한 사항만 법률에 규정하고 그 외는 대폭적으로 행정의 자유 재량을 인정하였으며 또한 행정상의 쟁의, 소송〔爭訟〕은 사법재판소가 아닌 행정부 내부에 설치한 행정재판소의 관할로 하여 행정권 우위에서 탈피했다고 하기 어려운 실정이었다. 이에 대한 반성으로 20세기 후반 이후 형식적인 측면에서 행정의 법률에 대한 적합성 추구뿐만 아니라 시민의 권리·자유에 대한 부당한 행정의 침해를 보장하는 실체적인 것이 있어야 한다는 사고(실질적 법치주의)가 발생되었다.

### 법적 근거가 필요한 행정활동의 범위

행정학(行政學)에서는 이러한 "법률에 의한 행정원리"를 어느 정도 필요한 것으로 다루고 있으며 이에 대한 고찰은 충분하게 하지 않았던 것으로 생각되지만 행정법(行政法學)에서는 모든 행정활동에 법률의 근거가 필요한가 하

**표 8-1. 정책실시과정의 행정활동**

<table>
<tr><td rowspan="4">정책실시과정에서의 행정활동</td><td>① 규제행정</td><td>권력적 행정활동</td><td rowspan="2">행정행위</td></tr>
<tr><td>② 급부행정</td><td rowspan="3">비권력적 행정활동</td></tr>
<tr><td>③ 행정지도</td><td rowspan="2"></td></tr>
<tr><td>④ 행정계약</td></tr>
</table>

**표 8-2. 학설과 법률의 근거를 요구하는 범위**

<table>
<tr><td>학설</td><td colspan="4">법률의 근거를 요구하는 범위</td></tr>
<tr><td>① 침해유보설</td><td>규제행위</td><td colspan="3">필요없음</td></tr>
<tr><td>② 권력유보설</td><td>규제행위</td><td>급부행정</td><td colspan="2"></td></tr>
<tr><td>③ 전부유보설</td><td>규제행위</td><td>급부행정</td><td>행정지도</td><td>계약 행정</td></tr>
</table>

지 않는가에 대해 오랜 기간 논의해 왔다. 즉 "법률에 의한 행정원리"의 배경에는 중요한 두 가지 원칙이 있다. ① 법률 우위(法律優位)의 원칙과 ② 법률 유보(法律留保)의 원칙이다. 법률 우위의 원칙이란 행정활동은 법률 규정을 위반해서는 안 된다는 원칙으로 모든 분야의 행정활동(행정법에서는 행정 작용이라고도 함)에 적용된다. 여기서 얘기하는 모든 행정활동이란 ① 행정에 의한 규제, 즉 규제행정, 권력적 행정과 ② 서비스 제공과 같은 급부(給付) 행정, 비권력적 행정에서부터 ③ 비권력적인 규제행정(오야마〔大山〕, 2002)이라고 할 수 있는 행정지도와 ④ 행정과 개인과의 자유의사에 의해 채무채권관계를 발생시키는 행정계약과 같은 활동까지를 가리킨다. 참고로 행정법에서는 ① 행정에 의한 규제, ② 서비스 제공의 행정활동을 행정행위라고 부른다(표 8-1 참조).

이 장에서 다루는 재량행정(裁量行政)을 논의하는 데 문제가 되는 것은 "법률 유보의 원칙"이다. 법률 유보의 원칙이란 행정활동을 하기 위해서는 법적 근거가 필요하다는 사고방식으로 이에 관한 해석은 ① 침해(侵害)유보설, ② 권력(權力)유보설, ③ 전부(全部)유보설 등이 있다.

① 침해유보설은 행정이 국민의 자유와 권리를 침해하는 행위(규제행정)에는 적어도 법률의 근거가 필요하다는 사고이며, 그 이외의 행위에 관해서

는 "법률 우위의 원칙"에 반하지 않은 한 필요에 따라서 법률 사항으로 한다는 사고방식이다. 이에 반해 ③ 전부유보설은 모든 행정활동은 법적 근거를 필요로 한다는 사고방식이다. 따라서 전부유보설은 규제행정뿐만 아니라 급부행정이나 행정지도, 행정계약도 법률 근거가 필요하다는 입장이다.

중간적 입장에서 해석한 것이 ② 권력유보설이다. 권력유보설은 국민에게 이익을 미치는 행위(급부행정)일지라도 규제행정과 마찬가지로 법적 근거가 필요하다는 것이다. 단, 행정지도나 행정계약과 같은 행정활동에는 법적 근거가 필요 없다는 입장이다(표 8-2 참조).

기존의 일본 행정법은 전통적으로 침해유보설을 통설로 여겨 왔다. 그러나 최근의 행정법 해석은 "일반적 사고는 권력유보설에 가깝다고 할 수 있다(요네마루〔米丸〕, 2001)"는 의견도 있지만 아직 결론이 나지 않은 상황이다. 또한 일본의 행정실무 분야는 아직도 ① 침해유보설의 입장을 취하고 있다고 여겨진다. 만약에 행정실무가 ③ 전부유보설을 채택한다고 한다면 이 장에서 지금부터 검토하는 행정재량의 발생 여지 등은 정책실시과정에서 모두 없어질 것이다.

## 2. 행정활동과 권한

행정은 법률에 기초한 행정활동을 하지 않으면 안 된다. 그러나 법률은 기본적 대강(大綱, 기본원칙)만을 정하여, 세칙(細則)까지는 정하지 않는 것이 일반적이다. 따라서 법률의 실제 운용에 필요한 시행 세칙이나 시행 규칙은 행정 권한에 맡겨 기능하는 것이 현실이다.

이러한 현상은 현대행정이 행정 목적을 실현하기 위해 추구하는 스피드와 전문성의 강조를 생각한다면 불가피한 측면이 있다. 예를 들면, 세칙(細則)의 해석을 둘러싼 논의를 계속한다면 상당한 시간이 경과해도 법률은 성립하기 어렵고, 만약 성립된다 하더라도 그것은 이미 옛날 법이 되고 만다. 또는 입법자도 이해하기 어려운 고도의 전문성을 요구하는 사항에 관해서는 기본원칙(大綱)만을 정하고 세칙 형성은 전문가에게 맡기는 편이 합리적이다.

이와 같은 사정으로 ① 정령(政令)[1], 부령(府令)[2]·성령(省令)[3], 위원회규칙과 같은 법규 명령(法規命令)과 ② 행정조직에 관한 규칙(規則), 훈령(訓令)[4]·통달(通達),[5] 각종 요강(要綱), 각종 재량기준과 같은 행정규칙(行政規則)으로 불리는 행정기관의 내부 규범이 존재한다. 국회가 제정하는 법률과 ① 정령, 부령·성령, 위원회규칙 등 법규 명령을 포함하여 법령(法令)이라고 한다. 지방자치단체 의회가 제정하는 조례도 법령에 준한다. 이러한 행정이 정하는 규범 ①, ②를 정리하여 "행정입법(行政立法)"이라고 부른다. ① 법규 명령과 ② 행정규칙의 차이점은 그 효력이 외부에 미치는지 여부에 있다. 따라서 행정입법은 개인이나 재판소도 구속하는 법규 명령과 행정 내부의 사무처리기준으로 행정만을 구속하는 행정규칙을 가리키는 것이라 할 수 있다. 이 절에서는 법규 명령과 행정규칙에 관해 상세히 검토한다.

---

1 명령(命令)의 하나로 내각이 제정하는 성문법을 말한다. 행정기관이 제정하는 성문법인 명령 가운데 가장 높은 위치를 차지한다.

2 행정기관이 발생시키는 명령의 하나로 '부(府, 내각부)'에서 발령하는 것을 말한다. 각각의 부에 관계되는 주무 행정사무에 관하여 법률 또는 정령을 시행하기 위해 또는 법률 또는 정령에서의 특별한 위임에 기초하여 부의 장이 발령하는 것이다.

3 명령의 하나로 각 성의 대신이 주무의 행정사무에 관하여 법률 또는 정령을 시행하기 위해 또는 법률 또는 정령의 특별 위임에 기초하여 발령하는 성문법을 말한다.

4 상급 행정기관이 별도의 하급 행정기관 또는 직원에 대해 권한 행사를 지휘하기 위해 발령하는 것이다.

5 circular notice라고도 한다. 주로 행정기관 내부에서 상급기관이 하급기관에 대해서 지휘감독에 기초하여 그 기관의 소관 사무에 대해 시달하기 위해 발령하는 일반적 규정을 말한다. 행정상의 통일성을 확보하기 위한 것을 목적으로 정해진다. 내용은 법령의 해석, 운용, 취급기준이나 행정집행의 방침 등 다양하다.

### 법규 명령

법규 명령은 행정활동의 근거가 되는 법률 규정을 보완한다. 법치행정원리에 따르면 행정활동은 의회가 정한 법률이나 조례에 기초하여야 한다. 그러나 입법부로서 의회의 능력에도 일정 한계가 존재하기 때문에 법률이나 조령(條令)은 대부분의 경우 개략적인 지침을 정하는데 그친다. 행정이 여기에 근거해 활동을 해나가기에는 불충분한 점이 많기 때문에 앞서 언급한 세칙(細則)이 필요하며 이에 관해서는 행정에서 스스로 정하게 된다. 단, 법규 명령은 상위 규범(헌법, 법률)의 위임이 제정 근거이자 대전제이다. 이것이 "행정입법"이 "위임입법"이라고 불리는 이유이기도 하다. 그러나 엄밀히 말하면 행정입법에 포함된다는 행정규칙은 행정조직의 내부 규칙에 지나지 않으며 법률의 위임을 필요로 하지 않기 때문에 "위임입법"이란 대부분 법규 명령을 가리키는 용어라 할 수 있다.

요약하면, 법규 명령의 형식적인 효력은 국회가 정한 헌법 및 법률 또는 지방자치단체 규칙에 관해서는 조례보다도 하위에 위치하는 것으로 자리매김한다. 그러나 그 성격상 상위 규범을 보완하며 또한 그 일부가 되기 때문에 대외적으로는 법률이나 조례와 동일한 효력을 가진다. 법규 명령에는 ① 정령, ② 부령 및 성령, ③ 외국(外局) 및 준외국(準外局, 위원회 및 廳)의 규칙, ④ 회계검사원 규칙, 인사원 규칙, ⑤ 지방자치단체 규칙 등이 있다.

① 정령은 헌법 제73조 6호에 기초하여 내각이 제정한다. ② 부령 및 성령은 부·성의 장(長)인 장관 즉 대신(大臣)이 제정한다(국가행정조직법 12조 1항). ③ 외국 및 준외국의 규칙은 각 위원회 및 각 청의 장관이 제정한다(국가행정조직법 13조 1항). ④ 회계검사원 규칙, 인사원 규칙은 회계검사원 및 인사원이 제정한다. ⑤ 지방자치단체 규칙은 지방자치단체장이 법령의 범위 내에서 해당 권한에 속하는 고유 사무에 관하여 규칙을 제정한다(지방자치법 15조 1항).

### 행정규칙: 훈령, 통달, 고시(告示), 요강(要綱) 행정

행정규칙은 행정기관의 내부 규범이다. 행정규칙은 법규로서의 성격을 가지지 않기 때문에 법률의 위임이 없더라도 행정기관이 자유로이 제어 가능하다. 이를 "행정명령"이라고도 한다. 그 효력은 법규 명령과 같이 개인이나 재판소와 같은 대외적인 영향력은 없으며 내부 행정에 한한다. 행정규칙에는 ① 훈령, ② 통달, ③ 고시(告示), ④ 요강, ⑤ 각종 재량기준 등이 있다. ① 훈령이란 상급 행정기관이 하급 행정기관의 권한 행사를 지휘하기 위해 내리는 명령이다. ② 통달은 상급 행정기관이 하급 행정기관 또는 직원에 대한 행정상의 사실 통지이다. 통달은 중앙부처(성청)로부터 지방자치단체의 고유 사무에 대해서도 상세 사항에 이르기까지 빈번히 발령되고 있으며, 중앙-지방 관계의 관점에서는 통달이 국가가 지방자치단체를 통제하는 수단으로 사용된다는 지적도 있다. ③ 고시는 행정기관장이 해당 기관의 소관 사무에 관하여 일반에게 알리는 것이다. 예를 들면 선거투표소 공시 등이 이에 해당한다. ④ 요강이란 행정기관이 관계자에 대한 지도 지침을 명시한 것으로, 이에 대한 법률적 근거는 없다. ⑤ 각종 재량기준이란 법령에 기초하여 행정관청이 판단하기 위한 기준을 내부에서 정한 것이다.

이 가운데 ① 훈령과 ② 통달의 차이는 실무상에서는 훈령이 사무 운영의 기본에 관한 명령 사항을 주요 내용으로 하는 것에 비해, 통달은 사실의 통지나 세목(細目)의 운영방침, 법령의 해석 등을 알리는 것을 주요 내용으로 하고 있다(우오타니〔魚谷〕, 1994). 또한 훈령은 법적 구속력이 있는 데 반해 통달에는 법적 구속력이 없는 경우가 대부분이다. 따라서 통달을 수령한 행정기관이 해당 통달을 반드시 지킬 필요는 없다. 즉 행정조직의 내부 규정인 행정규칙을 위반하더라도 직접적인 위법은 아니며 최악의 경우 위반한 직원의 공무원법 위반이 문제가 되는 경우는 있지만 통달의 경우는 그와 같은 간접적인 법적 구속력조차 없는 경우가 대부분이다.

예를 들면 소방행정에는 총무성 소방청이 소방관의 제복 기준을 통일하는 통달을 일본 전국의 소방본부에 내리고 있지만 아직 일본 전역의 약 8,900개 소방본부 제복은 각양각색으로, 더군다나 지방자치단체의 소방본부 측에 이를 지키도록 하는 것은 불가능하다고 할 수 있다. 이러한 행정규칙을 검토할 경우 잊어서는 안 될 점은 행정재량의 행사는 행정규칙에 의거하여 시행하는 경우가 대부분이며 또한 그 내용이 인허가의 결과에 큰 영향을 미치고 있다는 사실이다. 행정법 분야에서는 이와 같은 현실을 토대로 내부규범이라고는 하더라도 어떠한 형태로든 법적 통제를 가해야 한다는 학설도 나오고 있지만 지금 현재 판례의 주류는 아니다(오자키〔尾崎〕, 2003).

## 3. 행정재량과 행정활동의 투명화

행정입법 없이 행정이 기능할 수 없듯이, 행정입법 및 그 근거로 행해지는 사례(case)가 많은 재량행정(裁量行政) 또한 현대 사회에서 무시할 수 없는 상황이다. 단, 행정재량의 범위가 넓어지는 것은 필연적이지만 행정이 법의 세칙을 해석하여 행정활동을 실행하는 것을 원칙없이 허용한다면 행정에 유리한 방향으로 해석하여 결국 권력 남용으로 치달을 위험성도 크다. 1993년, 행정입법의 증가에 따라 그 제정과정의 투명화를 목적으로 한 "행정절차법"이 제정되었다. 이 절에서는 행정활동에서 행정재량이 어떠한 형태로 발생할 여지가 있는지 논의하고, 행정절차법에 관해 개관한다.

### 행정재량

행정재량은 행정의 주체적인 판단에 기초한 행정상의 결정 및 판단을 의미한다. 또한 행정재량의 여지 유무에 관련한 행정활동 분류로서 ① 패속행위

(羈束行爲)와 ② 재량행위(裁量行爲)로 분류하는 방식도 있다. 패속행위란 행정이 어떠한 행정활동을 할 것인가 법률상 명확하고 행정재량이 개입할 여지가 없는 행정활동을 말한다. 이에 비해 재량행위는 행정이 어떤 경우에 어떠한 행정활동을 할 것인가가 법률상 불명확하며 그 법률의 적용과 집행이 행정의 자유로운 판단에 따르는 행정활동을 의미한다. 이러한 분류 기준은 행정관청이 어떤 경우에 어떠한 행정활동을 할 것인가에 관해 조문(條文)상 명확한가, 하지 않는가의 여부에 따른 것이다. 또한 이러한 분류 방법은 정책실시 과정만을 시야에 둔 것이라 할 수 있다.

기존의 행정법은 행정활동의 개별 행위 형식에 관하여 해당 문제를 개별적으로 검토했다. 그러나 오야마 고스케(大山耕輔)에 의하면 이러한 개별 행위 형식에 대한 최종적인 법 효과에만 착안하는 분석적인 고찰 방법은 행정기관이 사실 행위를 포함한 다양한 정책 수단을 연속적으로 실시하는 현실적 행정활동의 과정을 간과한다(오야마〔大山〕, 1999)는 지적도 있다. 그런데 행정재량은 정책실시과정만의 문제가 아니라 정책결정과정에서부터 문제가 되기도 한다.

## 행정지도

행정지도(行政指導)란 행정기관이 개인으로부터 임의의 협력을 얻어 특정 행정 목적을 실현하는 행위다. 행정지도를 규제행정과 따로 분류하는 이유는 일방적인 법률상의 의무를 다하는 권력 행정이 아니라 어디까지나 임의의 협력에 의한 비권력 행정행위이기 때문이다. 따라서 행정지도를 받은 당사자에게 법률상의 의무는 발생하지 않는다. 그러나 행정지도는 지도 권고, 요청이라 하여 실제로는 행정이 인허가권을 쥐고 있는 경우도 많다. 이 때문에 비권력적이라 하지만 따르지 않으면 인허가 갱신(更新)이 되지 않는 등의 징벌 가능성과 같은 불안감이 작용하여 실제로는 권력적인 규제 행위와 마찬가지의 효과를 발생시키는 가능성도 크다고 여겨진다. 그리고 일본에서는 이와 같은 비권력적 행정지도를 권력 규제보다도 더욱 많이 활용하고 있다는 것이 그 특징이다.

따라서 실제로는 강제력이 비공식적으로 작용하여 일본 관료들이 사실상의 규제행정에 가까운 것을 명확한 법적 근거 없이 재량으로 행사하는 것은 문제가 있다는 논의도 있다. 그런데 헤일리(John O. Haley)는 일본에서 행정지도가 많은 이유를 GHQ가 전후 일본의 관료제에 경제적 개입에 대한 강한 법적 규제 수단을 활용하지 않았기 때문으로 본다. 이러한 점을 오야마 고스케는 "그들에 따르면 행정지도는 관료제의 강력함을 나타내는 것이 아니라 오히려 약함을 나타내는 것"이라고 지적하였다. 더욱이 프랑크 아퍼햄과 마크 람세이어 등은 석유 암거래 담합사건 이후 공정거래위원회와 재판부에 의한 행정지도를 통제할 움직임이 강했던 점을 평가하는 관점에서 언급하였다(오야마〔大山〕, 1999). 해외의 이러한 연구는 아마 행정지도를 기존과 같이 재량권을 배경으로 한 일본 관료가 가진 권한의 강력함을 나타낸다고는 반드시 얘기할 수 없다는 의미로 새로운 관점을 제공해 준다.

또한 일본에서도 기타무라 요시노부(北村喜宣)는 지방자치단체의 소방행정 예방업무에 착안하여 특정방화대상물(백화점, 호텔, 여관과 같은 많은 사람이 항시 출입하는 건물)의 설비유지의무 위반이 발견된 경우의 행정지도 실태에 관한 흥미 있는 연구를 하고 있다. 2003년 개정 전의 일본 소방법은 제17조 4 및 5에서 특정방화대상물의 방화책임자에 대한 설비유지의무에 대해 개선을 위한 조치 명령을 내리도록 규정하고 있다. 특히 5조 명령은 실무 분야에서는 전통적인 보물로 취급받는 것으로, 만약 개선 명령에 방화책임자가 따르지 않는 경우에는 사용 금지 및 업무정지 명령까지 내릴 수 있는 상당히 강력한 권한을 소방 당국에 인정하고 있었다.

그러나 기타무라 요시노부의 연구에 따르면 이 5조 명령과 같은 권력적 행정명령의 발동은 전국적으로 보아도 상당히 미미한 실정이며, 연간 몇 건

있을까 말까한 정도이다. 오히려 소방 당국 쪽에서 보이는 현상은 대부분의 지방자치단체에서와 마찬가지로 행정명령을 극도로 회피하여 행정지도에 따라 대응하고자 하는 경향이다. 그 요인을 기타무라 요시노부는 ① 소방행정 현장이 만성적인 인적 자원 부족으로 행정명령을 낼 경우 발생하는 복잡한 업무를 처리할 인적 자원의 여유가 없다는 것과 ② 소방이 정치적 압력에 약하고 업무정지명령을 발하는 경영자가 지방의원과의 관계에서는 열등하다는 것, ③ 법률에 관해 상세한 소방 관리가 적고 불복신청이나 소송제소(訴訟提訴)에 대응할 자신이 없는 점 등을 언급하며 행정 쪽의 부득이한 사정이 있음을 지적한다(기타무라〔北村〕, 1999).

이 연구의 검토에서, 소방행정의 특수성이 있긴 하지만 행정 측이 민간과의 관계를 배려하면서 행정명령을 회피하고 몇 번씩 현장에 나가 행정명령의 변화에 따른 개선을 위해 행정지도를 한다는 눈물겨운 노력의 모습을 엿볼 수 있다. 이는 기존의 행정지도에서 지적한 비공식적 권력 행정과 같은 이미지와는 다른 모습이다. 이 연구는 어느 의미에서는 행정지도가 일본에서 반드시 행정의 재량권을 배경으로 한 힘과 권력을 상징하는 것은 아니라는 실태를 실증한다. 행정법에서도 "법률에 의한 행정원리"의 취지를 철저히 하고 법률 유보에 관해 전부유보설을 채택하여, 행정지도는 모든 법적 근거가 필요하다는 의견이 있지만 아직까지 일반적인 학설은 아니다. 행정 현장의 실무 실태를 고려한 논의가 필요하다.

### 행정계획 · 정책

행정실무 분야에서 행정계획과 정책은 밀접한 관계에 있다. 예를 들면 지방자치단체의 종합계획체계에서 대항목〔大柱〕, 중항목〔中柱〕, 소항목〔小柱〕은 정책과 그 하위 개념인 시책, 사무사업에 거의 대응하고 있다. 행정계획과 정책에서 행정재량과의 관계를 검토한다.

### ① 행정계획

행정계획은 행정기관이 책정하는 계획으로 일정한 행정 목표를 설정하여 그 달성에 필요한 절차, 방법 등을 정하는 것이다. 현대행정에서 행정계획은 중·장기적인 행정활동의 방향성을 정하는 중요한 지침에 해당된다. 하지만 행정계획은 미래의 예정이나 목표를 정하는 어디까지나 지침이기 때문에 법률이나 조례와 같이 구속성을 띠지는 않는다. 즉 법률론으로 말하면 행정은 행정계획의 목표를 달성할 법적 의무를 부과하고 있지는 않다는 것이다. 목표는 달성하거나 또는 달성하지 못하더라도 특별한 문제가 없다.

이러한 점에 관해 NPM(신공공경영론)이 "성과 중시의 행정운영"이라 하여 목표 관리를 강조하는 점과는 서로 다르다. 물론 NPM도 행정계획의 목표 관리를 법률로 구속하는 주장은 아니다. 실제로는 불가능하겠지만, 법적 구속력이 없다고 해서 목표 달성을 위해 최선의 노력을 다하지 않고, 게을리 해도 좋다는 것을 당연시해서는 안 된다. 그러한 의미에서 현재 주목받고 있는 정책평가는 법률론을 보완하는 제도라 할 수 있다.

또한 행정계획은 법률이나 조례에 기초하여 만들어지기도 한다. 예를 들면, 도시 계획은 도시계획법에 기초하여 만들어지는 개인의 권리와 의무에 영향을 미칠 가능성이 있는 행정계획(구속적 계획)이다. 이러한 것에 관해서는 법적 근거에 대해 시비를 논의할 여지가 있다.

### ② 정책

정책은 우리들의 생활에 지대한 영향을 미친다. 단 기존 재량행정과의 관계로 그다지 검토가 이루어지지 않은 분야이다. 우선 정책이란 무엇인가. 마쓰시다 게이치(松下圭一)는 정책이란 "문제 해결을 위한 기법, 행동 계획"이라고 정의한다(마쓰시다〔松下〕, 1991). 그러나 거버넌스 개념의 출현과 함께 정책의 주체와 개념은 더욱 확대되는 경향을 보인다. 최근에는 NGO(비정부조직), NPO(비영리조직)도 정책을 제공하는 주체로 고려된다. 오오야 미노루

(大谷實)는 국가 및 지방자치단체가 책정하여 실시하는 정책, 이른바 공공정책을 "사회의 공적인 문제에 관해 책정하고 사회에 대해 폭넓게 적용하는 불특정 다수 또는 다수의 사람들(조직·집단)이 직·간접적으로 영향을 받는 것"으로 정의한다(오오야〔大谷〕, 1999).

어떻든 간에 여기서 고찰 대상이 되는 정책은 정부가 결정하고 실시하는 문제 해결 또는 행정 목적을 실현하기 위한 수단이라고 말할 수 있다. 그러나 정책은 실시하지 않으면 아무 소용이 없다. 그리고 당초 목적이 달성 가능한가에 관한 점검도 필요하다. 이러한 프로세스가 정책과정 이른바 계획(Plan)-실시(Do)-평가(See)의 과정이다.

정책에 대한 행정법에서의 위치 형성은 불명확하지만 정책실시(Do) 단계에서는 당연히 법의 지배를 받는 것을 암묵적인 전제로 논리를 전개하고 있다. 또한 정책입안 과정에서 하나의 프로세스인 행정계획(Plan)에 관해서는 법적 근거가 필요 없다는 입장이 대세인 것은 앞서 검토한 바와 같다. 오오야 미노루는 정책과 법의 근거에 관하여 "정책은 국민 또는 주민의 의사를 반영한 민주적인 절차에 의한 결정에 기초하지 않으면 안 되기 때문에 정책 결정은 통상적으로 성문법으로서 법규의 제정 즉 입법 형식에 의해야만 한다(오오야〔大谷〕, 1998)"고 하여 원칙적으로 법의 근거가 필요하다고 지적한다. 그러나 법률론의 입장에서 말하면, 일본의 행정실무는 침해유보설(侵害留保說)을 채택해 왔다는 입장이기 때문에 권력적인 정책 분야에서는 법률 근거는 필요하지만 비권력적인 정책 분야에서는 법률 근거는 불필요하다는 것이 일본 행정의 기본 자세라 할 수 있다.

다만 오늘날의 복잡, 다양한 행정활동을 권력적인가 권력적이지 않은가와 같은 기존의 단순한 패턴만으로는 반드시 적확한 분류가 어려운 상황에 있다. 정책 유형에 관해서도 다양한 분류 방법을 제시하고 있지만 아직 정형화된 분류 방법은 존재하지 않는다. 정책과 법률에 관한 연구는 분명 정책 유형 연구와 표리일체(表裏一體)라 할 수 있다.

### ③ 행정계획과 정책에 관한 행정재량 사례

결과적으로 행정계획이라는 정책입안 단계에서나 정책실시 단계에서 지나친 행정재량 행위가 문제되는 것은 틀림없다. 그러나 행정이 법에 의한 통제를 반드시 회피하는 것은 아니다. 오히려 침해유보설 입장에서 법적 근거를 필요로 하지 않는 급부(給付)행정 분야의 행정활동에서 행정 스스로 자진해서 법적 근거를 추구하는 경우도 있다. 예를 들면, 최근 일본 내 선진적인 자치단체들 사이에 행정평가 시스템을 도입하고자 하는 움직임이 나타나고 있는데, 이러한 행정평가 시스템을 만들고 실시하는 작업을 정책 사이클에서의 평가(SEE)로서 간주하는 게 아니라, 가령 종합계획의 체계에서 예산이 편성된 하나의 사업으로 생각한다면 이는 급부행정에 속하는 정책의 한 분야라고 말할 수 있다는 것이다.

총무성 조사에 따르면 2002년 7월말 전국 43개 도도부현 가운데 39개 도도부현이 어떠한 형태로든 행정평가 시스템을 도입하고 있고, 그 가운데 홋카이도(北海道), 미야기현(宮城県), 아키타현(秋田県)은 평가 실시의 근거로서 조례를 제정하고 있다. 도쿄도는 요강[6]과 규칙[7]으로 대응하고 있으며 나머지는 요강으로 각자 대응하고 있다. 아직은 다수가 아니지만 침해유보설에 의하면 법률의 근거가 필요 없는 분야의 사무사업인 행정평가 시스템에 관해 굳이 조례를 제정하며 법의 근거를 요구하는 지방자치단체가 있기 때문이다.

물론 이러한 지방자치단체 행정은 특히 담당 부서에서는 그들 나름대로의 전략적 속셈이 있다. 그것은 고비용과 노력 그리고 시간을 투자하여 자신들이 구축한 행정평가 시스템을 조례에 의해 제도화하고 지속성 있게 가져

6 행정집행의 지침을 정한 내부규정이다. 조직요강(組織要綱), 조성요강(助成要綱), 지도요강(指導要綱) 등이 있다.

7 일본법의 한 형식으로 명령에 포함된다. 형식적 효력에서는 법률의 하위이다. 행정위원회나 인사원, 회계검사원이 정하는 명령으로, 소관 사무에 관해 법률 또는 정령을 실시하기 위해 또는 법률 또는 정령의 특별 위임에 의거하여 제정한다.

가고자 하는 사고인 것이다. 이 사례는 법률의 유보가 반드시 필요 없는 분야에서도 행정이 의식적으로, 스스로 자진해서 법에 의해 자신들의 재량권이 구속되는 것을 희망하는 경우도 있다는 것을 보여 준다.

### 행정절차법(行政手續法)

지금까지 본 바와 같이 현대 사회는 행정기관이 시행하는 재량행정이 일정 부문 없다면 기능할 수 없으며, 민주주의적 관점에서는 이와 같은 행정행위의 국민에 대한 투명한 감독이 중요한 의미를 가진다. 이와 같은 사회적 요청에 따라 1993년에 제정된 것이 행정절차법이다. 행정에 대한 감독은 우선 법에 의한 행정의 원칙에 따라 법률이나 조례를 제정하는 의회가 해야 한다. 그러나 현실적으로는 제대로 기능하지 않는 것이 오늘날의 현실이고 지금까지 우리가 경험한 바다. 행정행위가 실시된 다음에는 사법에서 취소 소송이나 국가배상 청구 소송 등으로 행정을 감독하는 방법이 있지만 이러한 소송은 위법한 행정행위로 손해를 본 개인의 구제가 목적이다.

더욱이 행정행위 그 자체를 감독하기 위해서는 행정행위 절차나 과정을 컨트롤해 갈 필요가 있다. 이 같은 필요로 만들어진 것이 행정절차법이다. 그러나 행정절차법은 적용 제외의 예외 사항을 상당히 광범위하게 인정한다(행정절차법 제1조 2항, 3조 1항). 행정처분 절차, 행정지도, 신고(届出)에 관한 규정을 두고 있는데 행정입법, 행정계획 책정, 행정계약의 절차에 관한 규정은 없다. "이것은 행정과정의 최종 단계에서 국민을 대상으로 직접 시행하는 행위를 그 대상으로 하고 있으며, 여기에 이르기까지의 행정입법 절차, 행정계획 책정 절차에 관한 일반적인 규정은 빠져 있다"(요네마루〔米丸〕, 2001).

행정재량의 여지가 큰 행정입법 및 행정계획의 절차 과정을 어떻게 투명하게 할 것인가가 향후의 주요 과제이다. 참고로 미국과 독일의 연방행정절차법은 행정계획 책정 절차에 관하여 일반적인 절차 규정을 두고 있다. 또한 개인이나 기관에 의한 감시와 관여의 대상이 되는 행정활동의 절차나 과정을 "행정절차(行政手續)"로 부르고, 이를 법률에 규정해 행정이 그 법률이 정한 규정에 따라 행정행위를 하는 것을 "행정절차의 적정(適正)"이라고 한다. 그리고 기관이 제도적으로 행정절차를 감시하는 예로서는 옴부즈맨제도가 있다. 옴부즈맨제도는 행정의 잘못에 대해 국민의 고충을 받아 비사법적인 수단으로 감사를 시행하는 것으로 대다수 국가에서 채용하고 있는 제도이다. 일본은 국가 수준에서의 옴부즈맨제도는 없지만 2002년 말까지 46개 지방자치단체가 공적 옴부즈맨제도를 도입하였다.

## 4. 시민입법의 가능성

지금까지 이 장에서는 본래 입법부가 아닌 행정기관이 그 재량으로 행정입법을 시행하는 현상에 관해 검토하였다. 이 절에서는 일본 지방자치단체에서 점점 유행할 것으로 생각되는 행정입법에의 주민참가와 시민입법(市民立法)이라고 하는 새로운 움직임에 관해 검토한다.

### 행정입법에의 주민참가

입법 행위가 의회만의 독점물이라고 한다면 주민의 의향은 간접적으로 의원을 통해서만 법률에 반영된다. 그러나 행정재량 입법이 증가하고 있는 현 상황에서 주민의 의향을 행정입법에 얼마나 반영시킬 것인가는 중요한 과제이다. 현재 행정입법을 포함한 입법과정에서 주민의 목소리를 반영하는 대표적인 수단으로 심의회(審議會)와 의견 제출(Public Comment)제도가 있다.

심의회는 기관장〔首長〕의 자문기관이다. 위원은 학술 경험자, 주민에 의해 구성되는 경우가 많다. 최근에는 위원을 공모하는 사례도 증가하고 있으며 행정입법에 관계하는 시책에 대해서 간접적이긴 하지만 주민의 의견을 반영시키는 장(場)으로 되어 있다.

그러나 심의회는 공모가 있다고는 하지만 위원의 선정이 불투명한 점, 그리고 전문지식이나 정보를 독점한 심의회 사무국의 행정관리로 사용되고, 단지 시민 대표에 의해 심의한 결과라고 하는 행정입법의 정통성 확보라는 도구로만 사용되는 경우가 많다는 비판을 받고 있다.

최근 주목받고 있는 것은 의견 제출(Public Comment)제도이다. 의견 제출제도란 중앙부처등개혁기본법 50조 2항에 따르면 "중요한 정책입안에서 그 취지, 내용 기타 필요한 사항을 공표하고 전문가, 이해관계인 기타 폭넓게 국민의 의견을 구하는" 절차를 말한다. 또한 최근에는 주민을 대상으로 유사한 제도를 도입하는 지방자치단체도 증가하고 있다. 심의회와 마찬가지로 행정입법과 관련하는 시책에 대해 주민의 의견을 청취하는 제도지만 그 대상이 심의회 위원과 마찬가지로 한정되지 않는다. 기존의 심의회제도는 정보수집원이 위원으로 한정되는데, 정보수집원을 늘린 점이나 국민 또는 주민의 의견이 직접적으로 행정에 도달하도록 하는 경로의 확보가 가능하다는 점에서는 장점이라 할 수 있다.

단, 의회로부터는 주민의 대표인 의원을 제치고 주민의 의견을 바로 청취하는 것은 간접 민주제에 위반하는 것이라는 비판도 있다. 이 점에 관해서 아베 야스다카(阿部泰隆)는 주민의 의향을 청취하는 권리를 의원만이 독점한다는 근거는 어디에도 없다고 지적한다(아베〔阿部〕, 2003). 또한 이러한 입법과정에 대한 주민참여 경로는 행정입법 뿐만 아니라 입법부인 지방의회에서 제정하는 조례에서도 그 대상이 되고 있다. 다음에는 조례에서의 시민 참여에 관해 검토한다.

## 행정입법에서 시민입법으로

최근은 행정입법뿐만 아니라 의회에서 제정되는 법률 및 조례의 입법과정에도 한창 시민 참여가 시도되고 있다. 그 대표적인 예로 시민입법(市民立法)을 들 수 있는데 시민입법이란 무엇인가를 이 절에서 검토한다.

### ① 시민입법의 정의

요리모토 카츠미(寄本勝美)는 시민입법을 "시민이 해당 문제에 관하여 자주적, 주체적인 조사 연구를 수행하여 그 성과를 정책과 법률 형성으로 발전시켜 가는 것"으로 정의하고, 가장 발전된 형태는 "시민 스스로가 법안을 기안하는 것, 이때 기존 관련 법규와의 정합성이나 필요한 기존 법규의 개정안을 준비하는 것, 한편 이러한 새로운 정책, 법안을 폭넓게 각계에 호소하여 이해와 지지를 얻을 노력을 하는 것, 그리고 국회의원 개개인이나 정당 또는 관청에도 적극적으로 작용토록 하여 국회에서 입법으로의 움직임을 고조시켜 가는 것(요리모토〔寄本〕, 1999)"으로 언급하였다.

시민입법이란 시민이 주체성을 가지고 법률 작성에서부터 법 제정의 실현까지 적극적으로 작용하는 과정이다. 단, 여기서 문제가 되는 것은 시민의 주체성이라고 하는 것이 어느 시점에서의 주체성을 가리키는 것인가 하는 점이다. 반드시 시민에 의한 발안(發案)이어야만 하는가, 또는 행정이 마련한 장(場)에서의 법안작성 작업일 경우, 가령 시민 주도로 진행된다고 하더라도 이는 시민입법이 될 수 없는 것인가 하는 점이다.

다카하시 히데유키(高橋秀行)는 "법률이나 조례 제정과정, 행정입법 제정과정에 심의회 등의 경로를 통한 주민참가 및 참여"를 행정이 준비한 장에 시민이 참가하는 데에 그치며, 참가 체제의 결정권이 행정 측에 있다면 "행정선행형(行政先行型) 시민참가"(다카하시〔高橋〕, 2002)로 규정하여 시민입법과 구별하고 있다.

② 사례

단, 여기서 문제가 되는 것은 도쿄도 니시도쿄(西東京)시[8] 시민참가조례의 제정과정과 같은 사례는 어디에 속하는가 하는 의문이다. 2001년 호야(保谷)시와 다나시(田無)시가 합병하여 생긴 니시도쿄시는 신속하게 새로운 시 건설 사업의 일환으로 호야시장 선거 공약이기도 했던 시민참가조례의 책정 작업에 돌입하였다. 이 니시도쿄시의 시민참가조례가 특별한 점은 시장의 공약 사항이었던 점, 시민참가조례책정심의회의 위원 모두를 공모(公募)에 의한 시민으로 구성하고 또한 조례안을 시민에게 자유롭게 심의토록 한 점이다. 위원 공모는 시 홍보지와 홈페이지에 게재되어 수많은 시민으로부터의 응모가 있었으며, 선고 방식은 지정 테마에 관해 토론을 부과하고 그 내용을 선고토록 하는 방식이었다. 선정은 완전히 행정에 의해 진행되어 외부의 개입 여지는 없었지만 결과적으로 선출된 위원 가운데에는 행정부 쪽이 아닌 멤버도 포함되어 있었다. 또한 이러한 것을 행정부 쪽에서도 사전에 어느 정도 인지한 선고 결과였다.

행정 의무 규정을 법안에 포함시킬 것인지의 여부로 사무국과 위원 일부가 아주 격하게 대립하는 장면도 있긴 했지만 그 이외는 위원 측의 강한 요구에 의해 기간이 연장되는 등 시민 주도하에 일관되게 진행된 심의에서 행정은 참고 자료의 제시 등 실질적인 준비나 운영만을 뒤에서 지원하는 역할을 맡았다. 당연히 조례의 문안 작성도 위원이 분담하여 작성하였고 행정이 만든 시민참가조례의 선행 사례에 대한 포인트별 대비표를 참고하고 지금까지의 심의 결과를 토대로 개개 위원이 문안을 작성하고 또한 각자 모여서 최종적인 조정을 하였다. 완성된 조례안은 의회에 제출되고 의회의 승인을 얻어 조례로서 제정될 것이었지만 완성된 조례안에 불만을 가진 일부 위원이

8 2001년(헤이세이 13) 1월 21일에 다나시(田無)시와 호야(保谷)시의 합병으로 탄생하였다. 니시도쿄(西東京)시는 21세기 최초로 신설 합병에 의해 탄생한 도시로, 다마 지역에 위치한다.

의원에게 배부한 문서 탓에 1차는 부결되었고 다음 의회에서 겨우 제정되었다. 마지막에 한번 파란을 겪긴 했지만 니시도쿄시의 시민참가조례는 행정선행형(行政先行型)이라기보다는 시민선행형(市民先行型)으로 심의가 진행되었고, 문안 작성 등의 구체적인 작업도 시민들의 손에 의해 작성되어 기존의 심의회를 통한 주민입법과정에의 참가와는 차원이 다르다고 생각된다.

### ③ 시민입법의 분류

단, 시민의 발안(發案)에 의해 발생한 것이 아니라는 점 또는 행정 또한 조례안의 의회 제출 시까지 시민과 마찬가지 당사자로서 적극적으로 협력한 점 등에서는 협의의 시민입법 정의에서 벗어난다. 이 점에 관해 다카하시는 "행정이 설정한 틀 내에서 작업을 하는 행정선행형 시민 참가와 완전한 시민 중심형인 직접청구형(直接請求型) 시민입법 사이에 지방분권과 파트너십 시대에 걸맞는 제3의 조례책정기법이 있다는 것을 지적하고, 이러한 조례책정기법을 협동형(協働型) 시민입법이라 부르고 있다"(다카하시〔高橋〕, 2001). 다카하시의 정의에 의하면 시민입법은 협동형 시민입법과 청구형 시민입법의 두 가지 유형으로 분류가 가능하다.

또한 스다(須田)도 시민입법을 유형화하는 작업에서 우선 시민입법을 법률 사례(case)와 조례 사례로 나눈 뒤에 각각을 세 가지 유형으로 분류하였다. 제1유형은 시민(市民)이 직접 입법하는 사례로 법률 수준에서는 간접 민주제를 부정한다는 이유로 일본에서는 이를 인정하지 않는다. 조례 수준에서는 조례 제정의 직접청구권이 여기에 해당한다. 제2유형은 시민이 의원(議員)에 직접 작용케 하여 의원입법의 형태로 의회에 법안을 제출하는 사례다. 이것은 법률과 조례에도 공통적으로 적용되는 유형이다. 제3유형은 시민이 행정에 직접 작용하여 정부제출 법안 또는 단체장 입법으로서 정부에서 법안을 제출하는 사례다(스다〔須田〕, 2001). 이러한 분류에 따르면, 니시도쿄시 주민참가조례 책정과정은 다카하시가 언급한 협동형 시민입법, 그리고 스다

(須田)가 분류한 조례 제3유형의 한 사례에 해당한다고 말할 수 있다.

#### ④ 주민투표와 시민입법

오늘날 시민입법이 주목받기 시작한 배경의 하나로, 제도론적 입장에서 말하자면 주민투표를 둘러싸고 발생한 직접청구제도의 문제가 있다. 주민투표와 시민입법의 관계 및 주민투표의 문제점에 관해 검토한다.

우선 확인해야만 하는 것은, 시민입법은 의회를 통과해서 비로소 조례로 성립한다는 것이다. 결코 입법부로서의 의회를 부정하지 않는다. 법안 및 조례안의 작성은 시민이 하더라도 마지막으로 제도화하는 최종 결정권은 반드시 의회에 있다는 뜻이다. 전통적인 직접 민주제와 간접 민주제의 논의에서 말하자면 시민입법은 역시 직접 민주제에 가깝다고 생각하기 쉽지만 이것이 반드시 간접 민주제를 부정하는 것은 아니다.

주민투표와도 관계되는 조례에 한정하여 이야기를 진행하면, 안(案)을 제출하는 경로(route)로는 조례 제정의 직접청구권을 이용하여 조례안을 의회에 직접 제출하는 방법과 단체장을 통해 제출하는 방법, 의원을 통해 제출하는 방법의 세 가지 유형이 있다. 이 가운데 시민이 독자적으로 만든 조례를 의회에 제출할 때에 상당히 중요한 제도지만 의회를 통과하기가 가장 어려운 것이 조례 제정의 직접청구권을 사용한 방법이라 생각된다. 예를 들면, 일본 법률에는 지역의 중요 사항에 관하여 지역 주민의 찬반을 직접투표로 묻는 주민투표제 규정이 없다. 이에 주민투표를 요구하는 시민은 조례 제정의 직접청구제도를 이용하여 주민투표조례의 제정을 요구하는 운동을 우선 해야만 한다. 이러한 연후에 요건이 갖추어지면 단체장에게 제출하고 의회에서 조례 제정 심의에 들어가도록 하는 움직임으로 연결되지만, 대부분의 경우 의회에서 조례안이 부결되어 주민투표에 이르지 못한다.

마찬가지 경우가 시민입법에서도 발생할 수 있다. 단 주민투표조례안과 시민입법안의 가장 큰 차이점은 쌍방 모두 시민의 발의와 작용으로 의회의 심의에까지 이르는 점은 공통되지만 주민투표조례안은 조례 제정 후에 직접민주제로서 주민투표를 실시하는 데 최종 목적이 있다는 점이다. 시민입법과는 달리 명확히 현행 간접 민주제와의 균형 문제가 발생한다. 의회도 자신들의 존재 의의를 위협받는 주민참가조례에 반드시 호의적이지 않은 점에서 많은 조례안이 부결되는 연유를 연결지을 수 있다고 생각된다.

### ⑤ 주민입법의 가능성과 과제

지금까지 본 바와 같이 최근 주목을 받고 있는 시민입법은 입법과정에서 행정의 법안작성자로서의 독점적인 입장을 탈피하고 감시를 강화함과 동시에 행정활동에 경쟁 원리를 도입하는 것이다. 지금까지 의회에서 최종적인 심의가 이루어졌다고는 하지만 법안 작성의 전문지식은 대부분 행정관료에 의해 독점되어 왔다. 예를 들어 국가 차원에서 말하면 각 부처(省)의 과장 보좌 수준에서 작성된 내각 제출 법안이 국회에 제출되는 법안의 약 70%를 차지하며 또한 성립된 법안의 80% 이상을 차지해 의원입법을 크게 상회한다. 내각 제출 법안이나 단체장 제출 법안은 말할 것도 없고 행정입법의 대상이 되는 법안은 모두 행정관료가 만들어 왔다고 할 수 있다.

의원입법이 법안 제출의 경로로서 남아 있긴 하지만 의원은 입법안을 작성할 여력이나 시간이 없는 점 등으로 실상은 거의 활용되지 않고 있다. 시민입법이 등장한 배경에는 이와 같은 입법에 대한 의회의 기능 불능이 하나의 원인으로 작용하고 있는 점에 유의하지 않으면 안 된다. 시민입법은 현실적으로 인재나 전문지식에서 행정에 뒤쳐져 있다는 점이나 대상이 개개의 개별관심사에 한정된다는 점에서 아무래도 종합적인 정책입안 관점이 결여되어 있다는 과제가 남아 있기는 하지만 향후 일본에서 시민 사회가 성숙해 가면서 크게 발전할 가능성을 가진 분야이다. 앞으로의 동향에 주목할 필요가 있다.

지금까지 이 장에서 "법률에 의한 행정원리(법치행정원리)"와 행정재량 및 시민입법에 관해 살펴보았는데 법적 행정 원칙 및 입법 국가적 원칙은 오늘날 행정의 재량권 확대에 의해 상징되듯이 행정국가화의 현실에 도전을 받고 있다. 시민입법에서 본 바와 같이 법안작성 과정에서 국민의 참여라고 하는 새로운 흐름은 그와 같은 현상에 대한 하나의 실험이라 할 수 있다.

# 제9장 일본 행정기구

## 1. 조직 편성

### 라인과 스태프[1]

행정기관 조직 편성은 분업제(分業制)와 계층제를 기본으로 한 피라미드 형의 구조를 원칙으로 한다. 조직을 라인(Line)과 스태프(Staff)로 구분하는 라인·스태프 이론에서 라인(Line)이란, 피라미드 체계 그 자체를 말하며 명령 계통 일원화 원칙 아래 개별 직원이 직속 상사의 명령에 따르면서 주어진 목적을 달성해 가는 계열의 집합체이다. 이에 비해 스태프(Staff)란, 라인에서 상급관리자(피라미드의 상층부)의 관리 기능을 보좌하는 것을 임무로 하는 조직이다. 대규모 조직에서는 상급관리자가 될수록 관리 대상이 넓어지기 때문에 그 관리 기능을 보좌하는 전문 스태프가 필요해 진다.

그런데 전통적인 라인·스태프 이론에서 스태프가 수행하는 "보좌"의 범위는 어디까지나 관리자에 대한 조언, 권고에 그치며 라인에 대한 직접적인

1 한국 행정에서는 계선과 막료 또는 계선과 참모라는 용어로 쓰인다. 이 장에서는 원문에 의거하여 라인과 스태프로 통일한다.

명령권이나 결정권은 포함되지 않는다. 스태프이 라인상의 직원에 직접 명령을 하게 되면 직원은 직속 상사뿐만 아니라 그 스태프의 명령에도 복종해야 해 명령 계통의 일원화 원칙에 혼란이 발생하기 때문이다. 전통적인 스태프관은 상급자에 대한 조언자와 싱크탱크 역할만을 기대하며 지휘명령권이나 결정권을 가지지 않는 것으로, 일본의 행정조직으로 예를 들면 총리 보좌관 등이 그 사례가 된다.

그러나 스태프의 역할을 조언이나 권고만으로 한정하면 현실 행정조직에서 스태프의 범위는 극히 제한받을 수밖에 없기 때문에 스태프의 범위를 약간 넓게 해석하는 것이 일반적이다. 예를 들면 조직에서 제일 우선적인 업무를 담당하는 것을 라인, 이 라인의 계통 조직에서 보완적인 활동을 담당하는 것을 스태프로 해석하는 정의가 있다. 스태프를 더욱 세분화하여 라인에 대해 조언을 하는 조직을 참모 스태프, 인사와 예산과 같은 조직 전체에서 공통의 업무를 분담하여 라인의 업무를 보조하는 조직을 보조 스태프로 부르기도 한다(무라마쓰〔村松〕, 2001).

이러한 의미에서 일본의 행정조직에서 스태프으로 위치가 형성되는 것은 이른바 관방 계통(官房系統) 조직이다. 관방 계통 조직이란 인사와 예산을 비롯한 총괄 관리 기능을 담당하는 조직으로 국가행정기관으로 얘기한다면 각 국(局)에서는 총무과, 각 부성(府省)에서는 대신관방(大臣官房) 그리고 행정부 전체에서는 내각관방(內閣官房) 및 내각부(內閣府), 재무성 주계국(主計局), 총무성 행정관리국 등이 이에 해당하며, 지방자치단체에서는 총무부나 총무과가 이에 해당한다. 일본의 행정조직에서 라인 계통의 조직 활동은 이러한 관방 계통의 조직에 의한 관리, 통제에 두는 경우가 많으며, 명령은 직속상사만이 내린다는 명령 통일의 일원화 원리는 실질적으로는 기능하지 않다고 할 수 있다.

### 독임제(獨任制)와 합의제(合議制)

행정조직은 원칙적으로 피라미드형 구조를 가지며 그 최고 의사결정자(Top)는 단독 책임자 한 사람인 것이 일반적이지만 예외적으로 최상위가 복수 멤버로 구성되는 조직도 있다. 전자를 독임제(獨任制) 조직이라 하고 후자를 합의제(合議制) 조직이라 한다. 행정법학에서 얘기하는 최상위란, 행정 주체를 위해 의사결정을 하고 이것을 외부에 대외적으로 표시하는 권한을 가진 "행정청(行政廳)"(대신(大臣), 지사(知事), 시정촌장(市町村長), 행정위원회 등)을 가리킨다.

독임제 조직은 한 사람의 장(長)을 정점으로 하는 조직으로 중앙부처(省府)의 경우 대신(大臣, 장관), 도도부현의 경우 지사(知事), 시정촌의 경우 시정촌장이 조직의 장이 된다. 한 사람의 최고책임자가 모든 결정권을 장악하고 그 조직을 대표하는 것이 독임제 조직의 기본이다. 대부분의 행정기관에서 그 의사결정 과정의 현실은 둘째치고라도 법 제도상으로는 독임제 시스템을 취한다.

한편 합의제 조직은 최고 의사결정자가 복수의 멤버로 구성된다. 합의제 조직에서는 통상 멤버 가운데 한 사람이 조직을 대표하지만 조직으로서의 의사결정은 구성원의 합의(일반적으로 다수결)로 이룰 것을 기본으로 한다. 내각은 총리대신(總理大臣)과 국무대신(国務大臣)으로 구성되는 합의제 조직이며 행정위원회나 심의회도 마찬가지 합의제 조직에 해당된다. 합의제 조직이 존재 의의를 가지는 것은 의사결정의 신속함보다도 신중함이 요구되는 분야, 예를 들면 정치적 중립성이나 전문적인 판단이 강도 높게 요구되는 경우가 중심이라고 하지만 명확한 기준이 있는 것은 아니다.

### 새로운 행정조직 편성: 프로젝트형 조직, 팀제(그룹형)

행정조직은 앞서 언급한 바와 같이 피라미드형 구조가 기본이지만 그 구조를 유연화, 탄력화하는 방향으로 조직 편성이 시도되고 있다. 피라미드형 조직은 수직적인 분업 체제를 명확히 하고 있는 것이 그 기본이기 때문에 수평적인 행정 과제에 빠르게 대응하기 어려운 점이 있다. 또한 일본의 지방자치단체에서는 직원 연령 구성의 고령화에 따른 처우상의 문제에서부터 중간관리층을 늘리는 등 피라미드 계층을 세분화해 가는 경향도 있어 이로 인한 신속한 의사결정에 시간이 걸리는 경우도 있다.

이러한 가운데 피라미드형의 조직 형태를 유연화, 탄력화하는 방향으로 개혁에 적극적인 지방자치단체가 증가하고 있다. 본 내용에서는 이러한 시도를 조직의 "플랫화"로 칭하고자 한다. 플랫화란 직접적으로는 중간관리층 직(職)을 정리하여 "수직적〔縱〕" 직위 계층을 간소화하는 것이지만 이와 동시에 기존 계(係, 경우에 따라서는 課)의 근간을 제거하는 것으로 고정화된 수직적 조직구조를 유연화, 유동화시켜 수평적인 연결을 원활히하는 것을 포함한다. 이러한 플랫화의 목적은 직위 계층을 간소화하고 의사결정의 신속화를 도모함과 동시에 부서 간의 종적주의를 완화시키는 것이며 또한 부차적으로는 직원의 조직에 대한 헌신과 참가의식을 높여 조직 활성화를 유도하는 데 있다고도 한다(오스기〔大杉〕, 2000).

플랫화의 구체적인 모습은 다양하지만 우선 다음과 같은 형태를 들 수 있다. 먼저 프로젝트형 조직은 기존의 수직적인 조직에서 대응이 곤란한 과제가 발생한 경우, 해당 특정 과제에 대한 해결책의 고안을 주요 목적으로 만들어진 조직이며 구성 멤버는 기존 조직의 각 관련 부문으로부터 모여서 이루어진다. 업무의 집행이 아닌 기획 입안에 특화된 애드호크라시(adhocracy)적인 조직이다. 따라서 일반적으로 프로젝트형 조직은 당면 과제가 해결되는 시점에서 해산하지만 이 중에는 조직 전체의 과제 구상을 맡아야 하는 상시적인 조직으로 제도화되어 있는 자치단체도 있다. 다음으로 팀제(그룹제)는 예를 들면 하나의 과(課)에서 담당 업무를 정한 팀을 편성한다. 단 여기서 팀의 편성은 유연하며 한 사람의 직원이 다수의 팀에 소속되어 다수의 상사 밑에서 다수의 업무를 담당하는 등의 형태도 있는 체제이다. 프로젝트형 조직이든 팀제(그룹 형)든 행정조직 편성의 원칙인 계층제 원칙이나 명령 계통 일원화 원칙과는 서로 맞지 않는 조직 형태이며, 이러한 조직의 활용이 과연 정착될 것인지의 여부는 매우 흥미로운 부분이다.

## 2. 국가 행정기관

### 중앙부처(省廳): 관방(官房)과 사무부국(事務部局)

일본 헌법이 규정하는 바와 같이 일본의 행정권은 내각(內閣)에 있다. 내각은 대표자인 총리대신과 14명의 국무대신[2](3명까지 증가 가능)으로 조직되는 합의제(合議制) 조직이다. 총리대신과 국무대신은 내각이라는 조직의 구성원임과 동시에 원칙적으로 부(府)·성(省)의 장(長)으로서 행정사무를 분담 관리한다(이 밖에 무임소대신이나 내각부 사무의 일부를 담당하는 특명담당대신을 둘 수가 있다). 예를 들면, 재무대신은 내각의 일원인 국무대신이면서 동시에 재무성의 장이기도 한 두 가지 측면을 가진다. 내각의 의사결정은 총리대신이 주재하는 각의(閣議)에 의해 이루어지지만 내각은 연대책임제를 취하고 있기 때문에 의결은 전원일치(全員一致)에 의하며 다수결제도를 채택하지는 않는다.

행정권은 내각에 속한다 하더라도 내각은 이른바 행정의 통제 센터이며 실제 행정사무는 내각의 통솔하에 놓여 있는 중앙부처(府와 省)와 그 외국

2 내각을 구성하는 대신(大臣), 장관을 가리킨다. 각료(閣僚), 각원(閣員)이라고도 한다.

그림 9-1. 일본 행정기구

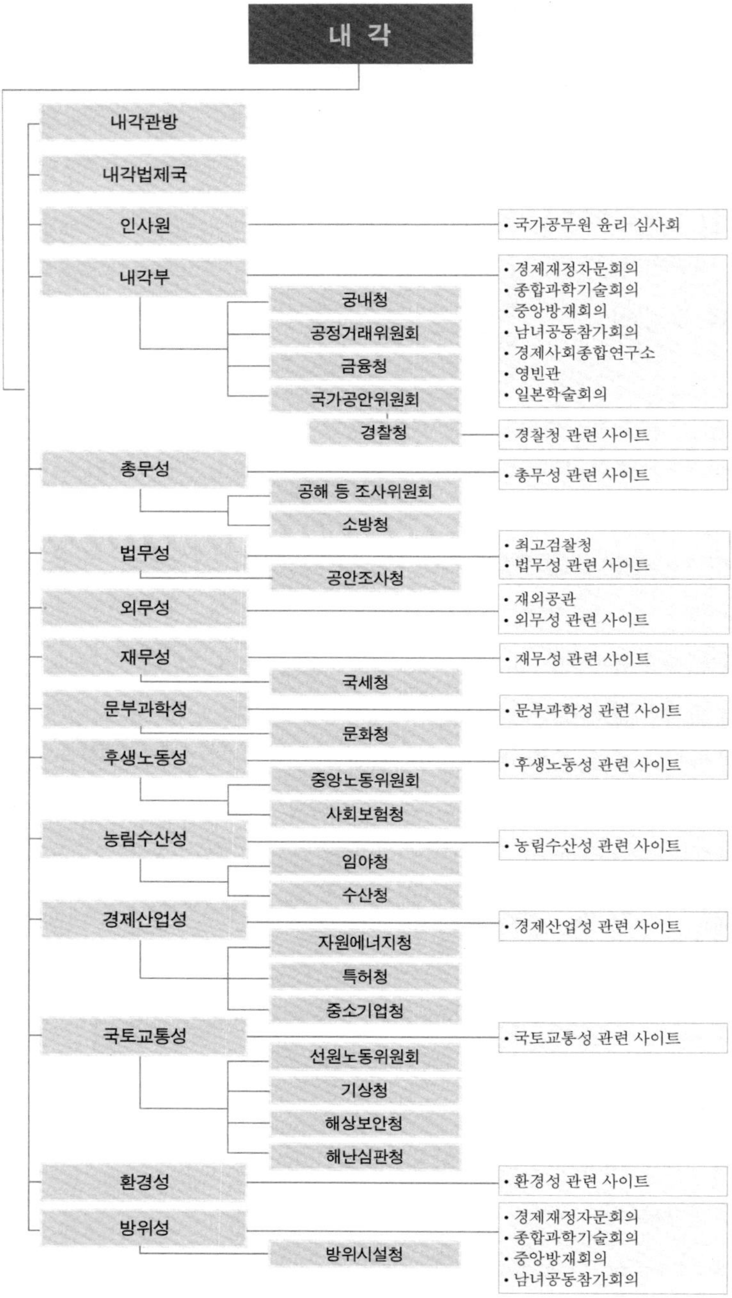
내 각
내각관방
내각법제국
인사원
• 국가공무원 윤리 심사회
내각부
• 경제재정자문회의
• 종합과학기술회의
• 중앙방재회의
• 남녀공동참가회의
• 경제사회종합연구소
• 영빈관
• 일본학술회의
궁내청
공정거래위원회
금융청
국가공안위원회
경찰청
• 경찰청 관련 사이트
총무성
• 총무성 관련 사이트
공해 등 조사위원회
소방청
법무성
• 최고검찰청
• 법무성 관련 사이트
공안조사청
외무성
• 재외공관
• 외무성 관련 사이트
재무성
• 재무성 관련 사이트
국세청
문부과학성
• 문부과학성 관련 사이트
문화청
후생노동성
• 후생노동성 관련 사이트
중앙노동위원회
사회보험청
농림수산성
• 농림수산성 관련 사이트
임야청
수산청
경제산업성
• 경제산업성 관련 사이트
자원에너지청
특허청
중소기업청
국토교통성
• 국토교통성 관련 사이트
선원노동위원회
기상청
해상보안청
해난심판청
환경성
• 환경성 관련 사이트
방위성
• 경제재정자문회의
• 종합과학기술회의
• 중앙방재회의
• 남녀공동참가회의
방위시설청

(外局,[3] 행정위원회와 청)이 분담 관리하고 있다. 중앙부처(省廳) 등 개혁을 통해 행정기구가 대폭 재편된 결과 현재의 중앙부처체제는 1부·10성·6행정위원회·14청으로 구성되어 있다. 유일한 "부"인 내각부는 각 성(省)보다도 한 단계 높은 지위를 부여받아 종합적인 조정 기능을 하고 있다(단, 각 성과 마찬가지로 특정 사무의 분담관리도 하고 있다).

내각부 및 10개의 성은 기본적으로 총리대신 또는 대신[4]을 장으로 하는 독임제(獨任制) 조직이다. 부와 성에는 대신의 정치적인 정책 판단을 보좌하는 직으로 부대신(副大臣, Senior Vice-Minister)과 대신정무관(Parliamentary Secretary)이 자리한다. 통상적으로 이 두 개의 직책은 대신과 마찬가지로 집권여당의원 가운데 임명된다. 부대신과 대신정무관제도는 정치 주도의 강화 관점에서 기존의 정무차관제도를 대신하여 도입한 제도이다. 단, 이 두 직책의 권한과 업무의 범위는 반드시 명확하지 않으며 부·성 내에서의 의사결정에서 실질적으로 이 두 직책이 어떠한 위치를 형성하고 있는가는 현 시점에서 분명하지 않은 점도 있다. 한편 대신을 도와 각 성의 업무를 정리하고 사무를 감독하는 것은 사무차관(Vice-Minister)으로 사무차관은 이른바 사무(행정실무) 쪽의 최고 책임자로서 위치하고 있다.

다음으로 중앙부처인 부성(府省)에는 내부부국(內部部局)[5]으로서 관방(官房)과 국(局)이 있고 또한 필요한 경우에는 부(部)를 설치할 수 있다. 부성의 소관 사무는 기본적으로 해당 각 국(局)에 의해 분담 관리된다. 한편 관방이란, 부성(府省) 내의 종합적인 조정이나 인사, 회계, 홍보 등을 담당하는

---

3 내국(內局, 內部部局)에 반대되는 것으로 일본 행정기구에서 중앙부처(府省) 아래에 위치하여 특수한 업무, 전문성이 높은 업무를 수행하는 기관으로, 청(庁)과 위원회 크게 2가지로 구별된다.

4 내각의 구성원으로 총리대신과 국무대신이다. 내각 구성원으로서 국무대신은 각 중앙부처 최고직인 각 부처의 대신을 겸한다.

5 일본 행정조직에서 부(府)·성(省)·청(庁)의 중간에 위치하는 세부 조직의 하나로 부성청 내의 본부를 구성하는 조직을 말한다. 내부라는 것은 외국(外局)에 반대되는 것으로 부성청의 경우 '내국(內局)'으로 약칭하는 경우도 있다.

그림 9-2. 행정기관 부국(部局)과 직(職) 배치(모델)

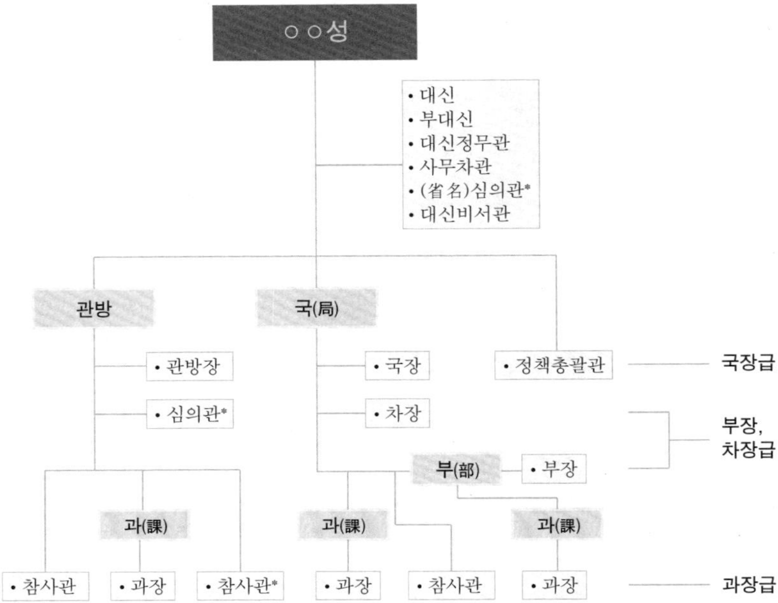


* 표시는 총괄정리직과 계획상담직
출처: 오카모토 젠쇼우(岡本全勝). 《省庁改革の現場から》성청개혁의 현장에서. 교세이(ぎょうせい), 2001. 81쪽.

부서로 이른바 "총무국(總務局)"이다. 관방, 국(局), 부(部)에는 과(課)가 설치되고 또한 일반적으로 계(係)가 놓인다. 여기서 중앙부처 대신(大臣)을 정점으로 하는 부성의 피라미드를 단순화시키면, 대신(大臣) → 부대신(副大臣, 대신정무관) → 사무차관 → 관방장·국장 → 국 차장·부장 → 과장 → 계장 → 계원의 순으로 차관에서부터 과장급까지는 그에 상당하는 직책(職)이 주어진다. 예를 들면 차관급으로서 중앙부처 이름(省名)하의 심의관(총무심의관, 외무심의관 등)·재무관(재무성), 국장급으로서 정책총괄관, 국차장급으로서 관방심의관, 과장급으로서 참사관·주계관(主計官) 등의 직책이 이에 해당한다. 이러한 직책은 각 중앙부처와 국의 담당 사무 일부를 총괄적으로 정리하고 또한 대신(大臣)의 명령에 의한 특정 사무를 담당하기 위해 두는 것이다.

다음으로 중앙부처인 부성에는 외국(外局)으로 위원회와 청(廳)을 둘 수 있다. 외국은 중앙부처인 부성의 내부 조직이긴 하지만 중앙부처 내의 다른 부국(內部部局)과는 구별되며 어느 정도 독립성을 가지는 조직으로 자리매김되어 있다. 위원회는 후술하는 행정위원회로 공정거래위원회 등 7개 위원회가 있으며, 청은 소방청 등 14개 청이 있다. 또한 이러한 청 가운데에는 주로 정책의 실시를 담당하는 실시 청(實施廳, 국세청, 사회보험청, 기상청 등)과 정책의 입안을 담당하는 정책 청(政策廳, 소방청, 문화청 등)이 있다. 실시 청은 정책의 입안 기능과 실시 기능의 분리라는 관점에서 내부 조직을 탄력적으로 편성하도록 하는 등 정책 청보다 높은 자율성을 부여하고 있다.

부성에는 이외에도 지방지분부국(地方支分部局, 지방지국)을 두고 있다. 이는 부성이 전국 각지에 두는 파견기관으로 예를 들면 세무서는 국세청의, 공공직업안정소는 노동성의 지방지분부국에 각각 해당한다. 이러한 국민 생활에 밀접한 기관 외에도 재무국(재무성), 지방농정국(농림수산성), 경제산업국(경제산업성), 관구(管區)경찰국(경찰청) 등의 지방지분부국이 블록 단위로 설치되어 중앙 업무를 전국적으로 전개하고 있다. 국가 행정기관에는 이밖에 심의회 등 시설 기관(형무소, 자치대학교 등), 특별 기관(자위대, 검찰청, 재외공관 등)과 같은 부속기관이 있다.

### 행정위원회

앞서 언급한 바와 같이 일본 행정기관은 원칙적으로 대신(장관)을 조직의 장으로 하는 독임제 조직 형태를 취하고 있지만 예외적으로 복수의 멤버가 합의로 결정을 하는 합의제 조직을 설치하고 있으며 그 일례가 행정위원회(行政委員會)[6]다. 또한 국가 행정기관은 내각의 통솔하에 두고 있지만 행정위원

6 행정적 기능 외에 규칙 제정 등 준입법기능과 쟁의 소송의 판단 등 준사법기능을 가지는 위원회도 존재한다. 특히 회계검사원은 내각으로부터 완전히 독립된 지위를 가진 헌

회는 내각이나 대신으로부터 일정하게 독립적인 지위를 인정받아 직접적인 지휘감독을 받지 않는다는 점에서도 예외적인 행정기관이다. 행정위원회는 이러한 두 가지 점에서 일반 행정기관과는 다른 위치를 형성하고 있는 행정기관이라 할 수 있다.

행정위원회제도는 미군 점령하에서 행정기관 민주화의 일환으로 도입되었다. 미국에서는 경제 규제를 행하는 분야를 중심으로 독립규제위원회라는 조직이 다수 설치되어, 이것을 일본에 행정위원회제도를 도입할 때 참고한 것이다. 미군 점령하에서는 한때 20여 개가 넘는 행정위원회가 설치되었지만 점령 종결 후는 행정기구 개혁의 일환으로 전국선거관리위원회, 전파감리위원회, 증권거래위원회 등 12개의 위원회가 폐지되었고, 해당 업무는 일반 행정기관에 통합되거나 또는 심의회로 개편되었다.

그 후 약간의 정리 및 재편이 있었고 오늘날 존재하는 행정위원회로서는 내각부 외국(外局)의 국가공안위원회·공정거래위원회, 총무성 외국의 공해등조정위원회, 법무성 외국의 공안심사위원회, 국토교통성 외국의 선원노동위원회, 후생노동성 외국의 중앙노동위원회 그리고 인사원을 포함 7개 위원회가 운영 중이다. 통상 행정위원회는 외부의 전문가 등으로 구성되지만 국가공안위원회는 국무대신를 위원장으로 임명토록 정하고 있어 다른 위원회와는 다른 조직 설계를 가진다.

한편 행정위원회의 존재 의의는 ① 정치적 중립성의 확보(국가공안위원회 등), ② 고도의 전문기술적인 판단(구 사법시험관리위원회 등), ③ 당사자에 의한 이해 조정(중앙노동위원회 등), ④ 준사법적 절차(공안심사위원회 등) 등이 요구되는 분야는 독임제 조직보다 합의제 조직이 우수하며 또한 내각이

법기관이기 때문에(일본 헌법 제90조 제2항·회계검사원법 제1조) 조직법학상 행정위원회라고 하기 어렵지만 내각으로부터의 강한 독립성은 행정위원회의 제도적인 목적과 상응한다. 일본 헌법 제73조의 해석상 헌법 개정 없이는 회계검사원과 같이 내각으로부터 완전히 독립된 행정기관을 창설하는 것은 극히 어렵다. 그 때문에 내각 소관이면서 상당히 강력한 독립성을 가진 '인사원(人事院)'과 같은 행정위원회제도는 회계검사원을 이상 모델로 하면서 헌법 73조와의 저촉을 피한 조직법적인 역작이라 할 수 있다.

나 대신들과 같은 "정치"로부터의 일정한 독립성을 부여하는 것이 바람직하다고 생각하고 있기 때문이다. 그러나 한편으로는 행정위원회에 대해서 그 독립성이 일본 행정기구가 내각에 의한 총괄을 기본원칙으로 하는 것과 서로 맞지 않는다는 비판도 있다. 일본은 현실적으로 행정위원회제도를 적극적으로 도입해왔다고 할 수 없으며, 미국과의 강화(講和) 후에 수도권정비위원회가 국토청으로, 문화재보호위원회가 문화청으로 개편·통합되었고, 사법시험관리위원회가 심의회로 개편되는 등 점진적이긴 하지만 그 분야는 점차 축소되었다.

지방에도 행정위원회제도가 설치되어 있기 때문에 간단히 검토한다.[7] 일본의 지방에서 행정권은 원칙적으로 단체장(首長, 지사, 시정촌장)에 속하지만 특정 행정 분야에 행정위원회를 두어 단체장의 지휘 감독을 받지 않고 독립적으로 각각의 행정활동을 하도록 하고 있다. 이를 집행기관의 다원주의(多元主義)라고 하는데 행정 일체 운영의 확보 관점에서 단체장은 행정위원회에 대한 종합적 조정권을 가지고 있다. 행정위원회를 두는 분야는 법률에 규정되어 도도부현에는 교육, 선거관리, 공안, 인사, 수용, 지방노동위원회 등 9개 위원회가, 시정촌에는 교육, 선거관리, 고정자산세평가위원회 등 6개의 위원회를 두고 있다. 국가보다 지방자치단체에서 행정위원회가 담당하는 정책의 범위가 넓다고 말할 수 있다.

### 심의회

심의회(審議會)란 내각이나 대신이 정책을 기획 입안, 결정 또는 집행할 때에 외부의 전문가와 이해관계자 등의 의견을 청취하기 위해 설치한 조직이다. 심의회는 행정위원회와 마찬가지로 전문가 등에 의해 구성되는 합의제(合議

**7** 행정위원회 위원은 의회의 동의를 거쳐 선임된다. 즉, 집행기관이 하나의 기관에 집중하여 행정의 공정성을 훼손하는 것을 방지하기 위해 일본의 지방자치제도는 행정위원회제도를 두어 집행기관의 다원주의를 채택한다.

制) 성격의 행정기관이지만, 대신(장관) 등의 자문에 응하여 심의 및 심사를 하는 어디까지나 의견 진술이 주요한 임무로 행정위원회와 같은 직접적인 집행 권한은 없다. 대신 등의 자문을 위한 기관은 사적 연구회(사적이라고 하지만 공적 비용으로 운영) 등을 포함시키면 상당히 다양한 형태가 있지만 일반적 의미에서 심의회란 국가행정조직법 제8조에 규정된 법적인 근거를 가진 "심의회 등"을 가리킨다(내각부에 설치된 심의회는 별도로 내각법에 규정한다). 현재 세제(稅制)위원회와 법제(法制)심의회 등 100여 개의 "심의회 등"이 존재하고 있다.

일본에서는 내각이나 대신이 중요한 정책을 기획 입안할 때에는 심의회로부터 어떠한 정책이 바람직한가에 관해 의견을 제시받아 자문을 구하고 그 의견(답신)을 감안하여 법안 등을 확정하는 기법이 널리 이용되고 있다. 관료기구가 정책의 기획 입안을 폐쇄적, 독선적으로 진행하지 않고 외부 전문가와 관계자의 의견을 반영시키고자 한 것이 심의회제도의 목적이다. 하지만 내각과 대신은 백지 상태에서 심의회에 자문을 구하기보다는 담당 사무국은 어느 정도 사전에 확정된 복수안을 가지고 있으며 이들을 검토 내용으로 한 전문가 의견 및 답신이 만들어지는 경우가 대부분이다. 이 때문에 심의회가 관료기구에서 사전에 준비한 안을 외부 권위자로부터 보증받는, 즉 이를 추인하는 밀실의 장에 지나지 않는다는 비판도 적지 않았다. 그러나 한편으로 심의회는 외부 전문가의 전문지식을 흡수하는, 정책에 의해 영향을 받는 관계 단체의 의견조정과 합의 형성을 도모하는 장으로서 일정 기능을 다해 온 것도 부정할 수 없다.

지금까지 언급한 것은 심의회 가운데 정책의 기획 입안에 외부 전문가, 관계자의 의견을 반영시키는 등 동의를 얻기 위해 설치된 심의회에 관해서였다. 심의회 가운데에는 이러한 성격을 가지는("기본 정책형 심의회"로 부름) 유형뿐만 아니라 오로지 정책의 집행과정에서 행정 처분이나 불복 심사 등에 관한 결정이나 동의를 하는 유형("법 시행형 심의회"라고 부름)도 있다. 후자 유형에는 전파감리심의회와 같이 의결이 단순한 자문에 그치지 않고 대신의 결정을 구속하는 형태도 있다.

여하튼 심의회는 다양한 성격을 가지며 또한 그에 대한 평가도 각양각색이지만 제2차 세계대전 후 국민 각계각층의 참가를 도모하는 장으로서 적극적으로 활용되었기에 1960년대까지는 계속 증가되어 한때 그 수가 300여 개 가까이 이르렀다. 그러나 행정개혁의 관점에서 그 수의 제한이 요구되었고 제1차 임시행정위원회의 보고서(1964)에서 심의회의 정리 통합을 요구받았다. 이에 따라 수차례에 걸친 정리 계획을 실시한 결과, 그 후 심의회 수는 200여 개 정도로 압축되었다.

그리고 중앙부처개혁[8]에서 심의회는 지금까지 볼 수 없었던 대수술에 들어갔다. 행정개혁회의(行政改革會議) 답신(1998)은 단순히 심의회를 양적인 측면에서 줄인다기보다는 정치 주도의 확립이라는 관점에서 정책형성에서 내각과 대신의 책임을 명확히 하기 위해 심의회에 비판적인 입장에서 근본적인 통폐합을 주장한 것이다. 그리고 심의회 가운데 정책 심의와 기준을 작성하는 심의회는 원칙적으로 폐지 또는 통폐합해야 한다고 하였다. 예를 들면, 옛 운수성 소관의 운수 정책, 항만, 항공 등 10여 개 심의회는 하나의 운수정책심의회로 통합하였다. 한편 심의회 가운데 불복 심사나 자격·검정, 조정 등을 소관하는 심의회는 수정 조정을 거친 후에 필요한 최소의 개수에 그치게 하였다. 이러한 개혁으로 심의회는 기존의 절반 정도로 줄었다. 정책에 대한 국민 각계각층의 의견이 심의회를 통해 관료기구하에 집결되는 것이 좋은가, 아니면 정치 주도의 관점에서 정부 여당→내각·대신이라는 경로를 통해 집약되는 것이 좋은가는 논의를 필요로 한다.

---

**8** 일본 행정기관의 기능과 조직 재통합을 가리킨다. 특히, 중앙성청등개혁기본법(헤이세이 10년 법률 제103호)에 기초하여 2001년(헤이세이 13) 1월 6일에 시행된, 중앙성청의 재편 통합에 따른 명칭 변경을 가리킨다. 중앙성청 재편은 종적 행정의 폐해를 없애고 내각 기능 강화, 사무 및 사업의 감량, 효율화를 그 목적으로 한다. 지금까지 1부(府) 22성청(省庁)을 1부 12성청으로 재편하였다. 법령 및 정부의 공문서에서는 '중앙성청 재편'이 아닌 '중앙성청 등 개혁'이라는 표기를 정식으로 사용하고 있다.

## 3. 중앙부처(省廳) 의사결정

### 품의제(稟議制)

행정기관에 한정되지 않는 일본 조직에서 특징적인 의사결정 방법으로 지적되는 것이 "품의제"[9]라고 불리는 절차다. 품의(稟議)란 부하가 상사의 의향을 걱정하면서 문의한다는 의미다. 일본의 중앙부처에서 품의제의 실태를 본격적으로 검토한 이는 츠지 기요아키(辻清明)[10]로 그에 따르면 품의제는 "행정에서 계획이나 결정 사항이 말단 직원에 의해 기안된 품의서를 관계자에게 순차적으로 회람시키면서 확인 도장을 구하고 또한 상급자에게 회송하여 최종 결재자에게 이르는 방식"이다(츠지[辻], 1999). 즉 상위하달형(Top-down)이 아닌 하의상달형(Bottom-up) 의사결정이다.

츠지는 이러한 의사결정 방식의 특징으로서 ① 결정권이나 지도적인 지위를 가지지 않는 말단 직원이 기안자로 품의서를 작성한다, ② 품의서는 관계자에 의해 개별 심의되며, 원칙은 회의를 열어 토론·심의하지는 않는다, ③ 품의서를 최종적으로 결재하는 대신 등은 오랜 의사결정 과정을 그대로 인정하는 것이 관례이다, 라는 3가지 점을 지적하였다. 그리고 이러한 절차는 말단 직원을 포함하여 관계자 모두가 의사결정에 참가할 수 있다는 이점이 있긴 하지만 다른 한편으론 품의서가 관계자들을 순회하는 데 장시간을 필요로 하고 경우에 따라서는 의식적으로 서류를 방치하는 등 능률 저하를 피하기 어렵다는 점, 다수 관계자가 도장(서명)을 찍기 때문에 결과에 대한 책임을 실체적으로 인식하는 것이 희박해져 책임 분산을 초래한다는 점, 차근차근 올라가는 방식이기 때문에 상급자가 지도력을 발휘하기가 어렵다는

**9** 실무를 담당하는 아래 담당자가 작성한 문서가 다양한 관계자(상사)의 도장을 받으면서 최종적 의사결정자(대신이나 국장)까지 이르는 제도를 말한다.

**10** 일본 정치학자이자 행정학자로, 일본의 관료제 연구에서 이른바 관료우위론을 제창하여 일본 학계에 강한 영향력을 미쳤다.

점 등을 결점으로 지적하였다. 중앙부처의 품의제에 관한 츠지의 이러한 이해는 이른바 통설로서 받아들여졌다.

그러나 형식적인 면에서는 그렇다 할지라도 실질적인 면에서는 통설에서 언급한 품의제는 재량의 여지가 적은 정형화된 안건의 의사결정에 한정되어 있다는 견해가 행정관료 경험자에 의해 제기되었다(이노우에〔井上〕, 1981). 그리고 법안작성 등의 중요한 안건에서는 통설에서 상정하지 못한 절차에 의해 실질적인 의사결정이 이루어진다는 것도 제시되었다. 이에 따르면 중요 안건이라 여겨지는 절차는 담당 과가 사무차관이나 관방장, 담당 국장들과 같은 부처 내 상층부의 의사를 확인하면서 원안을 작성하고 다음으로 다른 부와 성을 포함하여 이해관계자가 있는 관계 부서의 합의를 얻고자 조정 작업을 진행한다. 그리고 모든 관계 부서와의 합의가 성립된 단계에서 실질적인 의사결정을 종료하며, 후에 형식적인 서류를 갖추고자 담당 부서가 합의 내용을 기초로 품의서를 작성하여 이미 상호 합의가 끝난 관계자의 승인 도장을 요구한다는 것이다. 더욱이 각자 서명과 도장을 받는 방법은 통설에서 상정하는 회람 방식이 아니라 담당 직원이 관계자가 있는 곳을 직접 방문하고 설명하는 "순회" 방식을 취한다는 것이다.

즉 통설과는 달리 중요한 안건에서 말단 직원에 의한 품의서 작성 작업은 어디까지나 형식적이며, 실질적인 결정권은 원안(原案) 작성 단계에서 관여하는 상층부에 있다는 것이다. 또한 관계 부서와의 의견 조정은 물론 담당 부서 내의 의견 조정도 개별 심의보다는 회의 형식으로 이루어지고, 중앙부처 내의 의견 조정을 위한 회의에는 상하계층 폭넓은 직위의 사람들이 함께 참석하여 집단적인 의사결정에 의해 이루어지는 것도 지적되었다. 덧붙이면 예산의 개략적 산정요구 결정이나 국회 답변자료 작성과 같은 중요한 안건은 형식적으로도 품의제 절차를 취하지 않는 등 중앙부처 의사결정은 다양하다는 것을 나타낸다.

이러한 검토에서 알 수 있는 것은 형식적인 과정은 어찌되었던 간에 실질적인 의사결정 과정에서 대신과 옛 정무차관의 역할은 거의 없는 것과 마찬가지라는 점이다. "정치 주도" 강화가 요구되는 가운데 중요 안건에 관한 실질적인 의사결정 과정에서 대신, 부대신, 대신정무관의 지도력이 어떠한 형태로 발휘되는 것이 바람직한가는 많은 검토를 요한다.

### 대실주의(大部屋主意)

일본 행정이 개인이 아닌 집단을 기초단위로 활동하고 있다는 점과 집무실의 레이아웃을 연결지어 논하는 것이 "대실주의(大部屋主意)"[11]이다. 일반적으로 일본 관청에서 개별 집무실이 주어지는 것은 부장급 이상이며(중앙부처에서는 관방과장 이상), 직원 대부분은 과(課) 단위 또는 부(部) 단위의 "큰방(大部屋)"에서 일을 하고 있다. 대실주의란 "부여되는 직무는 과·계(係) 단위에서 규정되고, 직무 내용도 개괄식·열거적이며 직원은 주어진 직분을 분담하면서 협력하여 수행하고, 공간적으로도 한 장소에서 직무를 수행하는 조직·집무 형태"(오모리〔大森〕, 1993)를 가리킨다. 일본의 대실주의는 유럽과 미국이 직계제(職階制)[12]에 기초하여 대부분 개별 직원의 직무와 역할을 명확히 분담하는 "개별실주의(個室主義)"를 채택하는 것과 대조적이다. 직장이 대실주의로 운영된다는 것은 다음과 같은 점을 의미한다(오모리〔大森〕, 1993). ① 큰방에서 일을 하는 전원이 적절히 업무를 분담하면서도 상호 협력하고 서로 보완해 갈 수 있다. ② 업무 양상을 종적 횡적으로 서로 평가하는 한편, 개개 직원의 업무 실적을 개별적으로 평정하기는 어렵다. ③ 집단의

11 실무의 제일선을 담당하는 과장직 이하는 개별 방을 가지지 않고 큰 사무실에서 집무한다. 이와 같은 집무 형태는 적어도 영미 선진국의 행정조직에는 없는 형태이다. 조직법령의 소관 사무규정도 대실주의(大部屋主義)로 되어 있다. 즉 국장, 과장이라는 직위(position)별로 권한과 책임을 명기하는 것이 아니라 국, 과라고 하는 조직단위로 '○○에 관한 것'이라고 규정하는 방식을 취한다.

12 모든 직위를 직무의 종류와 난이도, 책임도에 따라 계급과 직급별로 분류하되, 같은 직급에 속하는 직위에 대해서는 같은 자격 요건을 필요로 하며 같은 보수가 지급되도록 하는 제도로, 미국과 영국에서 발달하였으며 한국 공무원법도 이를 채택하고 있다.

일원으로서 협동성 발휘가 가능한지의 여부가 개개 직원이나 관리직에서도 중요한 배려 사항이 된다. ④ 과나 계의 업무를 몇 명의 직원으로 하는 것이 최적인가 하는 조직의 적정 규모 면에서 애매하기 쉽고, 구성원 수에서 조직이 일정한 신축성을 가진다. ⑤ 따라서 직원과 업무를 동시에 축소 또는 폐지하는 형태가 아니더라도 조직의 신설·폐지가 가능하다. 이러한 대실주의는 조직이 일체가 되어 행동하는 데 적합한 최대 동원 시스템의 한 요소라는 평가가 있다(무라마쓰〔村松〕, 1994). 오늘날 일본의 행정 현장에서 직원 개개인의 업적 평가 시스템을 도입하는 노력이 모색되고 있지만 이러한 시도가 일본의 대실주의를 변화시켜 갈 것인지 흥미롭다.

## 부처할거주의(Sectionalism)

부처할거주의(Sectionalism)[13]란 조직 전체의 이익보다도 자신이 소속한 부서의 이익을 우선하며 이것을 유지, 확대하기 위해서는 타 부서와의 영역 다툼도 꺼리지 않는 행동 양식이다. 일본에는 공공연히 "성(省)은 있으나 나라가 없으며", "국(局)은 있으나 성(省)은 없다"는 말이 있듯이 중앙부처의 부처할거주의가 너무 강하여 이것이 중앙부처의 수평적인 과제에 유연하고 기동적인 대응을 곤란하게 하는 등 오랫동안 비판의 대상이 되었다.

일본 중앙부처의 이러한 부처할거주의에는 다음과 같은 배경이 있다(모리타〔森田〕, 2000). 첫째로 부처할거주의 억제를 위해서는 각 중앙부처를 통

**13** 부처할거주의는 조직이 분화하는 과정에서 생겨나는 현상 중의 하나로, 조직이 그 장을 정점으로 하여 하나로 단결하고 다른 조직을 경쟁 대상으로 인식하고, 협조 대상으로 인식하지 않는 것을 말한다. 이를 부처이기주의라고도 한다. 부처는 기능, 절차, 대상 등 동질성에 따라 분업화되기 때문에 조직 구성원 간에 강한 일체감이 있으며, 인식과 이익을 공유하게 되므로 다른 부처와 뚜렷한 입장 차이를 보이게 될 때가 많다. 여기에 대체로 부나 처 등 중앙행정기관에서는 품의제를 통해서 어떤 안건에 대하여 합의와 단합이 이루어진다고 볼 수 있으므로 품의제는 부처할거주의를 가속화시키는 한 요인이 된다. 부처할거주의가 지나치면 국익을 소홀히 하게 되며, 범국가적 대응이 필요할 때 이에 대한 대응이나 의사결정의 지체가 일어나게 된다.

괄하는 내각이 지도력을 발휘할 필요가 있지만, 내각 운영상 내각은 각 부처에 대해 강한 지도력을 발휘하기 어려운 상황이다. 각의(閣議)나 각의에 앞서 열리는 사무차관회의도 전원 일치 규정을 취하고 있기 때문에 어느 대신이나 사무차관이 강하게 반대하는 안건은 합의에 이르기 어렵다. 각 중앙부처는 사실상의 거부권을 가지고 있는 것과 마찬가지로 이것이 중앙부처의 부처할거주의를 담보하고 있다고 할 수 있다.

둘째로 공무원 채용과 이후 인사에서는 중앙부처 간 수평적으로 시행하고 있지만 채용에서 퇴직 후 낙하산 인사에 이르기까지 인사는 부처단위에서 독자적으로 이루어진다. 국가공무원은 이른바 ○○성(省)이라고 하는 회사에 종신 고용으로 취직하여, 재취업 장소까지 알선해 주는 그러한 "회사(會社)"에 강한 귀속 의식을 가지고 "회사"의 것을 제1로 생각하고 일하는 것은 오히려 당연한 것이다. 특히 커리어 공무원의 인사가 각 부처별로 이루어지는 것이 중앙부처 부처할거주의의 기반이 되었다는 견해가 강하다.

셋째로 각 중앙부처는 정책 대상 집단인 업계와 그 정책 영역에 관심과 영향력을 가진 의원(族議員)[14]과의 사이에서 개별적으로 "정치·관료·업계(政官業)"의 네트워크를 형성하고 있다. 각각의 중앙부처 이익(省益)은 업계의 이익, 정책집단 의원(族議員)의 이익과 연계되기에 부처 간 부처할거주의는 행정부 외부에서도 더욱 강화된다. 또한 부처 이익이 세분화된 "국(局) 단위의 이익"이 네트워크를 형성하는 경우도 많기 때문에 "국(局) 있고 성(省) 없다"는 상황도 발생한다.

이러한 부처할거주의는 일본 중앙부처에 한정된 것이 아니라 분업체제를 기본으로 하는 조직에서는 정도의 차이는 있을 뿐, 피할 수 없는 현실이

14 여당 의원 가운데 일정 분야의 정책입안에 영향력을 가진 정치집단을 가리킨다. 이러한 집단은 그 분야를 소관하는 중앙부처의 대신(장관), 정부 차관 등의 경험자, 소관 관청의 커리어 관료(사무차관, 심의관 등) 출신 의원이 대부분이고, 그들이 정책입안의 결정권을 쥐고 있다. 정책집단의원(族議員)은 로비스트화하여 특정 중앙부처나 업계의 권익을 둘러싼 유착이 문제시되고 있다.

다. 그러나 과도한 부처할거주의는 행정을 경직화시켜 비효율을 초래할 뿐만 아니라 국민 전체 이익이라는 관점을 망각할 수 있다. 중앙부처 등의 개혁에서도 부처할거주의에 따른 폐해를 제어할 필요성이 인정되어 내각기능 강화책이 발표됨과 동시에 부처 간 정책조정의 기본 규정이 정해지기도 했다. 중앙부처 간의 부처할거주의는 부처마다 이루어지는 채용 인사에 크게 기인하고 있다는 지적도 있기 때문에 향후 이것의 수정도 과제가 된다.

## 4. 행정기구의 아웃소싱

### 행정의 수비범위론

오늘날 선진 각국에서 행정의 수비범위 또는 행정이 담당해야 할 책임영역은 제2차 세계대전 후 정부에 의한 적극적인 시장 개입과 복지정책 확충을 주축으로 하는 케인즈 형 복지국가로의 길을 걸어옴에 따라 기본적으로 확대되어 왔다. 그러나 1970년대 후반 선진 각국에서는 석유파동 등의 영향으로 불황을 겪는 한편, 고령화 등에 따른 지속적인 사회보장 지출 증가로 심각한 재정 위기에 직면하였다. 각국은 재정재건과 경제 활성화를 도모해야 하는 강력한 필요성에 직면하게 되었고, 이에 주요 조류(潮流)는 시장 메커니즘에 대한 신뢰를 전제로 행정의 수비범위를 수정하고 이를 축소해야 한다는 사고였다. 즉 "작은 정부론"의 등장이다.

이러한 흐름의 중심에 있었던 것이 영국의 대처 정권(1979-1990)과 미국의 레이건 정권(1980-1988)이었다. 대처 정권은 국영기업 민영화와 복지정책 수정, 레이건 정권은 규제완화(deregulation)와 감세로 행정의 수비범위를 축소하였다. 또한 일본의 나카소네 야스히로(中曾根康弘) 정권도 스스로의 지향을 이러한 영미 두 정권의 방향과 같이하여 3개 공사(公社)를 민영화하고 규제완화를 추진하였다. 이외에도 캐나다, 뉴질랜드, 스웨덴 등이 이러한 개혁에 적극적이었다.

한편, 행정의 수비범위를 수정하고 이를 축소하는 것은 대부분의 경우 기존의 행정이 담당해왔던 업무를 외부 조직에 위임하는 것이다. 이 절의 표제인 아웃소싱이라는 용어는 "외부에 맡긴다"라는 점을 강조하여 사용하는 용어다. 여기에는 행정기관이 직접적으로 담당하는 업무는 최소한으로 하고 그 이외의 업무는 적극적으로 외부 조직에 맡겨야 한다는 의미가 포함되어 있다.

원래 아웃소싱은 행정·민간을 불문하고 사용하는 용어지만 행정기구에서 아웃소싱이라 하는 경우, 기존 행정활동의 일환으로 행정기관(또는 공영기업)이 직접 실시해 온 업무를 ① 행정의 책임영역에서 분리하여 민간기업에 의한 사업으로 전환시킨다(민영화), ② 행정의 책임영역으로 두는 것은 변함없지만 업무의 실시를 민간기업 등에 위탁한다(민간위탁), ③ 마찬가지로 행정의 책임영역으로 두는 것은 변함없지만 업무를 실시하는 기관을 행정기구로부터 분리하여 일정한 독립성을 부여한다(에이전시화, 독립 행정법인화) 등의 방법을 의미한다. 행정기구 아웃소싱이란, 시장 원리와 민간의 경영기법에 신뢰를 두면서 일부 행정 기능을 외부에 위탁하여 운영하는 것을 의미한다. 다음에는 민영화와 민간위탁, 독립 행정법인화에 관해 설명한다.

## 민영화와 민간위탁: 관민의 역할분담

### ① 민영화

행정기구 아웃소싱 가운데 가장 강력한 기법이 민영화다. 통상 민영화라고 하면 공영기업을 주식회사화하여 주식의 전부 또는 일부를 민간에 매각하는 것을 말한다. 이러한 국영기업 민영화를 대대적으로 추진하여 각국에 영향을 미친 것은 영국의 대처 정권이었다. 영국에서는 제2차 세계대전 이후 노동당 정권에서 주요 산업의 국유화가 진행되어 전체 산업 비중의 20%가 국영기업이라는 상황에 있었지만 보수당의 대처 정권은 석유(British Petroleum), 전기통신(British Telecom), 가스(British Gas)를 비롯하여 영국항공이나 롤스로이스 등 약 50여 개의 국영기업을 지속적으로 민영화시켰다.

이와 거의 같은 시기에 일본의 나카소네 내각은 국영철도, 전신전화공사, 전매공사 3개 공사[15]를 민영화하였다. 이들은 원래 철도성, 체신성, 대장성 전매국과 같은 행정기구의 일부였지만 제2차 세계대전 후 국가로부터 독립한 공사 조직으로 개조된다. 공사는 독립채산제가 원칙이지만 자본 전액을 국가가 출자하고 예산은 국가의 통제를 받으며 경영자를 국가가 임면하는 등 경영상에서 자주성이 제약되었다. 이것이 하나의 원인으로 국철은 적자가 크게 누적되었고 근본적인 재건을 필요로 하였다.

이러한 3개 공사의 민영화를 발의한 것은 제2차 임시행정위원회(1981-1983)였다. 제2차 임시행정위원회 보고서는 공사제도의 문제점으로서 ① 국가에 의한 관여가 경영책임의 소재를 애매하게 하고 있다, ② 노동자 측은 도산할 염려가 없는 공사제도에 안주하고 공사 직원으로서의 자각과 의무감을 상실하고 있다, ③ 공사에 대한 국민의 과도한 기대가 공사 경영에 부담을 주어 효율성을 저해하는 요인으로 작용하고 있다는 것을 지적하였다. 그리고 이러한 문제점을 해결하기 위해서는 단순한 현행 제도의 수정이 아닌 공사제도 그 자체의 근본적인 개혁을 실시하여 민영화 또는 그에 가까운 경영형태로 전환할 필요가 있다고 하였다.

이에 3개 공사는 나카소네 내각에서 민영화(국철은 분할 민영화)되어 주식회사로서 다시 태어났다. 단, 이러한 3개 공사가 모두 순수한 민간기업으

15 일본국유철도(日本国有鉄道) → 일본국유철도청산사업단(日本国有鉄道清算事業団, 1998년 10월 22일 해산)으로 전환(철도 사업은 1987년 4월 1일에 JR그룹으로 전환). 일본전신전화공사(日本電信電話公社) → 1985년 4월 1일 해산(기능은 일본전신전화(日本電信電話, NTT그룹)로 전환). 일본전매공사(日本専売公社) → 1985년 4월 1일 해산(기능은 일본담배산업(JT)으로 전환).

로서 "완전 민영화"된 것은 아니었고, 현재도 일본 정부가 NTT(전신전화공사) 주식의 약 절반, JT(구 전매공사) 주식의 3분의 2 정도를 보유하고 있다. 또한 JR 각 사(옛 국철)에 관해서도 JR히가시니혼(東日本)을 제외한 주식의 전부 또는 일부를 철도건설·운수시설정비지원기구(옛 국철청산사업단)가 보유하고 있다. JR니시니혼(西日本)과 JR도카이(東海)는 완전 민영화되었지만 그외 JR 각 사, NTT, JT는 순수 민간 주식회사가 아닌 국가 규제하에 있는 "특수회사"로서 자리매김되어 있는 상태이며, 국가의 일정한 주식 보유가 의무화되어 사업 계획, 임원 인사 등이 국가의 인허가에 의해 이루어진다.

**② 민간위탁(외부 위탁)**

다음으로 민간위탁이란 민영화와는 달리 행정이 업무의 책임 주체가 되지만 계약에 의해 해당 업무 실시를 민간기업 등에 위탁하는 것을 말한다. 업무수탁자에 민간기업뿐만 아니라 공익법인이나 임의단체 등도 포함되기 때문에 총칭하여 "외부 위탁"이라 부르기도 한다. 민간위탁은 국가와 지방을 불문한 방법이기 때문에 여기서는 지방자치단체를 염두에 두고 정리하고자 한다.

민간위탁은 인쇄 업무, 청사 청소, 쓰레기, 분뇨 처리 업무 등의 분야를 중심으로 일부 자치단체에서 일찍부터 추진되었지만 일본 전역으로 확산된 것은 1980년대 중반부터였다. 이것은 제2차 임시행정위원회가 재정재건의 입장에서 지방행정개혁의 일환으로 민간위탁 추진을 강력하게 요구한 것을 그 계기로 한다. 그러나 민간위탁에 대한 반대도 강해 당시 학교 급식이나 쓰레기 수집 업무 등을 중심으로 "직영·위탁 논쟁"이 한창 확산되었다. 위탁추진파가 강조하는 민간위탁의 최대 장점은 직영 방식에 비해 경비가 적게 든다는 점이다. 위탁 방식과 직영 방식에 대한 비용의 비교 분석이 자주 있었지만 위탁 방식이 저렴하다는 분석이 대부분이었다. 학교 급식이나 쓰레기 수집과 같은 업무는 실제 노동 시간이 짧은 점도 있어 민간위탁이 인건비 억제에 효과적이라는 점은 틀림없었다. 한편, 직영파(直營派)는 민간위탁이 영리 본위로 인해 주민 서비스 저하를 초래하고 행정책임 체제가 명확치 않게 된다는 점 등을 단점으로 지적하였다. 요약하면 민간위탁은 비용 면에서는 우월하나, 직영 방식을 대신할 수 있을 만큼 양질의 서비스를 제공하는지의 여부가 논쟁의 초점이었다.

논란은 위탁파에 우세하게 진행되어 온 것으로 생각되지만 실제 위탁률 현황을 보면 학교 급식 37%, 일반 쓰레기 수집 77%의 비율로 나타난다(일부 위탁도 포함, 1998). 논쟁의 초점이 되었던 두 업무에 관해 얘기하면, 민간위탁은 자치단체에서 판단이 갈리는 문제로 현재도 논쟁이 지속되고 있다고 할 수 있다. 민간위탁 대상이 되는 주요 업무를 보면, 위탁율이 100%인 것은 청사 청소, 정보처리·청사 내의 시스템 유지, 80% 수준을 넘는 것은 도로 유지보수·청소, 홈페이지 작성·운영, 본 청사의 야간 경비 업무 등이다(도도부현, 2002). 또한 공공시설 운영의 경우, 대부분의 시설에서 일정 업무를 민간위탁하고 있다.

## 독립 행정법인화: 관(官)의 역할 분담

민영화는 행정 수비범위를 수정하여 기존에는 행정 영역에 속했던 업무를 민간 영역으로 이전하는 것이다. 이에 대해 독립행정법인제도는 행정활동에서부터 정책집행 부문에 이르는 일정 업무를 분리하여 이를 담당하는 조직에 독립된 법인격을 부여하는 제도로, 정책집행 부문에 일정한 독립성을 부여하여 업무의 질(質), 효율성, 투명성을 향상시키는 것을 목적으로 한다. 이 제도는 영국에서 1980년대 말부터 설립된 에이전시(Executive Agency)에서 힌트를 얻어 일본 중앙부처 개혁의 일환으로 2001년에 도입되었다.

현재 독립 행정법인기관은 옛 대장성 조폐국과 옛 운수성 차량 점검(車檢) 업무, 국립박물관, 이화학(理化學)연구소, 국립환경연구소, 대학입시센터 등이 있으며 그 외 국립병원 등을 포함 107개가 넘는 법인이 설립되어 있다.(2004) 이들 대부분은 국가행정조직법 8조 2에 규정되어 있는 "시설 등 기관"에 해당되며, 시험연구기관이 다수를 점한다. 이러한 점에서 정책집행 업무의 분리라고 하는 원래의 특수 행정법인 설치 목적과는 약간 동떨어진 느낌도 없지 않다. 또한 국립대학에 관해서는 학장(우리나라의 총장)의 인사와 평가 시스템이 일반 독립 행정법인과는 다른 별개의 제도를 토대로 하고 있어 각 대학이 "국립대학법인"으로서 2004년부터 독립법인화되었다.

독립행정법인제도 개요는 다음과 같다. 우선 독립 행정법인의 업무는 법률로 정해지고 각 법인은 담당 대신(장관)이 정하는 3-5년의 중기 목표(업무 효율화, 업무질 향상 등에 관한 목표)에 따라 "중기 계획"과 "연간 계획"을 작성하고 이에 기초하여 활동한다. 각 법인의 활동은 담당 중앙부처에 설치되는 제3 기관인 독립행정법인평가위원회에 의해 매년 평가를 받는다. 중기 목표 기간이 종료될 때에는 폐지 또는 민영화를 포함하여 조직, 업무에 대한 전반적인 검토가 이루어진다. 일정 기간 내의 목표를 설정한 후에 제3기관에 의한 사후평가를 중시하는 점이 독립행정법인제도의 특징이다.

재정 면에서 각 법인은 자본금 등 독자적 재산 기반을 가지고 기업 회계 원칙을 기본으로 회계 처리를 한다. 단 정부가 독립 행정법인에 출자하며 필요한 운영교부금을 교부하는데, 독립 행정법인 전체 예산의 절반 정도가 정부로부터의 운영교부금에 의해 충당된다(2003). 운영교부금은 용도를 특정하지 않은 "용도 불특정" 교부금이기 때문에 탄력적 운용이 가능하다. 또한 각 법인의 경영 노력으로 잉여금이 발생한 경우 사전에 정해두었던 용도로 전용하는 것도 가능하다. 행정기관은 물론 특수법인과 비교하더라도 재정 면에서의 자주성은 높다고 할 수 있다.

조직이나 인사 관리에서는 법인의 최고관리자(長) 권한을 폭넓게 인정한다. 내부 조직은 법령에서 규정하는 기본적인 틀 내에서 독자적으로 정할 수 있으며, 직원 수는 국가의 정원관리 대상 밖이기 때문에 중기 계획에서 설정하면 된다. 임원과 직원의 임명권은 법인의 최고관리자에게 있으며 임원의 경우는 업적 악화를 이유로 해임할 수도 있다. 더욱이 임원 급여에 법인의 업적·실적을 반영시킬 수 있어, 실제로 각 평가위원회에서 실시한 업적 평가와 임원의 업적 급여를 연동시키고 있는 법인이 대다수다. 독립 행정법인은 임원과 직원이 국가공무원에 속하는 특정 독립 행정법인과 신분이 비공무원인 비특정 독립 행정법인이 있다. 당연히 비특정 독립 행정법인이 인사 관리상에서 최고관리자 권한이 강하다. 특정 독립 행정법인은 전체의 60%를 차지한다.

독립 행정법인의 위치 형성은 특수법인(特殊法人)과 다분히 유사한 점이 있지만, 특수법인에는 영향을 끼치는 담당 대신(장관)에 의한 일반적 감독권이 원칙적으로 독립 행정법인에는 미치지 않는 점 등 전반적으로 자율성을 인정받는 점, 특수법인은 예산을 통해 담당 대신에 의한 사전 통제를 강하게 받는 점에 반해, 독립 행정법인은 사전 통제는 약하고 오히려 사후평가(事後評價)가 중시된다는 점 등이 주요한 차이점이라 할 수 있다. 독립 행정법인이 이러한 특성을 살려서 전환 이전보다 업무의 질, 효율성, 투명성을 향상시킬 수 있을 것인지 여부가 주목된다.

# 제10장 정책결정이론과 모형

정책 연구 분야에서는 정책결정에 관한 다양한 이론과 모형이 고안되어 있다. 이 장에서는 먼저 이론과 모형에 관한 기본적인 사고를 해설한다. 이를 토대로 합리성 개념을 축으로 정책결정 모형을 이해하고자 한다.

## 1. 이론과 모형

### 정책결정이론 모형

#### (1) 정책결정에 대한 이론적 접근

사회과학에서는 복잡한 현상을 명쾌히 설명하기 위해 이론(理論)을 사용한다. 이론은 현실 사회의 어떤 현상(예를 들면 정책결정)을 대상으로 특징적인 요소를 추출(抽象, abstract)하는, 즉 현상의 본질적인 중요한 요소만을 뽑아내어 단순화하는 것이다. 사회현상에서 특징적인 요소를 추출함으로써 우리는 다양하게 보이는 현상에서 형식적인 동일성을 발견할 수 있다.

여기서 정책결정이라고 하는 현상의 접근 방법에 관해 생각해 보자. 정책은 어떻게 결정되는 것인가, 이 문제에 대한 접근법의 하나로서 대상이 되는 정책의 결정 메커니즘이나 과정 등에 관한 사실을 상세히 기술하고 해명해 가는 방법이 있다. 이와 같은 연구에서는 불명확한 점을 추론하고 그 추론을 증명하기 위해 통계, 문헌자료, 인터뷰 등 논거를 확보해 가면서 사실(事實)이나 과정(過程)을 해명해 간다. 이와 같이 사실적 사항을 수집·정리하여 정책결정이라는 현상을 명확히 해 가는 방법을 이 장에서는 실증분석(實証分析)으로 표현하였다.

이 장에서 논의하고자 하는 정책결정이론이란, 사실을 수집·확보해서 해명하는 것이 아니라 정책결정의 메커니즘이나 과정을 추상화·단순화하여 정책결정이 어떻게 이루어지는지, 또 정책결정은 어떻게 이루어져야 하는지와 같은 문제와 그 해명을 목적으로 한 접근법이다.

### (2) 정책결정 모형

정책 연구에서는 분석 목적에 따라 정책결정의 다양한 국면을 도출하고 이를 이론화하는 것을 시도하는데, 그 이론을 구체적으로 표현한 것이 정책결정 모형이다. 모형이란 "현실 세계의 일정 측면에 대한 단순화된 표현"으로, "대량의 정보를 어떠한 목적을 위해 제어가능한 크기와 형식으로 축소"한 것이다(Stokey · Zeckhouser, 1998).

우리들이 정책결정 분석을 위해 이용하는 모형은 규범(規範) 모형과 기술(記述) 모형으로 분류할 수 있다. 규범적(Prescriptive) 접근법이란 "이러해야만 한다"는 상태를 명확히 하는 접근법이며, 규범 모형이란 "이러해야만 한다"는 상태를 그려 내는 모형이다. 즉 규범 모형은 어떤 이상적 상태의 추상화된 표현으로 생각할 수 있다. 예를 들면 "시장 균형은 파레토 최적이라는 의미에서 사회적으로 효율적인 상태를 실현한다"고 하는 이론경제학에서 "시장(市場)"은 규범 모형의 하나라고 생각할 수 있을 것이다. 다음 절에서 설명할 최적화 모형(정책은 합리적인 정책결정자에 의해 결정된다는 모형)도

규범 모형으로 분류할 수 있다. 제크하우저(R. Zeckhauser)는 이 규범 모형을 "최적의 선택을 위한 규칙(rule)을 제공하기 위한 모형"이라고 기술하였다(Stokey · Zeckhouser, 1998).

이에 대해 기술적(Descriptive) 접근법은 A라는 행동이 B라는 결과를 초래했다고 하는 어느 현상에 대한 행동 양식을 설명한다. 예를 들면 공공정책은 정치가 · 관료 · 재계의 연계와 상호 작용으로 결정된다는 것을 표현한 "철(鐵)의 트라이앵글"과 같은 모형이 이에 해당한다. 따라서 기술 모형은 사실 해명을 위해 이루어지는 추상적 표현이라 할 수 있다. 이상의 설명에서 규범적 접근법에 사용되는 것이 규범 모형, 기술적 접근법에 이용되는 것이 기술 모형이라 할 수 있겠지만, 어느 한 모형이 규범적인 측면을 가지면서 기술적인 의미도 가질 수 있기 때문에 반드시 이렇게 단순히 분류하기는 어렵다. 모형이 규범적인가 기술적인가 하는 것은 정책 분석자의 견해, 모형의 사용 방법에 크게 의존한다.

## 모형의 구조

모형의 구조를 이해하기 위해 합리적 선택(Rational Choice) 이론과 모형부터 생각해 보자. 합리적 선택 이론은 간단히 말하면 인간은 행동을 결정할 때에 스스로의 주관적인 효용(Utility)이 가장 높은 수준에서 만족하는 선택을 하게 된다는 이론이다.

그런데 이론은 추상화 · 단순화한 것이라 이미 언급하였지만 이론을 구체화시키는 모형을 구축할 때에 우리는 현상을 단순화하기 위해 몇 가지 가정(assumptions)을 두는 것이 일반적이다. 여기서 합리적 선택 이론이 상정하고 있는 합리적 개인을 사회과학이 어떻게 모형화하고 있는가에 관하여 앤서니 다운스(A. Downs)에 의한 다음 정의를 예로 확인하고자 한다. 다운스에 따르면 합리적인 개인 모형은 다음과 같은 가정을 충족해야 한다(Downs,

1980).

① 일련의 선택 사항에 직면할 때 언제든지 의사결정이 가능하다. ② 직면하고 있는 모든 선택 사항에 대해 바람직한가, 무차별적인가, 바람직하지 않은가 라는 우선순위(Preference ordering)에 따라 순위를 매긴다. ③ 우선순위는 추이율(推移律)[1]을 충족한다. ④ 해야만 할 선택 사항 속에서 우선순위가 가장 높은 것을 선택한다. ⑤ 동일한 선택에 직면할 때에는 항상 동일한 결정을 내린다.

①의 의사결정이란 어떤 목적에 대한 다양한 선택 사항 가운데 하나를 선택한다는 행동 프로세스이다. ③의 추이율 가정이란 다음과 같다. 어떤 사람이 선택 사항 X와 Y를 비교한 경우 X를 Y보다 선호하고 있다. 또한 선택사항 Y와 Z를 비교한 경우에 Y를 Z보다 선호한다고 하자. 이 사람이 선택 사항 X와 Z를 비교한 경우, 반드시 X를 Z보다 선호하는 경우에 추이율을 충족한다고 한다. ①-⑤의 가정을 충족시키는 것이 이른바 완전합리주의적인 개인 모형이다.

이상과 같은 몇 가지 단순한 가정으로 구조화되는 것이 모형의 기본적인 형태이다. 여기서는 일상적인 언어로 기술한 모형을 다루었지만 수식(數式)으로 기술된 모형을 이용하는 경우도 있다. 그러나 어떠한 형태를 가지든 모형은 단순화를 위한 가정에 의해 구조화된 것이라는 점에서 공통된다.

## 모형(Model)의 유용성

우리는 정책결정을 분석할 때 모형을 활용하여 무엇을 얻을 수 있을 것인가. 모형은 어떠한 유용성이 있는가. 이러한 점에 관해 다음과 같은 점을 지적할 수 있다.

우선 첫째로 정책결정과 같은 복잡한 사회현상에서 주요 요인을 추출하

1 이동률(移動律)이라고도 한다.

고 현상을 규정하는 결정적인 요인을 압축하여 현상을 규명(糾明)하는 것이 가능하다는 점을 들 수 있다. 역사는 반복하는 듯 보이지만 우리는 결코 같은 현상이 아니라는 것을 잘 인지하고 있듯이 같은 현상으로 보이는 주요 요인을 추출하고 이러한 요인이 어떻게 연계되어 있는가를 명확히 함에 따라 현상의 본질에 대한 관찰이 가능하며 또한 향후 정책결정을 위한 예측에 도움이 될 수 있다. 그리고 바람직한 정책결정의 방향에 관한 고찰도 가능하다. 둘째는 정책결정과 같이 사회현상을 직접 실험하는 것은 불가능하지만 개념적 또는 형식적인 조작이 용이한 모형을 활용하여 정책결정에 관한 다양한 사고(思考)와 실험이 가능하다는 점이다. 가정을 추가하거나 삭제하고 또는 강한 규제를 하거나 규제를 느슨하게 완화함에 따른 모형의 귀결이 어떻게 변화하는가를 조사할 수 있기 때문이다. 이러한 작업을 통해 모형을 수정하고 현상을 더욱 적절히 설명하는 것이 가능해진다. 셋째, 모형은 비교의 틀(Frame)로서 그 가능성을 가진다는 점이다. 어느 정도 공통된 요소와 형식으로 구축된 모형은 비교 정치나 비교 공공정책 분야와 같은 상호 다른 사회현상을 비교 분석할 때 그 유효성을 발휘할 수 있다.

지금까지 이론과 모형을 간단히 설명하였다. 다음에는 정책결정 모형에 관하여 합리성 개념을 중심으로 설명한다.

## 2. 최적화 모형 특징

### 최적화 모형

#### (1) 합리적 의사 결정-최적화 모형

앞 절에서 기술한 완전 합리적인 개인 모형을 기초로 개인이나 조직의 의사결정이 완전하게 합리적으로 이루어진다는 합리적 의사결정 모형을 생각해 보자. 사이먼(H. Simon)은 이를 "최적화 모형(Optimizing Model)"이라 불렀다. 여기서도 최적화 모형이라는 표현을 이용한다.

최적화 모형은 대략 다음과 같은 ①-④의 가정을 하고 있다(March & Simon, 1958).

① 의사결정자는 대안적(代替的)인 선택 사항에 관하여 완전한 지식을 가지고 있다.
② 의사결정자는 대안적 선택에 의해 얻을 수 있는 결과를 완전히 인지하고 있다.
③ 의사결정자는 모든 대체(代替)안을 서열화하는 효용함수(Utility Function) 또는 우선순위를 가지고 있다.
④ 의사결정자는 스스로의 효용을 최고 수준으로 만족시킬 수 있는 선택을 한다.

이러한 가정을 충족시킴으로써 사이먼이 말하는 최적화 과정이 가능하다. 이 경우, 의사결정자는 합리적 개인 모형에서 가정하고 있듯이 문제에 대한 완전한 정보와 인식 능력과 정보처리 능력을 가지고 있다고 전제한다.

#### (2) 최적화 모형 특징

최적화 모형은 신고전경제학(Neo Classical Economic)이 전제로 하는 이른바 "경제인(homo economicus)" 모형이다. 이 모형은 의사결정자는 자신의 효용 수준을 최대화하는 선택을 하기 때문에 이를 이기적인 행동으로 해석할 수도 있다. 신고전경제학에서는 이와 같은 개개인의 합리적 의사결정이 시장을 통해 사회 전체로서도 최적인 결과, 즉 효율적이며 낭비가 없는 상태를 실현하는 것으로 생각하였다. 즉 개개인은 이기심에 개별적인 선택 행동을 하더라도 사회 전체로서는 "신의 보이지 않는 손"에 의해 사회적 후생을 최대화하는 결과를 얻을 수 있다는 것이 신고전경제학이 생각하는 시장(市場)의 능력이다.

그렇다면 정책결정에 최적화 모형을 적용했을 경우, 어떠한 내용을 얘기할 수 있는가. 하나는 합리적인 정책결정자에 의해 최적의 선택이 이루어지는 것이 사회적으로도 가장 바람직하다는 것을 합의할 수 있다는 점이다. 단 시장과 같이 의사결정자의 거듭나는 최적화가 사회적 최적화와 일치하는가라는 점에서는 명확히 얘기하기 어렵다. 둘째는 최적화 모형은 규범 모형으로서의 성격이 강하다고 할 수 있다. 니시오 마사루(西尾勝)는 문자 그대로 해석한다면, 이 모형의 정책결정자는 "상황에 관한 완전한 정보를 가지고", "정보를 처리하는 최대한의 인식 능력을 갖추었으며", "효용을 최대화하는 노력을 요구받는다"고 언급하였다(니시오〔西尾〕, 2001).

### 최적화 모형에 대한 비판

최적화 모형은 정책결정을 설명하기 위한 모형의 하나로 중요한 의미를 가지지만 규범적인 성격이 강하고, 현실의 정책결정을 설명할 때 활용하기에는 문제도 많다. 따라서 최적화 모형에 대한 비판은 다양하게 제시된다. 최적화 모형에 대한 비판을 거쳐 현실의 정책결정을 더욱 잘 설명할 수 있는 이론이 발전할 수 있었다. 여기서는 최적화 모형에 대한 비판을 정리하고자 한다. 최적화 모형을 비현실적인 모형이라고 비판한 것이 사이먼이다. 사이먼은 행정학 연구에서 출발한 경영학, 조직론의 권위자로 1978년 노벨 경제학상을 수상하였다. 그의 연구 성과는 다양한 분야에 걸쳐 있지만 그중에서도 특히 사람들의 의사결정 과정을 연구함으로써 이후 정책결정의 이론 발전에 중요한 계기를 만드는 데 큰 업적을 세웠다.

사이먼의 최적화 모형에 대한 비판은 대략 다음과 같다. 합리성 가정이 성립하기 위해서는 그 전제로 의사결정자가 복잡한 상황이나 환경을 올바르게 인식하고 그에 대한 완전한 정보를 가지며 더욱이 모든 선택 사항에 따라 발생하게 될 결과에 대하여 사전에 확인하고 그 내용을 평가하여 순위를 정하지 않으면 안 된다. 이러한 조건이 갖추어져야 비로소 최적의 선택이 가능하다. 결국, 합리적인 의사결정을 위해서는 인간이 이러한 일련의 작업에 가능한 능력을 갖출 필요가 있다는 것이다. 그러나 실제로 인간의 능력은 이에 미치지 못한다. 이와 같이 사이먼은 최적화 모형의 문제점을 ① 선택의 결과에 관한 지식의 불완전성, ② 결과 예측의 곤란성, ③ 행동 가능성의 제약으로 간결하게 정리하였다(Simon, 1997).

사람들이 의사결정에 관하여 완전한 정보를 가지는 것은 불가능하다. 만약 완전한 정보를 가진다 하더라도 최적의 선택이 어려운 주의력 산만이 있을지도 모른다. 또한 미래를 정확히 예측하는 능력은 가지기 어렵다고 보아야 한다. 더욱이 인간의 인식 능력, 정보처리 능력에는 한계가 있다. 이러한 점을 생각한다면 합리성 가정은 인간의 현실적인 능력의 한계를 분명히 넘어선다. 따라서 완전합리성을 가정한 최적화 모형은 많은 문제를 가질 수밖에 없다.

위와 같은 문제점이 있기 때문에 복잡한 정책결정을 현실적으로 설명하기 위해 최적화 모형을 수정한 모형이나 다른 전제를 가진 모형이 필요하게 되었다.

## 3. 한정적 합리성 모형

여기서는 최적화 모형에 대응하는 모형으로서 제시된 한정적 합리성 모형—만족화 모형, 점증주의, 혼합주사 모형—을 검토하고 각각의 특징을 언급하고자 한다. 이러한 모형도 개인이나 조직 등 정책결정자의 결정 양식에 그 초점이 맞추어져 있다.

## 만족화 모형

### (1) 한정적(限定的) 합리성

합리성 가정에서 사이먼(Simon)은 한정적 합리성(bounded rationality)의 가정의 가정을 제시하였다. 한정적 합리성이란, 의사결정자는 모든 선택 사항을 포괄적으로 음미하여 최적의 결정을 내리는 게 아니라 목적이나 선택 사항은 인간의 인식 가능한 범위 내에 한정되며 그 제한된 범위 내에서 한정된 능력을 활용하여 최적화를 도모한다는 사고방식이다. 최적화 모형의 견고한 가정을 완화하여 인간의 합리성에 관한 한계를 인정하고 현실 사회에서 인간의 의사결정을 더욱 잘 설명하려는 의도가 드러나 있다.

### (2) 만족화 모형

한정적 합리성을 가정한 사이먼의 모형은 "만족화 모형(Satisficing Model)"으로 불린다. 이 모형은 다음과 같이 정리할 수 있다(Simon, 1958, 1977). ① 의사결정자는 모든 정책대안의 선택 사항을 고려하지 못하며 한정된 특정 선택 사항만을 검토한다. ② 각 선택 사항에 관해서는 그 귀결이 만족할 만한가, 만족할 수 없는가에 관해서만 검토한다. ③ 각 선택 사항의 전체 만족 수준을 추정한다.

이에 의사결정자는 선택 대안 가운데 일단 충분히 만족할 만한 결과를 초래할 수 있다고 생각되는 안을 선택한다. 즉 "만족화 수준(Satisfactory Standard)"을 충족시킨다고 생각하는 안을 선택하게 된다. 이것이 최적화 모형에 대응하여 사이먼이 제시한 만족화 모형의 특징으로, 이 모형이 인간의 의사결정을 더욱 적절히 설명할 수 있다고 하였다. 또한 이 모형은 신고전경제학파가 채용한 "경제인"의 모형에 대응하는 "행정인(Administrative Man)" 모형으로도 잘 알려져 있다.

### (3) 만족화 모형 특징

이와 같이 인간 능력의 한계에서부터 한정적 합리성을 가정한 만족화 모형을 정책결정에 적용하여 생각해 보자. 정책결정자는 정책결정에서 자신이 속하는 조직 내에서 다양한 영향과 제약을 받게 된다. 또한 정책결정자는 정책에 관한 단편적인 정보만을 가질 수밖에 없으며 한정된 지식밖에 얻을 수 없다. 이 같은 조건에서 정책결정자는 순응성과 기억, 습관을 살려 정책결정자의 주관적인 측면에서 충분히 만족할 만한 수준의 달성 가능한 정책대안을 선택한다. 정책결정자는 충분히 만족할 만한 정책대안이 발견될 때까지 탐색(Search)을 지속하고 그와 같은 대안을 발견하면 탐색을 멈춘다. 또한 최적 선택을 이루는 것은 예외적인 경우에 한해서라고 생각하고 있다. 만족화 모형은 완전 합리성의 가정을 완화시킨 만큼 현실의 정책결정에 가까운 모형이라 할 수 있다.

## 점증주의(Incrementalism)

### (1) 연차적 · 제한적인 비교

점증(Incremental)이란, (미미한) 증가라는 의미이며 Incrementalism은 증분(增分)주의 또는 점증(漸增)주의로 번역된다. 앞서 언급한 최적화 모형의 정책결정은 다음과 같은 과정을 거친다. 정책결정자는 정책대안에 관해 완전한 지식을 가지고 정책대안의 선택으로 얻어지는 결과에 관해 완전히 인지하고 있으며 모든 정책대안을 서열화하고 스스로의 효용을 최대화시키는 선택을 한다.

그러나 린드블롬(C. Lindblom)은 이와 같은 합리적 · 포괄적(Rational · Comprehensive) 정책결정을 비현실적이라고 본다. 모든 선택대안과 정책대안이 초래하는 결과를 검토하는 것은 인간의 능력을 초월한다는 것이다. 또한 정책형성에 필요한 모든 정보를 가지는 것도 가능하지 않다고 보았다. 그리고 시간이나 노력도 한정되어 있다. 따라서 이러한 조건을 고려하면 최적화 모형이 상정하고 있는 것과 같은 정책결정은 현실에서는 불가능하다는 것이다. 이에 대해 린드블롬은 사이먼과 마찬가지로 합리성을 한정적이라고 생각하였다. 그의 모형은 정책결정자는 모든 가능성을 검토하는 것이 아니라 "연차적·제한적인 비교(Successive Limited)"를 하고 이러한 방법으로 정책을 결정한다는 것이다(Lindblom, 1959).

### (2) 점증주의

린드블롬의 사고에 따르면 점증주의 의사결정 모형은 다음과 같이 정리할 수 있다(Lindblom, 1959/Braybrooke & Lindblom, 1963).

① 현재 시행하는 정책과 점증된(추가적, 일부) 상호 다른 정책대안의 범위를 한정하여 검토한다(한정된 수의 정책대안에 한해서 검토한다).
② 각각의 선택안이 초래할 것으로 예측되는 모든 결과를 검토하기보다는 고려해야 할 범위를 한정하고 중요한 것에 한해서만 검토한다.
③ 목적을 미리 결정하기보다는 정책대안과 정책 목적을 상호 조정한다.
④ 새로운 정보를 획득하면서 목적이나 정책대안을 바꾸어 간다.
⑤ 문제의 분석과 평가를 1회에 한하지 않고 연속적으로 행한다.
⑥ 현상의 개선을 지향하는 방향에서 문제의 분석과 평가를 행한다.

### (3) 점증주의 특징

점증주의 모형은 현재 시행하고 있는 정책을 염두에 두면서 수정을 가하는 방식으로 이루어진다. 전략 포인트는 정책결정자가 고려할 범위를 한정하는 것, 목적을 미리 정하지 않고 정책대안과 정책 목적을 상호 조정한다는 것 또는 새로운 정보로 이들을 변화시켜 간다는 것이다. 일본에서의 의사결정 전략과 비교해본다면 만족화 모형보다는 더욱 현실적인 의사결정으로 그 설명력이 높다고 할 수 있다.

또한 점증주의 모형에서 생각하는 정책결정은 현 정책의 연장선상에 위치하는 것으로 그 변화는 과거의 정책 수정에 그친다. 이와 같은 정책결정 방식이 함의하는 장점을 몇 가지로 정리할 수 있다. 예를 들면, 새로운 정책을 도입할 때에는 그 정책이 초래할 것으로 예측되는 결과에 관한 불확실성이 크지만, 미미한 변화에 그친다면 실패할 가능성을 최소화할 수가 있다. 또한 현재의 정책으로부터 동떨어진 정책이 결정될 수는 없기 때문에 실패한 경우에도 수정이 용이하다. 그리고 과거 정책의 계속은 혼란을 일으킬 가능성을 줄인다. 더욱이 정책은 미세한 변화만을 동반하기 때문에 정치적 합의의 가능성을 높일 것으로 생각된다.

점증주의 정책결정은 이상과 같은 특징을 가지고 있기 때문에 점증주의 모형은 현실의 정책결정에 대한 설명력이 높다. 정책결정, 행정의 결정에는 지속성과 안정성이 요구되는 측면이 있다는 점에서 이와 같은 정책결정 모형이 가지는 적합성은 충분히 이해 가능하다.

그러나 반면, 린드블롬이 보수주의적인 정책결정을 긍정한 것은 아닐지라도 점증주의에 의한 정책결정은 현상유지적인 성격을 가지는 것으로 지적할 수 있다. 현상유지로부터 동떨어진 해결책이 요구되는 상황이 종종 발생하긴 하지만 그와 같은 경우에 점증주의 모형이 적합한가, 또는 점증주의 모형이 정책결정의 규범적인 논의를 견뎌낼 수 있는가 등 다양한 논쟁을 포함하고 있다.

## 혼합주사 모형

### (1) 합리성과 한정적 합리성의 절충

최적화 모형의 특징 중 하나는 정책결정의 규범적인 측면을 추출한 것이다. 즉 정책결정자는 최적화를 도모하는 노력을 해야 한다는 점을 강조하고 있다. 이에 비해 점증주의 모형은 앞서 그 특징을 기술하였듯이 최적화 모형의 엄격한 가정을 완화하여 현실의 정책결정에 대한 설명력이 높은 모형으로 간주된다. 그러나 현상유지적인 정책결정 모형이라는 비판도 있다.

앞서 언급한 바와 같이 합리성 가정에 맞서는 형태로 한정적 합리성의 개념이 대두되었지만 이러한 모형의 특징을 함께 가지고 각각의 한계를 극복한 모형으로서 사회학자 아미타이 에치오니(A. Etzioni)가 주창한 모형이 바로 혼합주사 모형(Mixed Scanning Model)이다.

### (2) 혼합주사 모형

아미타이 에치오니가 주창하는 의사결정의 바람직한 모습은 다음과 같다(A. Etzioni, 1967/1968). 그는 우선 의사결정 전략을 다음과 같이 기본적 의사결정(fundamental decisions)과 부분적 의사결정(item decisions)으로 구별했다.

① 기본적 의사결정-기본적인 정책 방향성에 관한 결정
② 부분적 의사결정-기본적 결정에 기초한 정책실시에 관한 결정

이를 토대로 기본적인 방향성을 결정할 때에는 합리적·포괄적인 최적화를 지향하는 정책결정을 하고, 일상적인 정책결정에 관해서는 점증주의 전략으로 의사결정을 하도록 하는 것이 이 모형의 특징이다.

### (3) 혼합주사 모형 특징

혼합주사 모형은 합리주의 및 점증주의 의사결정이 각각 가지는 결점을 보완하고 상황에 맞는 전략을 선택하여 더욱 질 높은 정책결정을 가능케 하는 제3의 접근법이라 할 수 있다. 즉 최적화 모형이 가지는 비현실성은 점증주의에 의한 의사결정으로 완화함과 동시에 점증주의 의사결정이 가지는 보

수적, 비창조적인 성격은 최적화 모형이 가지는 합리주의로 극복가능하다는 점이다.

더욱이 전체의 방향성을 정하는 전략적인 선택에 관한 기본적인 의사결정을 할 때에는 합리적·포괄적인 관점에서 선택안을 검토하고, 일상적이며 부분적인 정책결정을 할 때에는 점증주의 입장을 채용함으로써 정책결정 자원을 유효하게 배분하여 효율적인 의사결정이 가능하다고 생각한다. 이와 같은 의사결정 전략은 사회적 목표의 실현 가능성을 더욱 높인다. 그러나 이러한 각각의 의사결정 전략이 언제 어떠한 경우에 적용되어야 하는가에 관하여 기본적인 원칙이 제시되어 있는 것은 아니라는 점에서 비판이 있을 수 있다.

## 4. 쓰레기통 모형과 정책 창(窓) 모형

정책결정 모형은 합리성을 전제로 하는 최적화 모형으로부터 시작하여 이에 대한 한정적 합리성 모형의 출현으로 발전해 왔다. 그러나 한정적 합리성이라는 개념은 어디까지나 의사결정의 합리성을 전제로 한 것이다. 따라서 만족화 모형이나 점증주의, 혼합주사 모형 등은 최적화 모형의 한계를 극복하거나 또는 한정적 합리성과 합리성을 함께 가지는 형태로 모형을 개선해 가는 성격을 가지고 있다.

이에 대해 다음에 소개하는 쓰레기통 모형과 정책 창(窓) 모형은 그와 같은 합리성 개념에서 정책결정을 설명하는 것이 아니라 이른바 "애매한" 상황에서 정책이 태생된다고 하는 사고를 가진 모형이다. 또한 앞서 기술한 모형들은 개인이나 조직 등 정책결정자의 의사결정 양식에 초점을 맞추고 있지만, 여기서 논의되는 모형은 조직에서 정책결정이 어떠한 메커니즘에서 이루어지는가에 초점을 둔 것이다.

## 쓰레기통 모형

쓰레기통 모형(Garbage can model)은 코헨(M. Cohen), 마치(J. March), 올슨(J. Olsen)이 조직의 정책결정을 대상으로 제안한 것이다(Cohen et. al., 1972). 쓰레기통 모형은 정책을 결정하는 조직을 기본적으로 "조직화된 무질서(Organized Anarchies)"로 보고 있다. "조직화된 무질서"를 특징짓는 요소는 ① 불확실한 선호(Problematic Preference), ② 불명확한 기술(Unclear Technology), ③ 유동적인 참가(Fluid Participation), 3가지이다.

불확실한 선호(Problematic Preference)란, 정책결정 참가자 스스로의 선호가 반드시 명확하지는 않는다는 점이다. 사람들은 사전에 선호를 가지고 그에 기초하여 합리적인 행동을 한다기보다는 정책결정에 참가하면서 선호사항을 발견하게 되거나 또는 발견하지 못한 채 행동하기도 한다는 사고이다. 따라서 동일한 선택안에 직면하더라도 항상 같은 결정을 내린다고 보기는 어렵다.

불명확한 기술(Unclear Technology)이란, 정책결정 참가자가 스스로의 역할을 어느 정도 인식하고 있더라도 반드시 문제와 해결책(정책대안) 그리고 결정 시스템의 전체상에 대해 지식을 가지고 있는 것은 아니며 또한 이해하고 있지도 않다는 것이다. 따라서 시행착오 과정을 반복하고 학습 과정을 거듭해간다고 한다.

유동적인 참가(Fluid Participation)란, 조직에서 정책결정 참가자는 항상 명확히 정해져 있는 것이 아니라 유동적이라는 것이다. 참가자가 정책결정에 관여하는 정도는 어떠한 경우에도 항상 일정하다고 할 수 없으며 시간과 함께 변화할지도 모른다. 또한 어떠한 문제에 대해서도 항상 동일하게 관여할 수도 없다. 더욱이 의사결정에 참여하는 사람이 항상 동일한 사람이라고도 할 수 없다. 따라서 어떤 정책결정에 누가 참여하는가라는 것은 반드시 명확치 않다.

이상과 같은 세 가지 요인에 의해 특징되는 조직의 정책결정은 정책결정 참가자, 다양한 문제, 해결책이 던져져 무질서하게 혼합되어 마치 쓰레기통 속과 같다. 이러한 쓰레기통 속에서 어떻게 정책이 결정되는가는 쓰레기통 속에 있는 쓰레기, 즉 정책결정에의 참가자, 문제, 해결책 등과의 관계나 유대에 의해 발생한다. 이때 참가자, 문제, 해결책은 논리적으로 최적의 형태로 연결되기보다는 혼합 상태나 처리 상태 등에 의해 우연하게 연결되어 정책으로 결정된다. 따라서 정책결정은 최적 형태로 이루어지는 게 아니라 우연에 의해 이루어진다는 것이다.

### 정책 창(Policy Window) 모형

정책 창(Policy Window) 모형은 킹던(J. Kingdon)이 제창한 모형이다. 정책 창 모형은 쓰레기통 모형의 수정판이라 할 수 있다. 발견된 문제가 정책결정상의 과정에 올려지게 되는 것을 의제설정(Agenda setting)이라 하는데, 이 모형은 정책의 의제설정과 정책안의 특정화가 어떠한 형태로 이루어지는가라는 측면을 중점 조명한 모형이다(단, 킹던이 조직으로서 생각한 것은 미 연방정부다). 미야가와 타다오(宮川公男) 요약을 참고로 그 내용을 간단히 소개하면 다음과 같다(Kingdon, 1984/미야가와〔宮川〕, 1994).

정책 창 모형은 쓰레기통 모형과 마찬가지로 조직의 의사결정을 "조직화된 무질서"로 본다. 따라서 불확실한 선호, 불명확한 기술, 유동적인 참가라고 하는 세 가지 요소를 상정하는 것은 쓰레기통 모형과 동일하다. 이에 킹던은 정치적 과정에서 ① 문제의 흐름(Problem stream), ② 정책의 흐름(Policy stream), ③ 정치적 흐름(Political stream)이라는 세 가지 흐름을 중시하였다.

우선 문제의 흐름(Problem stream)이다. 정책결정에서 고려해야 하는 문제는 수많이 많지만 합리주의 모형이 상정하듯이 정책결정자가 그 모든 문제를 고려하는 것은 불가능하다. 따라서 정책결정자는 어떤 일정한 계기로 특정 문제에 관심을 가지게 된다. 그러한 계기란 예를 들면 위기 상황이나 상징적인 사건이 발생한 경우라고 볼 수 있다.

다음으로 정책의 흐름(Policy stream)이다. 정책대안은 정책에 관계된 다양한 사람들이 고안한다. 이러한 개인이나 조직은 서로 논의하고 검토하는 과정을 거쳐 정책안을 세련되게 하거나, 폐지하기도 한다. 정책결정이 이루어지기까지 정책대안은 정책결정의 장(場)을 계속해서 떠돌아다니는데 이들이 살아남기 위해서는 다음 3가지 조건이 필요하다. 첫째, 실현가능성(Feasibility)이다. 둘째, 정책결정자의 의식과의 정합성이다. 셋째, 예산이나 국민의 지지 등과 같은 제약을 극복해야 한다. 논의에서 살아남고 이와 같은 조건을 만족시키는 정책대안은 의제로 설정될 가능성이 높다.

다음으로 정치적 흐름(Political stream)이다. 예를 들면, 선거를 들 수 있다. 선거에서 쟁점이 되는 문제는 선거 결과에 의해서 승인된 것으로 판단되어 정치의 흐름이 만들어진다고 생각된다. 또한 정치적 캠페인이 정책의 의제설정에 큰 역할을 한다는 것도 생각할 수 있다. 더욱이 이익집단과 같은 정치적인 압력이 정치적 흐름을 결정하고 의제설정에 영향을 준다고도 생각할 수 있다. 이와 같은 정치적 흐름이 한 방향을 형성하는 데에는 다양한 요인이 고려될 수 있지만 이 흐름은 중요하다.

이상의 세 흐름은 서로 독립되지만 때로는 서로 영향을 미치면서 진행해 간다. 그리고 이 세 흐름이 합류할 때에 정책 창이 열리는 것이다. 결국 어느 시점에 정책결정자가 문제를 인식하고 정책대안에 관해 이미 일정한 형태의 합의가 이루어져 있으며 게다가 정치적인 흐름이 만들어져 있는 경우에 정책 창이 열리게 되는, 즉 정책결정으로 향하게 된다.

### 쓰레기통 모형과 정책 창 모형의 특징

쓰레기통 모형은 정책결정자, 정책 문제, 해결책 등 "일정한" 조합이 실현되었을 때 "어느" 정책이 결정된다고 생각한다. 정책 창 모형은 이들이 어떻게 연계되는가를 모형화한다. 지금까지의 모형과 비교하면 이러한 모형은 정책결정자에 의해 어느 문제에 대한 최적의(또는 만족 가능한) 정책이 실현된다고는 생각하기 어렵다는 점이 특징이다. 또한 그 프로세스는 불확실한 상황 속에서 발생하는 것으로 그 결정은 우연히 발생할 수 있다는 것을 상정하고 있다. 정책 창 모형에서 이러한 세 가지 흐름의 합류도 항상 예측가능한 것은 아니며 우연적인 요소가 강하다고 생각된다. 따라서 쓰레기통 모형과 정책 창 모형은 정책결정의 시종〔首尾〕일관된 프로세스에 의해 정책이 생성된다고 하는 합리주의적 모형의 사고와는 다른 "우연한 연계"를 강조한다고 생각된다.

더욱이 이러한 모형으로 문제에 대해 해결책이 탐색될 뿐만 아니라 문제가 해결책을 탐색하는 한편, 해결책이 문제를 탐색한다고도 생각할 수 있다(이는 점증주의에서 가정하였던 목적을 미리 결정하기보다는 정책대안과 정책목적을 상호 조정하는 모형에 가까운 것으로 생각된다). 최적화 모형이나 만족화 모형에서 정책결정은 문제에 대한 최적의 해답〔解〕 또는 만족가능한 해결책의 탐색이었지만, 쓰레기통 및 정책 창 모형의 문제와 해결책에서는 이와 같은 관계가 존재하지 않는다. 이러한 문제와 해결책에 대한 애매한 관계는 일본의 현실적 정책결정에 비추어 보면 더욱 잘 이해할 수 있다. 예를 들면, 규제완화가 그것이다. 규제완화라고 하는 구체적인 정책대안(해결안)은 1980년대부터 90년대에 걸쳐 농산물, 금융 등의 영역(문제)에 해결책이 마치 문제를 계속해서 발견하고 찾아가는 것과 같이 적용되었다. 이와 같은 현실의 정책결정에 비추어 본다면 이러한 모형의 설명력은 과히 높다고 평가할 수 있다.

이 장에서는 이론과 모형에 관한 기본적인 사고의 이해를 토대로 정책결정 모형의 합리성 개념을 중점에 두고 소개하였다. 전체적으로 개관하기는 어려웠지만 정책결정 이론과 모형은 이 외에도 다수 존재한다. 또한 정책결정 이론과 모형을 이해할 때에 합리성 개념만을 축으로 할 것이 아니라 개인·조직과 같은 의사결정 수준에 따라 또는 정책과정의 다양한 국면에서 해당 역할자에 착안하여 정리하고 이해하는 것도 유익하다는 점을 덧붙이고 싶다.

# 제11장 정책과정과 정책입안

## 1. 정치·행정 시스템과 정책 순환

### 정치 시스템과 행정 시스템

우리 사회에서 국민의 바람이나 요구와 전혀 무관한 정책이 형성되긴 어렵고 또한 실시된 정책은 국민에게 어떠한 형태로든 영향을 미친다. 국민의 이익과 요구, 정책의 형성과 집행은 상호 밀접하게 연계하면서 하나의 흐름을 이룬다. 이와 같은 국민의 요구(입력과정), 정책형성(변환과정), 정책집행(출력과정)을 하나의 체계로 다룬 것이 이스턴(D. Easton)의 시스템 이론이다. 정치와 행정의 운영은 이러한 모델로 파악이 가능하다.

〈그림 11-1〉이 보여주듯이 입력과 변환, 출력과정에 이르는 일련의 흐름이 정치 시스템이다. 정책결정권은 정치가에게 있기에 결정된 정책을 행정부가 집행하는 과정을 협의의 행정 시스템이라 할 수 있다. 그러나 실제로는 국민의 욕구가 정치 쟁점으로 거론되는 과정(입력)과 정책이 형성되는 과정(변환)에서도 행정기구는 상당히 중요한 역할을 수행한다. 그러한 의미에서 정치 시스템과 행정 시스템은 명확히 구별되는 것이 아니라 서로 중복된다.

그림11-1. 정치 · 행정에서의 과제 흐름

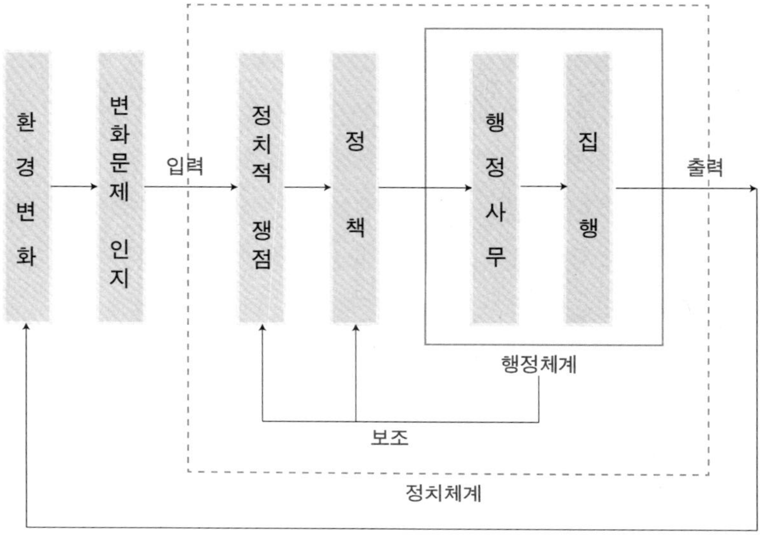


출처: 마쓰무라 미치오(松村岐夫).《행정학교과서(行政学教科書)》. 제2판. 유비각(有斐閣), 2001.

## 정책과정과 정책 순환

엄밀한 의미에서 정책과정은 개별 정책에 따라 차이가 있을 수 있다. 그러나 다양한 정책과정에서 서로 공통되는 몇 단계가 있다. 그것은 ① 정책 과제 설정, ② 정책대안(原案) 작성, ③ 정책결정, ④ 정책집행, ⑤ 정책평가 단계이다. 정책과정에 이러한 단계는 개별적으로 독립되어 있는 것이 아니라 복수 단계가 상호 밀접히 연관되어 발생하는 과제에 대해 동시에 기능한다. 그 결과 어떤 정책 과제의 해결을 위한 노력이 별도의 과제를 발생하게 할 수도 있다. 그러한 의미에서 정책과정은 단선적(單線的)인 흐름이 아니라 순환하는 연속적인 흐름으로 고려해야 한다.

## 2. 정책입안과 정책과정

### 행정기구 내 법률제정과정

공공정책은 예산의 뒷받침과 함께 법률적 근거를 필요로 한다. 모든 법률은 각 중앙부처(省廳) 내 주관 과(課) 수준에서 정하며 법률의 입안에서부터 실시 또는 결정 후의 해석에 이르기까지 그 권한이 해당 부서인 과에 부여된다. 이를 원과주의(原課主義)라 한다. 정책은 우선 하부 행정관료가 기안하고 작성한 문서는 과장에서부터 부국장(部局長), 관방장(官房長), 대신(大臣)의 순으로 서명하여 중앙부처인 성(省)의 의사결정으로 이루어진다. 이러한 점에서 얘기한다면 중앙부처는 하위상달식(Bottom-up) 정책입안을 하고 있다고 볼 수 있다. 이 같은 의사결정 방법을 품의제(稟議制)라 한다. 그러나 중앙부처 내의 모든 의사결정이 품의제에 의해 이루어지는 것은 아니다. 그것은 정형화된 처리가 가능한 인허가 등에 한정되는 경우가 대부분이다. 중요한 정책은 회의와 순환 의견 검토 등을 통해 상위 관계자 간의 합의로 실질적인 의사결정을 이루어 정책입안이 모두 하위상달식으로 이루어지는 것은 아니다(이노우에〔井上〕, 1981).

정책입안에 관여하는 것은 공무원뿐만이 아니다. 유력한 여당 의원의 역할도 무시할 수 없다. 중요한 정책에 관해서는 각 중앙부처의 과 수준에서의 협의 단계에서부터 과장 및 과장보좌가 정책집단 의원(族議員)을 비롯해 유력한 여당 의원에게 설명하고 양해를 확보하는 것이 일반적이다. 또한 정책입안 시에는 민간의 전문지식을 정책형성에 반영시킬 목적으로 심의회를 설립하기도 한다. 중요한 정책일수록 우선 심의회로부터 자문을 구하고 답신을 참고하면서 공무원이 정책을 입안토록 하고 있으며, 오늘날 감소 경향에 있다고 하지만 아직도 다수의 심의회가 존재한다. 이들은 위원들의 전문지식을 활용하여 답신하며 정책입안에 적잖은 영향을 미치고 있다. 그러나 심의위원에는 특정 업계 멤버가 속하는 경우가 많아 심의회가 압력단체의 하나로 이익 대표의 장(場)이 되고 있다는 비판과 함께 심의회는 중앙부처의 방침을 사실상 추인하는 역할밖에 수행하지 못하고 있다는 문제점도 있다.

## 여당 내에서의 법률제정과정

정책입안에 관해서는 행정기구 내부의 의사결정 과정과 함께 여당 내 법안 심사도 중요한 역할을 한다. 일본에서 정책 근거가 되는 각 중앙부처의 법률안은 각의(閣議)에 상정하기에 앞서 여당에서 심사를 하는 것이 관례다. 이를 여당 심사라 한다. 자민당 정권의 경우, 각 부처는 법률안을 자민당정무조사회(自由民主党政務調査会)[1]에 제출하고 그 심사가 종료되면 정조심의회(政調審議會), 총무회(總務會)[2]에 보내서 여당에 의한 의사결정 절차를 밟는다. 여당 심사를 거친 법안은 각의 자문을 받아 결정되고 이후 내각 제출 법안이 되어 국회에 상정된다.

여당 심사는 자민당 정권의 경우, 정무조사회를 중심으로 이루어진다. 정무조사회는 자민당의 정책심의기관인데, 실제로 심의의 중핵을 담당하는 것은 정무조사회의 부회(部會)[3]이다. 부회는 원칙적으로 중앙부처에 대응하

---

**1** 자유민주당의 정책부회이다. 자민당 국회의원과 총재가 위촉한 전문가들로 구성되어 당의 정책조사와 정책입안을 담당하고 심의, 결정한다. 자민당 정책으로서 채용하는 의안은 정무위원회의 논의를 거치지 않으면 안 된다. 정무위원회와 부회(部会)는 전원일치가 원칙이며, 필요에 따라 심의회, 위원회, 특별위원회 등을 설치할 수 있다. 정무위원회의 결정은 신속하게 임원회의 및 총무회에 보고하고 결정할 필요가 있다.

**2** 자유민주당의 당 대회·양원 의원총회에 이은 상설기관으로서 최고의 당내 의사결정 기관이다. 의장은 총무회장이 맡는다. 총무회는 31명의 총무(總務)로 구성되며 당의 운영 및 국회 활동에 관한 중요사항을 심의, 결정한다.

**3** 정당은 선거에서 공약한 정책이나 입법을 입안하는 부회(部會)를 설치한다. 정당에 따라서 정무조사회, 정책조사회, 정책위원회, 정책심의회 등으로 불리지만 기본적으로는 같은 기능이다. 정책부회 의장은 정무조사회장, 정책조사회장, 정책위원회 책임자(통칭, 정책위원장)로 불려 정조회장(政調会長, 세이초가이초), 정심회장(政審会長, 세이신가이초)이라는 약칭으로도 불린다. 정책부회 의장은 정당의 요직으로 주목받으며, 정책부회의 최종적인 총괄 정리를 담당한다.

는 형태로 정책 영역에 따라 설치되며 중앙부처에서 의결된 법률안은 관계되는 부회에 보내져 심사를 받는다. 그리고 실질적인 심사가 종료되면 정조심의회를 거쳐 총무회에 보내져 당내에서 의결한다.

이러한 정무조사회 부회를 중심으로 한 여당 법안심사는 정책이 관료주도로 이루어지고 있다는 옛 이미지를 탈피하여 새로운 일본 국회의원 상(像)을 만들기도 하였다. 여당 의원 가운데에는 특정 부회에 장기간 소속하여 정책형성 능력을 향상시키고 또한 부회장(部會長)이나 부부회장(副部會長)을 역임하여 내외에서 특정 정책 영역에 관한 유력자라는 평가를 받는 의원도 출현하였다. 이것이 이른바 정책집단의원(族議員)이다. 각 중앙부처는 이러한 정책집단의원의 협력을 얻지 못하면 스스로 입안하는 법안의 통과가 어렵고 그러한 점에서 정책집단의원의 존재는 정치 주도의 실현에 큰 역할을 하고 있다.

정무조사회의 심의를 거친 법률안은 총무회로 보내진다. 총무회는 당의 전체적인 심의기관임과 동시에 간사장, 정조(政調)회장를 비롯한 당의 주요 임원이 출석하는 사실상 당의 최고 의사결정기관이기도 하다. 총무회에서는 부회장이 정무조사회의 심의를 거친 법률안을 설명하게 된다. 이때 관계 중앙부처의 국장들이 보충 설명을 하기도 한다. 총무회에서의 입법 심의는 형식적인 심의로 시종일관하는 경우가 많다는 얘기도 있다(무라카와[村川], 2000). 총무회의 주요한 역할은 심의가 아니라 의사결정이라는 것이다. 여기서 결정된 사항은 당의 의결사항으로 이후 이것은 당의 의결로서 소속의원을 구속하게 된다.

### 국회 제정과 법률제정과정

일본 국회(議會)의 역사는 1890년(메이지 23) 제국의회의 창설로 시작되었다. 제국의회는 현재의 일본 의회와는 달리 영국을 비롯한 유럽 제국과 같은 본회의 중심의 독회제(讀會制)[4]를 채택하였다. 독회제란 법안의 취지 설명에서부터 채택에 이르기까지 본회의 중심으로 심의를 진행하는 제도이다. 일반적으로 독회제는 법안의 제안 이유를 설명하고 심의를 할 것인지의 여부를 결정하는 제1독회, 다음으로 심의를 하는 제2독회, 법안의 채택 여부를 결정하는 제3독회로 구성된다. 전형적인 독회제를 채택하고 있는 나라가 영국이다. 영국에서는 오늘날에도 본회의 중심의 3독회제를 운용한다. 단, 독회제를 채용한다고 해서 위원회에서 심사를 전혀 하지 않는 것은 아니다. 실제로 영국 의회에서도 제2독회 시에 일반 토론 종료 후 법안을 위원회에 회부하여 심의하게 되어 있다. 일본 제국의회도 이러한 3독회제가 채용되어 있었다. 단 일본의 경우, 영국과는 달리 법안의 위원회 회부 및 심의는 제2독회가 아니라 제1독회에서 법안의 취지 설명 후에 하도록 하였다(오야마〔大山〕, 1997).

이와 같은 독회제를 기본으로 한 의사 운영은 전후(戰後) GHQ의 지령에 따라 크게 변화하였다. 당초 일본은 제2차 세계대전 전보다 위원회 심사를 중시하기는 하였으나 법안의 취지를 설명하는 제1독회는 남겨둘 방침이었다. 그러나 GHQ 측에서 전쟁 전 의회의 의사결정 절차에 관한 근본적인 개혁을 요구한 결과, 전후 의회에서 독회제는 그 자취를 감추었다.

GHQ가 일본 측에 요구한 것은 미국에서 채택하고 있는 위원회 중심주의 도입이었다. 미국은 정당의 소속의원에 대한 구속력이 상당히 약하다. 이 때문에 정당 간의 토론으로 정책이 형성되기보다는 개개 의원이 스스로의 판단에 따라 입법 활동에 종사하는 경우가 많다. 따라서 다수 의원으로 구성되는 본회에서는 사실상 법안 심의가 곤란하다. 이에 미국에서는 위원회 심사를 중심으로 하는 의사(議事) 운영이 확립되었다(오야마〔大山〕, 1997).

---

4 의회 심의 방법의 하나이다. 본회의 중심주의(현재 일본 국회와 같은 위원회 중심주의에 대비) 의회로 본회의 심의 시에 광범위하게 채용되었다. 독회제(読会制)는 영국 의회에서 시작되었다.

전후 일본은 GHQ의 지도 아래에 이러한 미국식 위원회 중심주의를 의회 운영의 기본원칙으로 채용하였다.

현재의 일본 국회는, 제출된 법안이 제출자로부터 위원회 심사의 생략을 요구하지 않는 한 의장(議長)에 의해 곧바로 소관 위원회에 회부되어 심의하게 되어 있다. 위원회에서 법안심사가 이루어지고 이후 법안은 본회의에 상정된다. 여기서 법안에 대한 질의와 토론이 이루어져 최종적으로 채택된다. 단, 위원회 중심주의를 채용하고 있는 오늘날의 일본 의회에서는 법안의 실질적인 심사가 위원회에서 이루어지기 때문에 본회의에서의 심의는 형식적인 것에 지나지 않는다. 사실상, 본회의 심의가 아니라 위원회 심사가 법안의 성패를 크게 좌우한다.

그러나 전후의 국회에서 위원회의 심사가 반드시 충실히 이루어져 왔다고 말하기는 어렵다. 각 위원회에서는 사전에 위원회 개최일(開會日)을 정하는 정례일(定例日)제도를 채택하였다. 정례일제(定例日制)는 구속력이 없기 때문에 요일에 관계없이 심사를 하는 것은 가능하지만 통상적으로 위원회는 주 2-3일 정도 밖에 열리지 않았기 때문에 충분한 심사시간을 확보하기 어렵다. 이는 위원회 심사의 충실함을 방해하는 하나의 요인이다.

또한 국회에서는 야당의 전술에 따라 위원회 심사가 어려워지는 경우도 있다. 통상, 제출된 법안은 즉시 위원회에 회부, 심사하게 되지만 중요한 법안의 경우 위원회 심사에 들어가기 전에 본회의를 열어 제출자가 법안 취지 설명을 하도록 제도화되어 있다. 야당은 이 제도를 이용하여 중요치 않은 법안까지 지속적으로 본회의에서 취지 설명을 요구하여, 대립되는 법안이 위원회의 실질 심사에 들어가는 것을 저해하기도 한다. 이러한 야당의 의회 전술을 '매달림(쓰루시, つるし)' 전략이라고 부른다. 위원회 중심주의를 채택한 일본 국회에서 야당의 저항 수단을 감수하면서 위원회의 심사 기능을 얼마나 충실히 해 갈 것인가가 중요한 과제이다.

## 일본 입법과정의 특징

20세기 이후 국가가 다루는 정책 영역이 확대되고 또한 복잡화됨에 따라 공공정책형성에 고도의 전문지식이 요구되었다. 결과적으로 정책입안에서부터 집행에 이르기까지 다양한 행정기관의 역할이 비약적으로 증대되었다. 이러한 행정의 비대화를 행정국가화 현상이라 부른다. 일본에서도 행정국가화 현상이 진행되어 관청가인 가스미가세키(霞が関)[5]의 역할은 해를 거듭할수록 지속적으로 증대되었다. 그러나 이와 함께 "국가 권력의 최고기관"인 의회는 쇠퇴하고 그 심의 기능은 형식화되어 간다는 의견도 생겨났다.

일본 국회는 행정부가 작성한 법안을 추인만 하는 고무도장(Rubber Stamp)에 지나지 않는다는 무능론(無能論)이 일본 국민들에게 자리잡는 한편, 이와이 도모아키(岩井奉信)[6]와 같은 사람들에 의해 의회가 어느 정도 심의 기능을 다하고 있다는 견해도 제시되고 있다. 이와이 도모아키에 의하면 일본 국회는 다양한 제도와 관행으로 법안 심의에 활용할 시간이 처음부터 한정되어 있다. 예를 들면 의회 회기(會期)는 일년 내내 이어지는 것이 아니라 상회(常會), 임시회 또는 특별회로 단편적(斷片化)이기 때문에 심의시간이 제도상 제한된있다. 또한 전후(戰後) 일본 국회는 위원회를 중심으로 한 법안 심의를 진행하는 위원회 중심주의를 채용하였지만 앞서 기술한 바와 같이 위원회 운영이라는 관행이 있기 때문에 회기 중에 충분한 심사가 이루어지는 것은 아니다. 이와 같이 일본 국회는 당초부터 법안 심의를 위한 물리적

---

**5** 에도시대에 다이묘의 저택(大名屋敷)이 연달아 위치한 지역이었다. 메이지시대에 대화재가 있은 후 해당 부지에 외무성과 해운성(海軍省) 등이 입지하면서 이후 관청가가 형성되었다. 이것이 변하여 "일본의 중앙관청(日本の中央官界)"의 대명사로서 활용되고 있다. 특히 가장 오래된 외무성(外務省)을 가리키는 경우가 많아, 가스미가세키 외교(霞が関外交)라는 용어가 사용되는 경우가 있다.

**6** 일본 정치학자로, 21세기 임조위원(臨調委員)이다. 사회경제생산성본부평의원, 정책연구포럼이사이자 정치개혁추진협의회 위원으로서 정치개혁에 종사하고 있다. 참의원 개혁을 위한 전문가회의 위원으로도 활동 중이다.

시간이 짧았다. 정부와 여당은 행정책임자로서 이러한 한정된 시간 내에 연간 약 100여 개 정도의 법안을 성립시켜야만 한다.

이러한 상황을 배경으로 지금까지 야당은 정부·여당에 저항하고자 하는 경우, 토론을 하기보다는 심의 시간 통제 즉 시간 벌기 전술에 의존해 왔다. 회의장 봉쇄나 심의 거부(의회 용어로 이를 '잠잔다(寝る)'라고 함), '매달림(つるし)' 등으로 심의시간이 줄어들면, 정부·여당은 행정 집행에 필수적인 법안까지 성립시키기 어려워져 야당에 일정한 양보를 제시하게 된다. 이러한 '거래'의 결과 55년체제 하에서는 내각제출 법안이 약 80% 정도밖에 성립하지 않았다.

이와 같은 여야(與野) 간의 교섭에 착안한다면, 단순한 고무도장이라고 생각한 국회도 어느 정도 기능을 수행하고 있다는 것이다. 야당이 '심의를 하지 않는다'는 선택을 함으로써 국회는 일정한 법안 성립을 저지하는 역할을 수행해왔다. 그러나 다른 한편으론 일본 국민 여론의 장(言論の府)으로 일컬어지는 국회에서 토론 기능을 상실하게 된다.

토론의 기능을 충분히 다할 수 없는 상황을 초래하는 요인은 야당 전술 이외에도 존재한다. 예를 들면, 여당 심사를 들 수 있다. 여당 심사란 내각이 국회에 법안을 제출하기 전에 여당이 그 정책을 심의하는 것이다(전술한 여당 내의 법률 제정과정 참조). 여당과 내각의 긴밀한 관계를 전제로 하고 있는 의원내각제에서 여당 심사를 하는 것 자체는 특수한 것은 아니다. 그러나 일본의 경우, 법안을 국회에 제출하기 전에 여당 심사를 엄격히 시행하기 때문에 일본 국회에서의 심의가 상당히 형식화하는 경향이 있다. 자민당의 경우, 정무조사회의 부회에서 실질적인 심의가 이루어지고 그 후 총무회에서 당의 결의사항이 결정된다. 일반적으로 당에서 결정된 정책만이 내각 제출 법안으로서 의회에 제출된다.

또한 법안이 의회에서 심의될 때, 심의 단계에서부터 당의 의결사항에 의해 구속〔党議拘束〕[7]되기 때문에 의회 내 의원 간의 활발한 논의는 일어나지 않는다. 여당 의원들 간에서도 법안이 제출될 때까지 내각 제출 법안의 내용을 잘 모르는 것이 그렇게 이상한 현상이 아니다(오야마〔大山〕, 1997). 반면 영국의 정당에서 당 의결사항에 따라 구속력이 발생하는 것은 원칙적으로 심의 단계가 아니라 채택 및 결의 단계이다. 이에 따라 심의 단계에서는 토론 기능을 보장한다. 일본 국회가 진정한 '토론(討論)의 장(府)'이 되기 위해서는 의회 제도의 개혁뿐만 아니라 여당 심사와 당의 의결사항 구속으로 대표되는 정당 내부 문제도 검토할 필요가 있다.

## 연립정권과 일본 국회

1993년(헤이세이 5) 7당8회파에 의한 호소카와 연립정권이 성립되어 자민당 단독정권에 의한 55년체제[8]가 막을 내렸다. 그 후 정권을 구성하는 정당 간의 연합은 눈부실 정도로 변화해 갔으며 연립정권이 일상화되었다. 이러한 변화와 함께 당수(党首) 간 토론의 적극적인 도입을 비롯한 '논의하는 일본 국회'의 실현을 위한 다양한 개혁이 실행되었다.

그러나 오늘날에서도 일본 국회가 지금까지 지속해 온 토론 기능을 충분히 회복했다고는 단언하기 어렵다. 야당의 의회 전술을 보면 확실히 심의 거부 횟수가 줄기는 하였지만 변함없이 '매달림' 현상이 남용되는 등 적극적인 토론을 하는 의회의 모습으로 전환되었다고는 할 수 없는 실정이다. 한편 연립정권 성립 이후 내각 제출 법안의 성립률은 비약적으로 상승하였고 예산이 비교적 조기에 수립되는 경향이 발생하였다. 이는 55년체제와는 다른 현

---

**7** 정당의 결의에 의해 당 소속의원의 활동을 구속하는 것이다. 주로 의회에서 채택, 결의되는 안건에 대해 사전에 찬반을 정하여 소속의원의 투표행동을 제한한다. 하나의 정당이 결속하여 행동하기 위한 수단으로서 이용되고 있다. 당의구속(党議拘束)에 반하는 행동을 하면 정당은 제명 등의 처분을 내린다. 당의구속 방법은 당규로 정하는데, 일본 자유민주당에서는 전당대회나 총무회 결의에 따라 당의구속하는 것이 관례로 되어 있다.

**8** 1955년에 성립한 여당인 자유민주당과 야당인 일본사회당이 2대 정당으로 군림하여 정치를 이끌어온 체제로 1993년까지 지속되었다.

상이며 또한 야당이 반대하더라도 정부·여당에는 그다지 영향을 미치지 않는다는 것을 의미한다.

다른 한편, 여당 측에서는 연립에 참여한 각 정당의 합의 결과가 곧 내각 제출 법안이 되기 때문에 의회 내에서 야당의 반발이 있더라도 법안을 수정하는 것은 그렇게 쉬운 일은 아니다. 그 결과 법안을 원안 그대로 통과·성립시키고자 하는 경향이 강하게 나타났다. 토론 기능을 확보하면서 얼마만큼 각 정당의 합의를 이끌어내고 일본 국민의 이익을 정책과 법안으로 집약시켜 갈 것인가가 연립정권하에서의 일본 국회가 안고 있는 커다란 과제였다.

### 예산편성과정

정책은 법률적인 근거와 함께 예산의 뒷받침이 이루어진 후에야 비로소 실시된다. 의원 제출권이 인정되는 법률안과는 달리 예산안을 국회에 제출할 수 있는 권한은 내각(內閣)만이 가지고 있다. 전후 오랫동안 내각에서는 예산편성작업을 대장성(主計局)[9]이 담당토록 해 왔지만 이는 전쟁 전의 시스템을 그대로 답습한 것이다(고지마〔小島〕, 1976/무라마쓰〔村松〕, 2001).

예산편성작업은 거시적(Macro) 편성과 미시적(Micro) 편성으로 크게 분류할 수 있다. 거시적 편성이란, 세출예산 총액의 큰 틀을 우선 정하고 이에 맞추어 세입 예산을 편성하며, 공채 발행의 규모나 세제 개정의 필요 여부 등을 결정하는 과정을 가리킨다. 한편, 미시적 편성은 각 중앙부처(省廳)로부터 제출된 개괄적 예산요구〔概算要求〕[11]를 사정하고 세출예산의 구성을 세목(細目) 수준까지 결정하는 과정이다. 경제안정 기능과 소득 재분배 기능과 같은 큰 강령은 거시적 편성에 의해 좌우되고, 자원 배분 기능과 소득 재분배 기능의 세목은 미시적 편성의 조합으로 확정되어 간다(호리에〔堀江〕·우오

---

**9** 일본의 대장성(大藏省)은 메이지 유신부터 2000년까지 존재한 중앙관청이다. 후계관청은 재무성(財務省)이다.

타니〔魚谷〕, 1994).

일본의 예산편성작업은 대장성 주계국 중심으로 진행되어 왔다. 그러나 2001년의 중앙부처 재편〔省廳再編〕으로 내각부에 경제재정자문회의[11]가 설치되고 정치 주도의 예산편성을 목적으로 한 개혁이 단행되었다. 경제재정자문회의는 의장인 총리〔首相〕와 경제관계 각료, 그리고 총리가 선임하는 민간인에 의해 구성되며, 여기서 예산편성의 기본방침이 정해진다. 경제재정자문회의에 의해 예산의 전체 모습이 제시되면 옛 대장성에 해당하는 재무성이 이를 반영한 예산요구 기준을 각 부처에 제시하게 된다.

이에 따라 각 중앙부처는 각 국(局)의 총무과가 해당 부(部)와 국(局)의 요구 사항을 검토하여 이를 관방회계과(官房會計課)에 전달한다. 해당 부와 국의 예산요구에서는 실링(ceiling)[12]이라 하여 전년도와 비교한 요구 비율의 상한이 정해져 있으며 회계과에서는 각 부와 국의 요구를 사정(査定)하여 총액을 그 범위 내로 정하도록 한다. 회계과에서 각 국의 개괄적 예산요구를 판단할 때에 ① 정책적인 장·단점, ② 재무성이 인정할 가능성, ③ 실현 가능

---

**10** 1년 예산편성에서 전년도 여름부터 가을경까지 각 중앙부처가 필요로 하는 예산액을 재무성에 제출한다. 이것이 개괄적 예산요구〔概算要求〕이다. 이를 재무성 주계국(主計局)이 정리하여 재무원안이라고 불리는 예산안을 작성한다.

**11** 경제재정자문회의(Council on Economic and Fiscal Policy)란, 일본 내각부에 설치되는 '중요 정책에 관한 회의' 가운데 하나이다. 총리의 자문을 받아 경제재정정책에 관한 중요 사항을 조사, 심의한다. 2001년 1월, 중앙부처 재편성과 함께 설치되었고, 근거는 내각부 설치법 제18조이다. 회의는 의장과 10인 이내의 의원으로 구성되며, 의장은 총리가 맡고 의원으로는 내각 관방장관(官房長官), 내각부 특명담당대신(경제 재정정책 담당)이 법으로 정해진다. 그 외 각 성의 대신 가운데 총리가 지정하는 자로서 재무대신(財務大臣), 총무대신(総務大臣), 경제산업대신(經済産業大臣)이 그리고 관계 기관(국가 행정기관은 제외)의 장에서 총리가 임명하는 자로서 일본은행 총재가 의원이 되는 것이 관례로 되어 있다. 민간전문가를 40% 이상 확보하는 것이 법으로 규정되어 있다.

**12** 최고시세(天井), 한도를 형성한다는 의미로, 금액에 상한선을 설정하는 것이다. 개괄적 예산요구의 기준을 의미하기도 한다. 국가의 예산편성에 앞서서 재무성이 각 중앙부처에 제시하는 예산 방침이다. 세출의 무제한 증대를 억제하는 것 외에 국가의 중점 투자 항목을 내외에 제시하는 의미도 있다. 이 예산은 경제재정자문회의에서 논의된 결과로 각료의 양해를 얻어 결정된다. 개괄적 예산요구기준이 도입된 것은 1980년대다. 국가의 재정적자가 현저하게 발생한 시기로 각 중앙부처의 과다한 요구를 억제하고 세출을 삭감할 필요성에서 도입되었다.

성, ④ 적산감정(積算勘定)의 정확성 등을 기준으로 삼는다(무라마쓰〔村松〕, 2001). 그리고 관방회계과에서는 성(省)의 입장에서 예산요구를 정리하고, 해당 중앙부처(省廳)는 8월말까지 각각의 필요예산을 개괄적 예산요구로서 재무성에 제출한다.

그 후 9월부터 3개월여 정도에 걸쳐 재무성(주계국)이 각 중앙부처의 설명을 받으면서 개괄적 예산요구의 사정을 실시한다. 재무성의 예산사정은 점증주의에 의거하여 이루어진다. 점증주의란 전년도 예산을 기준으로 여기에 거의 같게 증감을 도모하여 결정하는 방식이다. 점증주의는 예산편성상 한정된 자원을 유효히 활용한다는 점에서 큰 의의가 있지만, 일본에서 이는 중앙부처인 성(省)과 성 사이 그리고 정책 분야 간의 예산배분 비율을 급격히 변화시키지 않는 균형 지향성이 강한 예산편성 방법이다(무라마쓰〔村松〕, 2001).

개괄적 예산요구의 사정 후, 12월 중순경에 재무성 원안이 각 중앙부처에 제시된다. 이 내용을 둘러싸고 각 중앙부처와 재무성 주계국과의 사이에 복구 절충이라 불리는 재조정이 이루어진다. 각 성의 총무과장과 재무성 주계국 주사(主査)의 절충(총무과장 절충), 국장과 주계관(主計官)의 절충(국장 절충), 사무차관과 주계국 차장의 절충(차관 절충)을 거쳐 대신과 주계국장의 절충(대신 절충)이 이루어진다. 12월 하순이 되면 예산을 주요 의제로 하는 각의가 열린다. 이를 예산 각의라 한다. 예산 각의에는 지금까지 복구 절충한 결과가 보고되고 예산안이 각의 결정된다.

예산안은 1월에 소집되는 일본 정기국회에 제출하여 중의원(衆議院)이 먼저 의결하는(先議) 규정에 따라 우선 중의원의 예산위원회 심사에 보내진다. 예산은 연도 단위로 실시되기 때문에 원안은 3월말까지 의회에서 성립할 수 있도록 정부·여당은 노력하지만 야당의 반대가 심해 4월로 연기되는 경우에는 잠정(暫定)예산이 편성된다. 한편 의회에서 야당이 예산안 수정을 강하게 요구하더라도 일반적으로 예산의 변경은 좀처럼 이루어지지 않는다.

의회에서 대폭적인 수정이 가해지면 예산편성권이라고 하는 정부의 '성역(聖域)'이 침해된다고 생각하기 때문이다. 예산의 수정이 불가피하다고 생각하는 경우, 정부는 자발적으로 예산을 변경하고 그 성립을 도모하는 것이 일반적이다.

일본의 예산편성과정에는 다음과 같은 특징이 있다. ① 3월 말까지 의회에서 의결해야만 한다는 시간적인 제약이 있기 때문에 예산편성작업 일정이 엄격히 설정되어 있다. ② 예산 확대를 요구하는 각 중앙부처와 전체 예산을 균형 있게 가져가기 위해 사정하는 재무성이 서로 대립하면서 양자 간에 서로 절충하며 의사결정을 한다. ③ 예산편성작업이 복잡하기 때문에 개별 사항의 의사결정에 따르는 이들의 분업체제에 의해 이루어진다. ④ 최종 결정을 종료할 때까지 모든 사항이 가(假) 결정상태에 있는 게 아니라 절충하는 각 단계에서 부분적인 사항들을 확정하여 결정에 이르는 구조로 되어 있다(호리에〔堀江〕· 우오타니〔魚谷〕, 1994).

## 조례제정

자치단체는 지방자치법 14조에 의거하여 법률을 위반하지 않는 범위 내에서 조례를 제정할 수 있다. 조례는 자치단체 내에서는 법률에 준하는 규정으로 그 제정 범위는 2000년 이후 대폭 확대되었다. 지금까지 자치단체의 주요 역할은 고유 사무와 기관위임 사무의 수행이었는데, 이 가운데 기관위임 사무는 자치단체가 독자적으로 조례를 제정할 수 없는 영역이었다. 이 때문에 기관위임 사무에서는 단체장이 결정하는 규칙(規則)이 사실상 조례를 대신하는 역할을 해왔다.

그러나 지방분권의 흐름 속에서 2000년부터 자치단체의 역할이 자치 사무와 법정위탁 사무로 바뀌었고, 기관위임 사무가 폐지됨에 따라 자치단체가 그 업무 전반에 관한 조례를 제정하는 것이 원칙적으로 가능해졌다. 자치단체의 조례제정권이 가지는 의미가 이전에 비해 크게 신장된 것이다. 그 결과, 기존의 조례와 맞먹는 역할을 해왔던 규칙이 조례 집행 시에 구체적인 절차를 정하는 역할로 변화하는 등 그 성격이 변화되었다.

또한 사회적 상황이 급속히 변화해 가는 상황에 입각하여 자치단체가 가진 자치입법권을 적극적으로 평가하는 움직임도 있다. 개별 정책뿐만 아니라 "지역개발[13]기본조례"를 비롯한 지역형성의 기본 방향을 결정하고자 하는 자치단체도 적지 않다(이마이〔今井〕, 2000). 조례 의결은 의회에서 이루어지며(지방자치법 96조) 출석 의원 과반수가 찬성하면 조례안이 가결, 성립한다. 예외적인 조치로서 조례를 긴급히 제정할 필요가 있거나 또는 의회를 소집하기 어려운 경우에는 시정촌장·지사(단체장)가 결정할 수도 있다. 단, 이 경우에는 나중에라도 의회의 승인을 얻어야만 한다(지방자치법 179조).

조례안을 의회에 제출할 권한을 가지고 있는 것은 단체장과 의원이다. 의원이 조례안을 의회에 제출할 경우에는 의원정수 12분의 1 이상을 모을 필요가 있다(지방자치법 112조). 일반 주민은 조례안을 의회에 제출할 권한이 인정되지 않지만 조례제정을 직접청구할 수는 있다. 이것이 이른바 이니셔티브제도이다. 직접청구하는 경우, 주민은 유권자의 50분의 1 이상의 서명을 받아 이를 선거관리위원회에 제출하면 된다. 주민으로부터 청구가 있는 경우, 단체장은 20일 이내에 의회를 소집하고 조례 제정을 제안한다. 또한 직접청구 이외에도 주민은 진정(陳情)이나 청원(請願)을 통해 자치단체가 조례를 제정하도록 할 수 있다.

---

**13** 일본어로는 "まちづくり", 원어 그대로 해석하면 "마을 만들기"로 번역할 수 있는데, 전문 용어로 "지역 개발" 또는 "지역 형성"으로 번역하고자 한다.

## 3. 예산과 결산

### 예산 순환

국가의 예산은 ① 의회와 국민의 행정에 대한 통제, ② 행정관리의 수단, ③ 정책과 계획의 숫자에 의한 뒷받침과 사업 간의 관련성 강화 등과 같은 다양한 역할을 수행한다(무라마쓰〔村松〕, 2001). 그 과정은 예산안의 작성, 집행, 결산으로 크게 구분할 수 있다. 이러한 작성, 집행, 결산이라는 단계를 순서대로 밟아감에 따라 예산은 비로소 의미를 가진다. 이러한 과정을 예산 순환(budget cycle)이라 한다.

예산안 작성과정은 중앙부처 내부에서 예산안을 편성하는 과정과 각의 결정된 예산안을 국회에서 심의, 의결하는 과정으로 구분할 수 있다(이 장 2절 참조). 예산제도는 회계연도 단위로 운영되기 때문에 행정부에 의한 예산 편성작업과 의회에서의 심의, 의결은 3월말까지 이루어져야 한다. 일본 정기국회가 1월에 소집되는 것을 생각하면 예산안의 작성은 연말까지 종료할 필요가 있다. 각의 결정된 예산안은 1월 정기국회에 제출된다. 일본 정기국회 회기는 150일로 정해져 있지만 원칙적으로 예산안은 연말까지 의결해야 하기 때문에 회기의 절반 정도는 예산 심의에 사용된다. 대체로 연도 내에 예산이 성립되고 신년부터는 새로운 예산을 집행하지만 야당의 반대가 심하여 3월 말까지 예산이 성립될 전망이 불투명한 경우, 사무적인 경상경비에 한해 잠정 예산을 편성하고 의회의 의결을 요구하게 된다.

예산 집행에 관해서는 우선 연간 예산배부계획을 책정한다. 행정기관이 집행하는 예산은 이 계획에 기초하여 할당·배분한다. 또한 예산 의결 후 예산 집행을 위한 법령이나 통달(通達)의 정비가 이루어진다. 예산과 정책은 표리(表裏)일체이기 때문에 행정기관이 집행하는 정책은 상당 부문 예산배부계획(豫算配賦計劃)에 의해 좌우된다.

결산과정은 예산이 집행된 다음 해에 이루어진다. 이 과정은 ① 행정기관이 전년도의 회계를 정리하여 결산 보고를 작성하는 과정, ② 회계검사원에 의한 회계 감사, ③ 행정기관의 결산 보고 및 회계검사원에 의한 회계 감사가 의회에서 심의, 승인되는 과정으로 성립된다. 통상적으로 예산과정은 1년 이상 이루어지는 경우가 많고 예산안의 작성, 집행, 결산이라고 하는 예산 순환은 전체적으로 3년 이상 걸린다. 따라서 예산을 집행하는 연도는 다음 해의 예산을 편성하는 연도와 동시에 전년도 결산을 하는 연도에 해당된다(호리에〔堀江〕· 우오타니〔魚谷〕, 1994).

## 예산편성이론

행정국가화의 진행과 함께 행정이 입안하고 실시하는 예산의 의의도 해마다 증대되어 왔다. 그러나 예산 규모가 적고 예산에 의한 정부 통제가 가능했던 시대와는 달리 오늘날에는 행정사업이 광범위하고 또한 복잡해져 예산 조치가 뒷받침된 행정 시책을 체계적으로 검토하는 것이 어려워졌다. 효과적인 행정 시책과 예산 관리가 중요한 과제가 된 것이다.

행정활동을 예산이라는 관점에서 파악하는 대표적인 틀로는 예를 들면, 전통적 예산, 사업별 예산(사업계획예산제도〔PPBS, Planning Programming Budgeting System〕) 등이 있다. 무라마쓰 미치오(村松岐夫)에 따르면 전통적 예산에서 비목(費目)은 개수 등으로 표시된다. 경찰을 예를 들면, 순찰차와 인원, 제복의 수(數) 등이 해당한다. 이에 대해 사업별 예산에서는 주로 행정활동에 초점이 맞추어져 있다. 순찰차의 주행거리와 체포율 등이 이에 해당한다(무라마쓰〔村松〕, 2001). 한편, PPBS는 사업 간의 우선순위를 매겨 예산과정의 합리화를 지향하는 시스템 분석 방법이다. 이 방법에서 예산의 주요한 관심은 정책 목적에 있다. 예를 들어 범죄의 감소와 질서유지와 같은 추상성 기준에서 행정활동을 파악한다.

슐츠(G. P. Shults)에 의하면 PPBS를 구성하는 요소는 ① 행정활동의 목표와 목적을 인식하고, 각 프로그램의 기본방침에 관해 재검토할 것, ② 각 프로그램의 성과를 해당 목적의 관점에서 검토할 것, ③ 프로그램의 총 비용을 수년 단위로 측정할 것, ④ 연도 단위 예산을 초과한 장기적 프로그램을 체계적으로 책정할 것, ⑤ 다양한 선택 사항을 검토하면서 프로그램의 목적을 실현하는 가장 효과적인 방법을 발견할 것, ⑥ 이러한 절차를 예산사정 시스템의 일부로 정립하여 예산편성 과정과 통합하는 것이라 하였다(무라마쓰〔村松〕, 2001). 이러한 PPBS를 1960년대 케네디 대통령 시대에는 미국 국방부, 존슨 대통령 시대에는 전체 연방정부에서 실제로 채택하였다. 현재 미국에서는 PPBS를 채택하지 않고 있지만 이 방식을 채택하고 있는 국가는 적지 않으며 PPBS가 예산과정의 합리화에서 큰 역할을 수행한다는 평가도 있다(미야가와〔宮川〕, 1969).

### 회계검사

예산편성만큼 주목을 받지는 못하지만 예산이 적정히 집행되었는가를 검증하는 결산 절차의 역할도 무시할 수 없다. 결산과정에서도 특히 중요한 역할을 하는 것이 회계검사원에 의한 회계검사이다. 회계검사원은 행정기관이긴 하지만 일본 헌법상 내각으로부터 독립된 조직으로 국가 예산의 결산에 관해 감사하고 그 감사 보고를 의회에 제출하게 되어 있다. 회계검사원은 예산 집행이 적법, 정당한가를 판정하기 때문에 예산 집행의 관점에서 행정통제라 할 수 있을 것이다.

공채(公債) 의존도가 높아지고 국가 재정이 압박받는 상황에서 예산이 어느 정도 타당한 것인가 또한 예산이 효율적으로 집행된 것인가, 예산 집행에 의해 당초의 정책 목표는 어느 정도 실현되었는가와 같은 것을 결산과정에서 검증할 필요성은 해마다 높아지고 있다. 그러나 그럼에도 불구하고 예산편성에 비해 결산과정과 절차는 덜 중요시되고 있다. 그 배경으로는 ① 예산안이 의결되고 난 후 결산 절차가 종료할 때까지 1회계년도의 예산과정 완결에 2년 이상의 시간이 걸린다는 점, ② 의회에서 결산 심의의 영향이 약하기 때문에 의회 결산 심의를 통해 여론이 환기되는 경우를 거의 기대하기 어렵다는 점, ③ 점증주의로 특징되는 예산편성 방법이 여전히 지배적이기 때문에 결산에 관해서 동일하게 주목받을 만한 발견이 어려운 점, ④ 재정 민주주의의 관점에서 예산 집행에 엄격한 통제가 가해져 있어 예산과 결산에 큰 괴리가 발생하지 않는다는 점 등을 들 수 있다(미야지마〔宮島〕, 1992/무라마쓰〔村松〕, 2001).

일본의 결산과정에서는 회계검사원이 각 중앙부처를 감사하기 어렵다는 문제점이 지적되고 있다(무라마쓰〔村松〕, 2001). 엄격한 감사를 실시하면 실무 관청으로부터 감사 협력을 얻기 어렵다는 점이다. 이러한 딜레마를 어떻게 해소하고 결산과정에 의미를 가질 수 있도록 할 것인가가 오늘날 큰 과제다.

# 제12장 정책집행과 정책파급

1절에서는 정책집행과정에 관한 기초 이론을 개관한 후에 지금까지 실시 과정의 연구가 일본에서 그다지 논의, 진전되지 못했던 이유를 설명한다. 2절에서는 정책결과〔出力〕 및 정책의 사회적 효과에 관한 기본적인 관점을 소개하고 규제행정과 서비스행정에 대하여 개관한다. 3절에서는 정책실시 연구에 관해 다른 측면에서의 검토를 부가하고자 한다. 즉, 큰 정부에서 작은 정부로의 전환, 규제완화, 민간위탁 추진, 민간의 자립·자조에 관한 논의들이다. 그리고 마지막 4절에서는 일본에서 정책파급 연구에 관한 동향을 소개한다. 정책혁신, 정책파급 및 정책이전(移轉)에 관한 내용이다.

## 1. 정책집행과정 연구

### 정책집행 단계

이론적으로 정책집행 단계는 일본 국회에서는 어떤 법안과 예산안이 가결되었을 때, 지방의회의 경우는 조례안과 예산안이 가결된 시점을 기점으로, 다

그림 12-1. 정책집행의 흐름(Input, Output, Outcome의 관계)

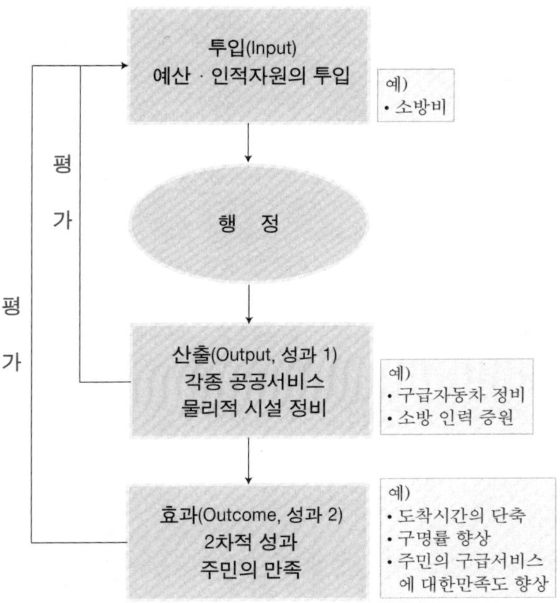


출처: 나가타 쇼죠우(永田尚三). 〈행정평가의 기초〉. 구와하라 히데아키(桑原英明) · 마스다 다다시(增田正編) 편저. 《자치체 행정평가의 기초》. 소우가이(創開)출판사, 2003. 102쪽.

음 단계에서 일정한 정책평가가 시작되기까지의 기간이다. 그러나 현실에서는 정치와 행정이 융합한 현대 국가에서의 복지 국가 이후로 정책결정 이전 단계에도 결정 전(前) 과정이라 하여 정치와 행정과의 상호 작용이 끊임없이 발생하고 있다. 또한 정책집행 단계라고 해도 공공사업 등과 같이 사업의 완성까지 수년에서 경우에 따라서는 수십 년의 장기간이 소요되는 경우도 있기 때문에 그 중간에 정책평가 단계(중간 평가)가 위치하는 것도 드문 일은 아니다.

여기서 정책집행은 정책결정 후에 행정 내부에서 이루어지는 일련의 실시과정 및 정책이 집행됨에 따른 정책결과와 정책의 사회적 효과라는 측면까지 포함한다(무라카미〔村上〕, 2003). 정책집행과정도 현실적으로는 몇 단계로 구성된다. 예를 들면 일반적으로는 법률이 의회에서 가결되었더라도 바로 집행되지는 않는다. 즉, 정령(政令) 및 성령(省令)이나 규칙을 결정하고 다음으로 행정기관의 내부 절차와 업무 분담을 결정하는 실시 요강을 작성한 뒤에야 비로소 구체적인 집행 단계에 들어간다. 예산의 경우에도 4분기 기준으로 집행 계획이 세워지고 그 계획에 기초하여 예산의 구체적인 분배가 이루어진다(사사키〔佐々木〕, 2000).

또한 각 행정 부서는 정책을 집행할 때 상세한 업무 절차를 준비한다. 그리고 이러한 절차와 내용은 업무수행과 주변 정치상황 또는 사회경제적 상황에 따라 적절히 수정되면서 변화한다. 즉, 단순한 보조금의 집행이라 하더라도 대상으로 하는 사업 요건이 실시 요령의 수정에 의해 완화되는 경우가 있는가 하면 반대로 요건을 강화하는 등 미세 조정이 끊임없이 요구되는 것이 일반적이다.

한편, 정책집행과정은 법령과 계획이라는 추상적인 정책이 점차 예산과 인적 자원의 투입(input)으로 변환되어 가는 과정이기도 하다. 단, 지금까지 정책의 집행과정을 유형화하는 시도는 부분적으로만 이루어졌다. 여기서 예산과 인적자원이라고 하는 Input을 사회에 투입함으로써 다양한 공공서비스를 제공하고 물리적 시설(hard)을 정비하는 단계가 정책결과이며 이를 산출(Output)이라고 부른다. 또한 이러한 Output을 수행하여 사회적 효과나 주민 만족도의 변화와 같은 성과(成果)를 초래하는 단계를 사회적 효과 또는 정책성과(Outcome)라고 부른다(그림 12-1 참조).

### 정책집행과정 연구 의의와 두 가지 분석틀

정책입안, 정책집행 및 정책평가와 같은 일련의 정책과정 속에서 정책집행은 행정활동의 중심적인 영역이다. 그러나 역설적인 표현이지만 행정학에서 집행과정의 연구는 프레스맨(Pressman)과 윌더브스키(Wildavsky)의 《집행론

(Implementation, 1973)》에서 시작되었고 이 연구는 비교적 최근의 일이다. 집행과정 연구가 등장하는 1970년대까지 정책집행은 법률·조례나 예산의 단순한 집행과정으로 그 대부분이 능률성 기준 등을 달성하는 행정관리의 영역으로 생각되었다. 즉, 법률과 예산의 집행과정은 행정에 의한 기술적(技術的) 또는 정형적인 일상의 업무 수행이라고 여겨 왔다.

이에 대해, 정책집행과정의 연구는 최초 기대와는 다른 정책의 목적으로 변화하는 것을 명확히 하는 것이다(마야마〔眞山〕, 2000). 이로 인해 정책집행과정 연구는 실패를 연구하는 것으로 불리기도 하였다. 즉, 정치적 합의와 재원 조달에 성공하였지만 정책실시 단계에서 그 정책 목적이 수정되고, 경우에 따라서는 최초의 목적과는 다른 목적을 수행하게 되는 집행의 간격(gap)이 발생하는 것이다(마부치〔真渕〕, 2000).

이에 정책집행과정을 연구하는 분석틀은 크게 두 가지 흐름으로 나뉜다. 그 하나는 주로 미국에서 보이는 하향식 접근(Top-down ·Approach)이고, 다른 하나는 하향식 접근에 대한 비판으로 주로 유럽에서 전개되었던 상향식 접근(Bottom up ·Approach)의 분석틀이다(마야마〔眞山〕, 1991/1994). 하향식 접근은 정책결정에 깊은 관계를 가지고 있는 중앙정부 담당 관료로부터 지방정부와 말단의 실시 담당자 그리고 정책 대상 집단을 대상으로 하는 분석틀이다. 이에 대하여 상향식 접근은 지방과 현장에서 서비스 제공에 관여하는 정책 주체(Actor)의 네트워크를 확인하고 그 목표·전략·활동·접촉 등을 명확히 하고자 하는 분석틀이다(무라카미〔村上〕, 2003).

### 정책실패 요인과 정체성(Identity) 위기

왜 정책집행이 실패하는지 원인을 탐구해 보면 크게 다음 4가지 이유가 있다(마부치〔真渕〕, 2000). 첫 번째는 집행에서의 차이(gap)가 정책의 불완전함에서 유래한다고 보는 것이다. 결정된 정책이 이해관계자의 충분한 합의를 얻지 못한 경우, 그리고 행정자원(조직, 자금, 인적자원 등)의 조달에서 목표치를 지나치게 높게 잡은 경우 등이 있다. 두 번째는 집행과정에서 예상하지 못한 일을 강조하는 것이다. 결정된 정책은 어느 관계자의 '기대'나 '요망'을 표명한 무지개 빛깔의 애매모호한 결정이었기 때문에 집행과정에서 교섭과 흥정 같은 정치 과정이 다시 전개되는 경우다. 이들 두 가지 사고에 공통되는 점은 정책집행이라고 하지만 실질적으로는 정책결정과정의 연장에 지나지 않는다는 견해다. 따라서 정책집행 연구로서의 독자적인 학문분야(discipline)를 전개하는 것이 어려워 정체성 위기에 직면하게 된다.

이에 반해 세 번째는 결정된 정책 완성도는 높지만 정책 목표가 실현되지 못했다고 분석하는 것이다. 이는 정책 목적을 전환하는 행정과정에 실패는 없었지만 그 이후의 정책 산출과 정책 효과가 발현되는 시점에서 시간이 경과함에 따라 당초 예상과는 다른 상황이 발생된다는 견해다. 네 번째는 집행 과정에서 예상외의 비정치적인 장애가 발생하여 당초의 예측을 벗어나 정책의 실패로 끝난다는 견해다. 이들 후자의 두 분석은 모두 정책집행 연구에서 정체성의 위기를 극복하고자 하는 사고방식이다.

그러나 정책집행과정 연구는 80년대 후반 이후 그 연구 성과의 방대함에도 불구하고 점차 정책 연구나 행정 연구의 주 무대에서 사라지고 있다. 한편, 정책집행과정의 연구는 정책 변용(變容)의 연구로 옮겨가고 있다고 이해할 수도 있다. 이는 신공공경영론(NPM)과 거버넌스 이론의 심화와 함께 정책의 집행과정에 관한 연구가 새로운 단계에 들어섰다는 의미일지도 모른다.

### 정책 변용(變容) 연구

정책 변용(變容)이란 시계열적으로 시간이 흐름에 따라 정책 내용에 중대한 수정이 가해지는 것을 말한다. 시간이 경과하면서 사회경제적 요인과 정치적 요인과 같은 행정을 둘러싼 외부 환경이 변화하는 것은 다반사이며, 행정 내부에서도 일상적인 업무를 집행하는 가운데 운용 면의 개선과 그에 따른 조직 기구를 반복적으로 재편하는 것 또한 일상적인 예이다. 이러한 경우에 법령의 개정·폐지로 대응하고자 할 때, 관계 행정 당국에 상당한 부담을 초래한다. 이 때문에 관계 행정부서는 미세한 조정을 반복하여 행정적으로 대응한다(마야마〔眞山〕, 1994). 또한, 정치적으로도 하나의 법률이나 조례의 개정 및 폐지는 이와 관련되는 압력단체와 이해관계자 집단의 대립과 반대를 또 다시 야기하고, 이것이 언론에 다루어져 정치문제화되는 것도 흔히 볼 수 있다. 이 때문에 행정부서로서는 가능한 예산배분 면에서 단계적인 삭감·증가나 운용 면에서의 확대 해석과 적용 범위의 탄력화 또는 한정 조치 등에 의한 행정재량을 계속해서 변화시켜 나감으로써 처리하고자 한다. 이에 정책집행과정에서 정책 변용이 발생한다.

이러한 행정조직의 환경 변화에 대한 정책적 대응의 변모(變貌)가 합리적이라고 보는 견해(합리주의적 모형)가 있다면, 단순히 점증주의적인 변화 속에서 반복해서 발생하는 현상으로 이해하는 견해(점증주의적 모형)도 있다. 또한 조직이론과 인지이론(認知理論)을 적용하여 행정조직의 적응 행동과 선택 행동으로 설명하는 사고도 있다. 어느 쪽이든 집행과정에서 정책 변용을 이해하기 위해서는 대부분의 행정 연구자가 동의하고 있는 것처럼 조직과 정책이 밀접하여 떼려야 뗄 수 없는 관계를 이해하는 것이 필요하다.

### 일본에서의 집행과정 연구

일본에서 정책집행과정에 관한 연구의 효시는 모리타 아키라(森田朗)의 '운수성 육상물류(陸運) 인허가 행정에 관한 집행 과정 분석'이다(모리타〔森田〕, 1988). 그 후 일본의 정책집행과정에 관한 실증 연구도 점차 축적되었다(무라마쓰〔村松〕, 1988/요리모토〔寄本〕, 1990 등).

그러나 정책집행과정 연구가 주목받게 되면서 집행과정과 관련 연구라고 하는 명확한 위치 형성은 아니지만 지금까지 일본 관료제 연구나 중앙과 지방관계 연구 가운데 정책집행 연구라 할 수 있는 논고가 다수 포함되어 있는 것을 알 수 있다(무라마쓰〔村松〕, 2001). 그럼에도 불구하고 일본 행정 연구에서 정책집행과정에 관한 분석이 그다지 축적되지 못한 것은 부정할 수 없다. 그 이유로 생각할 수 있는 것은 첫째, 앞에서도 지적하였지만 법령과 예산의 집행과정은 행정관리의 영역이라고 간주해 왔기 때문에 행정학에서 집행과정에 대한 연구가 그다지 진행되지 못했다고 하는 것이다. 오히려 주목받은 것은 관리자에 의한 부하의 관리라는 관점에서의 인사 관리나 조직의 운영·관리였다. 이들에 관한 연구는 반드시 행정조직만을 대상으로 한 것은 아니지만 조직론이나 산업·조직 심리학의 영역에서 수많은 연구 업적을 인정할 수 있다(마사다〔正田〕, 1992/구와타〔桑田〕·타오〔田尾〕, 1998 등).

두 번째는 정책의 집행과정(행정과정)은 행정법 영역에 속하는 것이라고 생각해 왔기 때문에 행정학 연구 대상으로는 간주하지 않았던 것이 크다(무라마쓰〔村松〕, 2001). 메이지 이후 해석법학을 중심으로 해 온 행정법이 법 집행에 따른 법적 효과에 관한 연구를 축적해 온 것은 비교적 최근의 일이다. 행정학과 행정법학과의 거리가 확대되고 있다는 오랜 평가가 있지만 앞으로는 이 거리를 좁히려는 노력이 더욱 필요하다고 할 수 있다. 또한 최근에는 행정법학에서도 정책법무나 정책법학이라고 불리는 연구 영역 가운데 집행과정 연구를 진행하고 있다(기타무라〔北村〕, 1997).

이와 같은 이유에 좀더 추가한다면 정책집행과정은 기술관료(技官)와 비커리어(Non-career) 관료의 영역에 속한다고 생각해 왔기 때문에 행정학의 중심 연구 대상으로 간주하지 않았을지도 모른다. 이는 일본 행정학이 정관(政官)관계론과 중앙·지방관계론 또는 일본 관료제론에 무게 중심을 두어 온 것과 무관하지 않다. 이 때문에 일본 행정 연구의 주요 연구 대상이 사무계열의 커리어 관료 의식과 그들의 행동 양식에 주로 맞추어져 온 결과, 비커리어 사무관과 기술 관료가 담당하는 실무적인 집행과정에 대해서는 그다지 관심이 높지 않았다. 단, 최근에 이 점에 관해서 기술 관료나 기술 관료제도에 대한 연구가 점차 심화되고 있다는 점은 지적할 수 있다(신토〔新藤〕, 2002/니시카와〔西川〕, 2002 등).

## 2. 정책집행이 사회에 미치는 영향

### 행정활동 유형화

일본 국회나 지방의회에서 결정된 정책은 행정 시스템에서 구체적인 시책(施策)과 사업으로 전개된 후에 고객인 국민과 정책 대상 집단을 대상으로 실시된다. 여기서 정책집행 연구에 관한 하나의 초점은 정책 산출(Output) 혹은 정책 성과 및 사회적 효과(Outcome)가 어떠한 것인가 하는 점이다. 다음으로 이러한 정책실시가 사회에 미치는 영향에 초점을 두고 개관하고자 한다.

여기서 정책 결과와 사회적 효과를 검토하기 전에 행정활동 유형화에 관해 간단한 설명을 더하고자 한다. 행정활동을 유형화하는 보편적인 분류는 현재까지 발견되지 않았다. 그러나 대부분의 경우, 규제행정 영역과 서비스행정 영역으로 나누어 검토하는 것이 일반적이다. 규제행정이란 비용을 부담하지 않고 공공서비스를 수혜하고자 하는 무임승차자(free rider)를 방지하기 위하여 국민 또는 주민의 권리를 제한하거나, 국민과 주민에게 의무를 부과하는 행정 활동 영역이다. 이에 반해 서비스행정이란 국민이나 주민에 대하여 다양한 공공서비스를 제공하는 행정 활동 영역이다.

### 규제행정이 사회에 미치는 영향

규제행정은 법령을 근거로 수행해야만 한다. 이에 집행 활동을 시행하는 전제로서 법률·정령(政令)·성령(省令)과 조례·규칙의 제정 및 공포 활동이 필요하다. 그러나 발전지향적 국가의 대표격이었던 일본은 행정에서 국가의 기본적 사명인 규정(rule)을 정하여 수행하기보다는 오히려 행정지도 등의 행정재량을 최대한 활용하여 민간 활동을 지도·육성하는 것에 전념해 왔다. 이러한 위치 형성에 관하여, 메이지 유신 이후 관료 우위의 국가체제가 지속되어 왔다는 전통적인 사고방식과 1940년대 이후의 전시체제 속에서 금융통제와 식량관리정책이 형성되고 이러한 사고가 1985년경까지 지속되었다는 견해로 나뉘어진다(노구치〔野口〕, 1995).

여기서는 규제행정 중에서도 대장성(현 재무성)에 의한 금융 행정을 거론하고자 한다. 금융 행정의 영역에서 규제행정은 호송선단행정(護送船團行政)이 유명하다. 호송선단행정이란 용어는 상선(商船)의 안전한 항해를 확보하기 위해 선단(船團)을 조직하여 배의 속도를 가장 느린 배에 맞추어 하나의 그룹을 형성하여 항해하는 것에서 유래한다. 즉, 대장성은 은행업계, 증권업계와 같은 각 업계 영역에서 업계단체(業界團體)를 결성시키고, 최종적으로는 업계단체의 자주적 규정에 따라 가장 체력이 약한 기업이나 단체에 맞춘 인허가권을 배경으로 행정지도를 시행해 왔다. 또한 업계단체 등은 대장성 관료들의 낙하산 인사 자리(天下り)를 제공하였다는 지적도 있다.

이러한 논의의 근거가 되는 견해는 금융 시스템의 안정을 중시하는 대장성 관료와 여당의 정치가, 그리고 업계단체가 '철의 삼각동맹'을 형성하고 있다는 것이다. 이 삼각동맹의 요체가 관료라는 것은 말할 필요도 없다(관료우위론). 다른 한편으로, 최근 연구는 일본 국회의원의 정치적인 압력이나 영향력을 배경으로 일본은행의 독립성 취약과 국채 발행을 용인하는 재정법 4조의 단서(但書)[1]가 대장성의 금융 통제를 가능하게 하고 있다는 정당우위론에 기초한 지적도 있다(마부치〔真渕〕, 1994).

## 서비스행정

### (1) 보조금의 정치적 배분

서비스행정의 효과에 관한 연구는 주로 정치학 영역에서 정책 결과에 미치는 정치적 요인의 분석〔檢出〕에 초점이 맞추어져 왔다. 도도부현, 시정촌과 같은 지방자치단체에 배분되는 보조금을 피설명변수로 하고 이를 사회경제적 요인(인구, 면적, 도시화 등), 조직 요인(재정력, 직원수 등) 및 정치적 요인(특정후보 득표율, 여당 득표율, Career Point 등)과 같은 설명 변수를 이용한 다양한 검증 작업이 이루어지고 있다(고바야시〔小林〕, 1997). 이러한 검증 작업은 이론적으로는, 선거가 가까워지면 정치가 경제에 적극적으로 개입하여 자신에게 유리한 상황을 형성하고자 하는 정치적 경기순환이론(政治的景氣循環理論)이나 정치가나 정당이 자신의 선거구민이나 후원자에 대해 혜택을 적극적으로 부여하기 위한 이익유도[2]정치 가설(利益誘導政治假說)의 틀 속에서 논의되어 왔다.

### (2) 예산배분의 딜레마

보조금 배분을 행정학의 관점에서 보면, 예산안이 각의에서 결정되고,

---

**1** 국가 세출은 공채 또는 차입금 이외의 세입을 그 재원으로 한다. 단, 공공사업비·출자금 또는 대여금의 재원은 의회 의결을 거친 금액 범위 내에서 공채를 발행하거나 또는 차입금에 의한 재원 형성이 가능하다. 전 항 단서 규정에 의해 공채 발행이나 차입금의 경우는 그 상환 계획을 의회에 제출해야 한다.

**2** 정당이나 정치가가 정권유지나 선거에서의 득표, 헌금 등을 목적으로 지지기반이 되는 지역 또는 업계(이익단체)에 정책적으로 편의를 도모하는 것이다. 공직선거법 제 221-223조에 규정된 이익유도죄(利益誘導罪)는 매수나 공여 등 선거활동에서의 지원에 대한 직접적인 지불 조치를 금하는 것에 비해, 보도나 정치경제 분석에서 일반적으로 이용되는 이익 유도는 다양한 정책 수단을 사용하여 합법적으로 행한 정책적 조치를 말한다. 주로 공공사업이나 다양한 규제 조치를 동반한다.

그것이 국회에서 심의될 때 각 중앙부처에서는 집행 활동을 염두에 둔 구체적인 예산 '지정 사업(箇所付け)'이 검토되는 것이 중요하다.

이 과정을 합리주의 모형으로 설명한다면 정치가는 재선을 염두에 두고 자신의 선거구나 득표율이 높은 지역에 예산을 배분코자 하며, 다른 한편으로 행정관료는 자신의 예산에 대한 재량을 최대화하기 위해 정치가와 교섭과 거래를 통해 그 변명과 구실을 받아들인다. 이러한 행정관료를 국익의 옹호나 추진을 중시하는 국토형 고전적 관료와 함께 정치적 관료라고도 한다.

그러나 다른 설명도 있다. 이는 경제학의 본인(本人)-대리인(代理人) 이론에 의거한 설명이다. 행정관료는 국민으로부터 선출된 정치가의 대리인으로서 지정된 사업예산의 집행 활동을 위임받는다. 이 때문에 보조금 배분에서 기본적으로는 각 지역의 사회경제적 요인에 의거하면서도 정치가로부터의 강한 요청과 압력에 최종적으로는 동의하지 않을 수 없다. 이와 함께 행정관료는 적극적인 책임을 다하기 위해 궁극적으로는 국민의 대리인으로서 예산 집행을 위임받고 있다는 생각을 함께 고려하면, 정치가와 국민의 의사(意思)와 사이에서 항상 딜레마에 놓이지 않을 수 없다.

과연 어느 쪽 설명이 현실적인가는 앞으로 지속적으로 실증해야 할 필요가 있겠지만, 행정관료가 집행활동을 행함에 합리주의 모형의 입장이든, 본인-대리인 이론의 입장이든, 정치적 교섭이나 거래 그리고 정책과 기술(技術) 또는 국민과 정치가 사이의 상극(相剋) 속에 있다는 것을 이해하는 것이 무엇보다 중요하다.

### (3) 일선(Street-Level) 관료제

여기서는 '예산의 지정 배분'과 같은, 정책결정과 정치가에 상당히 근접한 영역이 아닌, 고객으로서의 국민과 주민들 가까이에서 공공서비스를 제공하는 공무원의 행동에 관해 기술하고자 한다. 이것이 일선(Street-Level) 관료제 문제이다. 일선 관료제(M. Lipsky, 1986)란, 폭넓은 재량의 여지를 가지고 정책 대상자와 직접적으로 교류하면서 일상의 직무를 수행하는 공무원을 가리키는 것으로 경찰관, 교사, 사회복지사(Case-worker) 등이 그 전형적인 예이다. 그들을 일선 공무원(니시오〔西尾〕, 1993), 현장관료제(마쓰무라〔松村〕, 2001)라고 번역하기도 하는데, 행정서비스를 제공하는 현장에서 고객과 직접 대면하면서 제1선에서 업무를 처리하는 관료를 말한다.

예를 들어, 시민의 고충을 전화나 상담 창구에서 접수받는 직원은 고객 상담에 시간을 투자해 가면서 대응하여 청내 부서와 그 상담 내용을 일일이 교섭하는 것도 가능하다. 그러나 이로 인해 다른 고객과의 상담 시간은 한정되어 버리는 딜레마에 빠진다. 또한 상담 접수 사항에 관해 담당 부서라고 생각하여 다른 부서에 소개하여 "업무를 다른 사람이나 부서로 돌리는" 것도 가능하지만, 그렇게 해서는 필연적으로 공무원에 대한 상담원의 높은 기대에 부응할 수 없게 되는 상황에 빠지게 된다. 이처럼 제1선의 공무원은 이러한 재량의 여지가 크기 때문에, 공무에 전념할 수 있는 가처분 시간이 한정되어 있어, 한정된 시간을 어느 고객에게 어느 정도 배분할 것인가, 또는 고객의 요망에 어디까지 대응할 것인가 하는 딜레마에 항상 놓여 있다는 것을 알 수 있다.

## 3. 정책집행활동의 새로운 선택 사항

### 큰 정부에서 작은 정부로 전환

1980년대 이후 정부의 재정 위기가 심각해지고 정부 활동의 비능률성이 지적되는 가운데 큰 정부로부터 전환하여 정부의 역할을 가능한 최소화하고 개개인의 자유를 최대한 보장하고자 하는 신자유주의 철학에 기초한 '작은 정부론'이 대두하였다. 이러한 경향은 현실 정치세계에서도 영국의 대처 정권(1979), 미국의 레이건 정권(1980) 그리고 일본에서도 나카소네 정권(1981)이 등장함에 따라 선진 각국의 공통되는 큰 조류가 되었다.

### (1) 행정 활동의 유형화

일본에서도 1981년(쇼와 56)에 설치된 제2차 임시행정위원회(土光臨調)에서 국철의 분할, 민영화 등 일련의 행정개혁을 진행하였다. 이러한 가운데 민간 활동과 대비하여 행정 활동을 분류하면 기존의 행정 활동에 몇 가지 문제점이 있다는 것이 명확해졌다. 행정 활동은 ① 민간 활동을 규제하는 것, ② 민간 활동을 조성하는 것, ③ 민간 활동의 부족을 보충하는 것(교육, 의료, 사회복지 등 분야가 그 전형), ④ 민간 활동으로는 해결할 수 없는 것(국방, 경찰, 소방, 하천·도로·항만 등의 개량·관리 분야가 그 전형)의 4가지 유형으로 구분된다. 이러한 분류에서 규제완화(민간 활동에 대한 행정 개입 삭감과 폐지), 민간위탁 추진(공적 책임범위 중에서 서비스 공급 주체를 민간으로 이전), 사업 민영화(공적 책임범위에서 민간기업 책임영역으로의 이전), 또는 민간의 자립자조(공적 책임범위에서 민간의 공익활동으로 책임영역 이전)가 구체적인 행정개혁의 추진 과제로 전개되었다(니시오〔西尾〕, 2000). 일련의 행정개혁을 지지하는 기본적인 관점은 시장의 경쟁 메커니즘을 가능한 한 활동시키고자 하는 신공공경영론(NPM)의 사고방식이다. 즉, 지금까지 행정활동 고유의 영역이라고 생각해 온 정책집행에서도 시장 메커니즘을 활용하고자 하였다.

### (2) 시장실패와 정부실패

작은 정부론을 지지하는 이론적인 기반은 '정부실패' 혹은 '정책실패'라고 하는 사고로, '시장실패'에 대비하여 사용하는 용어다(다나베〔田辺〕, 1994/니시오〔西尾〕, 2000). 시장실패란 현실의 시장 메커니즘이 불완전하기 때문에 ① 시장에서는 공공재의 공급이 곤란하다는 것, ② 외부경제 혹은 외부불경제가 발생한다는 것, ③ 자연독점이 발생하는 것, ④ 불완전경쟁으로 인해 과점 상태가 발생하는 것, ⑤ 생산자와 소비자 사이에 정보의 비대칭성이 발생하는 것이다. 이로 인한 문제를 해결하기 위해 현대 국가는 적극적으로 경제에 개입해 왔다.

이에 대하여 정부실패 혹은 정책실패란 시장뿐만 아니라 정부나 정책도 실패한다는 것이다. 이는 ① 정부가 추구하는 정책 목표에 사적인 목표가 숨어들어 오는 것, ② X비효율(정부에 의해 제공되는 행정서비스 수요는 정치 메커니즘에 의해 결정되기 때문에 필요 이상으로 과대하여 비효율성이 발생한다)이나 서비스 제공 비용이 지속적으로 상승하는 것, ③ 예기치 못한 결과, 정책에 부수적으로 따라오는 외부효과가 발생하는 것, ④ 행정서비스의 수익자나 단체가 기득권층을 형성(既得權益化)하는 것이다. 이러한 정부실패에 대한 대응책은 시장실패의 대응책과 정반대로 시장 메커니즘을 최대한 활용하는 것이다.

정부실패는 재정적자를 증대시키고, 효율화와 합리화 같은 민간기업에서는 당연한 경영 노력을 게을리하는 '무책임하고 안이한(親方日の丸)' 의식(정부 일이기 때문에 민간기업처럼 도산할 염려는 없다는 의식)에서 완전히 벗어나기 어려운 공무원에 대한 불신감을 증대시켜, 정부의 통치력에 대한 신뢰성을 저하시킨다. 따라서 정부에 의한 '통치(統治)' 시대에서 거버넌스에 의한 '함께 다스리는(협치, 共治)' 시대로 변화의 바람이 불어오게 된 것이다.

### 규제완화

규제완화란 지금까지 정부의 민간 활동에 대한 개입을 줄이거나 또는 폐지하는 것이다. 여기서 공공 규제는 경제적 규제와 사회적 규제로 나눌 수 있다. 경제적 규제란 산업의 건전한 발전과 소비자의 이익을 도모하기 위하여 시행하는 공급 확보, 가격 안정, 신용 유지, 산업에의 참가 자격, 설비 투자나 생산량 등에 관한 규제로 전기, 가스, 금융, 운수, 통신, 농림수산, 석유 등 국민 생활에 관련된 산업 분야가 대부분이다.

한편, 사회적(안전) 규제는 국민의 생명, 재산의 안전 등을 확보하는 것을 주목적으로 하는, 소비자나 노동자의 안전, 건강의 확보, 자연환경의 보전, 사고 재해의 방지 등을 위하여 기준, 자격, 제한 등을 규제하는 것으로 산업 분야뿐만 아니라 광범위하게 국민 생활에 영향을 미치는 것이 대부분이다(구와하라〔桑原〕, 1994). 운전면허, 자동차정기검사(車檢), 의사(醫師) 등 국가자격업무가 그 대표적인 사례다. 이러한 규제까지도 민간의 자립적인 활동을 제약하는 것으로 보고, 경제적 규제는 원칙적으로 자유·예외 규제를 기본으로 하는 사고의 입장에서 규제를 재검토하고, 사회적 규제에도 사회경제적 정세의 변화나 기술 혁신의 진전 등에 대응하는 규제 합리화를 실시하여 규제의 타당성과 유효성에 관해 재검토해야 한다는 기본방침이 나오고 있다(1988년 12월 1일 '공적 구조 완화에 관한 답신').

이러한 규제완화는 공공조직의 기득권을 상실한다는 점에서, 각 중앙부처의 현업 부문과 사업부서로부터 강한 반발을 사고 있다. 그러나 다른 한편으로, 막대한 예산 지출을 동반하지 않고서도 민간의 창의성을 이끌어 내는 확실한 방법이기도 하다. 또한 지방자치단체에 대한 규제완화는 지방분권의 추진이 되기도 한다는 점을 다시 한번 지적해 두고자 한다.

### 민간위탁 추진

민간위탁이란 공적 책임범위 내에서 대응하는 것으로 그 실시나 서비스의 제공을 민간기업에 위임하는 것이다. 민간위탁 시행으로 기대할 수 있는 효과는 ① 직영인 경우와 비교하여 행정자원 조달비용 절감, ② 공무원의 대응과 비교하여 행정서비스의 질적인 향상 기대, ③ 민간 사업자에 공평한 참여 기회를 제공함으로써 민간 수요를 환기, ④ 직영 시에 운영하던 인원을 다른 곳으로 전환한 효율적인 조직 운영 가능 등을 들 수 있다.

단, ①, ② 및 ③의 경우에는 계약 방법이 수의 계약(특정 사업자와 개별적으로 계약하는 방법)인 경우, 반드시 경비 절감이나 서비스 향상으로까지 연계되지는 않는 문제가 발생할 우려가 있다. 또한 지명경쟁입찰(자격이 있는 몇 개 사업자를 정부가 지명하고, 이들 사업자가 입찰하는 방법)을 채택하더라도 경쟁에 제한이 있어 실질적으로는 수의 계약과 크게 다를 바 없는 문제도 발생할 수 있다. 이러한 문제에 대응하기 위해 최근에는 인터넷으로 일반경쟁입찰(일정한 자격을 가진 사업자는 누구라도 입찰에 참가할 수 있는 방법)을 신청하는 것으로 문제를 극복하고자 하는 움직임도 나타나고 있다. 더욱이 새로운 입찰 방법으로 정책입찰(政策入札)이라고 하는 방법도 제안되고 있다(사토〔佐藤〕, 2002).

또한 ④에서도 직영일 때는 공무원으로서의 신분을 유지하고 있기 때문에 민간위탁으로 사업 형태를 변경했다고 해서 이들 직원을 바로 전환배치하거나 해고하기란 쉬운 일이 아니다. 이 때문에 결과적으로 민간위탁한 비용만큼 경비 증가로 이어지는 경우도 발생한다. 이 경우에는 시간적인 여유를 가지고 대응하여, 직원 기구뿐만 아니라 서비스 제공을 받고 있는 고객과 관계자의 불안을 사전에 제거하는 것이 무엇보다 중요하다.

### 민간의 자립자조(自立自助)

민간의 자립자조(自立自助)란, 행정기관에 의한 공적인 책임범위에 대한 민간 공익활동의 책임영역을 말한다. 구체적인 실시 주체로서는 각종 공익법인과 NPO 혹은 봉사단체(volunteer 단체) 등이 이에 해당한다. 민간위탁이 영리를 목적으로 한 민간 사업자에의 사업 위탁이라고 한다면, 민간의 자조(自助) 노력은 지금까지 행정활동의 범위에서 대응해 오던 것을 민간 공익(民間 公益) 활동으로 자리매김하는 것을 의미한다. 따라서 행정활동의 중심은 고객에 대한 직접적인 서비스 제공에서 민간의 공익단체 또는 고객을 지원하는 형태로 전환된다.

일본에서는 전통적으로 자치회(自治會)나 정내회(町內會) 또는 사회복지협의회가 지역사회의 자립자조를 담당해 왔지만, 이러한 지역 조직은 어떤 면에서는 행정의 하청(下請) 단체적인 성격을 가지고 있다는 문제가 있다. 이 때문에 민간의 자립자조체제라고 하기에는 행정 의존 경향을 다분히 가지고 있다는 점에서 애로 사항이 있다. 한편 봉사단체는 임의로 활동하는 것이 본래의 기본 형태이기 때문에 특정 업무에 책임을 지고 조직적으로 대응하는 것은 서투르다는 점도 있다.

일본에서 있었던 동해(일본 서부 지역) 앞바다의 석유탱커좌초사건이나 1995년(헤이세이 7) 1월 한신 아와지(阪神淡路) 대지진 등을 계기로 민간의 자발적인 봉사 활동이 과거와는 달리 눈부신 활약을 펼쳤던 것이 기억에 아주 생생하다. 대지진 발생 시 초기에 행정이 지휘명령계통의 혼란으로 적절한 대응을 하지 못했음에도 불구하고 봉사단체가 신속하게 대응했던 것은 민간의 공익 활동이 착실히 성장해 온 것을 보여 준다. 1998년(헤이세이 10)에는 특정비영리활동촉진법(NPO법)이 제정되어 자치단체 수준에서도 공익활동촉진조례를 제정하는 단체가 나타나기 시작하였다. 지역사회로 눈을 돌려 보면, 경찰청이나 피해자 단체의 지원을 받아 전국의 범죄 피해자에게 원조를 하는 피해자지원센터가 속속 설립되고 있다. 또한 알코올 중독에 빠진 환자들의 자립자조 조직도 지역사회 보건소, 복지 사무소, 의사·간호사들의 지원 네트워크 속에서 착실히 구축되고 있다. 일본에서도 이처럼 지역에서 사회 생활에 적응하지 못해 발생한 생활곤란자를 지원하는 공사협동(公私協働)의 네트워크가 구축되기 시작하였다. 향후 과제는 이러한 자립자조를 떠받치는 인적 자원에 대한 지원과 함께 자립자조단체의 조직적·재정적인 기반을 어떻게 안정화시킬 것인가에 있다.

## 4. 정책혁신과 정책파급

### 정책혁신

정책혁신이란, 해당 정부나 지방자치단체가 새로운 정책을 도입하는 것이다. 해당 정부에게는 새로운 정책의 채택(採用)이라 해도 좋다. 일본어 번역어로 정책 이노베이션이나 정책발전(政策發展)으로 표기되기도 한다. 여기서 새로운 정책이 해당 정부나 지방자치단체에서 처음으로 도입하는 정책일 경우 정책혁신(政策革新)이라 한다. 지금까지 정책의 결과〔出力〕·효과에 관한 연구가 피설명 변수로서 정부 예산액이나 서비스 양과 같은 거시적 수량 데이터를 사용한 것에 비해, 정책혁신은 피설명 변수로서 새로운 정책을 채용한 시기에 착안하고, 또한 설명 변수로서도 새로운 정책 내용을 수치화하는 등 계량 분석을 지향하고 있지만, 그 분석 방법에는 큰 차이를 보인다.

정책성과에 관한 연구는 대개 정치적 변수가 예산배분에 미치는 영향을 측정하는 것에 노력을 쏟았다. 이 때문에 행정학적 탐구라기보다는 오히려 정치학, 경제학의 관점에서 큰 관심을 불러왔다고 해도 좋다. 이에 비해, 정책혁신은 그 문제의식으로서 혁신을 초래하는 정치적 요인은 물론 거기서 발휘되는 최고의사결정자의 리더십 방향, 또는 정책혁신을 초래하는 사회경제적 요인과 조직적 요인의 발견과 이론화에 큰 관심을 가졌던 까닭에, 행정학이나 공공정책학에서 매력적인 분야가 되었다.

정책혁신을 정책과정에 의해 유형화하면 정책개발(새로운 정책창조), 개선(기존 정책 미세 조정), 적절한 실시 수단(정책실시 수단의 추가, 변경), 정책변용(政策變容), 정책 통합화, 정책 종료(정책 중지 및 폐지)와 같은 내용으로 분류할 수 있다(무라카미〔村上〕, 2000). 즉, 일정 부분 정책 변용을 포섭하였지만 더욱 폭넓은 정책실시 과정 전반의 질적인 개선을 염두에 두고 있는 것을 알 수 있다. 또 정책혁신은 해당 정부나 자치단체에 한정하지 않고 다른 정부나 지방자치단체에 파급되는 측면이 있다. 이것이 다음에 설명하는 정책파급(政策波及)이다.

## 정책파급

파급이란 '어떤 혁신(Innovation)이 사회 시스템 구성원들 간에 시간의 경과와 함께 특정 경로를 통하여 전달되는 과정'이다(로저즈, 1990). 파급, 그 자체는 정책 연구에 한정되지 않고 사회학, 지리학, 커뮤니케이션론, 경제학, 조직론, 경영론, 교육학과 같은 다양한 영역에서 관찰되는 보편적인 현상이다. 이러한 파급 현상을 정책 연구에 도입한 것은 미국의 여러 주(州) 정부들에 관한 워커(Walker)의 선구적인 연구이다. 그는 미국 주 정부 가운데에도 상당히 혁신적인 주 그룹이 있으며, 거기에는 지역적인 경쟁의 유형이 있어 주 정부와 전문가가 정책 이념과 정보를 전달하는 네트워크를 형성하여, 이러한 정책파급이 정책혁신의 비용을 낮추고 있다는 가설을 주장하였다. 그에 의해 제기된 가설은 그 후 미국을 중심으로 수많은 연구를 탄생시켰다.

일본에서 정책파급 연구는 아직 시작 단계지만, 그 선구적인 연구로 혁신 자치단체시대의 정책파급에 관한 이론적인 정리를 인정할 수 있다(무라마쓰〔村松〕, 1957). 규범적인 연구로서는 도시형 사회에는 '선도적 자치단체(先駆自治体)'에서부터 국가를 경유하여 '소극적인(居眠り) 자치단체'로 정책이 파급한다는 논의가 유명하다(무라마쓰〔村松〕, 1996). 더욱이, 법학 쪽 연구에서 근린성(近隣性) 법칙(블럭 내에서 유사한 조례가 발생하는 법칙)이나 동질성 법칙(같은 환경 여건의 자치단체에 파급하는 법칙)과 같은 시사성이 풍부한 연구(이노우에〔井上〕, 1991)나 수도수원조례(水道水源條例)의 파급을 검토하여 시간이 지날수록 훌륭한 조례가 제정된다고 하는 '조례진화가설'이 제기되는 등 그 후 실증연구의 전개에 큰 영향을 미치고 있다.

또한, 최근에는 사례 분석이나 통계 분석이 축적됨에 따라 정책파급을 이론적으로 정리한 연구(가타오카〔片岡〕, 2002)나 정책파급을 설명하는 요인으로서 사회경제적 요인과 정치적 요인과 같은 내부 요인에 더해 국가나 자치단체의 정책동향을 서로 참조하는 파급요인을 포함한 이론 및 실증적인 면에서의 종합적인 분석(이토〔伊藤〕, 2002)도 있다.

## 정책학습과 정책이전

정책파급 연구는 정책혁신의 도입 시기에 착안하여 수많은 연구 성과를 거두어 왔다. 그러나 도입 시기는 정책혁신을 구성하는 다양한 차원 가운데 한 요소에 지나지 않는다. 새로운 정책의 '조기 채택자'는 확실히 혁신적이지만, 많은 시간과 위험을 무릅쓰고 있다는 점 또한 사실이다. 그리고 '후기 채택자' 가운데에는 단순한 '추종자'도 포함되어 있지만, 마찬가지로 '조기 채택자' 가운데에도 선구자의 정책을 단순히 투사(引写し)한 채택자도 포함되어 있을 것이다. 또한 새로운 정책 도입에는 늦었지만(遲滯者) 다른 곳에서 흉내 낼 수 없는 창조적인 정책혁신을 달성할 가능성이 존재하는 것도 부정할 수 없다.

이처럼 새로운 정책의 도입 시기에 관한 정책파급 연구는 많은 지식을 축적해 오고 있지만, 최근에 와서 정책파급 연구는 정책학습이나 정책 내용에도 적극 참여하는 쪽으로 전개되고 있다. 특히 '후기 채택자'는 선구자의 정책집행에 관한 정보를 충분히 수집할 수 있기 때문에 이러한 교훈을 살린 정책집행이 가능해진다.

이러한 연구는 정책파급 연구 가운데서도 국가 간에서의 정책이전(政策移轉)으로 이해할 수 있을 것이다. 정책이전은 식민지화에 의한 여러 제도나 정책의 이식(移植)과 같은 강제적인 정책이전과 해당 국가가 자발적으로 다른 나라의 제도나 정책을 도입하는 경우로 구별이 가능하다. 물론 여기서 논하는 것은 후자의 정책이전에 관한 것이다. 또한 정책이전은 내용적인 면에

서 '투사(引写し)', '모방(模倣) 플러스 알파', '좋은 점 발췌(いいとこ取り)', '영감(Inspiration)'과 같이 유형화할 수 있다(이토〔伊藤〕, 2002). '투사'란, 모델로 하는 정책을 그대로 이전하는 것이다. '모방 플러스 알파'는 기본적으로 모방을 하지만 연구를 덧붙여 그럴듯한 것을 도출하는 것이다. '좋은 점 발췌'는 복수의 모델을 선행자로부터 구하여, 그 정책으로부터 좋은 부분을 가져와서 하나의 정책으로 만드는 것이다. '영감'이란, 정책의 발상만을 힌트로 하여 각자의 정책 수단으로 목적을 실현하는 것이다. 이처럼 정책이전이라 하더라도 여러 차원이 존재하는 것을 알 수 있다.

그런데 영국의 행정학자 로즈(R. Rose)는 합리주의 모형을 활용한 정책이전의 원동력은 정책의 기대치(期待値)와 지금까지 성과(成果)와의 차이(gap)에 있다고 했다. 이 이론 모형에 의하면 정책혁신은 선구자에 의해 채용된 후 당분간은 저조하지만, 그 후 후발자가 사회 학습을 통해 정보를 축적하여 더 나은 정책혁신을 추진하는 것이 예상된다. 이는 정책혁신에 관한 '사회적 학습과정 가설'이라 불리어, 일본에도 이러한 가설을 지지하는 연구가 나오고 있다. 다른 한편으로 '선두주자우위 가설'을 지지하는 연구도 있으며, 역으로 '후발주자우위 가설'을 검증하는 연구도 있다. 현재 일본에서도 정책파급이나 정책이전에 관한 이론적 연구와 함께 실증 연구를 축적해 가는 것이 요구되고 있다.

# 제13장 행정통제와 행정책임

행정국가화 현상이라고 하는 용어에서 알 수 있듯이 현대 국가에서 행정부의 역할은 너무나 크다. 이러한 가운데 현대 관료제는 막스 베버(M. Weber)가 기술한 바와 같이 정확성·신속성·명확성·계속성·진중성과 전문성이라고 하는 면에서 우수한 능력을 발휘한다고 해야 할 것이다. 그러나 한편으로 관료제라고 하는 조직은 경직되기 쉬운 측면이 있어, 그 결과로 때론 형식주의나 무사안일주의라는 말로 대표되듯이 관료주의적 경향을 보이기도 한다. 또는 니시오 마사루(西尾勝)가 정리한 비선출직 일부 관료에 의해 정치가 좌우되는 '관료 정치' 출현이나 조직의 비대화에 따른 비효율성 등의 문제도 일으킬 수 있다(니시오〔西尾〕, 2001).

관료제가 현대 사회에서 중요하다는 점은 의심할 여지가 없으나, 관료제에 의한 이러한 문제가 다방면에서 쉽게 초래된다면 사회 그 자체가 성립되기 어려운 점도 있을 것이다. 특히 근대 시민사회는 행정에 대한 강제적인 통제를 어떻게 확보해 갈 것인가 하는 문제의식을 가지고 있다는 것을 감안한다면 행정통제는 너무나 중요하다고 할 수 있다.

**그림 13-1. 길버트(Gilbert)의 행정통제**

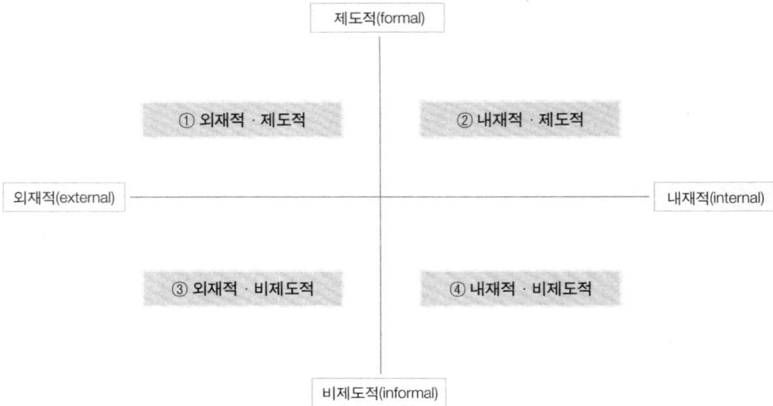


**출전: 사사키 노부(佐々木信夫).《현대행정학》. 가쿠요소보(学陽書房), 2000 등에 의해 작성**

## 1. 행정통제의 현실과 형상

현대 민주주의 국가에서 행정통제는 국민 주권에 기초한 행정의 실현을 담보하기 위해서 필수불가결한 요소였다. 여기서 미국의 행정학자 길버트(C. E. Gilbert)의 유형화를 참고로 행정통제의 방향을 제도적·비제도적으로 분류하는 축과 외재적·내재적으로 분류하는 두 축에 의해 구분하면 ① 외재적·제도적 통제, ② 내재적·제도적 통제, ③ 외재적·비제도적 통제, ④ 내재적·비제도적 통제의 4영역으로 나눌 수 있다(그림 13-1).

### (1) 외재적·제도적 통제

이 유형에 해당되는 전형적인 통제는 의회나 재판소, 집행기관에 의한 통제이다. 다시 말하면, 삼권분립에 기초하여 행해지는 통제라 할 수 있다.

### 의회에 의한 통제

민주주의를 채택하고 있는 이상, 그 근간을 지탱하는 것은 의심할 여지없이 의회이다. 의회에 의한 통제는 구체적으로는 다양하지만, 이것을 크게 구별하면 다음 세 가지를 들 수 있다.

① 입법권에 의한 통제 : 법률안 의결, 예산·결산 의결, 조약 승인 등
② 인사권에 의한 통제 : 내각 총리대신 지명, 내각 신임·불신임, 검사관(檢査官)·인사관(人事官)·행정위원회 위원 등 임명에 관한 동의, 재판관 탄핵 등
③ 국정조사권에 의한 통제

이외에 입법권에 의한 행정통제 관점에서 본다면 국민 투표나 주민 발안 등도 이러한 통제에 포함할 수 있다.

### 내각 등 집정기관(執政機關)에 의한 통제

의원내각제를 채택하는 경우, 그 집정(執政)[1]기관은 내각(內閣)과 총리 그리고 각 성(省)의 대신(大臣)들이다. 이들은 삼권분립이라는 입장에서 행정부에 속하는 기관으로, 이들 기관에 의한 통제는 내재적인 것이 된다. 그러나 전술한 바와 같이 의원내각제에서 집정기관으로서의 내각을 고려한다면 이러한 통제는 외재적인 것이 된다.

통제가 외재적인가 내재적인가는 그 대상이 되는 조직 단위를 어떻게 정할 것인가에 따라 다르다. 가령 이들 기관에 의한 각 성에 대한 통제를 고려한 경우, 행정기관의 일부로 본다면 그 통제는 내재적이지만, 집정기관으로서 이를 고려한다면 그 통제는 외재적인 것이 된다. 여기서는 이들을 집정기관으로 간주하고 행정기관으로서의 역할과는 구별하여 생각한다.

1 국가 또는 영토에 관해 정무(政務)를 보는 것 또는 그 직장과 직무를 가리킨다.

내각에 의한 통제는 법안제출권과 정령(政令)제정권에 의한 통제 등, 행정집행의 의사결정기관으로서의 역할 외에 인사권이나 지휘감독권을 통해 행정 각 부를 통제하는 역할을 들 수 있다. 또한 내각 총리에 의한 통제로는 국무대신·부(副)대신·대신정무관 등의 임면권 및 지휘감독권에 의한 통제나 내각부의 주임대신으로서 인사권을 행사하거나 지휘감독권을 사용하는 것과 내각부령(內閣府令) 제정권에 의한 통제 등을 들 수 있다. 각 성의 대신에 의한 통제에는 성령(省令) 제정권과 각 성 주임대신으로서의 인사권 및 지휘감독권을 통한 통제 등이 있다.

#### 재판소에 의한 통제

법의 지배는 삼권분립에 기초한 민주주의 국가에서 법의 지배는 기본적인 원리다. 일본 헌법에서도 76조 1항에 "모든 사법권은 최고재판소 및 법률 규정에 의해 설치하는 하급재판소에 속한다"고 하여 재판소가 문자대로 '법의 파수꾼'으로서 기능하도록 기대하고 있다. 의회에 의한 통제와 재판소에 의한 행정통제는 이러한 '법치행정원리'를 담보하기 위한 것이라 해도 좋다.

### (2) 내재적·제도적 통제

이 통제는 이른바 관료제 내부에 의한 통제로 그 직위나 규칙에 기초하여 이루어진다. 구체적으로 대신의 훈령이나 결제, 지휘감독, 행정기관 내부에서 상사의 부하에 대한 지휘감독, 관방(官房)[2]과 총무·재무부국에 의해 실시되는 재무·인사·조직·문서 등에 의한 관리 통제, 각 성청(省廳)에 대한 재무성의 예산·회계 통제와 총무성의 조직 기구·정원관리 그리고 행정감찰 등을 들 수 있다.

---

**2** 일본 행정기관에서 국가행정조직법, 내각설치법, 궁내청법, 경찰법, 회계검사원법 등에 기초하여 부(府)·성(省)·청(庁)·행정위원회(行政委員会) 및 회계검사원에 설치된 내부 부국의 하나다.

이러한 통제가 내재적인가 외재적인가에 관해서는 그 대상 조직을 어떻게 구분하는가에 따라 바뀐다. 예를 들면, 재무성에 의한 예산 통제는 각 성청에서는 외재적인 통제일지 모르나 행정조직 전체를 생각할 경우에는 내재적인 것이 된다.

내재적·제도적 통제는 한편으로 제 식구를 감싸기 쉬운 한계를 가지고 있다는 것도 사실이다. 가령, 법규에 의해 공적인 통제제도가 정비되어 있다 하더라도 이것이 반드시 충분히 기능한다고는 할 수 없다. 따라서 이 기능을 충분히 확보하기 위해서는 또한 연구가 필요하다.

#### (3) 외재적·비제도적 통제

행정기관의 활동과 행정관료, 공무원의 행동에 대한 제도적으로 보장되지 않은 방법에 의한 통제가 이에 해당한다. 예를 들면, 행정 창구나 투서 등을 통해 개개 시민으로부터 밀려들어 오는 고충과 진정, 다양한 요구 또는 주민 운동과 각종 이익집단, 압력단체 등의 활동이 이에 포함된다. 또한 신문과 TV 등 매스미디어를 통한 보도에 의한 통제도 중요한 방법이라 할 수 있다. 그리고 최근에는 인터넷을 중심으로 한 새로운 커뮤니케이션 매체도 이러한 통제에서 큰 역할을 담당할 수 있음을 보여 주고 있다.

#### (4) 내재적·비제도적 통제

관료제 내부에서 공적인 제도에 의하지 않은 통제가 이에 해당한다. 구체적으로는 직원조합의 요구나 비판, 일상 업무에서 상사의 지도, 조언 혹은 동료의 평가나 비판 등이 이에 해당된다. 또한, 단순히 행정활동 그 자체에 대한 규율의 유지뿐만 아니라 행정관료나 공무원의 사기를 돋우기 위해 발생하는 인간관계도 이러한 통제에 포함시켜야 한다는 사고도 있다.

현실에서 이러한 통제는 동일한 행정기관 내부나 각종 집단으로의 귀속의식에서 강하게 영향을 받는다. 이 때문에 부처할거주의 상황을 반영하게 되지만, 이러한 것이 사실상 통제력을 가지고 있다는 것 또한 부정하기 어렵다.

## 2. 의회제 민주주의와 행정책임

민주주의를 표방하는 현대 사회에서 행정이 다양한 형태의 민주적 통제를 필요로 한다면, 동시에 행정은 그러한 통제에 적확하게 대응할 책임을 가질 필요가 있다. 민주주의 사회에서 행정이란 시민에게 공공서비스를 제공하는 것을 주요 임무로 하고 있는데, 이것으로 정부는 시민으로부터 세금을 부과하고 시민에 대해 일정한 강제력을 행사하는 근거로 삼고 있다. 이른바 정부는 시민으로부터 신탁을 부여받았다고도 할 수 있다.

그리고 행정 측과 시민은 공공서비스의 제공이라고 하는 정부 활동에 대해 어느 때는 외재적으로 어느 때는 내재적으로 또는 어떤 때는 제도적으로, 어떤 때는 비제도적으로 통제를 가하고 있다고 생각할 수 있다. 따라서 만약 행정이 시민의 기대에 부응하지 못했을 경우엔 이에 대해 책임을 질 필요가 있다. 즉, 정부는 시민의 요청에 따라 공공서비스를 제공할 책임을 지며, 시민은 정부를 감시할 필요가 있다는 것이다.

그러나 한마디로 '책임(責任)'이라 하더라도 이것이 구체적으로 어느 범위를 가리키는가에 관해서 일괄적으로 얘기할 수 있는 부분은 아니다. 예를 들면 행정과 업계와의 유착이 발견된 경우, 거기서 발생되는 책임이란 당사자의 형사 책임, 관리직의 관리 책임, 혹은 도의적 책임 등 여러 가지 형태를 생각할 수 있다. 그럼 무엇으로 행정의 책임을 다룰 수 있을 것인가.

## '본인-대리인 모델'과 행정관료 책임

그림 13-2. 행정관료의 책임

① 임무적(任務的) 책임
↓
② 응답적(応答的) 책임
↓
③ 해명적(弁明的) 책임
↓
④ 제재적(制裁的) 책임

이마무라 쓰나오(今村都南雄)는 '책임'의 개념을 '본인'과 '대리인' 간의 책임 관계로 모델화하고, 이러한 본인-대리인 모델로부터 책임관계의 순환구조를 도출하였다(이마무라〔今村〕 외, 1999). 즉, 본인과 대리인과의 책임관계는 다음과 같은 구조를 보인다는 것이다.

① **임무적**(任務的) **책임** : 본인이 대리인에게 특정 임무의 처리를 위임했을 때, 책임관계가 발생하고 대리인은 본인에게 임무적 책임을 진다.

② **응답적**(應答的) **책임** : 일을 맡은 대리인은 임무의 수행에 관하여 본인의 지시에 따라, 그 지시대로 임무를 다해야만 하는 책임이 있다.

③ **해명적**(弁明的) **책임** : 본인이 대리인의 일에 만족하면, 본인은 대리인에게 새로운 임무를 부여하겠지만, 만약 대리인의 임무 수행에 만족하지 못한다면 본인은 대리인을 문책하게 된다. 그 경우 대리인은 본인의 문책에 대하여 해명에 힘써야 하는 책임이 있다.

④ **제재적**(制裁的) **책임** : 만약 대리인의 해명에 본인이 납득하면 그것으로 일단락하고 또 새로운 임무를 부과하겠지만, 만약 본인이 납득하지 못한 경우에는 대리인은 본인으로부터의 제재를 각오해야만 하고, 제재를 수용해야(受忍) 할 책임을 가진다. 본인으로부터 대리인에게 가해지는 제재는 단순한 처분에 그치는 경우도 있으나 경우에 따라서는 대리인을 교체할 수도 있다. 이 경우에는 이른바 본인-대리인의 관계는 종료하고 새로운 대리인에게 새로운 임무를 부과하게 된다. 이 때 새로운 본인-대리인의 관계가 시작, 형성된다.

이러한 이해와 사고방식을 시민과 행정 사이에 적용할 경우, 어떠한 상황을 생각할 수 있을까. 이 경우, 시민이 본인(本人), 행정이 대리인(代理人)이 된다. 그리고 만약, 행정이 시민 요구를 충분히 수행하고 시민도 만족한다면 큰 문제가 발생하지 않는다. 이러한 경우 ① 임무적 책임과 ② 응답적 책임의 순환으로 그치게 된다. 즉, 행정은 충분한 '응답능력(responsibility)'을 가지고 있다고 생각할 수 있다. 그러나 행정이 시민이 요구하는 임무를 충분히 수행하지 못하여 시민으로부터의 문책이 가해지면, ② 응답적 책임에서 ③ 해명적 책임의 단계로 이행한다. 그리고 이 경우 행정은 그 이유를 제시하고 시민이 납득할 수 있는 설명을 하지 않으면 안 된다. 이때 행정은 이른바 '설명책임능력(應責能力, accountability)'을 요구받는다. 그리고 행정의 설명책임능력이 충분하지 않고 시민의 납득을 얻지 못한다면 ④ 제재적 책임에 이르게 되고 행정은 시민으로부터의 '제재(制裁)'를 각오해야 한다.

또한 니시오 마사루(西尾勝)에 따르면 가령 행정통제가 제도적 통제에 한정되어 있다면 행정관료와 공무원에게 부여되는 책임이란 다음 4가지가 될 것이라 한다(니시오〔西尾〕, 2001).

① **임무**(任務)**책임** : 정치기관으로부터 부여받은 임무를 수행할 책임
② **복종**(服從)**책임** : 법령·예산에 의한 규율, 상급기관의 명령, 상사의 개별 지시·명령에 따라 행동해야 하는 책임
③ **설명**(說明)**책임** : 감독자의 문책에 응답하고 자기 입장에서의 행동에 대하여 해명할 책임
④ **수재**(受裁)**책임** : 임명권자로부터 가해지는 제재(制裁)에 복종할 의무

그러나 현대 사회에서 행정은 이러한 행정책임에 대한 사고방식이 크게 변화하였고, 제도적 통제라고 하는 관점에서의 행정책임으로는 파악하기 어려운 문제들이 다수 발생하고 있다.

### 행정관료의 타율적 책임 : Accountability

본래 의회 민주주의 원리에 기초한 통제란, 이른바 제도적·외재적 통제에 기초한 것으로 거기서 발생하는 행정책임은 어디까지나 의회에 대한 외재적인 것이다. 여기에는 개인의 책임감에 호소하는 것과 같은 원리는 존재하지 않는다. 문제는 제도적인 통제에 의거하느냐 아니냐이다.

파이너(H. Finer)는 민주 정치에서 행정책임은 의회에 대한 외재적 책임이 되어야 하고, '도덕적 의무에 의한 내재적·개인적 감각'에 기초한 책임 원리만으로는 민주적 정부가 성립하기 어렵다고 하였다. 파이너의 이러한 주장은 어떤 의미에서 고전적이라고도 할 수 있는 의회 민주주의의 상위에 행정책임을 성립시키고자 한 것으로 이해할 수 있다. 그리고 이러한 행정책임 관념하에서는 행정관료와 공무원의 책임은 행정 외부로부터의 제도적인 통제에 대응한 것으로 한정된다. 행정통제가 외재적인 이상 그 책임은 타율적인 것이 되고, 그들은 문책이 있을 경우에 이에 응할 책임을 다하면 그것으로 충분하다는 것이다. 결국 설명책임(答責)능력으로서 Accountability를 확보하면 된다는 것이다.

### 행정관료의 자율적 책임 : Responsibility

그러나 현대행정에서는 기존의 책임 관념으로는 이해하기 어려운 문제가 수없이 발생한다. 오늘날의 행정관료나 공무원에게는 단순한 규율이나 상사로부터의 지시와 명령에 충실한 대응뿐만 아니라 법규와 지령, 지시에 위반하지 않는 범위 내에서 자발적이고 적극적인 재량을 행사하여 가장 현명하다고 생각하는 행동을 선택하는 것도 필요하다. 이러한 책임을 보조책임(補助責任)이라고 부르는데, 현대행정에서는 이러한 책임 자세도 중시되고 있다.

또한 현대는 근대로부터의 이행 과정에서 국가의 역할이 비약적으로 증대해 온 시대이기도 하다. 이를 위해 행정관료나 공무원은 소관 사무 영역에서 새로운 사회 문제가 발생한 경우에는 이를 신속하게 관찰하고 대책을 입안하여 상급기관에 보고하고 정치기관에 제안하며, 그리고 상사나 상급기관, 정치기관의 의사결정에 관해 조언과 충고, 때에 따라서는 간언(諫言)까지도 기대된다고 할 수 있다. 이것이 보좌책임(補佐責任)의 사고방식이다.

이와 같이 현대행정에서는 책임의 바람직한 모습을 단순히 수동적인 책임만이 아니라 능동적인 책임에 관해서도 고려할 필요가 있게 되었다. 특히 현대 국가에서는 행정활동의 대상 집단이나 이해관계자의 조직화와 이러한 단체들과 행정과의 상호작용이 진행된다. 이 때문에 행정관료 공무원은 이러한 각종 단체의 요구나 기대에 대응하지 않을 수 없다. 이른바 비제도적인 영역의 통제로 비제도적 책임이 발생하는 상황이 생겨난 것이다.

그러나 이러한 행정책임의 모습은 한편으론 "행정책임의 딜레마"를 발생시키기 쉽다. 행정책임의 딜레마란 예를 들면, 상급기관과 직속상사와의 사이에서 그 의향에 차이가 발생한 경우 그러한 상황에 놓인 행정관료나 공무원은 어느 쪽 의견에 따라야 하는가와 같은 문제이다. 이러한 딜레마는 통제의 모습이 제도적인가 비제도적인가 또는 외재적인가 내재적인가에 불문하고 발생한다.

다양한 기관이나 단체로부터 다양한 형태의 통제와 요구를 받는 행정관과 공무원에게는 이러한 모순 또는 대립이 발생하는 경우가 많다. 담당자의 입장에서 본다면 어떻게 해서 이러한 딜레마를 헤쳐 갈 것인가가 행정책임의 큰 과제라 할 수 있다.

이와 같은 이해관계의 복잡화와 각종 단체에 의한 비제도적인 통제가 많아진 결과, 행정관료나 공무원에 대한 응답책임(Responsibility)이 요구되었다. 즉, 행정관료나 공무원에게는 얼마나 신속하고 적확하게 시민으로부터의 요망을 처리 가능한가 요구되며 그에 대한 책임도 질 필요가 있다는 것이다. 이에 현대행정에서 행정관료나 공무원은 타율적 책임으로서의 설명책임

(Accountability)뿐만 아니라 자율적 책임으로서의 응답책임(Responsibility)을 갖추어야 할 필요가 발생하였다. 달리 표현하면 타율적 책임 상호 간에 딜레마가 발생했을 때에는 이를 극복하기 위해 행정관료나 공무원의 가치관이 중요하게 작용한다는 것이기도 하다(니시오〔西尾〕, 2001).

프리드리히(C. J. Friedrich)가 "기술적(技術的) 지식"과 "민중감정(民衆感情)"이라는 두 가지 요소에 응답하는 행정관료야말로 책임 있는 행정관료라고 언급한 것은 이러한 응답책임(Responsibility)의 중요성을 주장한 것임에 틀림없다. 프리드리히에 따르면 행정책임이란 단순히 과오를 범하지 않는 것만으론 불충분하고 사회에서 발생하는 부적응의 제거까지도 그 범위에 포함된다. 그러나 가령 현대행정에서 행정관료나 공무원의 책임감이 요구된다고 한다면 어떻게 해서 그들의 활동을 통제할 것인가 하는 새로운 문제가 발생한다. 고전적 민주주의 사고에 따르면 그러한 역할은 의회가 담당해야 할 문제였다. 그러나 앞서 언급하였듯이 의회를 중심으로 한 제도에 의지하는 통제는 이미 한계가 발생하고 있다.

행정국가화 현상의 진행으로 의회의 통치 능력이 저하되고 있는 가운데 의회에 의한 통제에 부가하여 새로운 형태의 통제가 필요해지면서 동시에 이에 동반하는 책임에 관해서도 명확히 할 필요가 발생하고 있다. 그렇지 않으면 파이너가 프리드리히를 "새로운 전제(專制)주의"라고 비판하듯이 행정관료나 공무원의 전횡을 초래하는 사태에 빠질지도 모른다.

따라서 현대행정에서는 어떻게 시민에 의한 참가와 감시체제를 정비하여 시민에 의한 통제를 제도화할 것인가가 문제되고 있다. 이러한 가운데 새로운 행정통제 방식으로서 검토되고 있는 것이 몇 가지 있다. 특히 오늘날에는 정보공개와 옴부즈맨제도에 대한 관심이 높아지고 있다.

## 정보공개제도의 도입과 문제점

넓은 의미에서 정보공개는 상당히 다양한 의미를 가지는 것으로 이 가운데는 홍보와 공청회, 도서관도 포함된다. 정보공개는 정부에 의무화되어 있으며 그중에서도 시민으로부터 정보공개 청구가 있을 것을 전제로 불특정 다수를 대상으로 공개할 것을 요구하는 것이 좁은 의미에서의 정보공개제도에 해당된다. 즉 시민으로부터의 요구가 있으면 그 정보를 공개할 의무가 정부에는 존재한다.

정보공개제도란 청구권자가 정부가 보유하는 정보의 공개를 요구하는 청구를 하였을 때에는 원칙적으로 이를 공지할 의무가 있다는 것이다. "정보공개 없이 참여 없음"이라는 말이 있듯이 정보의 공개는 정치참여와 행정통제의 대전제라 할 수 있다. 그러나 정부의 관료제 조직은 시민의 세금을 이용하여 수집하고 취득한 정보를 독점하고자 하는 경향이 있다. 또 정부는 그 독점한 정보를 원천으로 하여 민중을 조작하고자 해왔다. 정보공개제도는 이러한 관료제 지배의 폐해를 타파하고 행정활동을 투명하게 하여 시민의 불신감을 불식시키는 데 목적이 있다.

일본은 정보공개제도를 자치단체에서부터 도입하였다. 1982년(쇼와 57) 야마가타현(山形県) 가네야마쬬(金山町)에서 시작하여 차츰 도도부현, 정령지정도시 그리고 비교적 규모가 큰 시(市)에 보급되기 시작하여, 1999년(헤이세이 2)에는 드디어 국가 및 중앙정부에도 정보공개법이 성립되었다. 그리고 2004년 4월, 현재 전국의 모든 도도부현과 2,903개 시정촌이 정보공개조례 또는 요강(要綱)을 제정하고 있다. 전체 제정률은 약 93%로 2000년 시점에서 43.2%에 그쳤던 것을 감안하면 불과 4년 동안 2배 이상 상승한 것이다. 이를 시정촌별로 보면 시는 99.7%, 특별구는 100%, 정(町)에서는 92.9%, 촌(村)은 83.9% 수준이다. 촌의 제정률이 비교적 낮은 수준이긴 하지만 불과 2000년, 촌의 정보공개조례 또는 요강 제정률이 30% 이하인 점을 감안하면 최근 수년간 정보공개조례의 정비가 비약적으로 진행되었다고 할 수 있다. 이러한 정보공개제도를 도입할 경우에는 다음과 같은 몇 가지 불가피한 논쟁이 발생한다.

① **청구권자의 범위** : 정보공개의 대상을 국가일 경우 국민, 자치단체일 경우 해당 자치단체의 주민에 한정하는지 문제이다. 이는 제도 창설의 목적이 자유권의 보장에 기초하는가, 아니면 참정권의 보장을 요구하는 것인가 라는 논의에도 관계된다.

② **대상기관의 범위** : 그 정부에 속하는 모든 기관이 보유하는 정보를 대상으로 하는가, 또는 의회와 일부 사무조합, 자치단체의 출자법인 등 특정기관이 보유하는 정보는 대상 외로 하는가 라는 문제이다.

③ **대상정보의 범위** : 제도 시행 이전부터 보유해 온 정보도 대상에 포함하는가 아니면 제도 시행 이후에 발생한 정보에만 한정하는가, 또는 문서정보에 한정할 것인가, 혹은 그 이외의 사진이나 녹음테이프도 대상에 포함하는가 라는 점이다.

④ **적용 제외사항의 범위** : 예외로서 공개하지 않는 정보의 범위를 어느 정도까지 인정할 것인가 하는 문제이다. 예를 들면, 행정기관 내부에서의 의사형성과정에 관한 정보나 관계기관이 존재하는 경우의 정보, 공개함에 따라 행정의 공정성에 손해를 미칠 우려가 있는 것은 오히려 큰 문제가 될 수 있다. 또한 사생활에 관한 것 등은 공개원칙에서 예외가 되는 것이 보통이지만 이 경우 개인정보보호제도를 확립할 필요성도 발생한다. 특히 최근의 행정정보는 컴퓨터에 입력하는 것이 대부분이고 또한 민간위탁의 경우도 증가하고 있다. 이 때문에 이러한 정보가 침해될 가능성이 높아지고 있고 이를 방지하기 위해 개인정보보호조례 등을 제정하여 프라이버시를 보호하는 시스템을 확립할 필요가 있다.

⑤ **구제방법** : 정보개시(情報開示)를 청구했음에도 불구하고 일정 이유에 의해 이것이 부결된 경우, 비공개결정의 당위성 여부에 관한 쟁의방법은 어떻게 담보할 것인가 하는 문제이다.

그러나 정보공개제도가 모든 점에서 유효한가 묻는다면 반드시 그렇지는 않은 면도 있다. 다음에 열거하는 정보공개제도 그 자체의 한계성도 결코 간과하기 어려운 점이기 때문이다.

① 국민 측에서 노력과 시간을 들여 청구하지 않으면 정보가 공개되지 않는다.
② 정보는 청구자에 한해서만 공개되는 것으로 전 국민에 널리 공개되는 것은 아니다.
③ 정부 측은 새로운 정보를 수집·작성할 의무를 가지지 않으며 또한 정보는 일체 수정을 가하는 것을 인정하지 않기 때문에 공개된 정보가 반드시 청구자에게 알기 쉽고 의미 있는 정보라 하기는 어렵다.

또한 이러한 한계성 이외에도 정보공개제도 그 자체가 가지고 있는 문제점도 존재한다. 즉 정부의 정보를 수집하고 작성하는 것은 그 활동에 관여하는 행정관료나 공무원이기 때문에 그들이 정보공개제도에 의한 정보공개 요구를 꺼릴 경우 정보를 문서 형태로 남기고자 하지 않거나 또는 폐기처분해 버리는 것도 생각할 수 있다. 이러한 문제를 방치한다면 시민에 의한 행정통제는 어렵게 된다. 이 때문에 어떻게 해서 이러한 문제점들을 해결하고 정보공개제도를 의미 있는 것으로 만들어 갈 것인가가 중요한 과제로 남는다. 이에 정보공개제도를 비롯한 정보공개체계를 구성하고 있는 여러 제도와 모든 시책을 정비할 필요가 있다. 구체적으로 다음과 같은 것을 생각할 수 있다.

① 각 기관의 정보처리 시스템 정비 : 행정기관의 정보처리 시스템을 일원화하고 검색 시스템을 확립하는 등 정보 활용의 편리성을 높인다.
② 문서 제공 방법의 정비 : 정보는 가능한 이용하기 쉽고, 또한 이해하기 쉽도록 연구를 집중할 필요가 있다. 또한 정보공개 창구를 합리적으로 배치하고 각 부문 간의 연계를 강화함과 동시에 사무절차를 간소화시켜 정보공개까지의 시간을 단축한다.
③ 문서 작성·관리 기준의 정비 : 문서 취급규정을 정비하고 작성 양식을 통일시킴과 동시에 공개 기준을 조례 등으로 엄격히 규정해 자의적인 소각을 방지하기 위해 폐기 기준도 통일한다.
④ 행정관료 및 공무원에 대한 대응 : 정보공개의 필요성에 관해 행정관료와 공무원의 인식을 높이기 위해 홍보 활동이나 연수 등을 진행함과 동시에 정보 제공에 의한 그들의 책임을 추궁하지 않는 면책(免責) 규정을 정비한다.

이러한 것들을 통해 시민에 의한 정치참여와 행정통제를 확보하기 위한 정보공개제도로서 그 실효성을 확보해가야만 한다.

## 옴부즈맨제도

행정통제를 확보하기 위한 제도로서 주목을 받고 있는 것이 옴부즈맨제도이다. 원래 "호민관(護民官)제도"라는 의미를 가진 이 제도는 1809년에 스웨덴에서 태생되어 그 후 20세기 후반부터 현대에 이르기까지 북유럽 국가와 영국연방 국가, 미국 각 주로 확산되었다. 현대행정에서 시민에 의한 행정에의 직접적인 접근으로 말하자면, 예를 들어 행정불복심사법(行政不服審査法)의 이의신청이나 심사청구 등 다양한 형태로 시민이 행정에 대한 고충이나 비판을 주장할 기회가 설치되어 있다. 그러나 제2차 세계대전 이후 행정활동이 비약적으로 증대하는 한편 이와 동시에 시민의 권리가 침해될 가능성 또한 증가하였기 때문에 이러한 제도만으로는 주민의 권리 침해를 충분히 구제할 수 없었다. 특히 행정불복심사법의 대상이 되지 못하는 문제에 관해서는 그 효과를 충분히 발휘할 수 있는 제도가 정비되어 있다고 보기 어려운 상황이 되었다. 이 가운데 옴부즈맨제도에 주목이 집중되었다.

원래 옴부즈맨이란 의회에 선임되어 의회에 책임을 지는 존재였지만 현재에는 의회에 설치하는가, 행정부에 설치하는가에 따라 "의회형 옴부즈맨"과 "행정형 옴부즈맨"으로 분류된다. 그러나 그 본질은 거의 변함이 없으며 양자 모두 공통점을 가지고 있다. 즉 옴부즈맨은 독립성과 불편 부당성을 요구하는 공무원에게 행정기관 또는 행정관료나 공무원의 행동과 결정이 권력의 남용 또는 부당한 권리침해에 해당된다는 시민의 고충을 받아 이에 관해 직권(職權)으로 조사하고 시정조치를 권고하거나 의회에 보고하는 것을 그 임무로 하고 있다.

일본에서 주목을 받은 것은 1960년대부터이다. 1983년(쇼와 58)에는 제2차 임시행정위원회의 최종 보고서에서 옴부즈맨제도의 의의와 기능을 적극적으로 평가하였고, 더욱이 1986년(쇼와 61) 옛 총무청에 설치된 옴부즈맨연구회에서는 다음과 같이 보고하였다. "고충처리제도(苦情救濟制度)를 활성화함과 동시에 기본적으로 기존의 여러 제도에 부가하여 옴부즈맨적 기능을 가지는 체제를 도입하고, 기존 제도와의 연계를 도모하면서 향후 완벽한 체제를 정비하는 것이 바람직하다"고 하여 내각 총리가 의회의 동의를 얻어 임명하는 옴부즈맨위원회를 행정부에 설치하는 구상까지 제시되었다. 애석하게도 이 구상은 실현에 이르지 못하였지만, 자치단체에서는 옴부즈맨제도를 활발히 활용하였다. 예를 들면, 1990년(헤이세이 2)에 발족한 가와사키(川崎)시의 "시민 옴부즈맨"과 도쿄 나카노(中野)구의 복지 행정에 한정된 "복지 옴부즈맨"을 비롯하여 몇 개의 자치단체에서 옴부즈맨제도 또는 이에 유사한 제도의 도입을 시험적으로 확산해 갔다.

또한 오늘날에는 자치단체 이외의 단체들에서도 "옴부즈맨"이라고 이름 붙이는 사례가 증가하고 있기 때문에 실제 제도로서 옴부즈맨이 어느 정도 확립되고 있는가는 알기 어려운 점이 있다. 이러한 단체는 어디까지나 공식적인 단체가 아니라 정보공개제도를 활용하여 행정을 감시하고자 하는 것으로 여기서 얘기하는 옴부즈맨제도와 혼동하지 않도록 주의할 필요가 있다. 하여튼 관료주의적인 폐해를 배제하고 시민으로부터의 요구를 수용하기 쉬운 새로운 통제수단으로서 옴부즈맨제도가 주목을 받고 있다는 것은 큰 의의가 있다. 그러나 두말할 필요 없이 이러한 옴부즈맨제도가 기능하기 위해서는 행정으로부터의 충분한 정보공개가 대전제가 될 것이다. 정보공개제도와 옴부즈맨제도 등 새로운 제도를 조합함으로써 시민참가에 의한 행정통제가 가능하게 될 것이다.

### 행정책임과 공무원의 적극적 책임

현대행정에서 행정관료나 공무원은 단순히 정치기관이나 상급기관, 상사의 기대에 부응해야 할 뿐만 아니라 부하와 각종 이익집단 그리고 일반시민의 기대에도 답해야 할 책임이 있다는 것은 앞서 언급하였다. 그리고 이러한 상황에서 행정관료와 공무원은 재량권을 행사하면서 때로는 서로 모순되는 다양한 요구를 조정하고 이에 응답해야만 하는 경우도 발생한다. 이밖에 사적인 이해관계에 대한 유혹도 강할 수 있는데, 경우에 따라서는 이러한 것이 행정책임을 상회하는 경우도 발생할 것이다.

결국, 현대행정에서 공무원은 단순히 법에 의해 규정된 책임, 즉 권한의 남용이나 공적 자금의 부정 이용, 수뢰(收賂) 방지와 같은 법으로 다룰 수 있는 소극적 의미에서의 책임만으로는 불충분하다고 할 것이다. 오히려 다양한 문제를 다루는 용기와 공적 활동에서의 성실함, 시민에 대한 친절한 대응, 전문 능력의 개발 등, 법규에 의해 다루어지는 책임과는 조금 다른 책임이 필요해 졌다고 할 수 있다. 굳이 얘기한다면 현대행정에서 공무원이란 다양한 문제에 적극적인 자세로 임하고 이에 해당하는 적극적 책임을 부과하는 것이라 할 수 있다. 이와 같이 현대행정에서 행정책임이란 의회 민주주의가 최초 상정하였던 행정통제의 현실을 어떻게 보완해 갈 것인가라는 과제에 의해 발전해 온 것이라 해도 좋다. 이 가운데 행정관료나 공무원은 수동적 책임을 가질 뿐만 아니라 스스로 적극적으로 활동해야 할 책임도 가지고 있다. 그러한 의미에서 현대행정에서 옴부즈맨제도 등 새로운 행정통제제도를 다원적으로 보완함과 동시에 행정관료나 공무원의 직무에 대한 정열과 통찰력, 책임감을 함양해 갈 필요가 있다.

## 3. 거버넌스와 주민 협동

### 거버넌스

이러한 가운데 행정 이외의 주체에 의해서도 정책의 바람직한 모습 그 자체에 관하여 다루어야 한다는 사고가 생겨나고 있다. 최근 "거버넌스"라고 하는 용어에서 제시하는 통치의 방향은 이와 같은 행정 이외의 주체에 의해 통치를 실행해 가고자 하는 사고에 기초한다.

원래 "거버넌스" 자체는 예를 들면 기업지배구조(Corporate Governance)[3]와 지역 통치(Local Governance) 등과 같이 특히 최근 자주 등장하는 용어이긴 하지만 그 용어 자체를 명확히 정의하기는 상당히 어렵다. 거버넌스란 문자 그대로 통치, 관리, 지배, 관리조직 등을 의미하는 것이긴 하지만 일반적으로 "통치(統治)"라 할 경우 통치자가 일방적으로 피통치자를 통치한다는

3 기업통치(企業統治)로 번역되어, 기업의 내부견제체제나 부정행위를 방지하는 기능을 말한다.

고전적인 의미에 기초하여 이해된다. 그러나 현재 얘기되고 있는 "거버넌스"라는 용어에는 다음과 같은 공통적인 특징이 있다(요시다〔吉田〕ⓐ, 2003).

① 주체와 가치의 다원성, 상대화: 기존의 정부와 경영자를 중심으로 하는 일원적인 틀(구조)에 상대적으로 시민이나 기업, 자치단체, 국가, 커뮤니티 등 다원적인 가치를 추구하는 복수의 주체가 중심이 되는 다원적인 틀(구조)을 전제로 한다.
② 주체 간의 상호 관련성, 네트워크화: 개인과 단체, 또는 개인과 기관 등 복수의 주체가 기존의 제도와 틀, 경계를 넘어서 상호 연관하여 대립, 타협, 협력, 연계 등을 반복한다.
③ 주체의 자기조직성, 분권화: 각자의 역할과 책임을 분담하면서 자기결정권(自己決定權)을 행사하고 공통의 과제와 해결 프로세스에 자발적으로 참가, 협동한다.
④ 주체의 자율성, 공동 통치화: 다양한 이해관계자 간의 자주적인 합의형성이나 협의·협조 등 자발적인 자기제어(自己制御)를 도모하는 분권적인 통치질서의 형성.

이에 "거버넌스"란 일원적인 통치 시스템에서부터 다원적인 통치 시스템으로의 전환이라고도 할 수 있다. 이것을 행정에 적용한다면 기존에 행정이 유일한 주체가 되었던 통치에 비해 시민을 비롯한 다양한 주체가 이에 관여해 가는 것으로 연결된다.

### 행정과 주민의 협동(協働)

이미 현대 사회에서 사람들의 가치관은 다양화되어 가고 기존 행정 시스템으로서는 대응하기 어려운 다양한 문제들이 수없이 발생하고 있다. 이미 기존 정부 부문의 행정을 유일한 공공주체로 하는 통치가 아니라 공공(公共)의 과제에 대해 다양한 주체가 이에 참여할 필요가 생기고 있다.

특히 시민은 "본인-대리인 모델"에 의한다면 근원적이라 할 수 있는 본인(本人)에 해당된다. 따라서 행정이란 항상 본인에 해당하는 시민의 의사에 주의를 기울여야 한다. 이러한 가운데 어떻게 민주적 행정통제를 확보해 갈 것인가가 항상 과제로 남지만 민주주의 체제하에서 행정통제의 방향과 모습을 생각할 경우, 새로운 주체로서의 주민 참여는 큰 의의를 가지고 있다. 현대행정에서 주민은 행정에 대한 "참여"를 넘어, 문자 그대로 행정과 주민이 "협동(協働)"하여 통치를 해 나간다는 스타일이 앞으로의 우리 사회에서 필요할 것이다.

## 옮긴이 후기

우리는 일본인과 일본사회를 충분히 경험하지 않고도 우리와 유사한 생각을 가지고 있을 것이라고 지레 짐작하고 접근하다 개인적으로 낭패를 보거나 심지어 국가적 업무협상에서 실패를 겪는 경우도 없지 않다. 왜 그럴까? 우리와 지리적으로 가깝고 모습도 닮은 데다 비슷한 식습관에 언어적 유사성까지 사실 닮아도 너무 닮았기 때문이다. 그러나 정말 그렇게 닮았을까? 우리는 이것을 심각하게 고민하고 생각해 보아야 한다.

"그러나 과연 그럴까?" 나는 이 물음을 가장 큰 화두로 던지고 싶다. 누구나 짐작하듯이 그 나라의 제도나 규범은 분명 그 사회의 오랜 관습과 전통에 뿌리를 두고 있다. 일본이라는 국가를 이해하기 위해서 일본의 행정제도와 정치사회적 맥락에 관해 우리가 얼마나 알고 있는지 자문해 봐야 할 것이다. 일본의 정치체제와 정책 그리고 행정은 어떠한 역사적인 흐름과 사회적 배경에 의해 발현되었는지, 간과하기 쉬울 수도 있지만, 그들의 정치행정적 맥락을 통해 이해하는 것이 반드시 필요하다.

이 책은 일본의 행정과 정책 그리고 정치제도를 역사적 관점과 이론적 관점의 양 측면에서 접근하고자—엮은이들의 표현을 빌리면, 두 마리 토끼를 잡고자—시도하였다. 일본의 행정과 정책을 그 역사적 배경과 정치적 구도 속에서 함께 이해할 수 있도록 한 보기 드문 역작이라 판단된다. 특히 일본 근대행정의 발단이라 할 수 있는 메이지 유신을 시작으로 형성된 정치행정의 역사적 흐름에 대한 고찰은 현대 일본행정에 대한 이해를 더욱 깊게 해 줄 것이라 확신한다.

또한 이 책은 오늘날 한국의 행정 현장이나 대학교과서에서 다루고 있는 주요 행정이론과 제도들을 일본의 행정 현실 및 일본행정학 차원에서 조명하고 있다. 그동안 미국의 행정이론을 주류로 한 우리의 현대 행정학 현실에서, 구체적이고 실질적인 일본 행정이론들, 즉 일본의 행정활동과 관리, 법치행정과 행정 재량, 일본 행정기구와 조직개편, 정책결정이론과 모델, 정책과정과 정책입안, 정책실시와 정책파급, 행정통제와 행정책임과 같은 일본 행정제도 운용과 현실을 현대적 감각에서 이해하는 데 중요한 자료가 될 수 있을 것이다.

행정제도는 문화의 산물이다. 사람은 그가 자란 환경에서 결코 자유로울 수 없듯이 행정도 그 발전의 토양에 지대한 영향을 받게 된다. 행정제도의 구조와 기능을 이론적으로 정리함과 동시에 그 성립을 설명하면서 일본의 고유한 행정제도의 본질을 쉽게 이해하도록 배려하고 있는 이 책은 일본 행정문화의 본질을 탐구하고 일본 행정제도의 구조와 기능을 올바르게 이해하는 데 분명 큰 도움을 줄 것이다. 한국 행정의 현실에서 일본 행정의 역사와 이론을 소개하는 것은 의미 있는 작업이라 판단되어 이 책을 번역하게 되었다. 일본의 행정역사와 행정이론 그리고 일본사회에 관심을 가진 모든 분들에게 자그마한 도움이 되길 기원한다.

한국행정학회의 일본행정연구회 모임에서 처음 이 책의 내용을 간략히 소개하고 주요 내용을 발표, 토론한 적이 있다. 그 연구회가 계기가 되어 국내의 관련 행정학자나 연구자, 행정실무자, 정치관계자, 일본 행정에 관심이 있는 미래 세대에게 소개하여 도움이 되었으면 하는 바람에서 본격적으로 번역 작업을 시작하였다.

마지막으로 3년 전, 연구년을 맞아 도쿄에 머무르는 동안 여러 차례의 만남을 통해 일본 특유의 어려운 역사적 기술과 배경에 대해 조언을 아끼지 않으셨던 게이오 대학(慶應義塾大学)의 가사하라(笠原英彦) 교수님과 주쿄 대학(中京大学)의 구와바라(桑原英明) 교수님께 깊은 감사의 말씀을 드린다. 그리고 이 책의 의의를 이해하고 번역 출간을 위해 여러모로 적극 협조하고 배려해 준 고려대학교출판부 선생님들께 또한 깊이 감사드린다.

2015년 2월

고려대학교 공공행정학부

김상봉

■ 일본 행정사 연표

| 연도 | | 주요 사건 |
|---|---|---|
| 1867년(게이오 3) | 10월 | 다이세이호칸(大政奉還) 상소 |
| | 12월 | 왕정복고(王政復興)의 대호령(大号令) |
| | | 고고쇼 회의(小御所会議) |
| 1868년(메이지 1) | 1월 | 도바 · 후시미노(鳥羽 · 伏見) 전쟁(보신〔戊辰〕 전쟁 발발) |
| | 3월 | 5개조 선언문(御誓文) 반포 |
| | | 에도(江戸) 성 개성 |
| | 윤4월 | 정체서(政体書) 반포(政体書官制) |
| 1869년(메이지 2) | 5월 | 하코다테(箱館) 전쟁 종전(보신 전쟁 종결) |
| | 6월 | 판적봉환(版籍奉還) |
| | 7월 | 직원령(職員令) 반포(太政管制) |
| 1871년(메이지 4) | 7월 | 폐번치현(廃藩置県) |
| | 11월 | 이와쿠라(岩倉) 외교사절단 파견(이와쿠라 도모미〔岩倉具視〕, 이토 히로부미〔伊藤博文〕, 오쿠보 도시미치〔大久保利通〕, 기도 다카요시〔木戸孝允〕 등) |
| 1872년(메이지 5) | 1월 | 학제(学制) 반포 |
| 1873년(메이지 6) | 6월 | 토지세 개정(地租改正) 조례 반포 |
| | 7월 | 징병령(徵兵令) 반포 |
| 1873년(메이지 6) | 7월 | 이와쿠라 외교사절단 귀국 |
| | 10월 | 메이지 6년 정변(사이고 다카모리〔西郷隆盛〕, 이타가키 다이스케〔板垣退助〕, 에토 신페이〔江藤新平〕, 소에지마 다네오미〔副島種臣〕, 고토 쇼지로〔後藤象二郎〕 등 하야) |
| | 11월 | 내무성(内務省) 설립 |
| 1874년(메이지 7) | 1월 | 민선의원설립건백서(民選議院設立建白書) 제출 |

| 연도 | | 주요 사건 |
|---|---|---|
| 1874년(메이지 7) | 2월 | 사가(佐賀)의 난 |
| | 4월 | 타이완(台湾) 출병 |
| 1875년(메이지 8) | 1월 | 오사카(大阪) 회의(원로원, 대심원, 지방관 회의 개설) |
| | 6월 | 제1회 지방관 회의 |
| 1876년(메이지 9) | 8월 | 금록공채증서조례(金録公債証書条例) 반포(지쓰로쿠〔秩禄〕 처분 완료) |
| 1877년(메이지 10) | 1월 | 토지세(地租) 경감(토지 가격의 3% → 2.5%) |
| 1877년(메이지 10) | 2월 | 세이난(西南) 전쟁(6월 종결) |
| 1878년(메이지 11) | 3월 | 군구정촌편제법(君区町村編制法), 부현회규칙(府県会規則), 지방세규칙(地方税規則) 반포(3신법체제) |
| | 5월 | 기오이자카의 변(紀尾井坂の変) |
| 1881년(메이지 14) | 10월 | 메이지 14년 정변(오쿠마 시게노부〔大隈重信〕 하야) |
| | | 일본 국회 개설 칙유(勅諭) |
| | | 자유당(自由党) 결성(당수 이타가키 다이스케) |
| 1882년(메이지 15) | 3월 | 입헌개진당(立憲改進党) 결성(당수 오쿠마 시게노부) |
| 1885년(메이지 18) | 12월 | 내각제도 성립(초대 총리 이토 히로부미) |
| 1889년(메이지 22) | 2월 | 일본 제국헌법 반포 |
| | 4월 | 시제 · 정촌제(市制 · 町村制) 시행 |
| 1890년(메이지 23) | 5월 | 부현제 · 군제(府県制 · 郡制) 시행 |
| | 7월 | 제1회 중의원(衆議院) 의원 선거 |
| | 11월 | 제1 제국의회 |
| 1893년(메이지 26) | 10월 | 문관임용령(文官任用令) 제정 |
| 1894년(메이지 27) | 7월 | 영일통상항해조약(英日通商航海条約) |
| | | 풍도(豊島沖) 해전(청일전쟁 발발) |
| 1895년(메이지 28) | 4월 | 시모노세키(下関) 조약 체결(청일전쟁 종결) |
| 1898년(메이지 29) | 10월 | 제1차 오쿠마 시게노부 내각 성립(와이한〔隈板〕 내각, 최초의 정당내각) |
| 1899년(메이지 32) | 3월 | 문관임용령 개정(문관분한령, 문관징계령 동시 제정) |
| 1900년(메이지 33) | 1월 | 군부대신 현역무관제 제정 |
| | 3월 | 중의원 의원선거법 개정(세납 요건을 10엔으로 완화) |
| | 9월 | 입헌정우회(立憲政友会) 결성(초대 총재 이토 히로부미) |
| 1902년(메이지 35) | 2월 | 영일동맹 체결 |
| 1904년(메이지 37) | 2월 | 제물포 해전(러일전쟁 발발) |
| 1905년(메이지 38) | 3월 | 봉천(奉天) 전투(会戦) |
| | 5월 | 쓰시마 해전 |
| | 9월 | 포츠머스 강화조약 체결(러일전쟁 종결) |
| 1911년(메이지 44) | 6월 | 미일통상항해조약 |
| 1913년(다이쇼 2) | 2월 | 제3차 가쓰라 다로(桂大郎) 내각 총 사직(제1차 호헌운동, 다이쇼 정변) |

| 연도 | | 주요 사건 |
|---|---|---|
| 1913년(다이쇼 2) | 6월 | 군부대신 현역무관제 폐지(현역 규정 삭제) |
| | | 문관임용령 개정(자유 임용 폭 확대) |
| 1914년(다이쇼 3) | 6월 | 제1차 세계대전 발발 |
| | 8월 | 일본, 제1차 세계대전 참전 |
| 1915년(다이쇼 4) | 1월 | 대중국 21개조 요구(제2차 오쿠마 내각) |
| 1918년(다이쇼 7) | 7월 | 시베리아 출병 개시 |
| | 8월 | 쌀 소동 발생(데라우치 마사다케〔寺內正毅〕 내각 총사직) |
| 1918년(다이쇼 7) | 9월 | 하라 다카시(原敬) 내각 성립(최초의 본격적 정당내각) |
| | 11월 | 제1차 세계대전 종전 |
| 1919년(다이쇼 8) | 3월 | 중의원 의원선거법 개정(납세 요건을 3엔으로 완화) |
| | 6월 | 베르사유 조약 체결 |
| | | 국제연맹 설립(일본, 상임이사국 참가) |
| 1921년(다이쇼 10) | 12월 | 워싱턴 회의(해군군축조약, 4개국조약, 9개국조약 체결) |
| 1922년(다이쇼 11) | 7월 | 일본공산당 결성 |
| | 10월 | 시베리아 철병 완료(같은 해 6월, 철병 선언) |
| 1923년(다이쇼 12) | 9월 | 간토 대지진 |
| 1924년(다이쇼 13) | 6월 | 기요우라 게이고〔清浦奎吾〕 내각 총사직(제2차 호헌운동, 가토 다카아키〔加藤高明〕 내각 발족, 〈헌정의 상도〉) |
| 1925년(다이쇼 14) | 5월 | 보통선거법 공포 |
| | | 치안유지법 공포 |
| 1927년(쇼와 2) | 4월 | 금융공황 |
| 1928년(쇼와 3) | 2월 | 제1회 보통선거 |
| | 6월 | 장쭤린(張作霖) 폭살 사건 |
| 1929년(쇼와 4) | 10월 | 대공황 발생(뉴욕 주식시장 주가 폭락) |
| 1930년(쇼와 5) | 4월 | 런던 해군군축조약 조인(통수권 간범〔干犯〕 문제 발생) |
| 1931년(쇼와 6) | 9월 | 만주 사변 발생(류타오후〔柳條湖〕 사건) |
| 1932년(쇼와 7) | 2월 | 혈맹단 사건 |
| | 5월 | 5 · 15사건(이누카이 쓰요시〔犬養毅〕 총리 암살, 〈헌정의 상도〉 종언) |
| 1933년(쇼와 8) | 3월 | 국제연맹 탈퇴 |
| 1936년(쇼와 11) | 2월 | 2 · 26사건 |
| | 5월 | 군부대신 현역무관제 부활 |
| | 11월 | 독일 · 일본 방공협정 체결 |
| 1937년(쇼와 12) | 7월 | 중일전쟁 발발(루거우차오〔盧溝橋〕 사건) |
| | 8월 | 독 · 이 · 일 삼국방공협정 체결 |
| | 10월 | 일본 국민정신총동원 운동 |
| | | 기획원 설치 |
| 1938년(쇼와 13) | 4월 | 일본 국가총동원법 제정 |
| 1939년(쇼와 14) | 5월 | 노몬한 사건(만주, 몽골 국경에서의 대규모 소 · 일 군사충돌) |

| 연도 | | 주요 사건 |
|---|---|---|
| 1939년(쇼와 14) | 9월 | 제2차 세계대전 발발 |
| 1940년(쇼와 15) | 9월 | 독 · 이 · 일 삼국군사동맹 체결 |
| | 10월 | 다이쇼요쿠산까이(翼賛会) 결성 |
| | 11월 | 일본 산업보고회 결성 |
| 1941년(쇼와 16) | 4월 | 소련 · 일본 중립 조약 체결 |
| | 12월 | 태평양전쟁 발발(진주만 공격) |
| 1942년(쇼와 17) | 4월 | 요쿠산 선거 실시(도조 히데키〔東條英機〕 내각) |
| | 6월 | 미드웨이 해전 |
| 1943년(쇼와 18) | 9월 | 이탈리아 항복 |
| 1944년(쇼와 19) | 7월 | 사이판 섬 함락(일본 본토 공습 시작, 도조 내각 총사직, 고이소 구니아키〔小磯國昭〕 내각 성립) |
| 1945년(쇼와 20) | 5월 | 독일 항복 |
| | 8월 | 일본 무조건 항복(포츠담 선언 수락, 제2차 세계대전 종전) |
| | 10월 | 5대 개혁 지령(시데하라 기주로 내각) |
| | | 재벌 해체 지령 |
| | 12월 | 중의원 의원선거법 개정(만20세 이상의 성인남녀에 선거권 부여) |
| | | 노동조합법 제정 |
| 1946년(쇼와 21) | 1월 | 공직추방 지령(교육관계자는 1945년 10월) |
| | 2월 | 제1차 농지 개혁 |
| | 10월 | 제2차 농지 개혁 |
| | 11월 | 일본국 헌법 공포 |
| 1947년(쇼와 22) | 3월 | 교육기본법, 학교교육법 제정 |
| | 4월 | 독점금지법, 노동기준법 제정 |
| | 12월 | 내무성 폐지 |
| 1948년(쇼와 23) | 3월 | 경찰법 제정(자치단체 경찰과 국가 경찰) |
| 1950년(쇼와 25) | 6월 | 6 · 25전쟁 발발(미국의 일본 점령정책 전환, 일본 특수〔特需〕 경기) |
| | 8월 | 경찰예비대 창설(오늘날의 일본 자위대) |
| | 9월 | 레드 퍼지(공산주의자 추방) |
| | 10월 | 공직추방 해제(하토야마 이치로〔鳩山一郎〕 등 약 1만 명이 복귀) |
| 1951년(쇼와 26) | 9월 | 샌프란시스코 강화조약 조인 |
| 1951년(쇼와 26) | 9월 | 미일안전보장조약 체결 |
| | 10월 | 일본사회당 분열(강화문제로 좌 · 우파로 분열) |
| 1952년(쇼와 27) | 5월 | 파괴활동방지법 제정 |
| 1954년(쇼와 29) | 7월 | MSA 협정(미일상호방위원조협정) 조인 |
| | | 자위대 창설 |
| | | 경찰법 개정(도도부현 경찰로) |

| 연도 | | 주요 사건 |
|---|---|---|
| 1955년(쇼와 30) | 10월 | 일본사회당 재통합 |
| | 11월 | 자유민주당 결성(일본민주당과 자유당의 합당, 〈55년체제〉의 시작) |
| 1956년(쇼와 31) | 10월 | 소련 · 일본 공동 선언(소련 · 일본 국교 정상화) |
| | 12월 | 국제연합 가입 |
| 1960년(쇼와 35) | 1월 | 미일안전보장조약개정 |
| 1964년(쇼와 39) | 10월 | 도쿄 올림픽 개최 |
| 1965년(쇼와 40) | 6월 | 대일 국교 정상화(한일 기본조약 체결) |
| 1968년(쇼와 43) | 6월 | 오가사와라 제도(小笠原諸島) 반환 |
| 1972년(쇼와 47) | 5월 | 오키나와 반환 |
| | 9월 | 중일 공동성명(중일 국교 정상화) |
| 1976년(쇼와 51) | 7월 | 록히드 사건 |
| 1981년(쇼와 56) | 3월 | 제2차 임시행정위원회 발족(도코 도시오〔土光敏夫〕 게이단렌〔經團連〕 회장을 위원장으로) |
| 1985년(쇼와 60) | 4월 | 일본전신전화공사 민영화(NTT)<br>일본전매공사 민영화(JT) |
| 1986년(쇼와 61) | 12월 | GNP 중 방위비 비중 1% 돌파(1976년 미키 다케오〔三木武夫〕 내각 설정) |
| 1987년(쇼와 62) | 4월 | 일본 국유철도(국철) 분할, 민영화(JR 각 사로 3공사 민영화 실현) |
| 1988년(쇼와 63) | 6월 | 리크루트 사건 |
| | 11월 | 소비세 도입 |
| 1993년(헤이세이 5) | 6월 | 내각불신임안 가결(미야자와 기이치〔宮澤喜一〕 내각) |
| | 8월 | 호소카와 모리히로(細川護熙) 내각 성립(비자민 7당1회파 연립, 〈55년체제〉종언) |
| 1994년(헤이세이 6) | 6월 | 무라야마 도미이치(村山富市) 내각 성립(자민당 연립내각, 자민당 여당 복귀) |
| 1996년(헤이세이 8) | 11월 | 행정개혁회의 발족(하시모토 류타로〔橋本龍太郎〕 내각, 회장 하시모토 총리) |
| 1998년(헤이세이 10) | 6월 | 중앙성청 등 개혁법 성립 |
| 1999년(헤이세이 11) | 7월 | 독립행정법인통칙법 제정<br>민간자금 등의 활용과 공공시설 등의 정비 촉진에 관한 법률(PFI법) 제정 |
| 2000년(헤이세이 12) | 12월 | 행정개혁대강(行政改革大綱) 각의 결정(모리 요시로〔森喜朗〕 내각, 행정개혁추진본부 설치) |
| 2001년(헤이세이 13) | 1월 | 중앙성청 재편(1부 22성청을 1부 12성청으로) |
| | 6월 | 특수법인 등 개혁기본법 제정 |
| 2002년(헤이세이 14) | 9월 | 북일정상회담(평양선언) |
| 2003년(헤이세이 15) | 3월 | 이라크 전쟁 |

| 연도 | 주요 사건 |
|---|---|
| 2003년(헤이세이 15) 4월 | 일본우정공사 설립(우정3사업의 공사화) |
| 2004년(헤이세이 16) 1월 | 자위대 이라크 파견 |
| 7월 | 지방독립행정법인법 제정 |
| 9월 | 우정3사업 민영화 각의 결정 |
| 12월 | 삼위일체 개혁(국고교부금 · 지방교부세교부금 · 지방으로의 재원 이양) 각의 결정 |
| 2005년(헤이세이 17) 2월 | 새로운 나카쓰가와(中津川)시 탄생(기후〔岐阜〕, 나가노〔長野〕 양 현의 경계를 넘는 시정촌 합병) |
| 8월 | 우정사업민영화법안 참의원 부결<br>고이즈미 이치로(小泉純一郎) 내각 중의원 부결(우정해산) |
| 10월 | 우정민영화법 등, 우정민영화관련 6법 제정 |
| 2006년(헤이세이 18) 8월 | 간소화와 효율적인 정부의 실현을 위한 행정개혁 촉진에 관한 법률(행정개혁추진법) 제정 |
| 2007년(헤이세이 19) 3월 | 홋카이도 유바리(夕張)시, 재정재건단체 인증 |
| 5월 | 미네(美祢) 사회복귀촉진센터(PFI 형무소) 공용 개시 |
| 2009년(헤이세이 21) 9월 | 하토야마 유키오(鳩山由紀夫) 내각 성립(자민당 아소 다로〔麻生太郎〕 내각으로부터 민주당으로 정권 교체 성립) |
| 2010년(헤이세이 22) 6월 | 간 나오토(菅直人) 내각 성립(하토야마 유키오 내각 사직) |
| 2011년(헤이세이 23) 3월 | 동일본대지진(일본 국내 관측사상 최대 규모 지진으로 2만 명의 사망자와 행방불명자 발생, 일본 전후 최악의 자연재해) |
| 9월 | 노다 요시히코(野田佳彦) 내각 성립 |
| 2012년(헤이세이 24) 2월 | 동일본대지진총괄담당대신 신설(노다 내각) |
| 6월 | 원자력규제위원회설치법 제정 |
| 12월 | 아베 신조(安倍晋三) 내각 재출범, 제2차 아베 내각 발족(자민당 여당 복귀) |
| 2013년(헤이세이 25) 12월 | 국가안전보장회의 승인하에 특정기밀보호에 관한 법률안 공포(같은 해 10월, 국회 제출) |
| 2014년(헤이세이 26) 2월 | 도쿄도지사 선거에서 후생노동성 대신 마스조에 요이치(舛添要一) 당선 |
| 11월 | 소비세율 8% 인상(기존 5%) |
| 12월 | 특정기밀보호에 관한 법률 시행 |

# 찾아보기

## ■ 인명·단체(정권/정당)

## ■ 사건·용어·제도(관청/부서)

ㄴ

ㅊ

**■ 집필진 소개(차례 순)**

1장 가토마쓰 히데키門松秀樹_센조쿠가쿠엔洗足学園 음악대학 | 일본정치사, 일본행정사

2장 가사하라 히데히코笠原英彦_게이오 대학 법학부 | 일본정치사, 일본행정사

3장 고지마 가즈다카小島和貴_주부가쿠인中部学院 대학 인간복지학부 | 행정사

4장 고우자키 쇼이치로神崎勝一郎_세이와清和 대학 법학부 | 일본정치사, 일본행정사

5장 후쿠자와 신이치福沢真一_도키와常盤 대학 커뮤니티진흥학부 | 일본정치사, 일본행정사

6장 신포 데츠오進邦徹夫_쿄린杏林 대학 종합정책학부 | 일본행정사, 시민참가론

7장 마스다 다다시増田正_다카사키高崎 경제대학 지역정책학부 | 비교정치행정연구, 프랑스 정치론

8장 나가타 쇼우조永田商三_무사시노武蔵野 대학 현대사회학부 | 행정학, 지방자치, 공공정책학

9장 이와가미 야스쿠니石上泰州_헤이세이平成 국제대학 법학부 | 정치학, 지방자치론

10장 사토 기미토시佐藤公俊_도키와常盤 대학 인간과학부 | 정치학, 공공정책학

11장 미도 가쓰노리水戸克典_쇼비가쿠엔尚美学園 대학 종합정책학부 | 정치학, 정책과정론

12장 구와바라 히데아키桑原英明_주쿄中京 대학 종합정책학부 | 일본행정론, 행정과정론

13장 마시타 에이지真下英二_쇼비가쿠엔尚美学園 대학 종합정책학부 | 정치학, 지방자치론

**일본 행정의 역사와 이론**

초판발행 1쇄 2015년 3월 16일

엮은이 가사하라 히데히코
구와바라 히데아키

옮긴이 김상봉

펴낸곳 **고려대학교출판부**
www.kupress.com
kupress@korea.ac.kr
136-701 서울특별시 성북구 안암로 145
02-3290-4230, 4232
Fax 923-6311

찍은곳 한국컴퓨터인쇄정보

ISBN 978-89-7641-873-9 93350

값 24,000원